h·well
국민건강보험

GUIDE 기업 & 채용 분석

01 ▶ 회사소개

국민건강보험공단은 사회보장 중추기관으로서 국민의 건강을 지키며 삶의 질을 향상시키기 위해 최선을 다하는 공공기관이다.
국민 모두가 함께 누리고 보다 공정한 건강보험제도를 만들기 위해 보장성을 지속적으로 높이고 건강보험료 부과체계를 합리적으로 개편하고 있다.
또한, 국민건강보험공단은 공공의료 확충과 서비스 질 향상을 위해 건강보험재정의 안정성을 높이며, 국민의 행복한 노후를 보장하고 미래에 대비하는 장기요양보험을 만들고 있다.

02 ▶ 미션

국민보건과 사회보장 증진으로 국민의 삶의 질 향상

03 ▶ 비전

행복한 국민 · 건강한 대한민국 · 든든한 국민건강보험

04 ▶ 핵심가치

소통과 배려	건강과 행복	공정과 신뢰	혁신과 전문성	청렴과 윤리
대내·외 이해관계자와 소통과 배려를 통해 국민체감 성과 창출	국민보건과 사회보장 증진을 통해 모든 국민의 건강 향상과 행복한 삶을 추구	공정한 제도 구축·운영과 안전·책임경영으로 국민 신뢰 확보	디지털·서비스 중심 경영혁신과 직무 전문성 강화로 지속가능 경영 실현	엄격한 윤리의식을 토대로 자율적 내부통제와 청렴한 업무수행을 통해 투명한 사회 선도

05 ▶ 인재상

국민의 평생건강을 지키는 건강보장 전문인재 양성

Nation－oriented	Honest	Innovative	Specialized
국민을 위하는 인재	정직으로 신뢰받는 인재	혁신을 추구하는 인재	전문성 있는 인재

06 ▶ 국민건강보험공단 신규직원 채용공고

1. 지원자격(공통)

① 성별, 연령, 학력 : 제한 없음[단, 임용일 기준 만 60세 이상(정년)인 사람은 지원할 수 없음]

② 대한민국 국적을 소지한 자

③ '6급가' 지원자 중 남성은 병역필 또는 면제자(단, 임용일 이전 전역예정자는 지원 가능)

④ 수습임용일부터 근무가 가능한 자(학업, 이직절차 등을 사유로 임용 유예 불가)

2. 전형절차

입사지원서 접수 → 서류심사 → 필기시험 → 인성검사 → 증빙서류 제출 → 면접시험 → 수습임용

3. 필기시험

구분	직렬	내용	문항 수
NCS 기반 직업기초능력	행정직, 건강직, 요양직, 기술직	의사소통능력, 수리능력, 문제해결능력	60문항
	전산직	의사소통능력, 수리능력, 문제해결능력	15문항
		전산개발 기초능력(C언어, JAVA, SQL)	35문항
직무시험(법률)	행정직, 건강직, 전산직, 기술직	국민건강보험법(시행령 및 시행규칙 제외)	20문항
	요양직	노인장기요양보험법(시행령 및 시행규칙 제외)	

※ 위 채용 안내는 2025년 상반기 채용공고를 기준으로 작성하였으므로 세부내용은 반드시 확정된 채용공고를 확인하기 바랍니다.

온라인 모의고사

국민건강보험공단 온라인 모의고사

행정직 · 건강직 · 기술직 2회분	ATMG-00000-C7547
요양직 2회분	ATMH-00000-88854

(기간 : ~2026년 7월 31일)

※ 쿠폰 등록 후 30일 이내에 사용 가능합니다.
※ 쿠폰 등록 및 응시는 윈도우 기반 PC에서만 가능합니다.
※ 모바일 및 macOS 운영체제에서는 서비스되지 않습니다.

합격시대 홈페이지 접속 (www.sdedu.co.kr/pass_sidae_new) → 홈페이지 우측 상단 '쿠폰 입력하고 모의고사 받자' 클릭 → 쿠폰번호 등록 → 내강의실 → 모의고사 → 합격시대 모의고사 클릭 후 응시하기

합격시대 맞춤형 온라인 테스트 | www.sdedu.co.kr/pass_sidae_new | 1600-3600 평일 9시~18시 (토 · 공휴일 휴무)

PC/모바일 무료동영상 강의

무료건보특강 제공

1. 시대에듀 홈페이지 접속(www.sdedu.co.kr)
2. 「국민건강보험공단」으로 검색 후 무료특강 클릭
3. 국민건강보험공단 기출특강 강의 수강

※ 해당 강의는 본 도서를 기반으로 하지 않습니다.

1권

특별부록

국민건강보험공단 NCS + 법률
과년도 기출복원 모의고사

〈문항 및 시험시간〉

평가영역	문항 수	시험시간	모바일 OMR 답안채점 / 성적분석 서비스	
[공통] 의사소통+수리+문제해결 [행정직·건강직·기술직] 국민건강보험법 [요양직] 노인장기요양보험법	80문항	80분	행정직·건강직·기술직	요양직

다음 개정 법령을 기준으로 수록하였습니다.
- 국민건강보험법 [법률 제20505호, 시행 2025. 4. 23]
- 노인장기요양보험법 [법률 제20587호, 시행 2025. 6. 21]

국민건강보험공단 신규직원 필기시험

과년도 기출복원 모의고사

문항 수 : 80문항
시험시간 : 80분

제 1 영역 NCS

| 의사소통능력

01 다음 글의 주제로 가장 적절한 것은?

> 일생에 한 번쯤 누구나 경험할 수 있는 건강 문제인 허리 통증은 다양한 원인으로 인해 발생한다. 허리 통증은 나이 증가에 따른 허리 근력 약화, 허리에 무리를 주는 취미생활, 임신과 출산을 경험한 여성 등 개인적 요인으로 인해 발생할 수 있지만, 가장 큰 원인은 바로 직업적 요인이다.
> 첫 번째 직업적 요인은 중량물 취급이다. 중량물을 한 번만 들어도 급성 요통이나 추간판탈출증이 발생할 수 있으며, 이러한 작업을 반복하면 허리 통증의 위험이 더욱 높아질 뿐 아니라 척추와 추간판의 퇴행성 변화가 촉진되어 추간판탈출증과 척추협착증의 위험도 증가한다. 특히 10kg 이상의 물건을 들 때는 허리를 구부려 드는 것이 아니라, 물건을 몸에 밀착시키고 다리의 힘으로 들어 올려야 한다는 점에 유의해야 한다.
> 두 번째 직업적 요인은 허리의 자세이다. 허리를 앞으로 혹은 옆으로 구부리거나 비트는 동작은 허리가 구부러지는 각도가 커질수록 추간판에 가해지는 압력이 증가해 허리 부상의 위험이 높아진다. 특히 구부린 자세로 장시간 작업할 경우 허리 통증과 추간판탈출증이 유발될 수 있다. 실제로 건설업이나 조선업 노동자처럼 허리 구부림이 많은 업종에서 타 업종보다 허리 통증 관련 산재 신청률과 승인율이 높은 것으로 알려져 있다.
> 마지막 직업적 요인은 전신 진동이다. 전신 진동은 몸 전체가 상하로 흔들리는 상태로, 주로 버스, 트럭, 건설용 차량 운전자가 경험한다. 이러한 진동은 척추와 추간판에 자극을 가해 퇴행성 변화를 일으키고, 결국 추간판탈출증과 척추협착증의 위험을 높인다. 최근 도로 노면이 개선되고 버스 운전석 의자에 진동 흡수 기능이 도입되면서 위험성이 줄었으나, 트럭이나 건설장비 운전자는 여전히 허리 질환에 노출되어 있다.

① 허리 통증의 직업적 요인
② 허리 질환별 통증 관리 방법
③ 직업에 따라 다르게 유발되는 허리 질환
④ 직업 환경에 따라 다른 허리 통증 관련 산재 신청 빈도

02 다음은 보건의료 빅데이터 심포지엄의 개최순서이다. 이를 참고할 때, 각 발표자의 자료 준비로 적절하지 않은 것은?

〈2024년 보건의료 빅데이터 활용 성과공유 심포지엄〉

1부 : 빅데이터·AI 기반 건강보험 서비스 혁신

1. 인공지능(AI) 기술을 통해 공단이 어떻게 데이터 기반의 가입자 맞춤형 서비스를 제공하고, 보험자의 역할을 보다 강화할 수 있을지에 대한 비전
   – ○○대병원 A교수
2. ‘sLLM(소형언어모델)을 활용한 건강보험 내·외부 서비스 향상’을 주제로 인공지능(AI) 기술을 통한 고객 서비스와 업무 효율성 증대 사례
   – ○○대 B교수
3. 공단이 보유한 방대한 건강보험 데이터를 어떻게 인공지능(AI)을 통해 분석하고 활용할 수 있는지에 대한 방안
   – 공단 C실장(빅데이터연구개발실)

2부 : 건강보험 빅데이터를 활용한 우수 연구 성과

1. 야간 인공조명이 인간의 건강에 미치는 영향에 대한 분석 결과
   – ○○대 D교수
2. 결핵 빅데이터인 국가결핵통합자료원(K-TB-N Cohort) 구축을 통해 국가 결핵 관리 정책·사업의 효과를 평가, 정책을 수립·보완할 근거를 생산
   – ○○청 E과장
3. 병원 내에서 발생하는 폐렴 데이터의 분석을 통해, 이를 예방하기 위한 실효성 있는 병원 내 감염관리 체계 마련 필요성 제시
   – 공단 F팀장(빅데이터연구개발실)

① A교수 : 사람과의 직접 대면이 아닌 인공지능 기술로 대체할 수 있는 공단의 서비스에 대한 자료가 필요하겠군.

② B교수 : 인공지능 기술을 활용해 건강보험 서비스를 이용한 고객과 공단 근로자에게 편리성 및 효율성에 대한 설문조사를 진행해야겠군.

③ D교수 : 자연광에만 주로 노출된 사람과 자연광과 더불어 인공조명에 많이 노출된 사람의 건강 상태를 비교할 수 있는 자료가 필요하겠군.

④ F팀장 : 병원 내 병동별 폐렴 발생 현황과 주로 발병하는 연령대에 대한 조사가 필요하겠군.

03 다음 글을 읽고 추론한 내용으로 적절하지 않은 것은?

> 만성질환이란 증상이 극심하지는 않지만 오래 지속되는 질환인 탓에 삶의 질을 저하시키고, 관리를 소홀히 할 경우 합병증의 발생으로 사망까지 이를 수 있어, 운동이나 식이 등 꾸준한 관리가 필요한 질환을 말한다. 만성질환에는 당뇨, 천식, 심장병, 허리통증 등이 있으며, 만성질환이라 하더라도 모든 운동이 좋은 것은 아니며, 질환별로 또 환자의 상태에 따라 맞는 운동 방법과 강도는 천차만별이다.
> 당뇨병의 경우 인슐린 분비량이 없거나 또는 적어 인슐린이 혈당을 낮추는 기능을 정상적으로 수행할 수 없는 상태를 말한다. 따라서 혈당조절에 효과적인 유산소 운동을 통해 인슐린이 더 효율적으로 사용되도록 하여 혈당 수치를 낮출 수 있다. 또한 규칙적인 유산소 운동은 심혈관계를 향상시켜 심장 건강을 개선시킬 수 있다.
> 운동 중 또는 운동 후에 호흡곤란과 반복적이고 발작적인 기침이 나타날 수 있는 천식의 경우 운동 시 각별히 주의하여야 한다. 특히 건조하거나 찬 공기가 있는 환경에서 운동하거나, 갑작스레 격렬한 운동을 할 경우 천식 발작이 일어날 수 있다. 따라서 수영과 같이 건조하지 않고, 심장 박동이나 호흡수가 급격히 증가하지 않는 환경에서 운동하는 것이 도움이 될 수 있다.
> 허리통증의 경우는 유산소 운동보다는 코어 운동이 도움이 된다. 코어 운동을 통해 척추 주위의 근육이 강화되면서 척추를 지지하는 힘이 늘어나 허리 통증이 감소되는 것이다.

① 당뇨 환자는 달리기나 등산, 수영과 같은 운동을 하는 것이 혈당 개선에 도움이 된다.
② 규칙적인 걷기 운동은 당뇨 환자와 심장병 환자의 질환을 개선시킬 수 있다.
③ 천식 환자는 심장박동 및 호흡수를 증가시키는 달리기나 줄넘기보다는 등산이 좋다.
④ 허리 통증을 가진 환자에게는 허리의 중심 부위를 강화시키는 플랭크나 브릿지와 같은 운동이 좋다.

04 다음 문단을 논리적 순서대로 바르게 나열한 것은?

국민건강보험공단은 담배소송 제12차 변론에서 직접 손해배상 청구권을 포함해 지금까지의 주요 쟁점에 관련한 전반적 입장을 적극적으로 표명했다.

(가) 또한 흡연과 암 발생의 인과관계를 과학적 근거에 따라 분명히 하기 위해 대상 암종을 소세포암과 편평세포암으로 흡연기간이 30년 이상이고, 하루 한 갑의 담배를 20년 이상 흡연한 대상자로 구분하였기에 이번 변론에서는 흡연과 암 발생의 인과관계를 의학적으로 또 국민 상식에 부합하도록 인정하여야 한다고 강조했다.

(나) 공단은 담배회사들이 담배라는 제품에 대한 중독성과 건강 위해성을 인지하고 있음에도 수십 년 동안 이를 소비자에게 정확히 알리지 않고 막대한 이득을 취한 것은 소비자를 기만한 것이자 기업의 사회적 책임을 다하지 않은 중대한 문제임을 지적하며, 특히 담배회사가 흡연중독 피해를 개인의 선택으로 치부한 것은 소비자를 두 번 기만한 것이라며 비판했다.

(다) 마지막으로 공단은 이번 변론을 준비하면서 국민들의 보험료가 주요 재원인 건강보험 재정이 담배로 인해 발생되는 질병으로 재산상 손해가 발생한 점에 대해 당연히 담배회사에 법적으로 책임을 물어야 한다고 주장하며 이에 대한 국민들의 관심과 지지가 필요하다고 호소했다.

(라) 아울러 공단은 이 주장을 입증하기 위한 뒷받침 자료로 대한폐암학회와 호흡기내과 전문의 의견서, 담배중독에 대한 한국중독정신의학회와 정신건강의학과 전문의 의견서, 대한금연학회에서 실시한 담배중독 감정서와 이들 중 일부에 대한 흡연경험 심층사례 분석 결과, 공단 내부 연구결과 등을 추가 증거로 제출하였다.

① (가) – (나) – (라) – (다)
② (가) – (라) – (나) – (다)
③ (나) – (가) – (라) – (다)
④ (나) – (라) – (가) – (다)

05 다음 글의 주제로 가장 적절한 것은?

> 상병수당이란 업무 외에 발생한 질병이나 부상으로 인한 소득상실 위험을 보호하는 사회보장 제도이다. 이를 통해 근로자들은 빈곤 예방이나 건강, 사회보장 등 인권을 보호받을 수 있다.
> 사실 상병수당은 새로운 제도가 아니라 국민건강보험법에서 이전부터 명시하고 있던 제도였다. 하지만 관련 하위법령이 없어 실질적으로 그 제도가 이루어지지 않고 있었을 뿐이다. 이로 인해 상병으로 장기요양 중인 근로자는 의료비 부담은 물론 소득상실까지 더해져 빈곤층으로의 전락은 당연한 귀결이 되었다.
> 이에 보건복지부는 2022년부터 시범사업 시행 및 사회적 논의를 거쳐 현 국내 상황에 맞도록 제도 도입을 추진하고 있다. 근로자들은 소득보장은 물론 무리하게 근로를 하지 않고 충분히 휴식을 취할 수 있어 건강권을 증진할 수 있을 뿐만 아니라 미래에 발생할 수도 있었을 잠재적인 생산성 손실도 예방할 수 있게 되었다. 현재는 시범사업 지역에 거주하는 근로자들을 대상으로 진행하고 있으며, 이들 중 공무원, 질병목적 외 휴직자, 자동차보험 적용자, 고용보험・산재보험・생계급여・긴급복지 등 타 제도를 통해 보장받고 있는 자와 해외출국자는 제외되었다. 이들은 근로활동 불가기간을 기준으로 최저임금의 60%를 지원받을 수 있다.

① 업무 중 상병은 산재보상, 업무 외 상병은 상병수당
② 질병이 빈곤으로 이어지지 않도록 예방하는 상병수당
③ 상병 중인 근로자들의 소득보장을 위한 상병수당 제도 시행
④ 근로자들의 빈곤 예방과 인권 보호를 위한 상병수당 제도 신설

06 다음 글의 빈칸에 들어갈 내용으로 가장 적절한 것은?

> 국민건강보험공단과 N사의 업무협약을 시작으로 우리 생활에서 AI의 일상화가 본격적으로 시작되고 있다. 이 협약을 통해 공단은 보유하고 있던 데이터를 N사의 생성형 AI '하이퍼클로바X'에 결합해 공공분야에 실질적인 서비스를 구축함은 물론 공단 내부의 업무 생산성 향상을 도모하기로 하였다.
> AI 안부 콜 서비스인 '클로바 케어콜'을 이용한 공공서비스의 확대도 협의 중이다. 기존에는 일부 지자체에서 1인 가구 중 돌봄이 필요한 경우에 한해 주 1 ~ 2회 안부를 확인하는 방식으로 이루어졌으며, 통화가 연결되지 않거나 이상자로 분류되면 공무원이 이를 재확인하는 절차로 진행되었다. 공단과 N사는 이를 만성질환자 자가건강관리 지원으로까지 확대할 클로바 케어콜 서비스 방안을 모색하고 있다.
> 또한 N사는 국민들이 공단이 제공하는 정보에 더 쉽게 접근할 수 있도록 그 방안도 논의 중이다. 예를 들어 N사 검색창에 '질병정보'를 검색한다면 이에 대한 공단의 '건강통계 분석정보'도 함께 보여주거나, N사 애플리케이션의 '건강판'을 통해 공단의 '생활 속 자가건강관리' 가이드라인 등 공단이 제공하는 건강 관련 콘텐츠를 함께 보여주는 방식으로 논의할 예정이다.
> 이처럼 ______________________________ 국민이 실질적으로 체감할 수 있는 대국민 서비스의 품질이 계속하여 향상될 것으로 기대되고 있다.

① 공공기관과 공기업이 국내 초거대 AI 기업의 기술력을 인수하면서
② 공공기관과 공기업이 국내 초거대 AI 기업의 합병이 이루어지면서
③ 공공기관과 공기업이 보유한 데이터와 국내 기업의 AI 기술력이 결합되면서
④ 공공기관과 공기업이 보유한 데이터에 대해 국내 기업의 접근이 용이해지면서

07 다음 글의 내용으로 적절하지 않은 것은?

> K공단은 의사와 약사가 협력하여 지역주민의 안전한 약물 사용을 돕는 의·약사 협업 다제약물 관리사업을 6월 26일부터 서울 도봉구에서 시작했다고 밝혔다.
> 지난 2018년부터 K공단이 진행 중인 다제약물 관리사업은 10종 이상의 약을 복용하는 만성질환자를 대상으로 약물의 중복 복용과 부작용 등을 예방하기 위해 의약전문가가 약물관리 서비스를 제공하는 사업이다. 지역사회에서는 K공단에서 위촉한 자문 약사가 가정을 방문하여 대상자가 먹고 있는 일반 약을 포함한 전체 약을 대상으로 약물의 복용 상태, 부작용, 중복 등을 종합적으로 검토하고 그 결과를 바탕으로 상담, 교육 및 처방조정 안내를 실시함으로써 약물관리가 이루어진다. 병원에서는 입원 및 외래환자를 대상으로 의사, 약사 등으로 구성된 다학제팀(전인적인 돌봄을 위해 의사, 간호사, 약사, 사회복지사 등 다양한 전문가들로 이루어진 팀)이 약물관리 서비스를 제공한다.
> 다제약물 관리사업 효과를 평가한 결과, 약물관리를 받은 사람의 복약순응도가 56.3% 개선되었고, 효능이 유사한 약물을 중복해서 복용하는 환자가 40.2% 감소되었다. 또한, 병원에서 제공된 다제약물 관리사업으로 응급실 방문 위험이 47%, 재입원 위험이 18% 감소되는 등의 효과를 확인하였다.
> 다만, 지역사회에서는 약사의 약물 상담결과가 의사의 처방조정에까지 반영되는 다학제 협업 시스템이 미흡하다는 의견이 제기되었다. 이러한 문제점의 개선을 위해 K공단은 도봉구 의사회와 약사회, 전문가로 구성된 지역협의체를 구성하고, 지난 4월부터 3회에 걸친 논의를 통해 의·약사 협업 모형을 개발하였으며, 사업 참여 의·약사 선정, 서비스 제공 대상자 모집 및 정보공유 방법 등의 현장 적용방안을 마련했다. 의사나 K공단이 선정한 약물관리 대상자는 자문 약사의 약물점검(필요시 의사 동행)을 받게 되며, 그 결과가 K공단의 정보 시스템을 통해 대상자의 단골 병원 의사에게 전달되어 처방 시 반영될 수 있도록 하는 것이 주요 골자이다. 지역 의·약사 협업 모형은 2023년 12월까지 도봉구지역의 일차의료 만성질환관리 시범사업에 참여하는 의원과 자문약사를 중심으로 우선 실시한다. 이후 사업의 효과성을 평가하고 부족한 점은 보완하여 다른 지역에도 확대 적용할 예정이다.

① K공단에서 위촉한 자문 약사는 환자가 먹는 약물을 조사하여 직접 처방할 수 있다.
② 다제약물 관리사업으로 인해 환자는 복용하는 약물의 수를 줄일 수 있다.
③ 다제약물 관리사업의 주요 대상자는 10종 이상의 약을 복용하는 만성질환자이다.
④ 다제약물 관리사업은 지역사회보다 병원에서 더욱 활발히 이루어지고 있다.

08 다음 문단을 논리적 순서대로 바르게 나열한 것은?

아토피 피부염은 만성적으로 재발하는 양상을 보이며 심한 가려움증을 동반하는 염증성 피부 질환으로, 연령에 따라 특징적인 병변의 분포와 양상을 보인다.

(가) 이와 같이 아토피 피부염은 원인을 정확히 파악할 수 없기 때문에 아토피 피부염의 진단을 위한 특이한 검사소견은 없으며, 임상 증상을 종합하여 진단한다. 기존에 몇 가지 국외의 진단기준이 있었으며, 2005년 대한아토피피부염학회에서는 한국인 아토피 피부염에서 특징적으로 관찰되는 세 가지 주진단 기준과 14가지 보조진단 기준으로 구성된 한국인 아토피 피부염 진단 기준을 정하였다.

(나) 아토피 피부염 환자는 정상 피부에 비해 민감한 피부를 가지고 있으며 다양한 자극원에 의해 악화될 수 있으므로 앞의 약물치료와 더불어 일상생활에서도 이를 피할 수 있도록 노력해야 한다. 비누와 세제, 화학약품, 모직과 나일론 의류, 비정상적인 기온이나 습도에 대한 노출 등이 대표적인 피부 자극 요인들이다. 면제품 속옷을 입도록 하고, 세탁 후 세제가 남지 않도록 물로 여러 번 헹구도록 한다. 또한 평소 실내 온도, 습도를 쾌적하게 유지하는 것도 중요하다. 땀이나 자극성 물질을 제거하는 목적으로 미지근한 물에 샤워를 하는 것이 좋으며, 샤워 후에는 3분 이내에 보습제를 바르는 것이 좋다.

(다) 아토피 피부염을 진단받아 치료하기 위해서는 보습이 가장 중요하고, 피부 증상을 악화시킬 수 있는 자극원, 알레르겐 등을 피하는 것이 필요하다. 국소 치료제로는 국소 스테로이드제가 가장 기본적이다. 국소 칼시뉴린 억제제도 효과적으로 사용되는 약제이며, 국소 스테로이드제 사용으로 발생 가능한 피부 위축 등의 부작용이 없다. 아직 국내에 들어오지는 않았으나 국소 포스포디에스테라제 억제제도 있다. 이 외에는 전신치료로 가려움증 완화를 위해 사용할 수 있는 항히스타민제가 있고, 필요시 경구 스테로이드제를 사용할 수 있다. 심한 아토피 피부염 환자에서는 면역 억제제가 사용된다. 광선치료(자외선치료)도 아토피 피부염 치료로 이용된다. 최근에는 아토피 피부염을 유발하는 특정한 사이토카인 신호 전달을 차단할 수 있는 생물학적제제인 두필루맙(Dupilumab)이 만성 중증 아토피 피부염 환자를 대상으로 사용되고 있으며, 치료 효과가 뛰어나다고 알려져 있다.

(라) 많은 연구에도 불구하고 아토피 피부염의 정확한 원인은 아직 밝혀지지 않았다. 현재까지는 피부 보호막 역할을 하는 피부장벽 기능의 이상, 면역체계의 이상, 유전적 및 환경적 요인 등이 복합적으로 상호작용한 결과 발생하는 것으로 보고 있다.

① (다) – (가) – (라) – (나)
② (다) – (나) – (라) – (가)
③ (라) – (가) – (나) – (다)
④ (라) – (가) – (다) – (나)

09 다음 글의 주제로 가장 적절한 것은?

> 한국인의 주요 사망 원인 중 하나인 뇌경색은 뇌혈관이 갑자기 폐쇄됨으로써 뇌가 손상되어 신경학적 이상이 발생하는 질병이다.
> 뇌경색의 발생 원인은 크게 2가지로 분류할 수 있는데, 그중 첫 번째는 동맥경화증이다. 동맥경화증은 혈관의 중간층에 퇴행성 변화가 일어나서 섬유화가 진행되고 혈관의 탄성이 줄어드는 노화현상의 일종으로, 뇌로 혈류를 공급하는 큰 혈관이 폐쇄되거나 뇌 안의 작은 혈관이 폐쇄되어 발생하는 것이다. 두 번째는 심인성 색전으로, 심장에서 형성된 혈전이 혈관을 타고 흐르다 갑자기 뇌혈관을 폐쇄시켜 발생하는 것이다.
> 뇌경색이 발생하여 환자가 응급실에 내원한 경우, 폐쇄된 뇌혈관을 확인하기 위한 뇌혈관 조영 CT를 촬영하거나 손상된 뇌경색 부위를 좀 더 정확하게 확인해야 하는 경우에는 뇌 자기공명 영상(Brain MRI) 검사를 한다. 이렇게 시행한 검사에서 큰 혈관의 폐쇄가 확인되면 정맥 내에 혈전용해제를 투여하거나 동맥 내부의 혈전제거술을 시행하게 된다. 시술이 필요하지 않은 경우라면, 뇌경색의 악화를 방지하기 위하여 뇌경색 기전에 따라 항혈소판제나 항응고제 약물 치료를 하게 된다.
> 뇌경색의 원인 중 동맥경화증의 경우 여러 가지 위험 요인에 의하여 장시간 동안 서서히 진행된다. 고혈압, 당뇨, 이상지질혈증, 흡연, 과도한 음주, 비만 등이 위험 요인이며, 평소 이러한 원인이 있는 사람은 약물 치료 및 생활 습관 개선으로 위험 요인을 줄여야 한다. 특히 뇌경색이 한번 발병했던 사람은 재발 방지를 위한 약물을 지속적으로 복용하는 것이 필요하다.

① 뇌경색의 주요 증상
② 뇌경색 환자의 약물치료 방법
③ 뇌경색의 발병 원인과 치료 방법
④ 뇌경색이 발생했을 때의 조치사항

10 다음 문단을 논리적 순서대로 바르게 나열한 것은?

(가) 주장애관리는 장애정도가 심한 장애인이 의원뿐만 아니라 병원 및 종합병원급에서 장애 유형별 전문의에게 전문적인 장애관리를 받을 수 있는 서비스이다. 이전에는 대상 관리 유형이 지체장애, 시각장애, 뇌병변장애로 제한되어 있었으나, 3단계부터는 지적장애, 정신장애, 자폐성 장애까지 확대되어 더 많은 중증장애인들이 장애관리를 받을 수 있게 되었다.

(나) 이와 같이 3단계 장애인 건강주치의 시범사업은 기존 1・2단계 시범사업보다 더욱 확대되어 많은 중증장애인들의 참여를 예상하고 있다. 장애인 건강주치의 시범사업에 신청하기 위해서는 국민건강보험공단 홈페이지의 건강IN에서 장애인 건강주치의 의료기관을 찾은 후 해당 의료기관에 방문하여 장애인 건강주치의 이용 신청사실 통지서를 작성하면 신청할 수 있다.

(다) 장애인 건강주치의 제도가 제공하는 서비스는 일반건강관리, 주(主)장애관리, 통합관리로 나누어진다. 일반건강관리 서비스는 모든 유형의 중증장애인이 만성질환 등 전반적인 건강관리를 받을 수 있는 서비스로, 의원급에서 원하는 의사를 선택하여 참여할 수 있다. 1・2단계까지의 사업에서는 만성질환관리를 위해 장애인 본인이 검사비용의 30%를 부담해야 했지만, 3단계부터는 본인부담금 없이 질환별 검사바우처로 제공한다.

(라) 마지막으로 통합관리는 일반건강관리와 주장애관리를 동시에 받을 수 있는 서비스로, 동네에 있는 의원급 의료기관에 속한 지체・뇌병변・시각・지적・정신・자폐성 장애를 진단하는 전문의가 주장애관리와 만성질환관리를 모두 제공한다. 이 3가지 서비스들은 거동이 불편한 환자를 위해 의사나 간호사가 직접 집으로 방문하는 방문 서비스를 제공하고 있으며 기존까지는 연 12회였으나, 3단계 시범사업부터 연 18회로 증대되었다.

(마) 보건복지부와 국민건강보험공단은 2021년 9월부터 3단계 장애인 건강주치의 시범사업을 진행하였다. 장애인 건강주치의 제도는 중증장애인이 인근 지역에서 주치의로 등록 신청한 의사 중 원하는 의사를 선택하여 장애로 인한 건강문제, 만성질환 등 건강상태를 포괄적이고 지속적으로 관리받을 수 있는 제도로, 2018년 5월 1단계 시범사업을 시작으로 2단계 시범사업까지 완료되었다.

① (다) – (가) – (라) – (마) – (나)
② (다) – (마) – (가) – (나) – (라)
③ (마) – (가) – (라) – (나) – (다)
④ (마) – (다) – (가) – (라) – (나)

※ 다음 글을 읽고 이어지는 질문에 답하시오. [11~12]

척추는 신체를 지탱하고, 뇌로부터 이어지는 중추신경인 척수를 보호하는 중요한 뼈 구조물이다. 보통 사람들은 허리에 심한 통증이 느껴지면 허리디스크(추간판탈출증)를 떠올리는데, 디스크 이외에도 통증을 유발하는 척추 질환은 다양하다. 특히 노인 인구가 증가하면서 척추관협착증(요추관협착증)의 발병 또한 늘어나고 있다. 허리디스크와 척추관협착증은 사람들이 혼동하기 쉬운 척추 질환으로, 발병 원인과 치료법이 다르기 때문에 두 질환의 차이를 이해하고 통증 발생 시 질환에 맞춰 적절하게 대응할 필요가 있다.

허리디스크는 척추 뼈 사이에 쿠션처럼 완충 역할을 해주는 디스크(추간판)에 문제가 생겨 발생한다. 디스크는 찐득찐득한 수핵과 이를 둘러싸는 섬유륜으로 구성되는데, 나이가 들어 탄력이 떨어지거나, 젊은 나이에도 급격한 충격에 의해서 섬유륜에 균열이 생기면 속의 수핵이 빠져나오면서 주변 신경을 압박하거나 염증을 유발한다. 허리디스크가 발병하면 초기에는 허리 통증으로 시작되어 점차 허벅지에서 발까지 찌릿하게 저리는 방사통을 유발하고, 디스크에서 수핵이 흘러나오는 상황이기 때문에 허리를 굽히거나 앉아 있으면 디스크에 가해지는 압력이 높아져 통증이 더욱 심해진다. 허리디스크는 통증이 심한 질환이지만, 흘러나온 수핵은 대부분 대식세포에 의해 제거되고, 자연치유가 가능하기 때문에 병원에서는 주로 통증을 줄이고, 안정을 취하는 방법으로 보존치료를 진행한다. 하지만 염증이 심해져 중앙 척수를 건드리게 되면 하반신 마비 등의 증세가 나타날 수 있는데, 이러한 경우에는 탈출된 디스크 조각을 물리적으로 제거하는 수술이 필요하다.

반면, 척추관협착증은 대표적인 척추 퇴행성 질환으로 주변 인대(황색 인대)가 척추관을 압박하여 발생한다. 척추관은 척추 가운데 신경 다발이 지나갈 수 있도록 속이 빈 공간인데, 나이가 들면서 척추가 흔들리게 되면 흔들리는 척추를 붙들기 위해 인대가 점차 두꺼워지고, 척추 뼈에 변형이 생겨 결과적으로 척추관이 좁아지게 된다. 이렇게 오랜 기간 동안 변형된 척추 뼈와 인대가 척추관 속의 신경을 눌러 발생하는 것이 척추관협착증이다. 척추관 속의 신경이 눌리게 되면 통증과 함께 저리거나 당기게 되어 보행이 힘들어지며, 지속적으로 압박받을 경우 척추 신경이 경색되어 하반신 마비 증세로 악화될 수 있다. 일반적으로 서 있을 경우보다 허리를 구부렸을 때 척추관이 더 넓어지므로 허리디스크 환자와 달리 앉아 있을 때 통증이 완화된다. 척추관협착증은 자연치유가 되지 않고 척추관이 다시 넓어지지 않으므로 발병 초기를 제외하면 일반적으로 변형된 부분을 제거하는 수술을 하게 된다.

이와 같이 허리디스크와 척추관협착증은 똑같이 허리 통증을 유발하지만 원인과 증상, 치료법이 상이하다. 비교적 고령인 60대 이상의 사람이 만성적으로 서 있을 때 통증이 나타난다면 ___㉠___을/를 의심해야 하며, 비교적 젊은 20 ~ 50대의 사람이 앉아 있을 때 통증이 급작스럽게 나타날 때는 ___㉡___을/를 의심해야 한다. 척추는 우리의 몸을 지탱하는 중요한 골격이며, 신경계와 밀접한 관련이 있으므로 통증이 발생한다면 자신의 몸 상태를 잘 파악하고, 초기에 치료를 받는 것이 중요하다.

11 **다음 중 윗글의 내용으로 적절하지 않은 것은?**

① 일반적으로 허리디스크는 척추관협착증에 비해 급작스럽게 증상이 나타난다.
② 허리디스크는 서 있을 때 통증이 더 심해진다.
③ 허리디스크에 비해 척추관협착증은 외과적 수술 빈도가 높다.
④ 허리디스크와 척추관협착증 모두 증세가 심해지면 하반신 마비의 가능성이 있다.

12 **다음 중 윗글의 빈칸 ㉠, ㉡에 들어갈 단어가 바르게 연결된 것은?**

	㉠	㉡
①	허리디스크	추간판탈출증
②	허리디스크	척추관협착증
③	척추관협착증	요추관협착증
④	척추관협착증	허리디스크

13 다음은 국민건강보험법의 일부이다. 이에 대한 설명으로 적절하지 않은 것은?

> **급여의 제한(제53조)**
>
> ① 공단은 보험급여를 받을 수 있는 사람이 다음 각 호의 어느 하나에 해당하면 보험급여를 하지 아니한다.
>
> 1. 고의 또는 중대한 과실로 인한 범죄행위에 그 원인이 있거나 고의로 사고를 일으킨 경우
> 2. 고의 또는 중대한 과실로 공단이나 요양기관의 요양에 관한 지시에 따르지 아니한 경우
> 3. 고의 또는 중대한 과실로 제55조에 따른 문서와 그 밖의 물건의 제출을 거부하거나 질문 또는 진단을 기피한 경우
> 4. 업무 또는 공무로 생긴 질병·부상·재해로 다른 법령에 따른 보험급여나 보상(報償) 또는 보상(補償)을 받게 되는 경우
>
> ② 공단은 보험급여를 받을 수 있는 사람이 다른 법령에 따라 국가나 지방자치단체로부터 보험급여에 상당하는 급여를 받거나 보험급여에 상당하는 비용을 지급받게 되는 경우에는 그 한도에서 보험급여를 하지 아니한다.
>
> ③ 공단은 가입자가 대통령령으로 정하는 기간 이상 다음 각 호의 보험료를 체납한 경우 그 체납한 보험료를 완납할 때까지 그 가입자 및 피부양자에 대하여 보험급여를 실시하지 아니할 수 있다. 다만, 월별 보험료의 총체납횟수(이미 납부된 체납보험료는 총체납횟수에서 제외하며, 보험료의 체납기간은 고려하지 아니한다)가 대통령령으로 정하는 횟수 미만이거나 가입자 및 피부양자의 소득·재산 등이 대통령령으로 정하는 기준 미만인 경우에는 그러하지 아니하다.
>
> 1. 제69조 제4항 제2호에 따른 소득월액보험료
> 2. 제69조 제5항에 따른 세대단위의 보험료
>
> ④ 공단은 제77조 제1항 제1호에 따라 납부의무를 부담하는 사용자가 제69조 제4항 제1호에 따른 보수월액보험료를 체납한 경우에는 그 체납에 대하여 직장가입자 본인에게 귀책사유가 있는 경우에 한하여 제3항의 규정을 적용한다. 이 경우 해당 직장가입자의 피부양자에게도 제3항의 규정을 적용한다.
>
> ⑤ 제3항 및 제4항에도 불구하고 제82조에 따라 공단으로부터 분할납부 승인을 받고 그 승인된 보험료를 1회 이상 낸 경우에는 보험급여를 할 수 있다. 다만, 제82조에 따른 분할납부 승인을 받은 사람이 정당한 사유 없이 5회(같은 조 제1항에 따라 승인받은 분할납부 횟수가 5회 미만인 경우에는 해당 분할납부 횟수를 말한다) 이상 그 승인된 보험료를 내지 아니한 경우에는 그러하지 아니하다.

① 공단의 요양에 관한 지시를 고의로 따르지 아니할 경우 보험급여가 제한된다.

② 지방자치단체로부터 보험급여에 해당하는 급여를 받으면 그 한도에서 보험급여를 하지 않는다.

③ 관련 법조항에 따라 분할납부가 승인되면 분할납부가 완료될 때까지 보험급여가 제한될 수 있다.

④ 승인받은 분할납부 횟수가 4회일 경우 정당한 사유 없이 4회 이상 보험료를 내지 않으면 보험급여가 제한된다.

※ 다음 기사를 읽고 이어지는 질문에 답하시오. [14~15]

보건복지부는 독거노인 · 장애인 응급안전안심서비스 3차 장비 확산에 맞춰 2월 21일(화)부터 3월 10일(금)까지 대상자 10만 가구 발굴을 위한 집중신청기간을 운영한다고 밝혔다. 독거노인 · 장애인 응급안전안심서비스는 독거노인과 장애인 가정에 정보통신기술(ICT) 기반의 장비*를 설치해 화재, 낙상 등의 응급상황 발생 시 119에 신속한 연결을 도와 구급 · 구조를 지원하는 사업이다. 그간 1 · 2차 장비 설치로 2022년 말 기준 서비스 대상자는 전국 약 20만 가구이며, 올해 10만 가구분의 3차 장비를 추가 설치해 총 30만 가구까지 서비스 대상을 확대할 예정이다.
응급안전안심서비스를 이용하는 경우 가정 내 화재, 화장실 내 실신 또는 침대에서 낙상 등의 응급상황을 화재 · 활동량 감지기가 자동으로 119와 응급관리요원에 알리거나, 응급호출기로 간편하게 119에 신고할 수 있다. 해당 서비스를 통해, 2022년 한 해 동안 독거노인과 장애인 가정에서 발생한 총 2만 4천여 건의 응급상황을 119와 응급관리요원이 신속하게 파악하여 추가 피해를 최소화할 수 있었다.
이번 독거노인 · 장애인 응급안전안심서비스 집중신청기간 동안 독거노인 · 장애인 등 서비스 대상자나 그 보호자는 행정복지센터(동사무소)나 시 · 군 · 구 지역 센터(노인복지관, 사회복지관 등)에 방문하거나 전화 등으로 서비스를 신청할 수 있다. 만 65세 이상이면서 혼자 생활하는 기초생활수급자 · 차상위계층 · 기초연금수급자 또는 기초지자체장이 생활 여건 및 건강 상태 등을 고려해 상시 보호가 필요하다고 인정하는 노인은 응급안전안심서비스를 신청 · 이용할 수 있으며, 장애인 중 활동지원등급 13구간 이상이면서 독거 또는 취약가구**이거나 그렇지 않더라도 기초지자체장이 생활여건 등을 고려해 상시 보호가 필요하다고 인정하는 경우 응급안전안심서비스를 신청하여 이용할 수 있다.
보건복지부 노인정책과장은 "독거노인 · 장애인 응급안전안심서비스는 정보통신기술(ICT)을 이용해 지역사회 내 안전한 생활을 효율적이며 실시간으로 지원하고 있다."라며 "집중신청기간을 통해 상시 보호가 필요한 많은 분이 신청하도록 관계기관의 적극적인 안내를 부탁드리며, 집중신청기간 이후에도 계속해서 신청 창구는 열려있으니 많은 신청 바란다."라고 말했다.

*게이트웨이(태블릿PC, 레이더센서), 화재 · 활동량 · 출입문 감지기, 응급호출기
**세대별 주민등록표에 등재된 수급자 외 가구 구성원 모두가 장애인이거나 만 18세 이하 또는 만 65세 이상인 경우

| 의사소통능력

14 다음 중 제시된 기사의 주제로 가장 적절한 것은?

① 독거노인 · 장애인 응급안전안심서비스 성과 보고
② 독거노인 · 장애인 응급안전안심서비스 정책과 집중신청기간 안내
③ 응급안전안심서비스 신청 시 지원되는 장비 목록
④ 보건복지부의 응급안전안심서비스 대상자 현장조사

| 의사소통능력

15 다음 중 제시된 기사의 내용으로 적절하지 않은 것은?

① 독거노인이나 장애인이 아니더라도 응급안전안심서비스를 신청하여 이용할 수 있다.
② 서비스 이용을 통해 가정 내 응급상황을 빠르게 파악하여 대처할 수 있다.
③ 독거노인 · 장애인 응급안전안심서비스는 3월 10일 이후로는 신청할 수 없다.
④ 집중신청기간 동안 서비스 신청은 관련 기관에 방문 및 전화로 할 수 있다.

16 다음 글의 제목으로 가장 적절한 것은?

국민건강보험공단은 8월 16일부터 19일까지 4일간 아시아개발은행연구소(이하 ADBI*)와 공동으로 아시아 5개국 보건부 고위관계자들을 초청해 보편적 건강보장(이하 UHC**)을 주제로 국제 워크숍을 실시한다고 밝혔다.
워크숍은 공단과 ADBI가 공동주최하고 태국, 인도네시아, 베트남, 네팔, 방글라데시 등 아시아 5개국의 보건부 고위관료들이 참가한다. 이번 행사는 한국 건강보험의 UHC 달성 경험을 공유하고, 아시아 5개국의 건강보험제도 운영 현황 및 정책 공유를 통해 미래의 전략 방향을 모색하기 위해 기획됐다.
8월 16일부터 4일간 진행되는 워크숍 기간 동안 참가자들은 한국건강보험제도 및 장기요양보험 관련 강의, 현장방문, 토론 등을 통해 필요한 지식과 정보를 습득하고, 자국의 건강보험 관련 현안을 공유할 예정이다.
공단 강상백 글로벌협력실장은 "이번 워크숍은 아시아 개도국의 건강보험 관련 이슈를 공유하는 자리로서, 서로 다른 문화적·사회적 환경에 놓여있는 각국이 '전 국민 건강보장'이라는 보편적 목표 달성을 위해 어떻게 협력할 수 있는지 모색하고 미래에 함께할 수 있는 방안을 논의하는 의미 있는 자리가 될 것"이라고 밝혔다.

*아시아개발은행연구소(Asian Development Bank Institute) : 아시아개발은행의 산하 연구기관으로서 연구보고서, 워크숍, 컨퍼런스 등을 통해 아시아 회원국들의 주요 현안과 당면과제에 대한 해법과 전망을 내놓고 있다.
**보편적 건강보장(Universal Health Coverage) : 모든 사람들이 재정적 곤란함 없이 양질의 필수 의료서비스를 필요한 때에 차별 없이 받을 수 있도록 보장하고자 하는 개념(2013, WHO)이다.

① 국민건강보험공단, 아시아개발은행연구소와 보편적 건강보장 국제 워크숍 개최
② 아시아 회원국의 주요 현안과 당면과제에 대한 해법과 전망
③ 아시아 5개국과 함께하는 한국 건강보험의 UHC 달성 경험
④ 국제 워크숍을 통한 전 국민 건강보장 보편적 목표 달성

17 다음 글의 내용으로 적절하지 않은 것은?

2020년 통계청 자료에 따르면 국내 미숙아(임신 37주 미만에 태어난 신생아)는 전체 출생의 8.3%에 이르며, 해마다 증가하고 있다. 태아의 폐 성숙은 임신 35주 전후에 이루어지므로 미숙아로 태어나면 신생아 호흡곤란 증후군 등 호흡기 질환이 발생하기 쉽다.

모든 신생아는 출생 직후 첫 호흡을 시작하고 태아와 태반을 연결하는 제대가 막히면서 폐를 사용해 호흡하게 된다. 이때 미숙아는 폐의 지속적인 팽창을 유지하는 물질인 폐 표면 활성제가 부족해 폐가 쪼그라드는 무기폐가 발생하기 쉽다. 이로 인해 진행성 호흡부전을 일으키는 것을 신생아 호흡곤란 증후군이라 부른다.

신생아 호흡곤란 증후군의 대표 증상은 출생 직후 또는 수 분 이내에 나타나는 호흡곤란과 청색증이다. 시간이 지나면서 빠른 호흡, 함몰 호흡, 숨을 내쉴 때 신음, 지속 무호흡증, 청색증 등이 더 심해진다. 제대로 치료하지 못하면 호흡부전과 함께 혈압이 낮아지고, 체외 공기 누출, 폐출혈, 동맥관 개존증(태아기에 대동맥과 폐동맥을 연결하는 동맥관이 출생 후에도 열려있는 질환) 악화, 뇌실내출혈 등 다른 장기들도 제 기능을 하지 못해 사망에 이를 수 있다.

치료는 '산전 치료'와 '산후 치료'로 나뉜다. 가장 중요한 산전 치료 방법은 산전 스테로이드 투여다. 산후 치료로 가장 보편적인 것은 폐 표면 활성제 투여다. 아기의 호흡곤란 증상이 뚜렷하고 흉부 방사선 검사에서 호흡곤란증후군 소견이 발견돼 고농도의 흡입 산소가 필요하다고 판단되면 폐 표면 활성제를 투여한다. 이는 신생아 호흡곤란 증후군뿐만 아니라 각종 합병증의 중증도 및 빈도를 감소시켜 미숙아의 생존율을 높이는 것으로 알려졌다.

임신 28주 미만으로 출생한 미숙아 중 60%에서 신생아 호흡곤란 증후군 호전 이후에도 기관지폐이형성증과 같은 만성 폐 질환이 발생한다. 이 경우 소아기 초기에 감기 등 호흡기 바이러스에 감염되면 쌕쌕거림(천명)과 기침이 발생하고, 급격한 호흡부전과 폐고혈압을 유발할 수 있다. 따라서 출생 후 3년 동안은 손 씻기 등 위생 수칙을 철저히 지키고, 이상 증상이 있으면 즉시 적절한 진단과 치료를 받아야 한다.

박가영 교수는 "폐 발달이 미숙한 미숙아는 자발 호흡 노력 부족으로 출생 시 소생술이 필요한 경우가 많다. 따라서 조산 위험 인자가 있는 산모라면 신생아 소생술을 즉각적으로 시행할 수 있는 병원에서 분만하는 것이 좋다. 또 무호흡, 헐떡호흡, 심박수 저하 등을 관찰해 양압 환기, 기관 내 삽관, 약물 치료 등 증상에 따른 적절한 치료를 신속하게 시행해야 한다."라고 당부했다.

① 아기에게 고농도의 흡입 산소가 필요하다고 판단되면 폐 전면 활성제를 투여한다.

② 소아가 초기에 감기 등 호흡기 바이러스에 감염되면 천명과 기침이 발생한다.

③ 폐 발달이 미숙한 미숙아는 자발 호흡 노력 부족으로 출생 시 소생술이 필요한 경우가 많다.

④ 모든 신생아는 출생 직후 첫 호흡을 시작하고 태아와 태반을 연결하는 제대가 막히면서 폐를 사용해 호흡하게 된다.

18 다음 글의 주제로 가장 적절한 것은?

> 정부는 국민 건강 증진을 목적으로 담뱃값 인상을 실시했다. 이 때문에 2015년 1월 1일, 모든 담배 가격이 2,000원씩 올랐다. 적응기도 없이 제 몸값의 갑절로 올라버린 것이다. 충분한 논의 없는 정부의 정책은 흡연자의 반발심을 샀다. 연말부터 사재기라는 기이한 소비가 촉진되었고, 연초부터 면세점에서 담배를 사기 시작했다. 현재 정부는 면세점에서의 담뱃값 인상도 재추진 중이다.
> 그러나 담뱃값 인상은 국민 건강 증진의 근본적인 해결책이 될 수 없다. 흡연자들의 동의 없는 강경책을 일관할수록 암시장이 활성화될 것이다. 실제 10년 전 담뱃값이 500원 인상되었을 때 밀수한 담배 액수만 150억 원에 달했다. 밀수 담배의 대부분은 베트남·중국 쪽에서 제조된다. 이들은 제대로 된 정제 과정 없이 온갖 독성을 함유하고 있고 규제할 길도 묘연하다. 흡연자들이 밀수 담배에까지 손을 뻗는다면 오히려 국민 건강을 해치는 일이 아닌가? 더불어 밀수로 인해 증세 효과도 없어질 것이다.

① 흡연자의 권리가 침해되고 있다.
② 담배의 기형적 소비 형태가 만연하다.
③ 정부의 담뱃값 인상 규제 완화가 필요하다.
④ 밀수 담배는 국민 건강에 악영향을 미친다.

※ 다음 기사를 읽고 이어지는 질문에 답하시오. [19~20]

국민건강보험공단은 2017년 1월 16일부터 공단 홈페이지에서 임신・출산 진료비(국민행복카드)를 신청할 수 있는 온라인 서비스를 제공한다고 밝혔다.
(가) 아울러, 요양기관의 입력정보가 없는 경우에는 본인의 임신정보를 입력 후 임신확인서 원본을 첨부하면 공단 담당자의 확인과정(3 ~ 7일 소요)을 거쳐 바우처 등록 및 카드 발급이 될 수 있도록 구축하였다.
(나) 국민건강보험 가입자(피부양자) 중 임신 중인 자가 임신・출산 진료비 지원을 받으려면 요양 기관에서 임신확인서를 발급받아 은행이나 공단 지사를 방문해야 하는 불편이 있었다.
(다) 공단 관계자는 "정부와 공단이 임신・출산 친화적인 환경 조성을 위하여 2008년 12월부터 시행한 임신・출산 진료비 지원제도(국민행복카드)를 적극 홍보하여 모든 임신부가 혜택을 받도록 노력하겠으며, 금번 온라인 서비스 오픈으로 지원신청이 보다 간편해짐에 따라 이용자(임신부) 편익이 한층 증대되었다."라고 밝혔다.
(라) 공단은 이러한 임신부의 불편을 해소하기 위해 공단 홈페이지에서 공인인증서 본인인증 후 '임신정보 불러오기'로 요양기관의 입력내용을 조회하여 바우처 및 국민행복카드를 신청할 수 있도록 개선하였다.

ㅣ 의사소통능력

19 다음 중 첫 문단 뒤에 이어질 내용을 순서대로 바르게 나열한 것은?

① (나) – (다) – (가) – (라)
② (나) – (라) – (가) – (다)
③ (라) – (가) – (나) – (다)
④ (라) – (나) – (가) – (다)

ㅣ 의사소통능력

20 다음 중 윗글의 밑줄 친 어휘를 대체할 수 없는 것은?

① 아울러 – 동시에 함께
② 발급받아 – 발부받아
③ 방문해야 – 찾아가야
④ 개선하였다 – 개악하였다

※ 다음은 K국의 지역별 및 5대 업종별 기업 현황이다. 이어지는 질문에 답하시오. **[21~22]**

〈조사 지역별 기업 현황〉

(단위 : 개소)

구분	대기업	중소기업	5인 미만	법인			기타	합계
					사단법인	재단법인		
수도권	5,000	10,000	200,000	60,000	50,000	( )	5,000	( )
강원권	500	2,000	10,000	1,000	500	( )	500	( )
충청권	2,000	3,000	30,000	2,500	( )	800	500	( )
호남권	3,000	5,000	30,000	3,000	( )	1,000	1,000	( )
영남권	3,000	5,000	20,000	2,500	1,500	( )	500	( )
전체	13,500	25,000	290,000	69,000	55,700	13,300	7,500	405,000

※ 조사 기업 종류는 대기업, 중소기업, 5인 미만, 법인, 기타만 존재함

※ 조사 지역은 수도권, 강원권, 충청권, 호남권, 영남권으로만 구성함

〈5대 업종별 기업 현황〉

(단위 : 개소)

구분	대기업	중소기업	5인 미만	법인			기타
					사단법인	재단법인	
IT업	6,000	5,000	30,000	3,000	2,000	1,000	500
건설업	2,000	5,000	70,000	4,000	3,000	1,000	300
운송업	1,000	9,000	100,000	7,000	5,000	2,000	200
마케팅업	1,000	1,000	30,000	7,000	5,000	2,000	500
제조업	1,000	2,000	5,000	8,000	5,000	3,000	500
합계	11,000	22,000	235,000	29,000	20,000	9,000	2,000

21 다음 중 위 자료에 대한 설명으로 옳지 않은 것은?

① 조사 지역별 법인 기업에서 사단법인이 차지하는 비율이 세 번째로 높은 지역은 영남권이다.
② 5대 업종의 대기업 중 IT업에 속하지 않는 기업의 수는 수도권 지역 기타 기업의 수와 같다.
③ 조사 지역에서 대기업이 20% 증가하고, 중소기업이 10% 감소한다면 전체 기업 수는 증가한다.
④ 조사 지역의 재단법인 중 강원권 재단법인이 차지하는 비율은 조사 지역의 대기업 중 강원권 대기업이 차지하는 비율보다 크다.

22 다음은 위 자료를 근거로 작성한 보고서이다. 이에 대한 내용으로 옳지 않은 것은?

〈기업 현황 보고서〉

① 조사 지역의 전체 기업 중 5인 미만인 기업은 70% 이상을 차지하고 있으며, 이는 중소기업 수의 10배 이상이다. 특히, 5인 미만인 기업은 수도권에 밀집되어 있는데 ② 조사 지역의 5인 미만 기업 중 수도권이 차지하는 비율 또한 60% 이상이다.
모든 지역에 걸쳐 대기업보단 중소기업이, 중소기업보단 5인 미만 기업의 수가 많았는데, 5인 미만 기업 수 대비 대기업의 수는 영남권이 가장 높았다. 5대 업종만을 분석했을 때 역시 대기업보단 중소기업이, 중소기업보단 5인 미만 기업이 많았으며, 사단법인이 재단법인보다 많았다. ③ 이에 따라 조사 지역의 전체 기업 중 5대 업종에 해당하지 않는 기업도 앞선 순서와 동일하였다. 또한, ④ 조사 지역의 전체 기업 중 운송업에 해당하는 기업의 비율은 5인 미만 기업이 중소기업보다 높았다.

※ 다음은 K국의 연도별 7대 주요 범죄 발생 현황과 교도소별 복역자 현황에 대한 자료이다. 이어지는 질문에 답하시오. **[23~24]**

〈연도별 7대 주요 범죄 발생 현황〉

(단위 : 건)

구분	살인	사기	폭행	강도	절도	성범죄	방화
1989년	500	2,000	5,000	4,000	25,000	3,000	500
1990년	600	2,500	7,000	8,000	20,000	2,500	600
1991년	700	3,000	10,000	5,000	23,000	2,000	800
1992년	800	2,000	15,000	8,000	18,000	2,500	700
1993년	900	3,000	10,000	10,000	20,000	3,000	1,000
1994년	1,000	2,000	20,000	10,000	27,000	5,000	900
1995년	1,100	3,500	17,000	9,000	34,000	2,000	1,100

※ 현 시점은 2025년임

〈K국 교도소의 잔여 형량별 복역자 수〉

(단위 : 명)

구분	A교도소	B교도소	C교도소	D교도소	E교도소	F교도소
1년 미만	3,000	4,000	5,000	6,000	7,000	8,000
1년 이상 3년 미만	1,500	1,000	2,000	3,000	2,000	2,500
3년 이상 5년 미만	400	400	500	600	800	1,000
5년 이상 10년 미만	350	250	250	300	400	50
10년 이상 20년 미만	30	35	40	60	55	35
20년 이상	20	15	10	40	45	15
합계	5,300	5,700	7,800	10,000	10,300	11,600

※ K국의 교도소는 A～F 6개 존재함

23 다음 중 위 자료에 대한 설명으로 옳지 않은 것은?

① 살인이 가장 많이 발생한 해에는 절도 역시 가장 많이 발생하였다.
② 모든 교도소에서 잔여 형량이 많을수록 복역자 수는 감소한다.
③ 범죄가 가장 많이 발생한 해는 폭행도 가장 많이 발생하였다.
④ 잔여 형량이 1년 미만인 경우가 가장 많은 교도소는 전체 복역자 수가 가장 많다.

24 다음 중 위 자료를 계산하여 해석한 내용으로 옳지 않은 것은?

① 1990년부터 1995년까지 전년 대비 살인 사건 발생 변화율은 매년 감소한다.
② K국 전체 교도소 복역자 수 중 D교도소 복역자 수의 비율은 20% 이하이다.
③ 1993년부터 1995년까지 7대 주요 발생 범죄 중 절도가 차지하는 비율은 45% 이하이다.
④ 교도소별 잔여 형량이 1년 미만인 복역자 수 대비 3년 이상 5년 미만인 복역자 수의 비율은 F교도소가 가장 높다.

25 다음은 2019 ~ 2023년 건강보험료 부과 금액 및 1인당 건강보험 급여비에 대한 자료이다. 이에 대한 설명으로 옳지 않은 것은?

〈건강보험료 부과 금액 및 1인당 건강보험 급여비〉

구분	2019년	2020년	2021년	2022년	2023년
건강보험료 부과 금액(십억 원)	59,130	63,120	69,480	76,775	82,840
1인당 건강보험 급여비(원)	1,300,000	1,400,000	1,550,000	1,700,000	1,900,000

① 건강보험료 부과 금액과 1인당 건강보험 급여비는 모두 매년 증가하였다.
② 2020 ~ 2023년 동안 전년 대비 1인당 건강보험 급여비가 가장 크게 증가한 해는 2023년이다.
③ 2020 ~ 2023년 동안 전년 대비 건강보험료 부과 금액의 증가율은 항상 10% 미만이었다.
④ 2019년 대비 2023년의 1인당 건강보험 급여비는 40% 이상 증가하였다.

26 다음은 분기별 상급병원, 종합병원, 요양병원의 보건인력 현황에 대한 자료이다. 분기별 전체 보건인력 중 전체 사회복지사 인력의 비율이 옳지 않은 것은?

〈상급병원, 종합병원, 요양병원의 보건인력 현황〉

(단위 : 명)

구분		2022년 3분기	2022년 4분기	2023년 1분기	2023년 2분기
상급병원	의사	20,002	21,073	22,735	24,871
	약사	2,351	2,468	2,526	2,280
	사회복지사	391	385	370	375
종합병원	의사	32,765	33,084	34,778	33,071
	약사	1,941	1,988	2,001	2,006
	사회복지사	670	695	700	720
요양병원	의사	19,382	19,503	19,761	19,982
	약사	1,439	1,484	1,501	1,540
	사회복지사	1,887	1,902	1,864	1,862
계		80,828	82,582	86,236	86,707

※ 보건인력은 의사, 약사, 사회복지사 인력 모두를 포함함

① 2022년 3분기 : 약 3.65%
② 2022년 4분기 : 약 3.61%
③ 2023년 1분기 : 약 3.88%
④ 2023년 2분기 : 약 3.41%

27 다음은 K지역의 연도별 건강보험금 부과액 및 징수액에 대한 자료이다. 직장가입자 건강보험금 징수율이 가장 높은 해와 지역가입자의 건강보험금 징수율이 가장 높은 해를 바르게 짝지은 것은?

〈건강보험금 부과액 및 징수액〉

(단위 : 백만 원)

구분		2019년	2020년	2021년	2022년
직장가입자	부과액	6,706,712	5,087,163	7,763,135	8,376,138
	징수액	6,698,187	4,898,775	7,536,187	8,368,972
지역가입자	부과액	923,663	1,003,637	1,256,137	1,178,572
	징수액	886,396	973,681	1,138,763	1,058,943

※ $(\text{징수율})=\frac{(\text{징수액})}{(\text{부과액})}\times 100$

	직장가입자	지역가입자
①	2022년	2020년
②	2022년	2019년
③	2021년	2020년
④	2021년	2019년

28 다음은 시 · 도별 지역사회 정신건강 예산에 대한 자료이다. 2021년 대비 2022년 정신건강 예산의 증가액이 가장 큰 지역부터 순서대로 바르게 나열한 것은?

〈시 · 도별 1인당 지역사회 정신건강 예산〉

구분	2022년		2021년	
	정신건강 예산(천 원)	인구 1인당 지역사회 정신건강 예산(원)	정신건강 예산(천 원)	인구 1인당 지역사회 정신건강 예산(원)
서울	58,981,416	6,208	53,647,039	5,587
부산	24,205,167	7,275	21,308,849	6,373
대구	12,256,595	5,133	10,602,255	4,382
인천	17,599,138	5,984	12,662,483	4,291
광주	13,479,092	9,397	12,369,203	8,314
대전	14,142,584	9,563	12,740,140	8,492
울산	6,497,177	5,782	5,321,968	4,669
세종	1,515,042	4,129	1,237,124	3,546
제주	5,600,120	8,319	4,062,551	6,062

① 서울 – 세종 – 인천 – 대구 – 제주 – 대전 – 울산 – 광주 – 부산
② 서울 – 인천 – 부산 – 대구 – 제주 – 대전 – 울산 – 광주 – 세종
③ 서울 – 대구 – 인천 – 대전 – 부산 – 세종 – 울산 – 광주 – 제주
④ 서울 – 인천 – 부산 – 세종 – 제주 – 대전 – 울산 – 광주 – 대구

29 다음은 2022년 시 · 도별 공공의료기관 인력 현황에 대한 자료이다. 전문의 의료 인력 대비 간호사 인력 비율이 가장 높은 지역은?

〈시 · 도별 공공의료기관 인력 현황〉

(단위 : 명)

구분	일반의	전문의	레지던트	간호사
서울	35	1,905	872	8,286
부산	5	508	208	2,755
대구	7	546	229	2,602
인천	4	112	0	679
광주	4	371	182	2,007
대전	3	399	163	2,052
울산	0	2	0	8
세종	0	118	0	594
경기	14	1,516	275	6,706
강원	4	424	67	1,779
충북	5	308	89	1,496
충남	2	151	8	955
전북	2	358	137	1,963
전남	9	296	80	1,460
경북	7	235	0	1,158
경남	9	783	224	4,004
제주	0	229	51	1,212

① 서울　　② 울산

③ 경기　　④ 충남

30 다음은 연도별 · 연령대별 흡연율에 대한 자료이다. 이를 나타낸 그래프로 옳지 않은 것은?

〈연도별 · 연령대별 흡연율〉

(단위 : %)

구분	연령대				
	20대	30대	40대	50대	60대 이상
2012년	28.4	24.8	27.4	20.0	16.2
2013년	21.5	31.4	29.9	18.7	18.4
2014년	18.9	27.0	27.2	19.4	17.6
2015년	28.0	30.1	27.9	15.6	2.7
2016년	30.0	27.5	22.4	16.3	9.1
2017년	24.2	25.2	19.3	14.9	18.4
2018년	13.1	25.4	22.5	15.6	16.5
2019년	22.2	16.1	18.2	13.2	15.8
2020년	11.6	25.4	13.4	13.9	13.9
2021년	14.0	22.2	18.8	11.6	9.4

① 40대, 50대 연도별 흡연율

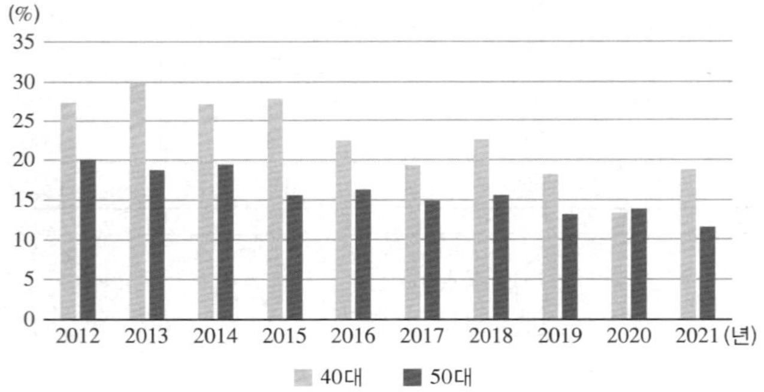

② 2018 ~ 2021년 연령대별 흡연율

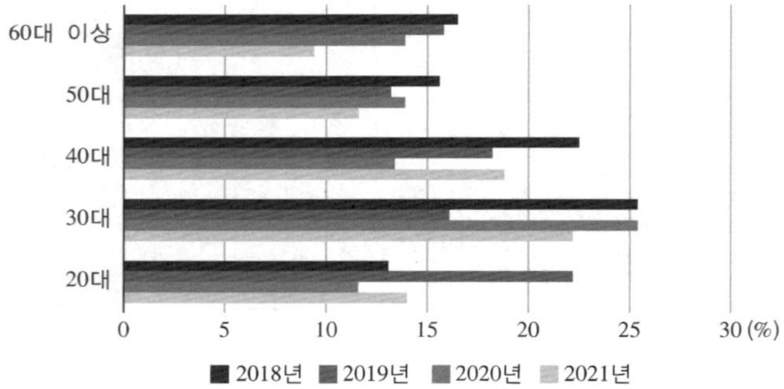

③ 2016 ~ 2021년 60대 이상 연도별 흡연율

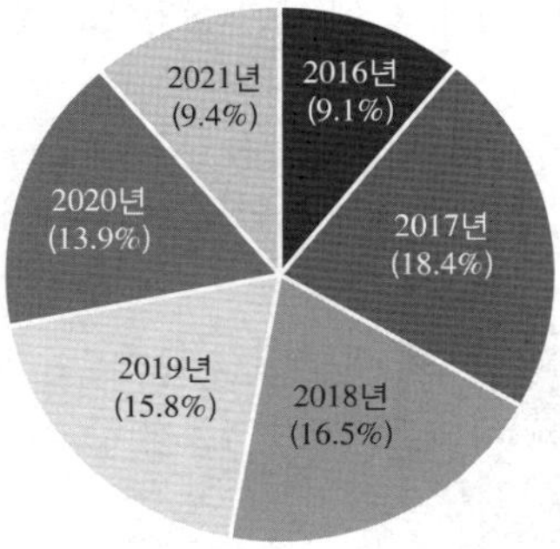

④ 20대, 30대 연도별 흡연율

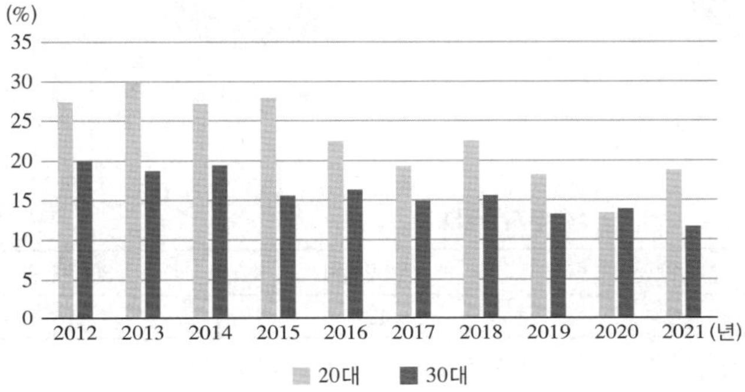

31 다음은 2021년 정부지원금 수혜자 200명을 대상으로 조사한 자료이다. 이에 대한 설명으로 옳지 않은 것은?(단, 소수점 첫째 자리에서 버림한다)

〈정부지원금 유형〉

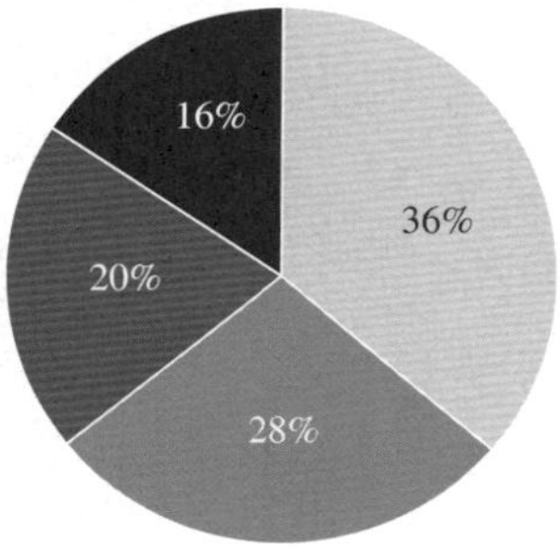

〈연령별 수혜자 현황〉

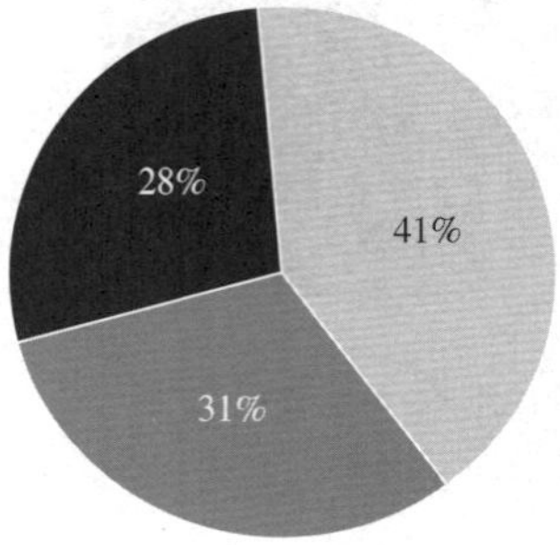

※ 정부지원금 유형은 위에 제시된 것 이외엔 없음

〈정부지원금〉

구분	100만 원	200만 원	300만 원
비율	36%	42%	22%

※ 정부지원금은 유형별 100만 원, 200만 원, 300만 원씩 지급되며 중복수혜는 불가능함

※ 제시된 자료는 한 사람당 정부지원금 수령 총금액임

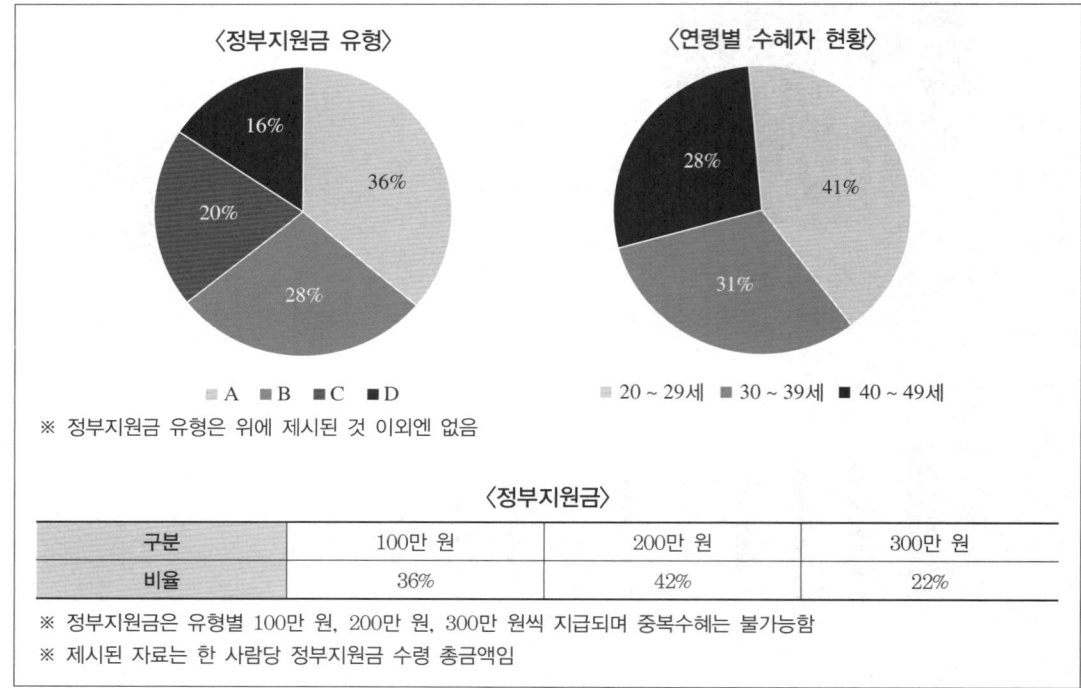

① 정부지원금에 들어간 총비용은 37,000만 원 이상이다.

② 정부지원금 유형 A의 수령자가 모두 20대라고 할 때, 전체 20대 중 정부지원금 유형 A의 수령자가 차지하는 비율은 85%이다.

③ 모든 20대가 정부지원금을 200만 원 받았다고 할 때, 200만 원 수령자 중 20대가 차지하는 비율은 95% 이상이다.

④ 정부지원금 수혜자 수가 2배이고 수혜자 현황 비율이 동일하다면, 정부지원금에 들어간 비용도 2배이다.

※ 다음은 K공단 직원 250명을 대상으로 조사한 자료이다. 이어지는 질문에 답하시오. **[32~33]**

〈2020년 독감 예방접종 여부〉

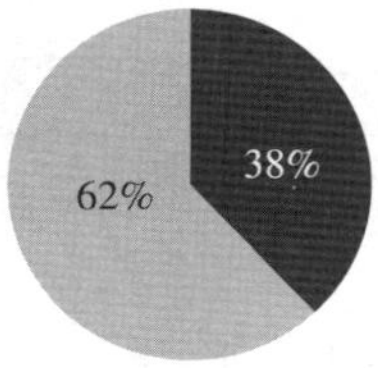

〈2021년 독감 예방접종 여부〉

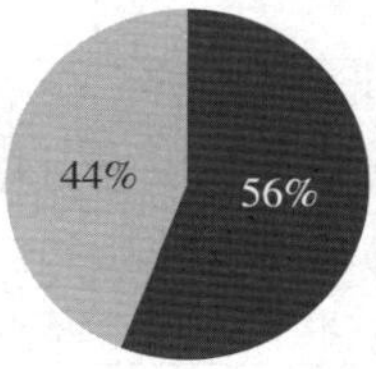

〈부서별 직원 현황〉

구분	총무부서	회계부서	영업부서	제조부서	합계
비율	16%	12%	28%	44%	100%

※ 제시된 것 외의 부서는 없음

※ 2020년과 2021년 부서별 직원 현황은 변동이 없음

┃ 수리능력

32 **다음 중 위 자료에 대한 설명으로 옳은 것은?(단, 소수점 첫째 자리에서 버림한다)**

① 2020년의 독감 예방접종자가 2021년에도 예방접종을 했다면, 2020년에는 예방접종을 하지 않았지만 2021년에 예방접종을 한 직원은 총 54명이다.

② 2020년 대비 2021년에 예방접종을 한 직원의 수는 49% 이상 증가했다.

③ 2020년의 예방접종을 하지 않은 직원들을 대상으로 2021년의 독감 예방접종 여부를 조사한 자료라고 한다면, 2020년과 2021년 모두 예방접종을 하지 않은 직원은 총 65명이다.

④ 2020년과 2021년의 독감 예방접종 여부가 총무부서에 대한 자료라고 할 때, 총무부서 직원 중 예방접종을 한 직원은 2020년 대비 2021년에 약 7명 증가했다.

┃ 수리능력

33 **제조부서를 제외한 모든 부서 직원의 절반이 2020년 예방접종을 했다고 할 때, 제조부서 직원 중 2020년에 예방접종을 한 직원의 비율은?(단, 소수점 첫째 자리에서 버림한다)**

① 18% ② 20%

③ 22% ④ 24%

※ 다음은 2018 ~ 2019년의 문화예술행사 관람률에 대한 자료이다. 이어지는 질문에 답하시오. **[34~35]**

〈문화예술행사 관람률〉

(단위 : 명, %)

구분		2018년			2019년		
		표본 수	관람	미관람	표본 수	관람	미관람
연령별	15 ~ 19세	754	3.9	96.1	677	96	4
	20대	1,505	2.9	97.1	1,573	97.4	2.6
	30대	1,570	8.4	91.6	1,640	91.5	8.5
	40대	1,964	11	89	1,894	89.1	10.9
	50대	2,077	20.6	79.4	1,925	80.8	19.2
	60대	1,409	35.3	64.7	1,335	64.9	35.1
	70대 이상	1,279	53.1	46.9	1,058	49.9	50.1
가구소득별	100만 원 미만	869	57.5	42.5	1,019	51.7	48.3
	100만 원 이상 200만 원 미만	1,204	41.6	58.4	1,001	60.4	39.6
	200만 원 이상 300만 원 미만	1,803	24.1	75.9	1,722	76.5	23.5
	300만 원 이상 400만 원 미만	2,152	18.6	81.4	2,098	82.5	17.5
	400만 원 이상 500만 원 미만	2,228	11.9	88.1	1,725	89.3	10.7
	500만 원 이상 600만 원 미만	1,278	8.4	91.6	1,344	92.1	7.9
	600만 원 이상	1,024	8.1	91.9	1,193	92.5	7.5
권역별	수도권	3,206	14.1	85.9	3,247	86	14
	강원 / 제주권	783	14.2	85.8	740	79.3	20.7
	충청 / 세종권	(가)	14.3	85.7	1,655	81.2	18.8
	호남권	1,584	34	66	(나)	73.9	26.1
	대경권	1,307	28.3	71.7	1,891	76.8	23.2
	동남권	1,910	20.4	79.6	1,119	78.2	21.8

34 다음 중 위 자료에서 (가)+(나)의 값을 구하면 얼마인가?

① 2,765
② 3,012
③ 3,218
④ 3,308

35 다음 〈보기〉 중 위 자료에 대한 설명으로 옳은 것을 모두 고르면?

〈보기〉

㉠ 2018년에 문화예술행사를 관람한 사람의 수는 가구소득이 100만 원 미만인 사람이 가구소득이 100만 원 이상 200만 원 미만인 사람보다 많다.
㉡ 문화예술행사를 관람한 70대 이상의 사람의 수는 2018년이 2019년보다 더 많다.
㉢ 2018년에 소득이 100만 원 이상 300만 원 미만인 사람들 중 문화예술행사를 관람한 사람의 비율은 2019년 소득이 100만 원 이상 200만 원 미만인 사람들 중 문화예술행사를 관람하지 않은 사람의 비율보다 작다.
㉣ 2019년에 문화예술행사를 관람한 사람의 수는 40대가 50대보다 더 적다.

① ㉠, ㉡
② ㉡, ㉢
③ ㉠, ㉡, ㉢
④ ㉠, ㉢, ㉣

※ 다음은 2020년도의 시 · 도별 질병 환자 현황이다. 이어지는 질문에 답하시오. **[36~37]**

〈시 · 도별 질병 환자 현황〉

(단위 : 명, 개)

구분	질병 환자 수	감기 환자 수	발열 환자 수	한 명당 가입한 의료보험의 수
서울특별시	246,867	96,928	129,568	1.3
부산광역시	77,755	37,101	33,632	1.3
대구광역시	56,985	27,711	23,766	1.2
인천광역시	80,023	36,879	33,962	1.3
광주광역시	35,659	19,159	16,530	1.2
대전광역시	37,736	15,797	17,166	1.3
울산광역시	32,861	18,252	12,505	1.2
세종특별자치시	12,432	5,611	6,351	1.3
경기도	366,403	154,420	166,778	1.3
강원도	35,685	15,334	15,516	1.3
충청북도	40,021	18,556	17,662	1.3
충청남도	56,829	27,757	23,201	1.3
전라북도	38,328	18,922	16,191	1.3
전라남도	40,173	19,691	15,614	1.3
경상북도	61,237	30,963	24,054	1.3
경상남도	85,031	43,694	33,622	1.3
제주특별자치도	18,387	7,950	8,294	1.4
전국	1,322,406	594,721	594,409	1.3

36 다음 중 위 자료를 나타낸 그래프로 옳지 않은 것은?(단, 소수점 셋째 자리에서 반올림한다)

① 시 · 도별 질병 환자 수

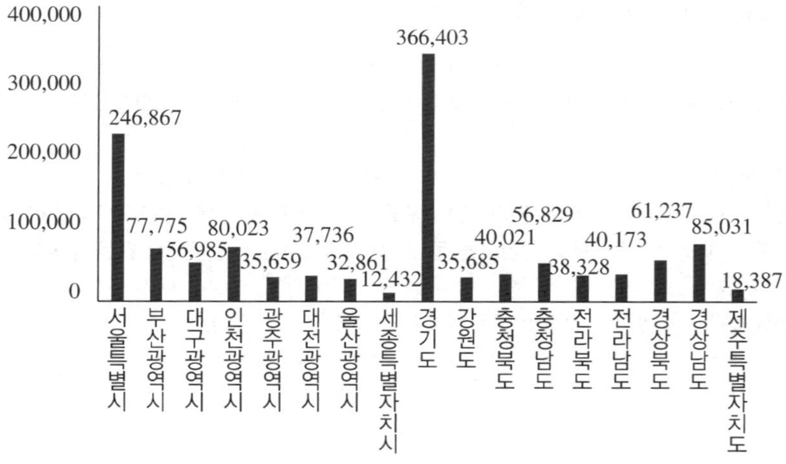

② 시·도별 감기 환자 수

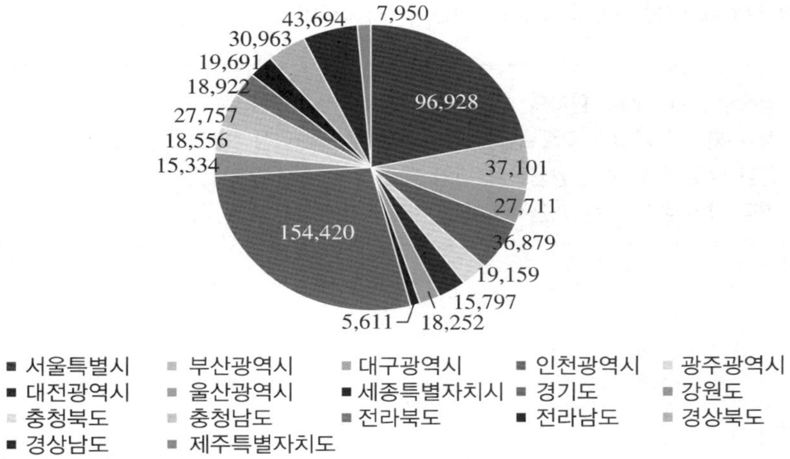

③ 한 명당 가입한 의료보험의 수

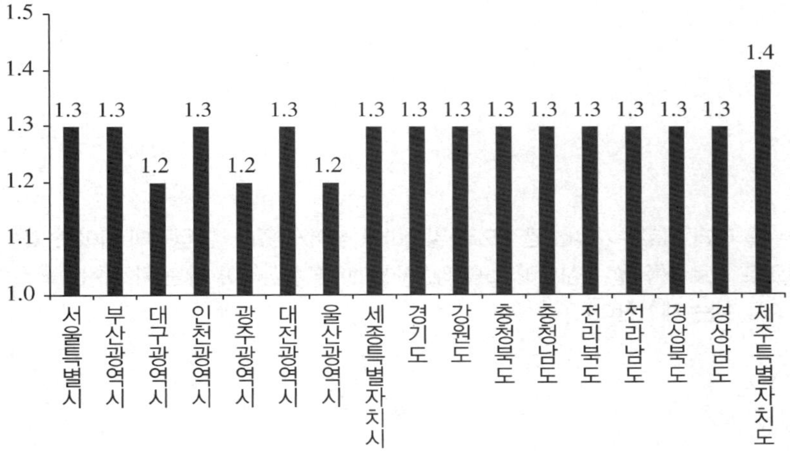

④ 질병 환자 한 명당 발열 환자 비율

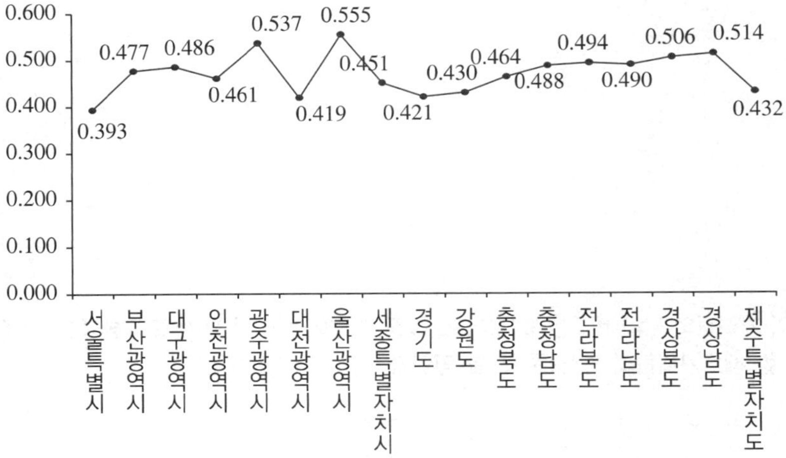

37 다음 〈보기〉 중 위 자료에 대한 설명으로 옳은 것을 모두 고르면?

〈보기〉

㉠ 부산광역시는 경상남도보다 감기 환자의 수가 적다.
㉡ 대구광역시의 질병 환자가 가입한 의료보험의 수는 6만 5천 개 이상이다.
㉢ 질병 환자 한 명당 발열 환자 수는 강원도가 제일 적다.
㉣ 질병 환자 한 명당 발열 환자 수는 서울특별시가 제일 크다.

① ㉠, ㉡
② ㉡, ㉢
③ ㉠, ㉡, ㉣
④ ㉠, ㉢, ㉣

38 둘레가 456m인 호수를 따라 가로수가 4m 간격으로 일정하게 심어져 있다. 출입구에 심어져 있는 가로수를 기준으로 6m 간격으로 가로수를 옮겨 심으려고 할 때, 새롭게 옮겨 심어야 하는 가로수는 최소 몇 그루인가?(단, 불필요한 가로수는 제거한다)

① 38그루
② 37그루
③ 36그루
④ 35그루

39 국민건강보험공단의 기획팀의 남녀 비율은 3 : 2이고, 그중 기혼여성과 미혼여성의 비율은 1 : 2이다. 기혼여성이 6명이라고 할 때, 기획팀의 인원은 총 몇 명인가?

① 42명
② 45명
③ 48명
④ 50명

40 다음은 K병원의 하루 평균 이뇨제, 지사제, 진통제 사용량에 대한 자료이다. 이에 대한 설명으로 옳지 않은 것은?

〈하루 평균 이뇨제, 지사제, 진통제 사용량〉

구분	2018년	2019년	2020년	2021년	2022년	1인 1일 투여량
이뇨제	3,000mL	3,480mL	3,360mL	4,200mL	3,720mL	60mL/일
지사제	30정	42정	48정	40정	44정	2정/일
진통제	6,720mg	6,960mg	6,840mg	7,200mg	7,080mg	60mg/일

※ 모든 의약품은 1인 1일 투여량을 준수하여 투여했음

① 전년 대비 2022년 사용량 감소율이 가장 큰 의약품은 이뇨제이다.

② 5년 동안 지사제를 투여한 환자 수의 평균은 18명 이상이다.

③ 이뇨제 사용량은 증가와 감소를 반복하였다.

④ 매년 진통제를 투여한 환자 수는 이뇨제를 투여한 환자 수의 2배 이하이다.

※ 다음은 2025년 2월 10일 기준 국내 월평균 식재료 가격이다. 이어지는 질문에 답하시오. **[41~42]**

〈월평균 식재료 가격(2025.02.10 기준)〉

구분	세부항목	2024년						2025년
		7월	8월	9월	10월	11월	12월	1월
곡류	쌀 (원/kg)	1,992	1,083	1,970	1,895	1,850	1,809	1,805
채소류	양파 (원/kg)	1,385	1,409	1,437	1,476	1,504	1,548	1,759
	배추 (원/포기)	2,967	4,556	7,401	4,793	3,108	3,546	3,634
	무 (원/개)	1,653	1,829	2,761	3,166	2,245	2,474	2,543
수산물	물오징어 (원/마리)	2,286	2,207	2,267	2,375	2,678	2,784	2,796
	건멸치 (원/kg)	23,760	23,760	24,100	24,140	24,870	25,320	25,200
축산물	계란 (원/30개)	5,272	5,332	5,590	5,581	5,545	6,621	9,096
	닭 (원/kg)	5,436	5,337	5,582	5,716	5,579	5,266	5,062
	돼지 (원/kg)	16,200	15,485	15,695	15,260	15,105	15,090	15,025
	소_국산 (원/kg)	52,004	52,220	52,608	52,396	51,918	51,632	51,668
	소_미국산 (원/kg)	21,828	22,500	23,216	21,726	23,747	22,697	21,432
	소_호주산 (원/kg)	23,760	23,777	24,122	23,570	23,047	23,815	24,227

※ 주요 식재료 소매가격(물오징어는 냉동과 생물의 평균 가격, 계란은 특란의 평균 가격, 돼지는 국내 냉장과 수입 냉동의 평균 가격, 국산 소고기는 갈비, 등심, 불고기의 평균 가격, 미국산 소고기는 갈비, 갈빗살, 불고기의 평균 가격, 호주산 소고기는 갈비, 등심, 불고기의 평균 가격임)

※ 표시 가격은 주요 재료의 월평균 가격이며, 조사 주기는 일별로 조사함

41 **다음 중 위 자료를 이해한 내용으로 옳지 않은 것은?**

① 2024년 8월 대비 9월 쌀 가격의 증가율은 2024년 11월 대비 12월 무 가격의 증가율보다 크다.
② 소의 가격은 국산, 미국산, 호주산 모두 2024년 7월부터 9월까지 증가하다가 10월에 감소한다.
③ 계란 가격은 2024년 7월부터 2025년 1월까지 꾸준히 증가하고 있다.
④ 쌀 가격은 2024년 8월에 감소했다가 9월에 증가한 후 그 후로 계속 감소하고 있다.

42 **K식품회사에 재직 중인 A사원은 국내 농수산물의 동향과 관련한 보고서를 쓰기 위해 위 자료를 토대로 2024년 12월 대비 2025년 1월 식재료별 가격의 증감률을 구하고 있으며, 다음은 A사원이 작성한 보고서의 일부이다. 다음 중 증감률이 가장 큰 재료는?(단, 소수점 셋째 자리에서 버림한다)**

〈국내 농수산물 가격 동향에 따른 보고서〉

식품개발팀 A사원

저희 개발팀에서 올해 기획하고 있는 신제품 출시를 위하여 국내 농수산물 가격 동향을 조사하였습니다. 하단에 월평균 식재료 증감률을 첨부하였으니 신제품 개발 일정을 수립하는 데 참고하시면 될 것 같습니다. 자세한 사항은 식품개발팀 B과장님께 문의하십시오.

〈월평균 식재료 증감률(2025.02.10 기준)〉

구분	세부항목	2024년 12월	2025년 1월	증감률(%)
곡류	쌀(원/kg)	1,809	1,805	
채소류	양파(원/kg)	1,548	1,759	
	무(원/개)	2,474	2,543	
수산물	건멸치(원/kg)	25,320	25,200	

… 생략 …

① 쌀
② 양파
③ 무
④ 건멸치

43 다음은 K사의 신입사원 선발 조건이다. 〈보기〉의 지원자 중 최고득점자와 최저득점자를 바르게 연결한 것은?

〈K사 신입사원 선발 조건〉

- 다음과 같은 항목에 따른 점수를 합산하여 최종점수(100점 만점)을 산정하여 점수가 가장 높은 지원자 2명을 신입사원으로 선발한다.
  - 학위점수(30점 만점)

학위	학사	석사	박사
점수(점)	18	25	30

  - 어학능력점수(20점 만점)

어학시험점수 (300점 만점)	0점 이상 50점 미만	50점 이상 150점 미만	150점 이상 220점 미만	220점 이상
점수(점)	8	14	17	20

  - 면접점수(20점 만점)

총 인턴근무 기간	미흡	보통	우수
점수(점)	18	24	30

  - 실무경험점수(20점 만점)

총 인턴근무 기간	4개월 미만	4개월 이상 8개월 미만	8개월 이상 12개월 미만	12개월 이상
점수(점)	12	16	18	20

〈보기〉

구분	학위점수	어학시험점수	면접점수	총 인턴근무 기간
A	학사	228	우수	8개월
B	석사	204	보통	11개월
C	학사	198	보통	9개월
D	박사	124	미흡	3개월

	최고득점자	최저득점자
①	A	B
②	A	D
③	B	C
④	C	D

44 다음은 주택용 요금 경감 제도 중 사회적 배려 대상자 주택용 도시가스 요금 경감에 대한 자료이다. 아이가 4명인 P씨가 1 ~ 6월 동안 받을 수 있는 주택용 도시가스의 취사난방용 요금 경감금액은 최대 얼마인가? [단, 에너지이용권(에너지바우처)은 고려하지 않는다]

〈사회적 배려 대상자 주택용 도시가스 요금 경감〉

• 요금 경감 대상자

1. 장애인복지법에서 정한 장애의 정도가 심한 장애인
2. 국가유공자 등 예우 및 지원에 관한 법률 및 5.18 민주유공자 예우에 관한 법률에서 정한 1 ~ 3급 상이자
3. 독립유공자 예우에 관한 법률에 의한 독립유공자 또는 수급자
4. 국민기초생활보장법에서 정한 생계급여, 의료급여, 주거급여, 교육급여 수급자
5. 국민기초생활보장법에서 정한 차상위계층 중 다음에 해당하는 자
   – 국민기초생활보장법 제9조 제5항에 따라 자활사업에 참여하는 자
   – 국민건강보험법 시행령 별표2 제3호 라목에 따라 희귀난치성질환을 가진 자 등으로서 본인부담액을 경감받는 자
   – 장애인복지법 제49조 및 동일법 제50조에 따라 장애수당을 받는 18세 이상 장애인 및 장애아동수당을 받는 18세 미만 장애인
   – 한부모가족지원법 제5조에 따라 지원받는 모자 가정, 부자 가정, 조손 가정
   – 국민기초생활보장법 시행규칙 제38조 제4항에 따라 차상위계층 확인서를 발급받은 가정
6. 다음에 해당하는 다자녀가구
   – 일반 다자녀가구 : 세대별 주민등록표상 세대주와의 관계가 "자(子)" 또는 "손(孫)"이 각각 3인 이상으로 표시된 주거용 주택의 세대주
   – 위탁가정 다자녀 가구 : 가정위탁보호 확인서상 위탁아동으로서 세대별 주민등록표상 세대주와의 관계가 "동거인"으로 지정된 자와 세대별 주민등록표상 세대주와의 관계가 "자(子)" 또는 "손(孫)"인 자의 합이 각각 3인 이상인 주거용 주택의 세대주

※ 단, 만 18세 미만의 "자(子)" 또는 "손(孫)"의 확인은 주민등록표상으로 불가능할 경우 가족관계증명서로 대체

※ 위탁한 "자(子)" 또는 "손(孫)"(이하 위탁아동)이 있는 친권자(세대주)가 다자녀 경감을 신청한 경우, 위탁아동을 제외한 "자(子)" 또는 "손(孫)"이 3인 미만이 되는 경우 경감 적용 불가

• 취사난방용 요금 경감금액

(단위 : 원/월)

구분	동절기(12 ~ 3월)			동절기 외(4 ~ 11월)		
	계	도매	소매	계	도매	소매
장애의 정도가 심한 장애인	72,000	64,800	7,200	9,900	7,920	1,980
국가유공자 및 독립유공자	72,000	64,800	7,200	9,900	7,920	1,980
차상위계층확인서 발급대상	18,000	16,200	1,800	2,470	1,980	490
다자녀가구	18,000	16,200	1,800	2,470	1,980	490

※ 도시가스 요금은 한국가스공사가 공급하는 도매요금과 관할지자체가 승인하는 도시가스사의 소매요금으로 이원화되어 있음

① 59,870원　② 61,410원
③ 63,690원　④ 65,980원

※ 다음은 소형차의 지역별 고속도로 통행료와 통행료 면제 및 할인 규정에 대한 자료이다. 이어지는 질문에 답하시오. **[45~46]**

〈소형차 지역별 고속도로 통행료〉

(단위 : 원)

구분	화성JCT	북오산	동탄	북평택
화성JCT	–	1,000	1,400	2,200
북오산	1,000	–	400	2,300
동탄	1,400	400	–	2,700
북평택	2,200	2,300	2,700	–

• 통행료 면제

유료도로법 제15조 및 유료도로법 시행령 제8조 제2항 제1호에 의한 차량

구분	내용
유료도로법 제15조 제2항	– 군작전용 차량(국방부장관 · 합참의장 · 각 군 참모총장 발급의 군 작전 수행 증명문서 제출) – 구급 및 구호차량 – 소방 활동에 종사하는 차량
유료도로법 시행령 제8조	– 경찰 작전용 차량 – 교통 단속용 차량 – 국가가 경영하는 우편 사업에 종사하는 차량 – 유료도로의 건설 · 유지 관리용 차량 – 설 · 추석 연휴기간 고속도로 이용차량(전날, 연휴 당일, 다음날 3일)
독립유공자 국가유공자 1 ~ 5급 1 ~ 5급까지의 5.18 민주화운동 부상자 탑승차량	– 배기량 2,000cc 이하인 차량 – 1ton 이하인 소형차량 – 12인승 이하 승합차 – 7 ~ 10인승 승용차(배기량 제한 없음)

• 통행료 30% 할인

유료도로법 시행령 제8조 제2항 제2호에 의한 차량

구분	내용
비상제동장치(AEBS) 할인	비상자동제동장치(AEBS)를 장착한 노선버스 및 전세버스 – AEBS 전용 단말기 이용차량 한정
심야 할인	사업용 화물차 및 대여업용 건설기계 [적용시간] 21:00 ~ 06:00 [이용비율] 20% 이상 70% 미만 – 소형 ~ 대형 차량은 사업용 화물차 식별을 위한 화물차 전용 단말기 이용차량 한정(하이패스)

• 통행료 50% 할인

유료도로법 제15조 및 유료도로법 시행령 제8조 제2항 제1호에 의한 차량

<table>
<tr><th>구분</th><th>내용</th></tr>
<tr><td>경차 할인</td><td>경형자동차</td></tr>
<tr><td>전기 / 수소차 할인</td><td>전기자동차 및 연료전지자동차(수소자동차)
(단, 전기·수소자동차 전용단말기 이용차량으로 한정한다)</td></tr>
<tr><td>국가유공자 6 ~ 7급
상이등급을 받은 자</td><td rowspan="4">– 식별표지를 부착하고 할인카드를 제시 차량
(본인운전 또는 탑승 확인 시 통행료 할인)
– 국가보훈처에 등록된 국가유공자(6 ~ 7등급)가 소유한 승용차량
① 배기량 2,000cc 이하인 차량
② 1ton 이하인 소형차
③ 12인승 이하 승합차
④ 7 ~ 10인승 승용차(배기량 제한 없음)</td></tr>
<tr><td>6 ~ 14급까지의 5.18 민주화운동
부상자 탑승차량</td></tr>
<tr><td>고엽제 후유증의 환자 차량</td></tr>
<tr><td>장애인 1 ~ 6급 판정을 받은 자</td></tr>
<tr><td>심야 할인</td><td>사업용 화물차 및 대여업용 건설기계
[적용시간] 21:00 ~ 06:00
[이용비율] 70% 이상 100% 이하
– 소형 ~ 대형 차량은 사업용 화물차 식별을 위한 화물차 전용 단말기 이용차량 한정(하이패스)</td></tr>
</table>

❙ 문제해결능력

45 A씨에 대한 정보가 다음 〈조건〉과 같을 때, A씨가 1주일 동안 지불해야 할 통행료는 얼마인가?

〈조건〉

• A씨는 21:30 ~ 05: 30 동안 화물용 소형차로 야간 배송 업무를 하고 있다.
• A씨는 북평택에서 출발하여 동탄을 하루 3회 왕복으로 이동한다.
• A씨는 북평택 ~ 동탄을 오갈 때마다 통행료를 지불한다.
• A씨는 1주일에 6일 근무하고 근무시간 외에는 도로를 이용하지 않는다.
• A씨의 고속도로 이용비율은 약 25%이다.
• A씨는 하이패스를 이용하며, 차량에는 화물차 전용 단말기가 설치되어 있다.

① 48,600원　② 68,040원
③ 88,920원　④ 97,200원

❙ 문제해결능력

46 B씨는 5.18 민주화운동으로 인해 2급 장애 판정을 받으신 아버지를 모시고 화성JCT에서 북오산으로 이동하고자 한다. 이때 B씨가 지불해야 할 통행료는 얼마인가?

① 0원　② 500원
③ 700원　④ 1,000원

※ 다음 명제가 모두 참일 때, 빈칸에 들어갈 명제로 가장 적절한 것을 고르시오. [47~49]

❙ 문제해결능력

47

- 잎이 넓은 나무는 키가 크다.
- 잎이 넓지 않은 나무는 덥지 않은 지방에서 자란다.
- ______________________________
- 따라서 더운 지방에서 자라는 나무는 열매가 많이 맺힌다.

① 잎이 넓지 않은 나무는 열매가 많이 맺힌다.
② 열매가 많이 맺히지 않는 나무는 키가 작다.
③ 벌레가 많은 지역은 열매가 많이 맺히지 않는다.
④ 키가 작은 나무는 덥지 않은 지방에서 자란다.

❙ 문제해결능력

48

- 풀을 먹는 동물은 몸집이 크다.
- 사막에서 사는 동물은 물속에서 살지 않는다.
- ______________________________
- 따라서 물속에서 사는 동물은 몸집이 크다.

① 몸집이 큰 동물은 물속에서 산다.
② 물이 있으면 사막이 아니다.
③ 사막에 사는 동물은 몸집이 크다.
④ 풀을 먹지 않는 동물은 사막에 산다.

❙ 문제해결능력

49

- 모든 1과 사원은 가장 실적이 많은 2과 사원보다 실적이 많다.
- 가장 실적이 많은 4과 사원은 모든 3과 사원보다 실적이 적다.
- 3과 사원 중 일부는 가장 실적이 많은 2과 사원보다 실적이 적다.
- 따라서 ______________________________

① 모든 2과 사원은 4과 사원 중 일부보다 실적이 적다.
② 어떤 1과 사원은 가장 실적이 많은 3과 사원보다 실적이 적다.
③ 어떤 3과 사원은 가장 실적이 적은 1과 사원보다 실적이 적다.
④ 1과 사원 중 가장 적은 실적을 올린 사원과 같은 실적을 올린 사원이 4과에 있다.

50 다음은 대한민국 입국 목적별 비자 종류의 일부이다. 외국인 A ~ D씨가 피초청자로서 입국할 때, 발급받아야 하는 비자의 종류를 바르게 짝지은 것은?(단, 비자면제 협정은 없는 것으로 가정한다)

〈대한민국 입국 목적별 비자 종류〉

- 외교・공무
  - 외교(A-1) : 대한민국 정부가 접수한 외국 정부의 외교사절단이나 영사기관의 구성원, 조약 또는 국제관행에 따라 외교사절과 동등한 특권과 면제를 받는 사람과 그 가족
  - 공무(A-2) : 대한민국 정부가 승인한 외국 정부 또는 국제기구의 공무를 수행하는 사람과 그 가족
- 유학・어학연수
  - 학사유학(D-2-2) : (전문)대학, 대학원 또는 특별법의 규정에 의하여 설립된 전문대학 이상의 학술기관에서 정규과정(학사)의 교육을 받고자 하는 자
  - 교환학생(D-2-6) : 대학 간 학사교류 협정에 의해 정규과정 중 일정 기간 동안 교육을 받고자 하는 교환학생
- 비전문직 취업
  - 제조업(E-9-1) : 외국인근로자의 고용에 관한 법률의 규정에 의한 국내 취업요건을 갖추어 제조업체에 취업하고자 하는 자
  - 농업(E-9-3) : 외국인근로자의 고용에 관한 법률의 규정에 의한 국내 취업요건을 갖추어 농업, 축산업 등에 취업하고자 하는 자
- 결혼이민
  - 결혼이민(F-6-1) : 한국에서 혼인이 유효하게 성립되어 있고, 우리 국민과 결혼생활을 지속하기 위해 국내 체류를 하고자 하는 외국인
  - 자녀양육(F-6-2) : 국민의 배우자(F-6-1) 자격에 해당하지 않으나 출생한 미성년 자녀(사실혼 관계 포함)를 국내에서 양육하거나 양육하려는 부 또는 모
- 치료 요양
  - 의료관광(C-3-3) : 국내 의료기관에서 진료 또는 요양할 목적으로 입국하는 외국인 환자와 간병 등을 위해 동반입국이 필요한 동반가족 및 간병인(90일 이내)
  - 치료요양(G-1-10) : 국내 의료기관에서 진료 또는 요양할 목적으로 입국하는 외국인 환자와 간병 등을 위해 동반입국이 필요한 동반가족 및 간병인(1년 이내)

〈피초청자 초청 목적〉

피초청자	국적	초청 목적
A	말레이시아	부산에서 6개월가량 입원 치료가 필요한 아들의 간병(아들의 국적 또한 같음)
B	베트남	경기도 소재 O제조공장 취업(국내 취업 요건을 모두 갖춤)
C	사우디아라비아	서울 소재 K대학교 교환학생
D	인도네시아	대한민국 개최 APEC 국제기구 정상회의 참석

	A	B	C	D
①	C-3-3	D-2-2	F-6-1	A-2
②	G-1-10	E-9-1	D-2-6	A-2
③	G-1-10	D-2-2	F-6-1	A-1
④	C-3-3	E-9-1	D-2-6	A-1

51 다음은 건강생활실천지원금제에 대한 자료이다. 〈보기〉의 신청자 중 예방형과 관리형에 해당하는 사람을 바르게 분류한 것은?

〈건강생활실천지원금제〉

• 사업설명 : 참여자 스스로 실천한 건강생활 노력 및 건강개선 결과에 따라 지원금을 지급하는 제도
• 시범지역

지역	예방형	관리형
서울	노원구	중랑구
경기·인천	안산시, 부천시	인천 부평구, 남양주시, 고양일산(동구, 서구)
충청권	대전 대덕구, 충주시, 충남 청양군(부여군)	대전 동구
전라권	광주 광산구, 전남 완도군, 전주시(완주군)	광주 서구, 순천시
경상권	부산 중구, 대구 남구, 김해시, 대구 달성군	대구 동구, 부산 북구
강원·제주권	원주시, 제주시	원주시

• 참여대상 : 주민등록상 주소지가 시범지역에 해당되는 사람 중 아래에 해당하는 사람

구분	조건
예방형	만 20 ~ 64세인 건강보험 가입자(피부양자 포함) 중 국민건강보험공단에서 주관하는 일반건강검진 결과 건강관리가 필요한 사람*
관리형	고혈압·당뇨병 환자

*건강관리가 필요한 사람 : 다음에 모두 해당하거나 ①, ② 또는 ①, ③에 해당하는 사람

① 체질량지수(BMI) 25kg/m^2 이상
② 수축기 혈압 120mmHg 이상 또는 이완기 혈압 80mmHg 이상
③ 공복혈당 100mg/dL 이상

〈보기〉

신청자	주민등록상 주소지	체질량지수	수축기 혈압 / 이완기 혈압	공복혈당	기저질환
A	서울 강북구	22kg/m^2	117mmHg / 78mmHg	128mg/dL	–
B	서울 중랑구	28kg/m^2	125mmHg / 85mmHg	95mg/dL	–
C	경기 안산시	26kg/m^2	142mmHg / 92mmHg	99mg/dL	고혈압
D	인천 부평구	23kg/m^2	145mmHg / 95mmHg	107mg/dL	고혈압
E	광주 광산구	28kg/m^2	119mmHg / 78mmHg	135mg/dL	당뇨병
F	광주 북구	26kg/m^2	116mmHg / 89mmHg	144mg/dL	당뇨병
G	부산 북구	27kg/m^2	118mmHg / 75mmHg	132mg/dL	당뇨병
H	강원 철원군	28kg/m^2	143mmHg / 96mmHg	115mg/dL	고혈압
I	제주 제주시	24kg/m^2	129mmHg / 83mmHg	108mg/dL	–

※ 단, 모든 신청자는 만 20 ~ 64세이며, 건강보험에 가입하였음

	예방형	관리형
①	A, E	C, D
②	B, E	F, I
③	C, E	D, G
④	F, I	C, H

52 **K동에서는 임신한 주민에게 출산장려금을 지원하고자 한다. 출산장려금 지급 기준 및 K동에 거주하는 임산부에 대한 정보가 다음과 같을 때, 출산장려금을 가장 먼저 받을 수 있는 사람은?**

〈K동 출산장려금 지급 기준〉

- 출산장려금 지급액은 모두 같으나, 지급 시기는 모두 다르다.
- 지급 순서 기준은 임신일, 자녀 수, 소득 수준 순서이다.
- 임신일이 길수록, 자녀가 많을수록, 소득 수준이 낮을수록 먼저 받는다(단, 자녀는 만 19세 미만의 아동 및 청소년으로 제한한다).
- 임신일, 자녀 수, 소득 수준이 모두 같으면 같은 날에 지급한다.

〈K동 거주 임산부 정보〉

임산부	임신일	자녀	소득 수준
A	150일	만 1세	하
B	200일	만 3세	상
C	200일	만 7세, 만 5세, 만 3세	중
D	200일	만 20세, 만 16세, 만 14세, 만 10세	상

① A임산부　② B임산부
③ C임산부　④ D임산부

※ 다음은 노인맞춤돌봄서비스 홍보를 위한 안내문이다. 이어지는 질문에 답하시오. [53~54]

〈노인맞춤돌봄서비스 지금 신청하세요!〉

• 노인맞춤돌봄서비스 소개
일상생활 영위가 어려운 취약노인에게 적절한 돌봄서비스를 제공하여 안정적인 노후생활 보장 및 노인의 기능, 건강 유지를 통해 기능 약화를 예방하는 서비스

• 서비스 내용
– 안전지원서비스 : 이용자의 전반적인 삶의 안전 여부를 전화, ICT 기기를 통해 확인하는 서비스
– 사회참여서비스 : 집단프로그램 등을 통해 사회적 참여의 기회를 지원하는 서비스
– 생활교육서비스 : 다양한 프로그램으로 신체적, 정신적 기능을 유지·강화하는 서비스
– 일상생활지원서비스 : 이동 동행, 식사준비, 청소 등 일상생활을 지원하는 서비스
– 연계서비스 : 민간 후원, 자원봉사 등을 이용자에게 연계하는 서비스
– 특화서비스 : 은둔형·우울형 집단을 분리하여 상담 및 진료를 지원하는 서비스

• 선정 기준
만 65세 이상 국민기초생활수급자, 차상위계층, 또는 기초연금수급자로서 유사 중복사업 자격에 해당하지 않는 자
※ 유사 중복사업
1. 노인장기요양보험 등급자
2. 가사 간병방문 지원 사업 대상자
3. 국가보훈처 보훈재가복지서비스 이용자
4. 장애인 활동지원 사업 이용자
5. 기타 지방자치단체에서 시행하는 서비스 중 노인맞춤돌봄서비스와 유사한 재가서비스

• 특화서비스 선정 기준
– 은둔형 집단 : 가족, 이웃 등과 관계가 단절된 노인으로서 민·관의 복지지원 및 사회안전망과 연결되지 않은 노인
– 우울형 집단 : 정신건강 문제로 인해 일상생활 수행의 어려움을 겪거나 가족·이웃 등과의 관계 축소 등으로 자살, 고독사 위험이 높은 노인
※ 고독사 및 자살 위험이 높다고 판단되는 경우 만 60세 이상으로 하향 조정 가능

❙ 문제해결능력

53 다음 중 윗글에 대한 설명으로 적절하지 않은 것은?

① 노인맞춤돌봄서비스를 받기 위해서는 만 65세 이상의 노인이어야 한다.
② 노인맞춤돌봄서비스는 노인의 정신적 기능 계발을 위한 서비스를 제공한다.
③ 은둔형 집단, 우울형 집단의 노인은 특화서비스를 통해 상담 및 진료를 받을 수 있다.
④ 노인맞춤돌봄서비스를 통해 노인의 현재 안전상황을 모니터링할 수 있다.

54 다음은 K동 독거노인의 방문조사 결과이다. 조사한 인원 중 노인맞춤돌봄서비스 신청이 불가능한 사람은 모두 몇 명인가?

〈K동 독거노인 방문조사 결과〉

이름	성별	나이	소득수준	행정서비스 현황	특이사항
A	여	만 62세	차상위계층	–	우울형 집단
B	남	만 78세	기초생활수급자	국가유공자	–
C	남	만 81세	차상위계층	–	–
D	여	만 76세	기초연금수급자	–	–
E	여	만 68세	기초연금수급자	장애인 활동지원	–
F	여	만 69세	–	–	–
G	남	만 75세	기초연금수급자	가사 간병방문	–
H	여	만 84세	–	–	–
I	여	만 63세	차상위계층	–	우울형 집단
J	남	만 64세	차상위계층	–	–
K	여	만 84세	기초연금수급자	보훈재가복지	–

① 4명
② 5명
③ 6명
④ 7명

55 지난 5년간 소득액수가 동일한 A씨의 2023년 장기요양보험료가 2만 원일 때, 2021년의 장기요양보험료는?(단, 모든 계산은 소수점 첫째 자리에서 반올림한다)

〈2023년도 장기요양보험료율 결정〉

2023년도 소득 대비 장기요양보험료율은 2022년 0.86% 대비 0.05%p 인상된 0.91%로 결정되었다.
장기요양보험료는 건강보험료에 장기요양보험료율을 곱하여 산정되는데, 건강보험료 대비 장기요양보험료율은 2023년 12.81%로 2022년 12.27% 대비 4.40%가 인상된다.
이번 장기요양보험료율은 초고령사회를 대비하여 장기요양보험의 수입과 지출의 균형 원칙을 지키면서 국민들의 부담 최소화와 제도의 안정적 운영 측면을 함께 고려하여 논의·결정하였다.
특히, 빠른 고령화에 따라 장기요양 인정자 수의 증가로 지출 소요가 늘어나는 상황이나, 어려운 경제여건을 고려하여 2018년도 이후 최저 수준으로 보험료율이 결정되었다.

*장기요양보험료율(소득 대비) 추이 : (2018년) 0.46% → (2019년) 0.55% → (2020년) 0.68% → (2021년) 0.79% → (2022년) 0.86% → (2023년) 0.91%

① 16,972원
② 17,121원
③ 17,363원
④ 18,112원

56 다음은 국민건강보험공단에서 진행하는 건강보험 임신 · 출산 진료비 지원제도에 대한 자료이다. 이를 통해 A ~ D 중 지원제도를 신청할 수 있는 사람은?

〈임신 · 출산 진료비 지원제도〉

- 임신 · 출산 진료비 지원제도란?
  건강한 태아의 분만과 산모의 건강관리, 출산친화적 환경 조성을 위해 임신 및 출산과 관련된 진료비를 전자바우처(국민행복카드)로 일부 지원하는 제도

- 지원 대상
  임신확인서로 임신이 확진된 건강보험 가입자 또는 피부양자 중 임신 · 출산 진료비 지원 신청자

- 신청인
  임신부 본인 또는 그 가족

- 제외 대상자
  - 의료급여법에 따라 의료급여를 받는 자(수급권자)
  - 유공자 등 의료보호 대상자로서 건강보험의 적용 배제 신청을 한 자
  - 주민등록말소자, 급여정지자(특수시설수용자, 출국자)

- 제출 서류
  1. 임신 · 출산 진료비 지원 신청서 및 임신확인서
  2. 가족이 신청하는 경우 임산부와의 관계를 입증할 수 있는 서류
     (대리인 신분증, 주민등록등본, 가족관계증명서 등)

① 출산한 친구를 대신하여 임신확인서와 대리인 신분증을 가지고 지원 신청서를 작성한 A
② 출산한 딸을 대신하여 임신확인서와 주민등록등본을 가지고 지원 신청서를 작성한 B
③ 직접 임신확인서를 가지고 지원 신청서를 작성한 의료급여를 받고 있는 C
④ 출산 후 출국한 딸을 대신하여 임신확인서와 가족관계증명서를 가지고 지원 신청서를 작성한 D

※ 다음은 K공단에서 시니어 인턴십에 참여하고 있는 인턴들에 대한 성과평가 결과이며, K공단은 이를 바탕으로 근로장려금을 차등 지급하려고 한다. 이어지는 질문에 답하시오. **[57~58]**

〈장려금 지급 기준〉

- 직원들의 장려금은 성과점수에 따라 지급한다.
- 성과점수는 인턴들의 업무 평가 결과에 해당하는 기준점수의 합으로 계산한다.
- 평가결과는 탁월 – 우수 – 보통 3단계로 구분한다.

〈업무 평가 결과〉

구분	업무량	업무 효율성	업무 협조성	업무 정확성	근무태도
A인턴	우수	탁월	보통	보통	우수
B인턴	보통	보통	우수	우수	보통
C인턴	탁월	보통	탁월	탁월	보통
D인턴	보통	우수	탁월	탁월	우수

〈기준 점수〉

평가	업무량	업무 효율성	업무 협조성	업무 정확성	근무태도
탁월	10	20	30	20	20
우수	8	16	20	16	10
보통	6	10	16	10	8

〈성과점수별 장려금〉

구분	50 ~ 60점	61 ~ 70점	71 ~ 80점	81 ~ 90점	91 ~ 100점
지급금액	10만 원	20만 원	30만 원	40만 원	50만 원

❙ 문제해결능력

57 시니어 인턴십에 참여한 A ~ D인턴 중 장려금을 가장 많이 받는 사람은?

① A인턴　② B인턴
③ C인턴　④ D인턴

❙ 문제해결능력

58 인턴들의 업무 평가 결과가 다음 〈조건〉과 같이 변경되었을 때, 장려금을 가장 많이 받는 사람은?

〈조건〉

- A인턴의 업무 정확성 평가 : 보통 → 우수
- B인턴의 근무태도 평가 : 보통 → 우수
- C인턴의 업무 효율성 평가 : 보통 → 탁월
- D인턴의 업무 협조성 평가 : 탁월 → 우수

① A인턴　② B인턴
③ C인턴　④ D인턴

※ 다음은 국민건강보험공단의 여비규정에 대한 자료이다. 이어지는 질문에 답하시오. **[59~60]**

〈국내여비 정액표〉

구분	대상		가군	나군	다군
운임	항공운임		실비(1등석 / 비즈니스)	실비(2등석 / 이코노미)	
	철도운임		실비(특실)		실비(일반실)
	선박운임		실비(1등급)	실비(2등급)	
	자동차운임	버스운임	실비		
		자가용승용차운임	실비		
일비(1일당)			2만 원		
식비(1일당)			2만 5천 원	2만 원	
숙박비(1박당)			실비	실비(상한액 : 서울특별시 7만 원, 광역시 · 제주도 6만 원, 그 밖의 지역 5만 원)	

〈실비 단가(1일당 상한액)〉

구분	가군	나군	다군
항공운임	100만 원	50만 원	
철도운임	7만 원		3만 원
선박운임	50만 원	20만 원	
버스운임	1,500원		
자가용승용차운임	20만 원		
숙박비	15만 원	–	–

59 지난 주 출장을 다녀온 A부장의 활동 내역이 다음과 같을 때, A부장이 받을 수 있는 최대 여비는?

〈A부장 활동 내역〉

- 2박 3일 동안 가군으로 출장을 다녀왔다.
- 항공은 첫째 날과 셋째 날에 이용하였다.
- 철도는 첫째 날과 둘째 날에 이용하였다.
- 자가용은 출장 기간 동안 매일 이용하였다.

① 315만 5천 원　② 317만 원
③ 317만 5천 원　④ 318만 원

60 영업팀 3명이 각각 다른 군으로 출장을 가고 활동 내역이 다음과 같을 때, 영업팀이 받는 총여비는?

- 1박 2일 동안 출장을 간다.
- 비용은 최대로 받는다.
- 항공은 첫째 날에 이용한다.
- 선박은 둘째 날에 이용한다.
- 기차는 출장 기간 동안 매일 이용한다.
- 버스는 출장 기간 동안 매일 이용한다.
- 자가용은 출장 기간 동안 매일 이용한다.
- 나군은 서울에 해당한다.
- 다군은 제주도에 해당한다.

① 485만 9천 원　② 488만 6천 원
③ 491만 6천 원　④ 497만 9천 원

| 01 | 국민건강보험법

61 **다음 중 가입자의 신고에서 축소 또는 탈루가 있다고 인정되어 국세청장의 세무조사 후 공단에 송부하여야 하는 사항은?**

① 가입자의 질병 이력
② 가입자의 보수・소득
③ 가입자의 거주지 변경
④ 건강보험 사업을 위하여 필요한 사항

62 **다음 중 국민건강증진기금에서 자금을 지원받아 사용하는 공단의 사업이 아닌 것은?**

① 건강검진 등 건강증진에 관한 사업
② 가입자 및 피부양자에 대한 보험급여
③ 가입자와 피부양자 중 65세 이상 노인에 대한 보험급여
④ 가입자와 피부양자의 흡연으로 인한 질병에 대한 보험급여

63 **다음은 위반사실 공표에 대한 설명이다. 빈칸에 들어갈 주체로 옳은 것은?**

> ＿＿＿＿＿은/는 관련 서류의 위조・변조로 요양급여비용을 거짓으로 청구하여 업무정지 또는 과징금에 따른 행정처분을 받은 요양기관이 거짓으로 청구한 금액이 1천 500만 원 이상이거나, 요양급여비용 총액 중 거짓으로 청구한 금액의 비율이 20% 이상인 경우 해당 요양기관의 명칭, 주소, 대표자 성명 등의 사항을 공표할 수 있다.

① 요양기관장
② 보건복지부차관
③ 보건복지부장관
④ 요양기관 담당자

64 다음 중 빈칸에 들어갈 숫자가 바르게 연결된 것은?

> 보험료를 체납하고, 체납한 보험료를 완납하지 않은 사람이 공단으로부터 체납보험금 분할납부를 승인 받았을 때, 승인된 보험료를 ___회 이상 낸 경우에는 보험급여를 할 수 있지만, 정당한 사유 없이 ___회 이상 승인된 보험료를 내지 않으면 보험급여를 할 수 없다.

① 1, 3
② 1, 5
③ 2, 3
④ 2, 5

65 국민건강보험법을 위반한 A ~ D에게 규정상 최대의 벌금이 부과되었을 때, 4명의 벌금 합산액은?

> • A : 가입자 및 피부양자의 개인정보를 직무상 목적 외의 용도로 제3자에게 제공하였다.
> • B : 대행청구단체의 종사자로서 거짓이나 그 밖의 부정한 방법으로 요양급여비용을 청구하였다.
> • C : 회사의 사장으로서 자신이 고용한 근로자가 직장가입자가 되는 것을 방해하였다.
> • D : 다치지도 않았음에도 불구하고 거짓으로 신고하여 보험급여를 받았다.

① 9천만 원
② 1억 원
③ 1억 1천만 원
④ 1억 2천만 원

66 다음 중 공무원이 직무와 관련하여 부당이득을 공단에 신고하였을 때, 포상금을 받을 수 없는 경우는?

① 징수금을 납부하여야 하는 자의 은닉재산을 신고
② 속임수나 그 밖의 부당한 방법으로 보험급여를 받은 사람을 신고
③ 속임수나 그 밖의 부당한 방법으로 다른 사람이 보험급여를 받도록 한 사람을 신고
④ 속임수나 그 밖의 부당한 방법으로 보험급여 비용을 받은 요양기관 또는 보험급여를 받은 준요양기관 및 보조기기 판매업자를 신고

67 다음 중 빈칸 ㉠~㉢에 들어갈 일수가 바르게 연결된 것은?

> • 가입자는 공단이나 심사평가원의 처분에 이의신청을 할 경우 처분이 있음을 안 날부터 ___㉠___ 일 이내에 문서로 하여야 하며, 처분이 있은 날부터 ___㉡___ 일을 지나면 제기하지 못한다.
> • 요양기관이 심사평가원의 적정성 평가 처분에 이의신청을 하려면 심사평가원에 통보받은 날부터 ___㉢___ 일 이내에 이의신청을 해야 한다.

	㉠	㉡	㉢
①	30	90	180
②	60	180	90
③	90	180	30
④	90	180	60

68 다음 중 본인부담금에 대한 설명으로 옳지 않은 것은?

① 본인부담상한액은 가입자에게 전년도에 지급한 요양급여액을 기준으로 책정한다.

② 본인부담상한액을 초과한 경우 공단이 당사자에게 초과 금액을 통보하고 지급해야 한다.

③ 심사평가원의 확인에 따라 발생한 과다본인부담금은 요양기관이 확인을 요청한 사람에게 지체 없이 지급하여야 한다.

④ 요양기관이 과다본인부담금을 확인을 요청한 사람에게 지급하지 않으면 공단이 확인을 요청한 사람에게 지급할 수 있다.

69 다음은 국민건강보험법 제4조에서 규정하는 건강보험정책심의위원회의 인원규정 중 일부이다. 빈칸에 들어갈 숫자를 모두 더하면?

> 심의위원회의 위원은 다음 각 호에 해당하는 사람을 보건복지부장관이 임명 또는 위촉한다.
> 1. 근로자단체 및 사용자단체가 추천하는 각 ___명
> 2. 시민단체, 소비자단체, 농어업인단체 및 자영업자단체가 추천하는 각 ___명
> 3. 의료계를 대표하는 단체 및 약업계를 대표하는 단체가 추천하는 ___명

① 10
② 11
③ 12
④ 13

70 다음 중 국민건강보험법상 건강보험 가입자 A의 피부양자에 해당하지 않는 자는?

① A의 사촌
② A의 어머니
③ A의 배우자
④ A의 동생

71 국민건강보험법상 요양기관이 속임수나 부당한 방법으로 가입자 및 피부양자에게 50만 원의 요양급여비용을 부담하게 한 경우의 부과·징수할 수 있는 과징금의 최대 액수는?

① 50만 원
② 100만 원
③ 250만 원
④ 500만 원

72 다음 〈보기〉 중 국민건강보험법상 약제에 대한 요양급여비용 상한금액의 감액에 대한 설명으로 옳지 않은 것은 몇 개인가?

〈보기〉

㉠ 약사법 위반과 관련된 약제에 대하여는 요양급여비용 상한금액의 100분의 20을 넘지 아니하는 범위에서 1차 감액을 할 수 있다.
㉡ 2차 감액의 경우 요양급여비용 상한금액의 100분의 60을 넘지 아니하는 범위에서 요양급여비용 상한금액의 일부를 감액할 수 있다.
㉢ 현행법상 다시 감액대상이 되었을 때 재감액할 수 있는 기간은 요양급여비용의 상한금액이 감액된 약제가 감액된 날부터 5년 이내이다.
㉣ 요양급여비용 상한금액의 감액 및 요양급여 적용 정지의 기준, 절차, 그 밖에 필요한 사항은 대통령령으로 정한다.

① 1개
② 2개
③ 3개
④ 4개

73 다음은 국민건강보험법상 체납보험료의 분할납부에 대한 내용이다. 빈칸에 들어갈 숫자들의 합으로 옳은 것은?

> 공단은 보험료를 ___회 이상 체납한 A가 분할납부를 신청하여 보건복지부령으로 정하는 바에 따라 분할납부를 승인하였다. 이후 분할납부의 승인을 받은 A가 정당한 사유 없이 ___회 이상 그 승인된 보험료를 납부하지 않아 분할납부의 승인을 취소하였다.

① 7
② 8
③ 9
④ 10

74 다음 〈보기〉 중 국민건강보험법상 선별급여에 대한 설명으로 옳은 것은 모두 몇 개인가?

〈보기〉

㉠ 요양급여를 결정함에 있어 경제성 또는 치료효과성 등이 불확실하여 그 검증을 위하여 추가적인 근거가 필요한 경우에는 선별급여를 실시할 수 있다.
㉡ 경제성이 낮아도 가입자와 피부양자의 건강회복에 잠재적 이득이 있는 경우에는 선별급여를 실시할 수 있다.
㉢ 보건복지부장관은 선별급여에 대하여 주기적으로 요양급여의 적합성을 평가하여 요양급여 여부를 다시 결정하고, 요양급여의 기준을 조정하여야 한다.
㉣ 국민건강보험공단은 선별급여에 대하여 주기적으로 요양급여의 적합성을 평가하여 요양급여 여부를 다시 결정하고, 요양급여의 기준을 조정하여야 한다.

① 1개
② 2개
③ 3개
④ 4개

75 다음 중 국민건강보험법상 과태료 부과대상이 아닌 것은?

① 요양급여비용에 관한 서류를 보존하지 않은 경우
② 사업장 신고를 하지 않거나 거짓으로 신고한 경우
③ 요양비 명세서나 요양 명세를 적은 영수증을 내주지 않은 경우
④ 행정처분절차가 진행 중인 사실을 지체 없이 알리지 않은 경우

76 **다음 중 국민건강보험법상 직장가입자에 해당하는 사람은?**

① 교도소에 수감된 자
② 병역법에 따른 현역병
③ 고용기간이 1개월 미만인 일용근로자
④ 선거에 당선되어 취임한 공무원으로서 급료를 받는 자

77 **다음 중 국민건강보험법상 과태료 100만 원에 해당하는 부과대상은?**

① 건강보험에 관한 서류를 3년간 보존하지 않은 사용자
② 자신이 고용한 근로자가 직장가입자가 되는 것을 방해한 자
③ 정당한 사유 없이 가입자의 거주지 변경 신고·서류 제출을 하지 아니한 자
④ 업무를 수행하면서 알게 된 정보를 누설한 자

78 **다음 중 국민건강보험법상 실업자에 대한 특례에 대한 설명으로 옳지 않은 것은?**

① 임의계속가입자의 보험료는 보건복지부장관이 정하여 고시하는 바에 따라 그 일부를 경감할 수 있다.
② 임의계속가입자는 자격의 변동 시기 등에도 불구하고 최초로 내야 할 보험료를 3개월 이상 미납하였더라도 직장가입자의 자격을 유지한다.
③ 임의계속가입자의 보수월액은 보수월액보험료가 산정된 최근 12개월간의 보수월액을 평균한 금액으로 한다.
④ 사용관계가 끝난 직장가입자가 최초로 지역가입자로 보험료 고지를 받은 날부터 납부기한이 2개월이 지나기 이전까지 공단에 직장가입자로서의 자격을 유지할 것을 신청할 수 있다.

79 **다음 중 국민건강보험법상 국민건강보험료보다 우선 징수 대상으로 옳은 것은?**

① 질권
② 저당권
③ 일반채권
④ 국세・지방세

80 **다음 중 국민건강보험법상 임의계속가입자에 대한 설명으로 옳은 것은?**

① 임의계속가입자의 신청 절차에 필요한 사항은 대통령령으로 정한다.
② 사용관계가 끝난 직장가입자 중 해당 사업장에서 대통령령으로 정하는 기간 동안 통산 1년 이상 직장가입자의 자격을 유지한 경우 임의계속가입자로 신청할 수 있다.
③ 임의계속가입자 신청 후 최초로 내야 할 직장가입자 보험료를 그 납부기한부터 3개월이 지난날까지 내지 아니한 경우에는 그 자격을 유지할 수 없다.
④ 임의계속가입자의 보험료는 그 일부를 경감할 수 있고, 보수월액보험료는 그 임의계속가입자가 전액을 부담하고 납부한다.

| 02 | 노인장기요양보험법

61 **공단의 장기요양심사위원회에 심사청구에 대한 결정에 불복하여 재심사를 청구하기 위해서는 심사청구 결정통지를 받은 날부터 며칠 이내에 재심사청구를 하여야 하는가?**

① 30일　　② 60일
③ 90일　　④ 180일

62 **다음 중 장기요양사업과 관련하여 기재해야 할 공단의 정관이 아닌 것은?**

① 장기요양급여
② 장기요양보험료
③ 장기요양사업 수혜자 현황
④ 장기요양사업에 관한 예산 및 결산

63 **다음 중 가족요양비 지급 대상이 아닌 것은?**

① 부양가족의 부재 및 경제적 어려움 등의 사유로 인하여 보건복지부장관이 인정하는 자
② 신체·정신 또는 성격 등 대통령령으로 정하는 사유로 인하여 가족 등으로부터 장기요양을 받아야 하는 자
③ 도서·벽지 등 장기요양기관이 현저히 부족한 지역으로서 보건복지부장관이 정하여 고시하는 지역에 거주하는 자
④ 천재지변이나 그 밖에 이와 유사한 사유로 인하여 장기요양기관이 제공하는 장기요양급여를 이용하기가 어렵다고 보건복지부장관이 인정하는 자

64 **다음은 장기요양위원회의 운영에 관한 조항이다. 밑줄 친 부분 중 옳지 않은 것은 모두 몇 개 인가?**

> **제1항**
> 장기요양위원회 회의는 구성원 3분의 2 출석으로 개의하고 재적위원 과반수의 찬성으로 의결한다.
> **제2항**
> 장기요양위원회의 효율적 운영을 위하여 분야별로 심사위원회를 둘 수 있다.
> **제3항**
> 이 법에서 정한 것 외에 장기요양위원회의 구성·운영, 그 밖에 필요한 사항은 보건복지부령으로 정한다.

① 1개
② 2개
③ 3개
④ 4개

65 **다음 중 장기요양급여심사위원회의 심의사항이 아닌 것은?**

① 장기요양인정 및 장기요양등급 판정에 관한 사항
② 장기요양급여비용 심사기준 개발 및 심사조정에 관한 사항
③ 장기요양급여 제공 기준의 세부사항 설정 및 보완에 관한 사항
④ 장기요양급여비용 및 산정방법의 세부사항 설정 및 보완에 관한 사항

66 **다음 중 장기요양급여 제공의 기본원칙으로 옳지 않은 것은?**

① 장기요양급여는 노인 등이 가족과 함께 생활하면서 가정에서 장기요양을 받는 시설급여를 우선적으로 제공하여야 한다.
② 장기요양급여는 노인 등의 심신상태나 건강 등이 악화되지 아니하도록 의료서비스와 연계하여 이를 제공하여야 한다.
③ 장기요양급여는 노인 등이 자신의 의사와 능력에 따라 최대한 자립적으로 일상생활을 수행할 수 있도록 제공하여야 한다.
④ 장기요양급여는 노인 등의 심신상태·생활환경과 노인 등 및 그 가족의 욕구·선택을 종합적으로 고려하여 필요한 범위 안에서 이를 적정하게 제공하여야 한다.

67 **다음 중 빈칸에 들어갈 기간으로 옳은 것은?**

장기요양기관을 운영하는 자는 노인학대 방지 등 수급자의 안전과 장기요양기관의 보안을 위하여 법령에 따라 폐쇄회로 텔레비전을 설치하여야 한다. 이때, 폐쇄회로 텔레비전에 기록된 영상정보는 ______ 이상 보관하여야 한다.

① 30일
② 60일
③ 100일
④ 1년

68 **노인장기요양보험법상 장기요양등급 판정은 아래의 절차를 거쳐 진행된다. 이 중 등급판정위원회의 판정 절차에 대한 설명으로 옳지 않은 것은?**

신청서 제출 → 공단 소속 직원의 조사 → 조사결과서 등을 등급판정위원회 제출 → 수급자 판정 → 장기요양등급판정

① 장기요양인정을 신청할 수 있는 자는 노인 등으로 장기요양보험가입자의 해당 자격을 갖추어야 한다.
② 등급판정위원회는 신청인이 3개월 이상 동안 혼자서 일상생활을 수행하기 어렵다고 인정하는 경우 등급판정기준에 따라 수급자로 판정한다.
③ 공단은 장기요양인정 신청서를 접수한 때 소속 직원으로 하여금 신청인의 심신상태를 조사하게 하여야 한다.
④ 공단은 장기요양인정 신청조사가 완료된 때 조사결과서, 신청서, 의사소견서, 그 밖에 심의에 필요한 자료를 등급판정위원회에 제출하여야 한다.

69 **다음 중 노인장기요양보험법상 장기요양요원지원센터의 담당 업무가 아닌 것은?**

① 장기요양요원을 위한 문화프로그램의 운영
② 장기요양요원의 역량강화를 위한 교육지원
③ 장기요양요원의 대한 건강검진 등 건강관리를 위한 사업
④ 장기요양요원의 권리 침해에 관한 상담 및 지원

70 **다음 중 노인장기요양보험법상 장기요양기관의 행정제재처분 효과의 승계에 대한 설명으로 옳은 것은?**

① 장기요양기관을 양도한 경우 양도인은 행정제재처분의 효과가 승계된다.
② 행정제재처분 절차가 진행 중인 자는 3일 이내 그 사실을 양수인 등에게 알려야 한다.
③ 행정제재처분의 효과는 그 처분을 한 다음 날부터 3년간 승계된다.
④ 법인이 합병된 경우에 합병으로 신설된 법인은 행정제재처분의 효과가 승계된다.

71 **다음 〈보기〉 중 노인장기요양보험법상 부당한 방법으로 장기요양등급이나 장기요양급여를 받았을 때의 조치로 옳은 것을 모두 고르면?**

〈보기〉

㉠ 수급자 A가 거짓으로 장기요양인정을 받은 것으로 의심되는 경우 공단이 조사 결과를 제출했더라도 등급판정위원회는 다시 수급자 등급을 조정할 수 없다.
㉡ 공단은 장기요양급여를 받고 있는 수급자 B가 정당한 사유 없이 조사 요구에 응하지 않을 경우 급여의 전부 또는 일부를 제공하지 아니하게 할 수 있다.
㉢ 공단은 거짓 진단에 따라 장기요양급여가 제공된 때 거짓의 행위에 관여한 의사 C에 대하여 장기요양급여를 받은 D와 연대하여 징수금을 납부하게 할 수 있다.

① ㉠, ㉡
② ㉠, ㉢
③ ㉡, ㉢
④ ㉠, ㉡, ㉢

72 **다음 중 노인장기요양보험법상 부당이득에 해당되지 않는 것은?**

① 월 한도액 범위에서 장기요양급여를 받은 경우
② 장기요양급여의 제한 등을 받을 자가 장기요양급여를 받은 경우
③ 노인장기요양보험법상의 원인 없이 공단으로부터 장기요양급여를 받은 경우
④ 거짓이나 그 밖의 부정한 방법으로 의사소견서 등 발급비용을 청구하여 지급받은 경우

73 **다음 중 노인장기요양보험법상 등급판정위원회에 대한 설명으로 옳은 것은?**

① 등급판정위원회는 신청인이 신청서를 제출한 날부터 60일 이내에 장기요양등급판정을 완료하여야 한다.
② 등급판정위원회는 수급자로 심의 · 판정을 하는 때 신청인과 그 가족, 의사소견서를 발급한 의사 등 관계인의 의견을 들을 수 있다.
③ 공단은 등급판정위원회가 등급판정의 심의를 완료한 경우 30일 안에 장기요양인정서를 작성하여 수급자에게 송부하여야 한다.
④ 등급판정위원회는 장기요양인정 신청조사가 완료된 때 조사결과서, 신청서, 의사소견서, 그 밖에 심의에 필요한 자료를 공단에 제출하여야 한다.

74 **다음 중 노인장기요양보험법상 장기요양기관을 지정할 때 고려할 사항으로 옳은 것은?**

① 노인성질환예방사업 추진 계획
② 장기요양급여의 수준 향상 방안
③ 노인 등의 장기요양급여의 실시에 필요한 사항
④ 장기요양기관을 운영하려는 자의 장기요양급여 제공 이력

75 **다음 중 노인장기요양보험법상 장기요양기관의 폐쇄회로 텔레비전 설치에 대한 설명으로 옳지 않은 것은?**

① 장기요양기관을 운영하는 자는 폐쇄회로 텔레비전에 기록된 영상정보를 60일 이상 보관하여야 한다.
② 국가 또는 지방자치단체는 폐쇄회로 텔레비전 설치비의 전부를 지원하여야 한다.
③ 재가급여만을 제공하는 경우에는 폐쇄회로 텔레비전의 설치 · 관리 대상이 아니다.
④ 장기요양기관을 운영하는 자는 노인학대 방지 등을 위하여 폐쇄회로 텔레비전을 설치 · 관리하여야 한다.

76 다음 〈보기〉의 장기요양급여 중 특별현금급여를 모두 고르면?

〈보기〉

㉠ 가족요양비
㉡ 방문간호
㉢ 특례요양비
㉣ 요양병원간병비
㉤ 단기보호

① ㉠, ㉡, ㉢
② ㉠, ㉡, ㉣
③ ㉠, ㉢, ㉣
④ ㉡, ㉣, ㉤

77 다음 중 노인장기요양보험법상 등급판정 및 장기요양등급판정기간에 대한 설명으로 옳은 것은?

① 등급판정위원회는 신청인에 대한 정밀조사가 필요한 경우 등 기간 이내에 등급판정을 완료할 수 없는 부득이한 사유가 있는 경우 30일 이내의 범위에서 이를 연장할 수 있다.
② 공단은 등급판정위원회가 등급판정의 심의를 완료한 경우 5일 안에 장기요양인정서를 작성하여 수급자에게 송부하여야 한다.
③ 공단은 조사가 완료된 때 조사결과서, 신청서, 의사소견서, 그 밖에 심의에 필요한 자료를 보건복지부에 제출하여야 한다.
④ 등급판정위원회는 신청인이 신청서를 제출한 날부터 60일 이내에 장기요양등급판정을 완료하여야 한다.

78 다음 중 노인장기요양보험법령상 등급판정위원회 위원이 될 수 없는 사람은?

① 의료법에 따른 의료인
② 국민건강보험공단의 임원
③ 사회복지사업법에 따른 사회복지사
④ 시·군·구 소속 공무원

79 **다음 중 노인장기요양법령상 장기요양기관의 지정 및 취소에 대한 설명으로 옳은 것은?**

① 특별자치시장 · 특별자치도지사 · 시장 · 군수 · 구청장은 장기요양기관을 지정한 때 3일 이내에 지정 명세를 공단에 통보하여야 한다.

② 재가급여를 제공하는 장기요양기관이 방문간호를 제공할 경우 모두 방문간호 관리책임자인 요양보호사를 두어야 한다.

③ 장기요양기관이 거짓이나 그 밖의 부정한 방법으로 지정을 받은 경우 시장 · 군수 · 구청장은 6개월의 범위에서 업무정지를 명할 수 있다.

④ 지정취소를 받은 후 3년이 지나지 아니한 자(법인인 경우 그 대표자 포함)는 장기요양기관으로 지정받을 수 없다.

80 **다음 중 빈칸 ㉠, ㉡에 들어갈 내용이 바르게 연결된 것은?**

> 장기요양보험사업의 보험자는 공단으로 하고, 장기요양보험가입자는 국민건강보험법 제5조 및 제109조에 따른 가입자로 한다. 그럼에도 불구하고 공단은 외국인근로자의 고용 등에 관한 법률에 따른 외국인 근로자 등 ___㉠___으로 정하는 외국인이 신청하는 경우 ___㉡___으로 정하는 바에 따라 장기요양보험가입자에서 제외할 수 있다.

	㉠	㉡
①	대통령령	보건복지부령
②	보건복지부령	대통령령
③	보건복지부령	보건복지부령
④	대통령령	대통령령

2권

제1회
국민건강보험공단

NCS + 법률

〈문항 및 시험시간〉

평가영역	문항 수	시험시간	모바일 OMR 답안채점 / 성적분석 서비스
[공통] 의사소통+수리+문제해결 [행정직 · 건강직 · 기술직] 국민건강보험법 [요양직] 노인장기요양보험법	80문항	80분	행정직 · 건강직 · 기술직 / 요양직

다음 개정 법령을 기준으로 수록하였습니다.
- 국민건강보험법 [법률 제20505호, 시행 2025. 4. 23]
- 노인장기요양보험법 [법률 제20587호, 시행 2025. 6. 21]

국민건강보험공단 신규직원 필기시험

제1회 모의고사

문항 수 : 80문항
시험시간 : 80분

제1영역 NCS

01 다음 글의 내용으로 적절하지 않은 것은?

꿀벌은 인간에게 단순히 달콤한 꿀을 제공하는 것을 넘어 크나큰 유익을 선사해 왔다. 꿀벌은 꽃을 찾아다니며 자신에게 필요한 단백질과 탄수화물을 꽃가루와 꿀에서 얻는데, 이를 꽃가루받이(Pollination)라 한다. 이 과정에서 벌의 몸에 묻은 꽃가루가 암술머리로 옮겨가고, 그곳에서 씨방으로 내려간 꽃가루는 식물의 밑씨와 결합한다. 씨가 생기고 뒤이어 열매가 열린다. 인간이 재배하는 작물 중 30%는 꽃가루받이에 의존하며, 세계 식량의 90%를 차지하는 100대 농작물 중 71%는 꿀벌 덕분에 얻을 수 있는 것들이다.
그러나 오랜 시간 동안 지구의 생태계를 지켜온 꿀벌은 지구에서 급격히 사라져가고 있다. 군집 붕괴 현상(Colony Collapse Disorder)이라고 불리는 이 현상은 2006년 플로리다에서 시작되어, 아메리카와 유럽, 아시아, 오세아니아에 이르기까지 지구촌 전역으로 확산되고 있다. 벌집을 나간 벌이 다시 돌아오지 않아 여왕벌과 유충이 잇달아 집단 폐사하면서 미국은 2006년에 비해 꿀벌의 개체 수가 40% 정도 감소했고, 2007년 여름 이미 북반구 꿀벌의 약 25%가 사라졌다는 보고가 있었다. 지구상에 존재하는 식물의 상당수는 벌을 매개로 종족을 번식한다. 꽃가루받이를 할 벌이 사라진다는 것은 꿀벌을 매개로 해 번식하는 식물군 전체가 열매를 맺지 못할 위기에 놓인다는 것을 의미한다.
벌을 위협하는 요인은 비단 몇 가지로 단정 지어 설명하기는 어렵다. 살충제와 항생제, 대기오염은 꿀벌을 병들게 만들었고, 꿀벌에게 필요한 수많은 식물들이 '잡초'라는 오명을 쓰고 사라져갔다. 최근에는 휴대폰 등 전자기기의 전자파가 꿀벌의 신경계를 마비시킨다는 연구 결과도 있다. 꿀벌이 사라짐에 따라 매년 과수원에는 꽃가루받이 수작업을 위해 수천 명의 자원봉사자가 투입되고 있다지만, 이는 미봉책에 불과하다. 인류의 삶에서, 나아가 전 생태계에서 양봉업과 농업이 차지하는 위상을 재확인한다. 그리하여 꿀벌과 상생할 수 있는 농업 방식과 도시 환경을 강구해야 할 것이다.

① 꿀벌이 식물의 번식에 도움을 주는 것은 자신의 먹이를 얻는 과정에서 비의도적으로 이루어지는 현상이다.
② 밖으로 나간 꿀벌이 다시 돌아오지 않아 꿀벌의 개체 수가 줄어드는 현상을 군집 붕괴 현상이라고 한다.
③ 꿀벌의 개체 수가 감소하는 원인은 현대 문명사회의 도래와 관련이 깊다.
④ 대다수 식물들은 벌을 매개로 한 방법 이외에 번식할 수 있는 방법이 없다.

02 다음 글의 내용으로 가장 적절한 것은?

세계관은 세계의 존재와 본성, 가치 등에 관한 신념들의 체계이다. 세계를 해석하고 평가하는 준거인 세계관은 곧 우리 사고와 행동의 토대가 되므로, 우리는 최대한 정합성과 근거를 갖추도록 노력해야 한다. 모순되거나 일관되지 못한 신념은 우리의 사고와 행동을 혼란시킬 것이므로 세계관에 대한 관심과 검토는 중요하다. 세계관을 이루는 여러 신념 가운데 가장 근본적인 수준의 신념은 '세계는 존재한다.'이다. 이 신념이 성립해야만 세계에 관한 다른 신념, 이를테면 세계가 항상 변화한다든가 불변한다든가 하는 등의 신념이 성립하기 때문이다.
실재론은 이 근본적 신념에 덧붙여 세계가 '우리 정신과 독립적으로' 존재함을 주장한다. 내가 만들어 날린 종이비행기는 멀리 날아가, 볼 수 없게 되었다 해도 여전히 존재한다. 이는 명확해서 논란의 여지가 없어 보이지만, 반실재론자는 이 상식에 도전한다. 유명한 반실재론자인 버클리는 세계의 독립적 존재를 부정한다. 그는 이를 바탕으로 세계에 관한 주장을 편다. 그에 의하면 '주관적' 성질인 색깔, 소리, 냄새, 맛 등은 물론, '객관적'으로 성립한다고 여겨지는 형태, 공간을 차지함, 딱딱함, 운동 등의 성질도 오로지 우리가 감각할 수 있을 때만 존재하는 주관적 속성이다. 세계 속의 대상과 현상이란 이런 속성으로 구성되므로 세계는 감각으로 인식될 때만 존재한다는 것이다.
버클리의 주장은 우리의 통념과 충돌한다. 당시 어떤 사람이 돌을 차면서 "나는 이렇게 버클리를 반박한다!"라고 외쳤다고 한다. 그는 날아간 돌이 엄연히 존재한다는 점을 근거로 버클리의 주장을 반박하고자 한 것이다. 그러나 버클리를 비롯한 반실재론자들이 부정한 것은 세계가 정신과 독립하여 그 자체로 존재한다는 신념이다. 따라서 돌을 찬 사람은 그들을 제대로 반박하지 못했다고 볼 수 있다.
최근까지도 새로운 형태의 반실재론이 제기되어 활발한 논의가 진행 중이다. 논증의 성패를 떠나 반실재론자는 타성에 젖은 실재론적 세계관의 토대에 대해 성찰할 기회를 제공한다. 또한 세계관에 대한 도전과 응전의 반복은 그 자체로 인간 지성이 상호 소통하면서 발전해 가는 과정을 보여준다.

① 발로 찼을 때 날아간 돌은 실재론자의 주장이 옳다는 사실을 증명한다.

② 실재론자에게 있어서 세계는 감각할 수 있는 요소에 한정된다.

③ 형태나 운동 등이 객관적인 속성을 갖췄다는 사실은 실재론자나 반실재론자 모두 인정하는 부분이다.

④ 실재론이나 반실재론 모두 세계는 존재한다는 공통적인 전제를 깔고 있다.

03 다음 글을 읽고 추론한 내용으로 적절한 것을 〈보기〉에서 모두 고르면?

> 민주주의 사회에서 정치적 의사 결정은 투표에 의해서 이루어진다. 이 경우 구성원들은 자신의 경제력에 관계없이 똑같은 정도의 결정권을 가지고 참여한다. 즉, 의사 결정 과정에서의 민주적 절차와 형평성을 중시하는 것이다. 그러나 시장적 의사 결정에서는 자신의 경제력에 비례하여 차별적인 결정권을 가지고 참여하며, 철저하게 수요－공급의 원칙에 따라 의사 결정이 이루어진다. 경제적인 효율성이 중시되는 것이다.
> 정치적 의사 결정은 다수결과 강제성을 전제로 하지만, 시장적 의사 결정은 완전 합의와 자발성을 근간으로 한다. 투표를 통한 결정이든 선거에 의해 선출된 사람들의 합의에 의한 결정이든 민주주의 제도하에서 의사 결정은 다수결로 이루어지며, 이 과정에서 반대를 한 소수도 결정이 이루어진 뒤에는 그 결정에 따라야 한다. 그러나 시장적 의사 결정에서는 시장 기구가 제대로 작동하는 한, 거래를 원하는 사람만이 자발적으로 의사 결정에 참여하며 항상 모든 당사자의 완전 합의에 의해서만 거래가 이루어진다.
> 물론 민주주의와 시장경제가 전적으로 상치되는 것은 아니다. 이 둘은 공통적으로 개인의 자유, 책임, 경쟁, 참여, 법치 등의 가치를 존중하는 자유주의 사상에 바탕을 두고 있기 때문에 병행하여 발전하는 속성도 지니고 있다. 민주주의는 정치권력의 남용을 차단하고 자유로운 분위기를 조성함으로써 시장경제의 성장과 발전에 기여한다. 또한 시장경제는 각자의 능력과 노력에 따라 정당한 보상을 받게 함으로써 민주주의의 발전에 필요한 물적 기반을 제공하며 정치적 안정에도 기여한다.

〈보기〉

ㄱ 정치적 의사 결정에서는 구성원의 경제력과 결정권이 반비례한다.
ㄴ 시장적 의사 결정에서는 당사자 간에 완전한 합의가 이루어지지 않는다면 거래도 이루어질 수 없다.
ㄷ 정치적 의사 결정 과정에서는 소수의 의견이 무시될 수 있다는 문제점이 있다.

① ㄱ
② ㄴ
③ ㄱ, ㄴ
④ ㄴ, ㄷ

04 다음 글의 빈칸에 들어갈 내용으로 가장 적절한 것은?

상품을 만들어 파는 사람이 그 수고의 대가를 받고 이익을 누리는 것은 당연하다. 하지만 그 이익이 다른 사람의 고통을 무시하고 얻어진 경우에는 정당하지 않을 수 있다. 제3세계에 사는 많은 환자가 신약 가격을 개발국인 선진국의 수준으로 유지하는 거대 제약회사의 정책 때문에 고통 속에서 죽어가고 있다. 그 약값을 감당할 수 있는 선진국이 보기에도 이는 이익이란 명분 아래 발생하는 끔찍한 사례이다. 이러한 비난의 목소리가 높아지자 제약회사의 대규모 투자자 중 일부는 자신들의 행동이 윤리적인지 고민하기 시작했다. 사람들이 약값 때문에 약을 구할 수 없다는 것은 분명히 잘못된 일이다. 하지만 그렇다고 해서 국가가 제약회사들에게 손해를 감수하라는 요구를 할 수는 없다는 데 사태의 복잡성이 있다.
신약을 개발하는 일에는 막대한 비용과 시간이 들며, 그 안전성 검사가 법으로 정해져 있어서 추가 비용이 발생한다. 이를 상쇄하기 위해 제약회사들은 시장에서 최대한 이익을 뽑아내려 한다. 얼마나 많은 환자가 신약을 통해 고통에서 벗어나는가에 대한 관심을 이들에게 기대하긴 어렵다. 그러나 만약 제약회사들이 존재하지 않는다면 신약개발도 없을 것이다.
그렇다면 상업적 고려와 인간의 건강 사이에 존재하는 긴장을 어떻게 해소해야 할까? 제3세계의 환자를 치료하는 일은 응급사항이며, 제약회사들이 자선하리라고 기대하는 것은 비현실적이다. 그렇다면 그 대안은 명백하다. ____________________________ 물론 여기에도 문제는 있다. 이 대안이 왜 실현되기 어려운 걸까? 그 이유가 무엇인지는 우리가 자신의 주머니에 손을 넣어 거기에 필요한 돈을 꺼내는 순간 분명해질 것이다.

① 제3세계에 제공되는 신약 가격을 선진국과 같게 해야 한다.
② 제3세계 국민에게 필요한 신약을 선진국 국민이 구매하여 전달해야 한다.
③ 선진국들은 자국의 제약회사가 제3세계에 신약을 저렴하게 공급하도록 강제해야 한다.
④ 각국 정부는 거대 제약회사의 신약 가격 결정에 자율권을 주어 개발 비용을 보상받을 수 있게 해야 한다.

※ 다음 글을 읽고 이어지는 질문에 답하시오. [5~6]

국민건강보험공단은 국민의 납부편의 ㉠ 제고를 위해 오는 2월 13일부터 4대 사회보험료 신용카드 자동이체를 사업장까지 확대하여 ㉡ 시행한다고 밝혔다. 그동안 신용카드 자동이체는 지역가입자(건강보험, 국민연금)만 신청이 가능하였으나, 사업장에서도 신용카드로 자동이체를 신청할 수 있도록 하였다. 사업장에서 신용카드로 4대 사회보험료를 ㉢ 납부하려면, 사회보험징수포털을 이용하거나 공단 지사를 방문해야 하는 불편이 있었다. 이러한 불편을 해소하기 위해, 공단은 신용카드 자동이체를 사업장까지 ㉣ 확대하기로 하고, 시범사업 카드사를 선정하여 자동이체를 편리하게 신청할 수 있도록 하였다. 신용(체크)카드 자동이체를 신청하고자 할 경우, 공단의 지사나 고객센터 또는 시범사업 카드사의 고객센터로 문의하면 된다. 아울러, 공단은 국민의 경제적 부담 완화를 위해 금년 2월 1일부터 4대 사회보험료 카드납부 수수료를 국세와 같은 0.8%(체크카드는 0.7%)로 인하한 바 있다. 신용카드 납부수수료는 국민건강보험법, 국민연금법 등에 따라 2014년 9월부터 납부자가 부담하도록 개정되어 납부자인 국민이 부담해 왔다. 이번 신용카드 자동이체 사업장 확대 결정으로, 납부금액의 0.8%(체크카드 0.7%)에 해당하는 수수료만 부담하게 되어 신용카드 자동이체 신청이 늘어날 것으로 예상된다. 통합 징수실 관계자는 "신용카드 자동이체를 사업장까지 확대함으로써 4대 사회보험료 납부의 편의성을 제고할 수 있을 것으로 기대한다."고 말했다. 공단은 앞으로도 'M건강보험' 앱이나 인터넷뱅킹, CD－ATM기에서 4대 사회보험료를 신용카드로 납부할 수 있도록 국민을 위한 제도 개선을 지속적으로 추진해 나갈 계획이라고 밝혔다.

05 다음 중 윗글을 읽은 반응으로 적절하지 않은 것은?

① 김사원 : 그동안 사업장은 신용카드 자동이체 납부가 안 되었었군.
② 유부장 : 2월부터 카드 수수료 부담이 줄어서 좋군.
③ 강과장 : 신용카드 자동이체를 신청하려면 공단 지사나 시범사업 카드사의 고객센터로 문의하면 되겠군.
④ 이대리 : 앞으로 사업장도 사회보험징수포털을 이용하거나 공단 지사를 방문해서 보험료를 납부하면 되겠군.

06 다음 중 윗글의 밑줄 친 ㉠~㉣을 대체할 단어로 적절하지 않은 것은?

① ㉠ : 재고
② ㉡ : 실시
③ ㉢ : 납입
④ ㉣ : 넓히기로

07 다음 글에서 〈보기〉의 문장이 들어갈 위치로 가장 적절한 곳은?

기억이 착오를 일으키는 프로세스는 인상적인 사물을 받아들이는 단계부터 이미 시작된다. (가) 감각적인 지각의 대부분은 무의식 중에 기록되고 오래 유지되지 않는다. (나) 대개는 수 시간 안에 사라져 버리며, 약간의 본질만이 남아 장기 기억이 된다. 무엇이 남을지는 선택에 의해서 그 사람의 견해에 따라서도 달라진다. (다) 분주하고 정신이 없는 장면을 보여 주고, 나중에 그 모습에 대해서 이야기하게 해 보자. (라) 어느 부분에 주목하고, 또 어떻게 그것을 해석했는지에 따라 즐겁기도 하고 무섭기도 하다. 단순히 정신 사나운 장면으로만 보이는 경우도 있다. 기억이란 원래 일어난 일을 단순하게 기록하는 것이 아니다.

〈보기〉

일어난 일에 대한 묘사는 본 사람이 무엇을 중요하게 판단하고, 무엇에 흥미를 가졌느냐에 따라 크게 다르다.

① (가)
② (나)
③ (다)
④ (라)

08 다음 문단을 논리적 순서대로 바르게 나열한 것은?

(가) 그뿐 아니라, 자신을 알아주는 이, 즉 지기자(知己者)를 위해서라면 기꺼이 자신의 전부를 버릴 수 있어야 하며, 더불어 은혜는 은혜대로, 원수는 원수대로 자신이 받은 만큼 되갚기 위해 진력하여야 한다.

(나) 무공이 높다고 하여 반드시 협객으로 인정되지 않는 이유는 바로 이런 원칙에 위배되는 경우가 심심치 않게 발생하기 때문이다. 요컨대 협이란 사생취의(捨生取義)의 정신에 입각하여 살신성명(殺身成名)의 의지를 실천하는 것, 또는 그러한 실천을 기꺼이 감수할 준비가 되어 있는 상태를 뜻한다고 할 수 있다.

(다) 협으로 인정받기 위해서는 무엇보다도 절개와 의리를 숭상하여야 하며, 개인의 존엄을 중시하고 간악함을 제거하기 위해 노력해야만 한다. 신의(信義)를 목숨보다도 중히 여길 것도 강조되는데, 여기서의 신의란 상대방을 향한 것인 동시에 스스로에게 해당되는 것이기도 하다.

(라) 무(武)와 더불어 보다 신중하게 다루어야 할 것이 '협(俠)'의 개념이다. 무협 소설에서 문제가 되는 협이란 무덕(武德), 즉 무인으로서의 덕망이나 인격과 관계가 되는 것으로, 이는 곧 무공 사용의 전제가 되는 기준 내지는 원칙이라고 할 수 있다.

① (나) – (다) – (가) – (라)
② (나) – (다) – (라) – (가)
③ (라) – (가) – (다) – (나)
④ (라) – (다) – (가) – (나)

09 국민건강보험공단에서는 매년 신입사원들을 대상으로 건강보험에 대한 오리엔테이션 교육을 진행하고 있다. 다음 강의 내용을 바탕으로 한 노인장기요양보험에 대한 설명으로 적절하지 않은 것은?

1. 장기요양인정 및 이용절차

국민건강보험공단		등급판정위원회		국민건강보험공단		장기요양기관
장기요양인정신청 및 방문조사	→	장기요양 인정 및 장기요양등급판정	→	장기요양인정서 표준장기요양 이용 계획서 송부	→	장기요양급여이용 계약 및 장기요양 급여제공

2. 장기요양인정의 신청자격
 - 자격 : 장기요양보험가입자 및 그 피부양자, 의료급여수급권자
 - 대상 : 만 65세 이상 또는 만 65세 미만으로 노인성 질병을 가진 자

 ※ 노인성 질병 : 치매, 뇌혈관성질환, 파킨슨 병 등 대통령령으로 정하는 질병

 ※ 장애인 활동지원 급여를 이용 중이거나 이용을 희망하는 경우 장기요양등급이 인정되면 장애인 활동지원 신청 또는 급여가 제한됨

 ※ 단, 장애인 활동지원 신청 또는 급여 이용의 목적으로 인정된 장기요양등급은 포기할 수 있도록 등급포기절차 신설

3. 장기요양인정의 신청방법
 - 신청장소 : 전국 공단지사(노인장기요양보험운영센터)
 - 신청방법 : 공단 방문, 우편, 팩스, 인터넷
 - 신청인 : 본인 또는 대리인
 - 대리인 : 가족, 친족 또는 이해관계인, 사회복지전담공무원, 시장·군수·구청장이 지정하는 자(대리 신청할 때 대리인 본인임을 확인할 수 있는 신분증을 제시 또는 제출하여야 하며, 팩스 및 우편 접수할 경우 신분증 사본을 제출)
 - 제출서류 : 장기요양인정신청서

① 장기요양인정신청 후 장기요양등급에 따라 급여혜택이 달라집니다.

② 장애인 활동지원 급여와 장기요양급여는 중복이용이 가능합니다.

③ 가족, 친족 이외에도 이웃 역시도 장기요양인정 대리 신청인 자격이 있습니다.

④ 장기요양인정 절차를 요약하자면 신청서 작성 → 신청서 접수 및 확인 → 방문조사 및 등급판정 → 장기요양등급 등 결과 통보 → 장기요양급여 이용 순입니다.

10 다음 글의 밑줄 친 ㉠~㉣의 수정 방안으로 적절하지 않은 것은?

> 피부의 각질을 제거하기 위한 세안제나 치약 속에 들어 있는 작고 꺼끌꺼끌한 알갱이의 정체를 아십니까? 바로 '마이크로비즈(Microbeads)'라고 불리는 미세 플라스틱입니다. 작은 알갱이가 세정력을 높인다는 이유로 다양한 제품에서 이를 활용해 왔습니다. 그런데 이 미세 플라스틱이 해양 환경오염을 일으키고, 인간에게 악영향을 미친다는 점이 밝혀져 주목이 되고 있습니다.
>
> 길이나 지름이 5mm 이하인 플라스틱을 미세 플라스틱이라고 하는데, 이렇게 크기가 작기 때문에 미세 플라스틱은 정수 처리 과정에서 ㉠ <u>거르지</u> 않고 하수구를 통해 바다로 흘러 들어가게 됩니다. 이때 폐수나 오수에 섞이면서 미세 플라스틱이 독성 물질을 흡수하게 되는데, 문제는 이를 먹이로 오인한 많은 수의 ㉡ <u>바다새</u>들과 물고기들이 미세 플라스틱을 섭취하고 있다는 점입니다. 오염된 미세 플라스틱의 섭취로 인해 자칫 해양 생물들이 죽음에 이를 수도 있기 때문에 이는 심각한 문제가 됩니다. ㉢ <u>한편</u> 먹이사슬을 통해 누적된 미세 플라스틱은 해양 생물을 섭취하는 최상위 포식자인 인간에게도 피해를 줄 수 있기 때문에 더욱 심각한 상황을 초래할 수도 있습니다.
>
> 최근 국회에서도 미세 플라스틱의 심각성을 인식하여 미세 플라스틱이 포함된 제품의 제조와 수입을 금지하는 법안이 통과되었고, 내년부터는 미세 플라스틱이 포함된 제품의 판매가 금지됩니다. 앞으로 법적 규제가 이루어진다고 ㉣ <u>할지라도</u> 바로 지금부터 미세 플라스틱이 포함된 제품을 사용하지 않음으로써 독약과도 같은 미세 플라스틱으로부터 해양 생태계를 보존하고 인류를 지키려는 노력을 기울여야 할 것입니다.

① ㉠ : 주어와 서술어의 호응 관계를 고려하여 '걸러지지'로 고친다.
② ㉡ : 맞춤법에 어긋나므로 '바닷새'로 수정한다.
③ ㉢ : 문장을 자연스럽게 연결하기 위해 '또한'으로 고친다.
④ ㉣ : 띄어쓰기가 적절하지 않으므로 '할 지라도'로 수정한다.

11 다음 글을 통해 추론할 수 있는 내용으로 가장 적절한 것은?

> 바닷속에 서식했던 척추동물의 조상형 동물들은 체와 같은 구조를 이용하여 물속의 미생물을 걸러 먹었다. 이들은 몸집이 아주 작아서 물속에 녹아 있는 산소가 몸 깊숙한 곳까지 자유로이 넘나들 수 있었기 때문에 별도의 호흡계가 필요하지 않았다. 그런데 몸집이 커지면서 먹이를 거르던 체와 같은 구조가 호흡 기능까지 갖게 되어 마침내 아가미 형태로 변형되었다. 즉, 소화계의 일부가 호흡 기능을 담당하게 된 것이다. 그 후 호흡계의 일부가 변형되어 허파로 발달하고, 그 허파는 위장으로 이어지는 식도 아래쪽으로 뻗어 나갔다. 한편, 공기가 드나드는 통로는 콧구멍에서 입천장을 뚫고 들어가 입과 아가미 사이에 자리 잡게 되었다. 이러한 진화 과정을 보여 주는 것이 폐어(肺魚) 단계의 호흡계 구조이다.
> 이후 진화 과정이 거듭되면서 호흡계와 소화계가 접하는 지점이 콧구멍 바로 아래로부터 목 깊숙한 곳으로 이동하였다. 그 결과 머리와 목구멍의 구조가 변형되지 않는 범위 내에서 호흡계와 소화계가 점차 분리되었다. 즉, 처음에는 길게 이어져 있던 호흡계와 소화계의 겹친 부위가 점차 짧아졌고, 마침내 하나의 교차점으로만 남게 된 것이다. 이것이 인간을 포함한 고등 척추동물에서 볼 수 있는 호흡계의 기본 구조이다. 따라서 음식물로 인한 인간의 질식 현상은 척추동물 조상형 단계를 지나 자리 잡게 된 허파의 위치(당시에는 최선의 선택) 때문에 생겨난 진화의 결과라 할 수 있다.

① 진화는 순간순간에 필요한 대응일 뿐 최상의 결과를 내는 과정이 아니다.
② 조상형 동물은 몸집이 커지면서 호흡기능의 중요성이 줄어드는 대신 소화기능이 중요해졌다.
③ 폐어 단계의 호흡계 구조에서 갖고 있던 아가미는 척추동물의 허파로 진화하였다.
④ 지금의 척추동물과는 달리 조상형 동물들은 산소를 필요로 하지 않았다.

12 다음 글의 주제로 가장 적절한 것은?

> 임신 중 고지방식 섭취가 태어날 자식의 생식기에서 종양의 발생 가능성을 높일 수 있다는 것이 밝혀졌다. 이 결과는 임신한 암쥐 261마리 중 130마리의 암쥐에게는 고지방식을, 131마리의 암쥐에게는 저지방식을 제공한 연구를 통해 얻었다. 실험 결과, 고지방식을 섭취한 암쥐에게서 태어난 새끼 가운데 54%가 생식기에 종양이 생겼지만, 저지방식을 섭취한 암쥐가 낳은 새끼 중에서 그러한 종양이 생긴 것은 21%였다.
> 한편, 사지 중 하나 이상의 절단 수술이 심장병으로 사망할 가능성을 증가시킬 수 있다는 것이 밝혀졌다. 이는 제2차 세계대전 중에 부상을 당한 9,000명의 군인에 대한 진료 기록을 조사한 결과이다. 이들 중 4,000명은 사지 중 하나 이상의 절단 수술을 받은 사람이었고, 5,000명은 사지 절단 수술을 받지 않았지만 중상을 입은 사람이었다. 이들에 대한 기록을 추적 조사한 결과, 사지 중 하나 이상의 절단 수술을 받은 사람이 심장병으로 사망한 비율은 그렇지 않은 사람의 1.5배였다. 즉, 사지 중 하나 이상의 절단 수술을 받은 사람 중 600명이 심장병으로 사망하였고, 그렇지 않은 사람 중 500명이 심장병으로 사망하였다.

① 발생 부위에 따른 뇌종양 증상
② 염색체 이상 유전병의 위험을 높이는 요인
③ 절단 수술과 종양의 상관관계
④ 의외의 질병 원인과 질병 사이의 상관관계

13 다음은 기초생활수급자 선정에 대한 자료이다. 이에 대한 설명으로 적절하지 않은 것은?

가. 기초생활수급자 선정 기준

부양의무자가 없거나, 부양의무자가 있어도 부양능력이 없거나 또는 부양을 받을 수 없는 자로서 소득인정액이 최저생계비 이하인 자

※ 부양능력이 있는 부양의무자가 있어도 부양을 받을 수 없는 경우란, 부양의무자가 교도소 등에 수용되거나 병역법에 의해 징집·소집되어 실질적으로 부양을 할 수 없는 경우와 가족관계 단절 등을 이유로 부양을 거부하거나 기피하는 경우 등을 가리킴

나. 매월 소득인정액 기준

- (소득인정액)=(소득평가액)+(재산의 소득환산액)
- (소득평가액)=(실제소득)−(가구특성별 지출비용)

다. 가구별 매월 최저생계비

(단위 : 만 원)

1인	2인	3인	4인	5인	6인
42	70	94	117	135	154

라. 부양의무자의 범위

수급권자의 배우자, 수급권자의 1촌 직계혈족 및 그 배우자, 수급권자와 생계를 같이 하는 2촌 이내의 혈족

① 소득인정액이 최저생계비 이하인 자로서 부양의무자가 없으면 기초생활수급자로 선정된다.
② 소득인정액은 소득평가액과 재산의 소득환산액을 합한 것이다.
③ 소득평가액은 실제소득에서 가구특성별 지출비용을 합한 것이다.
④ 두 가구의 소득평가액이 같을 때, 재산의 소득환산액이 높은 가구가 다른 가구보다 소득인정액이 더 높다.

14 주부 A씨는 작년 여름 일광화상을 입어 크게 고생한 기억이 있다. 올 여름 가족과 휴가를 떠나기 전, 작년과 같은 피해를 입지 않기 위해 여름철 피부 건강에 대한 글을 찾아보았다. A씨가 이해한 내용으로 적절하지 않은 것은?

〈여름철 피부 건강 Q & A〉

1. **자외선차단제, 무조건 차단 지수가 높을수록 좋은 건가요?**
'SPF'나 'PA' 수치가 높을수록 자외선 차단 효과는 늘어나지만 그 차이가 미미한 수준입니다. 자외선차단제에는 자외선을 산란시키거나, 자외선을 흡수하기 위한 여러 화학 성분이 포함돼 있는데, 오히려 차단 지수가 높을수록 이런 성분으로 인해 피부 자극이 발생할 위험도 큽니다. 특히, 옥시벤존, 아보벤존은 피부에 흡수되면 알레르기를 일으킬 수 있고, 파바 성분은 빈번하게 알레르기 반응을 유발하므로 구입 전에 성분을 확인할 필요가 있습니다. 하지만 전문가들은 자외선차단제로 인해 잃는 것보다는 얻는 것이 크다고 조언합니다. 자외선 노출 예상 시간, 활동 종류 등 상황에 따라 알맞은 제품을 선택하세요.

2. **자외선차단제를 바르면 비타민 D 생성이 억제되는 것 아닌가요?**
우리 몸이 햇볕을 받아 만드는 비타민 D는 건강에 매우 중요한 영양소입니다. 자외선차단제를 바르면 신체의 비타민 D 생성에 방해가 된다고 생각하는 경우가 있는데 이는 오해입니다. 이론상 자외선차단제를 온몸에 수시로 발라 하루 종일 햇볕을 완벽하게 차단하면 비타민 D 생성을 막을 수 있겠지만, 햇볕은 옷을 관통할 뿐만 아니라 5 ~ 30분만 자외선에 노출되어도 적절한 양의 비타민 D를 만들어낼 수 있기 때문에 걱정하지 않아도 됩니다.

3. **보통 겨울에 악화되는 아토피 피부염, 여름에도 나빠질 수 있나요?**
아토피 피부염은 주로 춥고 건조한 겨울철에 나빠지는 경우가 많은데요. 건조하지 않은 여름철에도 나빠질 수 있습니다. 땀이 피부를 자극해 피부가 가려울 수도 있고, 자외선에 노출될 때 아토피 피부염이 악화할 수 있습니다. 아토피 피부염을 앓고 있다면 여름철에는 땀을 잘 흡수하면서 통풍이 잘 되는 면소재의 의류를 입고, 땀을 흘렸다면 바로 씻어내야 하며 샤워 후 3분 이내에 보습제를 바르는 것이 좋습니다.

4. **여름에 탈모가 심해진다고 하는데 사실인가요?**
한여름 온도・습도가 높고 자외선이 강하면 피지 분비량이 증가하고 두피 체온이 높아집니다. 얼굴이나 팔, 다리 등에는 자외선차단제를 바르기 때문에 손상이 적지만 두피는 거의 무방비 상태로 노출되기 때문에 탈모가 더 심해질 수 있습니다. 두피가 햇빛에 직접적으로 노출되기 때문에 피부염, 가려움, 따가움, 홍반 등이 생겨 탈모를 더욱 가속화시키기도 하지요. 따라서 야외에서 장시간 활동할 경우에는 가급적 모자나 양산을 쓰도록 하세요.

5. **지성 피부면 여름에는 더 자주 세안해야 하나요?**
여름철 피지 분비량이 많은 지성 피부는 얼굴이 번들거리고 땀과 먼지가 뒤엉켜 피부가 오염되기 쉬운데요. 세수를 하면 피부를 깨끗하게 유지할 수 있지만, 너무 자주 세안할 경우 피부 수분까지 빼앗겨 얼굴이 건조해질 수 있으니 하루 2 ~ 3회 세안하는 것을 권장합니다.

① 자외선차단제의 차단 지수가 높을수록 좋으니까 외출할 때 차단 지수가 높은 제품으로 꼼꼼히 발라야겠다.
② 우리 딸이 아토피가 있으니 외출할 때 땀 흡수가 잘 되는 옷을 입혀야겠어.
③ 자외선차단제를 바른다고 비타민 D 생성이 억제가 되는 것은 아니니 안심이야.
④ 우리 남편이 지성 피부라 평소에 너무 자주 세수를 했는데, 횟수를 조금 줄이라고 해야겠네.

15 다음 문장을 논리적 순서대로 바르게 나열한 것은?

(가) 하지만 얼룩말 같은 경우 전시장 옆에 살고 있는 사자의 냄새를 매일 맡으면서도 도망갈 수 없기 때문에 항상 두려움 속에 산다.
(나) 이러한 문제 때문에 동물원 생활은 동물들의 가장 깊이 뿌리박혀 있는 생존 본능과 완전히 맞지 않는다.
(다) 1980년대 이래로 동물원들은 콘크리트 바닥과 쇠창살을 풀, 나무, 물웅덩이로 대체하면서 동물들의 자연 서식지를 재현해 주려고 노력해 왔다.
(라) 이런 환경들은 야생을 흉내 낸 것일 수 있지만, 동물들은 먹이와 잠자리, 포식동물로부터의 안전에 대해 걱정할 필요가 없게 되었다.

① (나) – (라) – (다) – (가)
② (다) – (가) – (라) – (나)
③ (다) – (라) – (가) – (나)
④ (라) – (다) – (나) – (가)

16 다음 글의 내용으로 적절하지 않은 것은?

엘리스에 따르면, 인간의 심리적 문제는 개인의 비합리적인 신념의 산물이다. 엘리스가 말하는 비합리적 신념의 공통적 특성은 다음과 같다. 첫째, 당위적 사고이다. 이러한 사고방식은 스스로에게 너무나 많은 것을 요구하게 하고, 세상이 자신의 당위에서 조금만 벗어나 있어도 그것을 참지 못하는 경직된 사고를 유발하게 된다. 둘째, 지나친 과장이다. 이는 문제 상황을 지나치게 과장함으로써 문제에 대한 차분하고 객관적인 접근을 가로막는다. 셋째, 자기 비하이다. 이러한 사고방식은 자신의 부정적인 한 측면을 기초로 자신의 인격 전체를 폄하하는 부정적 사고방식을 낳게 된다.

① 당위적 사고는 경직된 사고를 유발한다.
② 지나친 과장은 객관적 사고를 가로막는다.
③ 엘리스에 의하면 비합리적 신념에는 공통적 특징들이 존재한다.
④ 심리적 문제가 비합리적인 신념의 원인이 된다.

17 다음 글의 주장에 대한 비판으로 적절하지 않은 것은?

동물실험이란 교육, 시험, 연구 및 생물학적 제제의 생산 등 과학적 목적을 위해 동물을 대상으로 실시하는 실험 또는 그 과학적 절차를 말한다. 전 세계적으로 매년 약 6억 마리의 동물들이 실험에 쓰이고 있다고 추정되며, 대부분의 동물들은 실험이 끝난 뒤 안락사를 시킨다.
동물실험은 대개 인체실험의 전 단계로 이루어지는데, 검증되지 않은 물질을 바로 사람에게 주입하여 발생하는 위험을 줄일 수 있다는 점에서 필수적인 실험이라고 말할 수 있다. 물론 살아있는 생물을 대상으로 하는 실험이기 때문에 대체(Replacement), 감소(Reduction), 개선(Refinement)으로 요약되는 3R 원칙에 입각하여 실험하는 것이 당연하다. 굳이 다른 방법이 있다면 그 방법을 채택할 것이며, 희생이 되는 동물의 수를 최대한 줄이고, 필수적인 실험 조건 외에는 자극을 주지 않아야 한다.
하지만 그럼에도 보다 안전한 결과를 도출해내기 위한 동물실험은 필요악이며, 이러한 필수적인 의약실험조차 금지하려 한다는 것은 기술 발전 속도를 늦춰 약이 필요한 누군가의 고통을 감수하자는 이기적인 주장과 같다고 할 수 있다.

① 3R 원칙과 같은 윤리적 강령이 법적인 통제력을 지니지 않은 이상 실제로 얼마나 엄격하게 지켜질 것인지는 알 수 없다.
② 화장품 업체들의 동물실험과 같은 사례를 통해, 생명과 큰 연관이 없는 실험은 필요악이라고 주장할 수 없다.
③ 아무리 엄격하게 통제된 실험이라고 해도 동물 입장에서 바라본 실험이 비윤리적이며 생명체의 존엄성을 훼손하는 행위라는 사실을 벗어날 수는 없다.
④ 과거와 달리 현대에서는 인공 조직을 배양하여 실험의 대상으로 삼을 수 있으므로 동물실험 자체를 대체하는 것이 가능하다.

18 다음 글의 빈칸에 들어갈 내용으로 가장 적절한 것은?

키는 유전적인 요소가 크다. 그러나 이러한 한계를 극복할 수 있는 강력한 수단이 있다. 바로 영양이다. 키가 작은 유전자를 갖고 태어나도 잘 먹으면 키가 커질 수 있다는 것이다. 핵심은 단백질과 칼슘이다. 이를 가장 손쉽게 섭취할 수 있는 것은 우유다. 가격도 생수보다 저렴하다. 물론 우유의 효과에 대한 부정적 견해도 존재한다. 아토피 피부염과 빈혈·골다공증 등 각종 질병이 생길 수 있다는 주장이다. 그러나 이는 일부 학계의 의견이 침소봉대(針小棒大)되었다고 본다. 당뇨가 생기니 밥을 먹지 않고, 바다가 오염됐다고 생선을 먹지 않을 순 없지 않은가. ____________________

① 아이들의 건강을 위해 우유 소비를 줄여야 한다.
② 키에 대한 유전적 요소를 극복하는 방법으로는 수술밖에 없다.
③ 키는 물론 건강까지 생각한다면 자녀들에게 우유를 먹여야 한다.
④ 우유는 아이들의 혀를 담백하게 길들이는 데 중요한 역할을 한다.

19 다음 글의 중심 내용으로 가장 적절한 것은?

> 통계는 다양한 분야에서 사용되며 막강한 위력을 발휘하고 있다. 그러나 모든 도구나 방법이 그렇듯이, 통계 수치에도 함정이 있다. 함정에 빠지지 않으려면 통계 수치의 의미를 정확히 이해하고, 도구와 방법을 올바르게 사용해야 한다. 친구 5명이 만나서 이야기를 나누다가 연봉이 화제가 되었다. 2천만 원이 4명, 7천만 원이 1명이었는데, 평균을 내면 3천만 원이다. 이 숫자에 대해 4명은 “나는 봉급이 왜 이렇게 적을까?”하며 한숨을 내쉬었다. 그러나 이 평균값 3천만 원이 5명의 집단을 대표하는 데에 아무 문제가 없을까? 물론 계산 과정에는 하자가 없지만, 평균을 집단의 대푯값으로 사용하는 데에 어떤 한계가 있을 수 있는지 깊이 생각해 보지 않는다면, 우리는 잘못된 생각에 빠질 수도 있다. 평균은 극단적으로 아웃라이어(비정상적인 수치)에 민감하다. 집단 내에 아웃라이어가 하나만 있어도 평균이 크게 바뀐다는 것이다. 위의 예에서 1명의 연봉이 7천만 원이 아니라 100억 원이었다고 하자. 그러면 평균은 20억 원이 넘게 된다.
> 나머지 4명은 자신의 연봉이 평균치의 100분의 1밖에 안 된다며 슬퍼해야 할까? 연봉 100억 원인 사람이 아웃라이어이듯이 처음의 예에서 연봉 7천만 원인 사람도 아웃라이어인 것이다. 두드러진 아웃라이어가 있는 경우에는 평균보다는 최빈값이나 중앙값이 대푯값으로서 더 나을 수 있다.

① 평균은 집단을 대표하는 수치로서는 매우 부적당하다.
② 통계는 숫자 놀음에 불과하므로 통계 수치에 일희일비할 필요가 없다.
③ 평균보다는 최빈값이나 중앙값을 대푯값으로 사용해야 한다.
④ 통계 수치의 의미와 한계를 정확히 인식하고 사용할 필요가 있다.

20 다음은 K은행의 전세자금대출 관련 설명서의 일부이다. 홈페이지의 Q&A 담당인 A사원이 게시판에 올라온 질문에 잘못 답변한 것은?

〈대출대상자〉

부동산중개업소를 통해 임대차계약(임차보증금이 있는 월세계약 포함)을 체결하고 5% 이상의 계약금을 지급한 임차인으로 다음 요건을 모두 충족하는 고객[임대인이 주택사업자(법인 임대사업자 포함)인 경우에는 부동산중개업소를 통하지 않은 자체계약서 인정 가능]

- 대출신청일 현재 만 19세 이상인 고객
- 대출신청일 현재 임대차계약기간이 1년 이상 남은 고객
- 임차보증금이 수도권(서울특별시 포함) 4억 원, 그 외 지역의 경우 3억 원 이하이어야 함[단, 임대인이 주택사업자(법인 임대사업자 포함)인 경우 임차보증금 제한 없음]
- 임차권의 대항력 및 우선변제권을 확보한 고객 또는 확보할 수 있는 고객
- 외국인 및 재외국민이 아닌 고객

〈대상주택〉

전 지역 소재 주택으로서 다음의 조건을 모두 갖추어야 합니다.

- 임대인에 따라 다음 주택을 대상으로 함
  - 임대인이 개인인 경우 : 아파트(주상복합아파트 포함), 연립주택, 다세대주택, 단독주택, 다가구주택, 주거용 오피스텔
  - 임대인이 주택사업자(법인 임대사업자 포함)인 경우 : 아파트(주상복합아파트 포함), 연립주택, 주거용 오피스텔
- 소유권에 대한 권리침해 사항(경매신청, 압류, 가압류, 가처분, 가등기 등)이 없어야 함
- 전입세대열람내역 확인 시 타 세대의 전입내역이 없을 것(단, 단독주택 및 다가구주택은 여러 세대가 공동 거주하므로 다른 세대의 전입내역이 있는 경우에도 취급 가능)
- 미등기 건물 또는 건축물대장상 위반건축물이 아닌 경우
- 선순위채권이 존재하는 경우 주택가격의 60% 이내일 것
- 임대인이 외국인, 해외거주자인 경우 취급할 수 없음

① Q : 아직 계약금을 내지 않았는데, 전세자금대출을 받아 계약금을 먼저 내고 싶습니다.
A : 부동산중개업소를 통해 임대차계약(임차보증금이 있는 월세계약 포함)을 체결하고 5% 이상의 계약금을 지급하여야만 대출을 진행할 수 있습니다.

② Q : 내년에 입주 예정인 만 18세 예비 대학생입니다. 올해 대출을 받아 내년에 입주하고 싶은데, 가능한가요?
A : 대출신청일 현재 만 19세 이상이셔야 합니다.

③ Q : 최근 준공 완료한 건물이라 아직 등기부등본에 조회가 안 되는 것 같습니다. 대출부터 진행할 수 있나요?
A : 미등기 건물은 대출이 불가합니다.

④ Q : 필리핀에서 한국으로 귀화한 지 2년이 지났습니다. 다른 조건을 만족하면 대출이 가능한가요?
A : 외국인인 경우 대출이 불가합니다.

21 농도 20%의 소금물 100g이 있다. 이 소금물에서 소금물 xg을 덜어내고, 덜어낸 양만큼의 소금을 첨가하였다. 거기에 농도 11%의 소금물 yg을 섞었더니 농도가 26%인 소금물 300g이 되었다. 이때 $x+y$의 값은?

① 195
② 213
③ 235
④ 245

22 12세인 철민이는 2세 위인 누나와 여동생이 있다. 아버지의 나이는 철민이, 누나, 여동생 나이 합의 2배이다. 아버지와 철민이의 나이 차이가 여동생 나이의 10배와 같다고 할 때, 여동생의 나이는 몇 세인가?

① 5세
② 6세
③ 8세
④ 9세

※ 다음은 우리나라 업종별 근로자 수 및 고령근로자 비율과 국가별 65세 이상 경제활동 참가율 현황에 대한 자료이다. 이어지는 질문에 답하시오. **[23~24]**

〈업종별 근로자 수 및 고령근로자 비율〉

(단위 : 천 명, %)

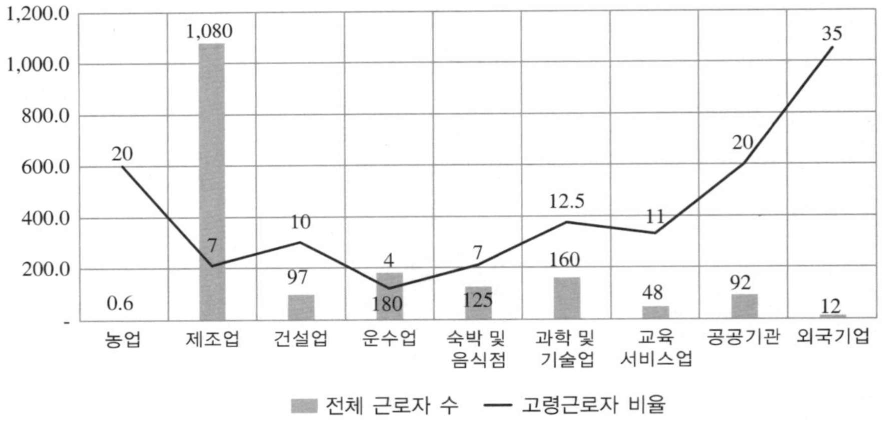

〈국가별 65세 이상 경제활동 참가율〉

(단위 : %)

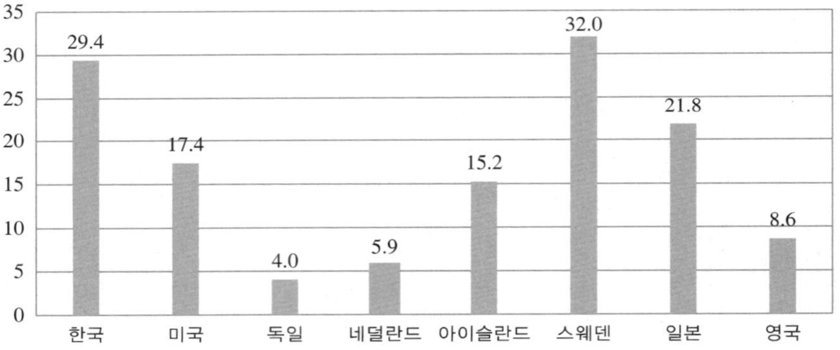

23 다음 중 위 자료에 대한 해석으로 옳은 것은?

① 건설업에 종사하는 고령근로자 수는 외국기업에 종사하는 고령근로자 수의 3배 이상이다.
② 국가별 65세 이상 경제활동 조사 인구가 같을 경우 미국의 고령근로자 수는 영국 고령근로자 수의 2배 미만이다.
③ 모든 업종의 전체 근로자 수에서 제조업에 종사하는 전체 근로자 비율은 80% 이상이다.
④ 농업과 교육 서비스업, 공공기관에 종사하는 총 고령근로자 수는 과학 및 기술업에 종사하는 고령근로자 수보다 많다.

24 국가별 65세 이상 경제활동 참가조사 인구가 다음과 같을 때, 빈칸 (A), (B)에 들어갈 수로 옳은 것은?

〈국가별 65세 이상 경제활동 참가조사 인구〉

(단위 : 만 명)

구분	한국	미국	독일	네덜란드	아이슬란드	스웨덴	일본	영국
조사 인구	750	14,200	2,800	3,510	3,560	5,600	15,200	13,800
고령근로자	(A)	2,470.8	112	207.09	541.12	(B)	3,313.6	1,186.8

	(A)	(B)
①	220.5	1,682
②	220.5	1,792
③	230.5	1,792
④	230.5	1,682

※ 다음은 각 지역이 중앙정부로부터 배분받은 지역산업기술개발사업 예산 중 다른 지역으로 유출된 예산의 비중에 대한 자료이다. 이어지는 질문에 답하시오. **[25~27]**

〈지역산업기술개발사업 예산의 유출 비중〉

(단위 : %)

구분	2020년	2021년	2022년	2023년	2024년
강원	21.9	2.26	4.74	4.35	10.08
경남	2.25	1.55	1.73	1.90	3.77
경북	0	0	3.19	2.25	2.90
광주	0	0	0	4.52	2.85
대구	0	0	1.99	7.19	10.51
대전	3.73	5.99	4.87	1.87	0.71
부산	2.10	2.02	3.08	5.53	5.72
수도권	0	0	23.71	0	0
울산	6.39	6.57	12.65	7.13	9.62
전남	1.35	0	6.98	5.45	7.55
전북	0	0	2.19	2.67	5.84
제주	0	1.32	6.43	5.82	6.42
충남	2.29	1.54	3.23	4.45	4.32
충북	0	0	1.58	4.13	5.86

25 다음 중 위 자료를 판단한 내용으로 옳지 않은 것은?

① 조사 기간에 다른 지역으로 유출된 예산의 비중의 합이 가장 적은 곳은 광주이다.
② 조사 기간 동안 한 번도 0%를 기록하지 못한 곳은 5곳이다.
③ 2021년부터 부산의 유출된 예산 비중이 계속 상승하고 있다.
④ 한 해 동안 가장 높은 예산 유출 비중을 기록한 지역은 수도권이다.

26 다음 중 2020년부터 2024년까지 유출된 예산 비중의 총합이 가장 큰 지역의 평균은?(단, 소수점 둘째 자리에서 반올림한다)

① 7.7% ② 8.2%
③ 8.7% ④ 9.2%

27 다음 〈보기〉 중 위 자료에 대한 설명으로 옳은 것을 모두 고르면?

〈보기〉

㉠ 2022 ~ 2024년 대전의 유출된 예산 비중은 전년 대비 계속 감소했다.
㉡ 지역별로 유출된 예산 비중의 총합이 가장 높은 연도는 2023년이다.
㉢ 2022년에 전년 대비 유출된 예산 비중이 1%p 이상 오르지 못한 곳은 총 4곳이다.
㉣ 2020년 강원의 유출된 예산 비중은 다른 모든 지역의 비중의 합보다 높다.

① ㉠, ㉡
② ㉠, ㉣
③ ㉡, ㉣
④ ㉢, ㉣

28 A도시로 여행을 계획 중인 K씨는 공유자전거를 12일간 사용하려고 한다. 공유자전거 이용 계획과 이용권 종류별 요금을 참고했을 때, 다음 중 가장 저렴하게 이용하는 방법은?

〈공유자전거 이용 계획〉

일	월	화	수	목	금	토
1 70분	2 50분	3 –	4 100분	5 30분	6 200분	7 300분
8 40분	9 –	10 20분	11 150분	12 10분	13 200분	14 100분

〈이용권 종류별 요금〉

구분	기본시간	기본요금	10분당 추가요금	비고
1일 이용권 A	1시간	1,000원	100원	–
1일 이용권 B	2시간	1,500원		–
1주 이용권	1주	3,000원		1일 2시간 초과사용 시 추가요금 부과
1달 이용권	1달	5,000원		1일 1시간 초과사용 시 추가요금 부과

① 3일, 9일을 제외하고, 매일 1일 이용권 A를 구매한다.
② 3일, 9일을 제외하고, 매일 1일 이용권 B를 구매한다.
③ 첫째 주는 3일을 제외하고 매일 1일 이용권 B를 구매하고, 둘째 주는 1주 이용권을 구매한다.
④ 1주 이용권을 1주마다 구매한다.

29 다음은 천연가스 생산·내수·수출 현황 자료이다. 이에 대한 내용으로 옳지 않은 것은?(단, 증감률은 전년 대비 수치이다)

〈천연가스 생산·내수·수출 현황〉

(단위 : TOE, %)

구분		2020년	2021년	2022년	2023년	2024년
생산	생산량	4,086,308	3,826,682	3,512,926	4,271,741	4,657,094
	증감률	6.4	−6.4	−8.2	21.6	9.0
내수	생산량	1,219,335	1,154,483	1,394,000	1,465,426	1,474,637
	증감률	4.7	−5.3	20.7	5.1	0.6
수출	생산량	2,847,138	2,683,965	2,148,862	2,772,107	3,151,708
	증감률	7.5	−5.7	−19.9	29.0	13.7

① 2020년에는 전년 대비 생산, 내수, 수출이 모두 증가했다.
② 내수가 가장 큰 폭으로 증가한 해에는 생산과 수출이 모두 감소했다.
③ 수출이 증가했던 해는 생산과 내수도 증가했다.
④ 생산이 증가한 해에도 내수나 수출이 감소한 해가 있다.

30 다음은 연도별 투약일당 약품비에 대한 자료이다. 2023년의 총투약일수가 120일, 2024년의 총투약일수가 150일인 경우, 2023년 종합병원의 총약품비와 2024년 상급종합병원의 총약품비의 합은?

〈투약일당 약품비〉

(단위 : 원)

구분	상급종합병원	종합병원	병원	의원
2020년	2,704	2,211	1,828	1,405
2021년	2,551	2,084	1,704	1,336
2022년	2,482	2,048	1,720	1,352
2023년	2,547	2,025	1,693	1,345
2024년	2,686	2,074	1,704	1,362

※ 투약일당 약품비는 투약 1일당 평균적으로 소요되는 약품비를 나타내는 지표임
※ (투약일당 약품비)=(총약품비)÷(총투약일수)

① 630,900원
② 635,900원
③ 640,900원
④ 645,900원

31 다음은 국가공무원 및 지방자치단체공무원 현황에 대한 자료이다. 이에 대한 설명으로 옳지 않은 것은?

〈국가공무원 및 지방자치단체공무원 현황〉

(단위 : 명)

구분	2020년	2021년	2022년	2023년	2024년
국가공무원	621,313	622,424	621,823	634,051	637,654
지방자치단체공무원	280,958	284,273	287,220	289,837	296,193

〈국가공무원 및 지방자치단체공무원 중 여성 비율〉

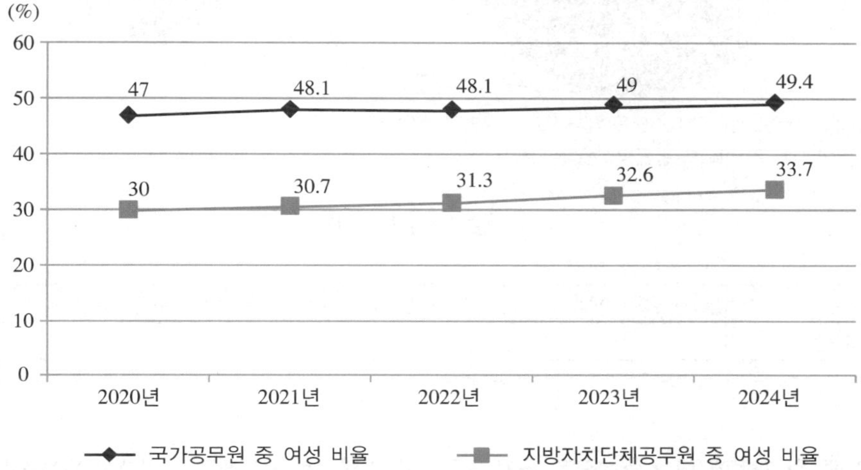

① 매년 국가공무원 중 여성 수는 지방자치단체공무원 중 여성 수의 3배 이상이다.
② 지방자치단체공무원 중 여성 수는 매년 증가하였다.
③ 매년 국가공무원 중 여성 수는 지방자치단체공무원 중 여성 수보다 많다.
④ 국가공무원 중 여성 비율과 지방자치단체공무원 중 여성 비율의 차이는 매년 감소한다.

※ 다음은 K공단 직원 1,200명의 통근현황 자료이다. 이어지는 질문에 답하시오. **[32~33]**

〈출 · 퇴근 수단 이용률〉

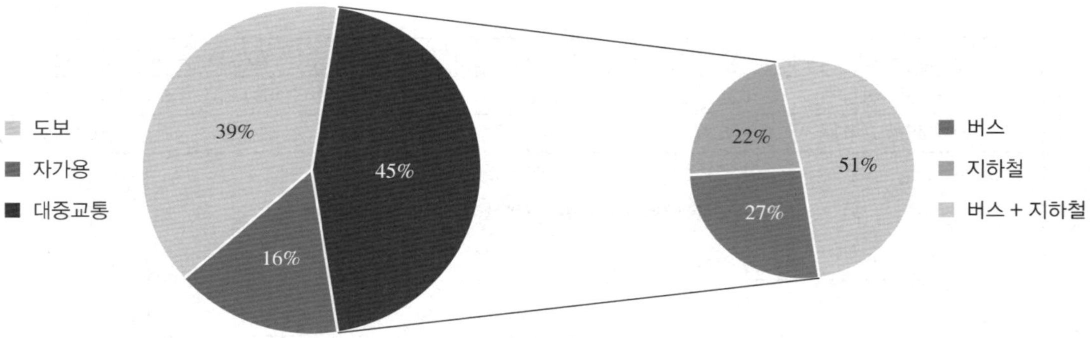

※ 우측 그림은 대중교통(45%) 수단을 세부적으로 나타낸 것임
※ 그래프에 제시된 것 이외의 통근방법은 존재하지 않음

〈출근 시 통근시간〉

(단위 : 명)

구분	30분 이하	30분 초과 45분 이하	45분 초과 1시간 이하	1시간 초과
인원	210	260	570	160

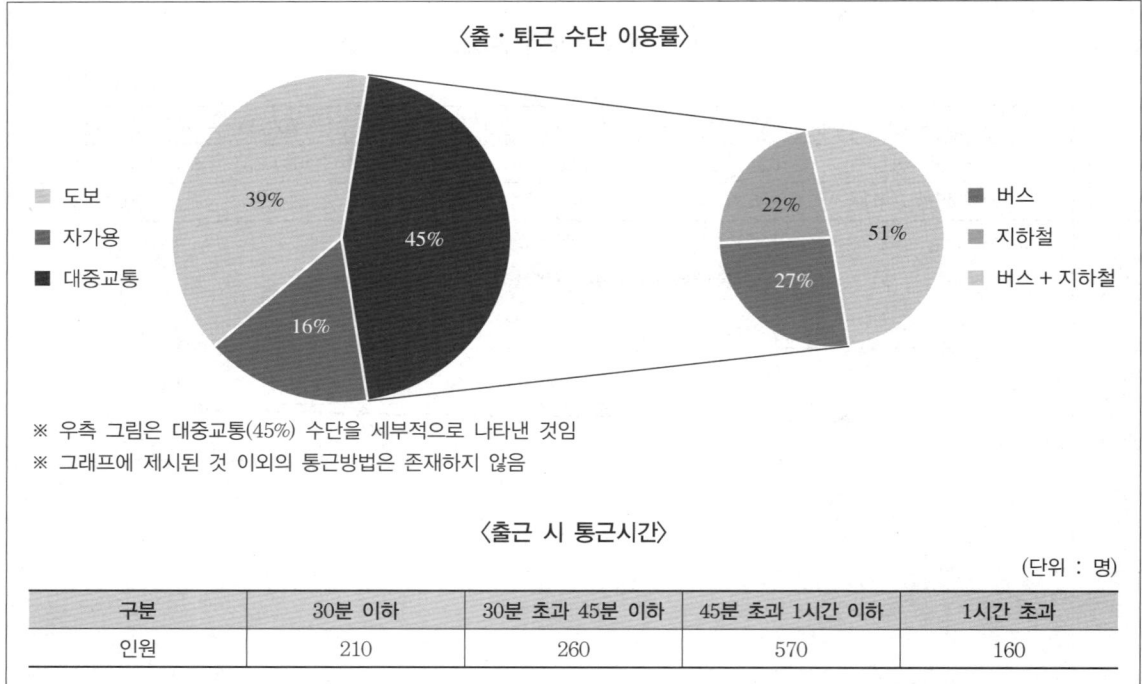

32 **다음 중 위 자료에 대한 해석으로 옳지 않은 것은?(단, 소수점 첫째 자리에서 반올림한다)**

① 통근시간이 30분 이하인 직원은 전체의 17.5%이다.

② 대중교통을 이용하는 인원 모두 통근시간이 45분을 초과하고, 그중 $\frac{1}{4}$의 통근시간이 60분을 초과할 때, 이들은 60분 초과 인원의 80% 이상을 차지한다.

③ 버스와 지하철을 모두 이용하는 직원 수는 도보를 이용하는 직원 수보다 174명 적다.

④ 통근시간이 45분 이하인 직원은 1시간 초과인 직원의 3.5배 미만이다.

33 **도보 또는 버스만 이용하는 직원 중 25%의 통근시간이 30분 초과 45분 이하이다. 통근시간이 30분 초과 45분 이하인 인원에서 도보 또는 버스만 이용하는 직원 외에는 모두 자가용을 이용한다고 할 때, 이 인원이 자가용으로 출근하는 전체 인원에서 차지하는 비중은 얼마인가?(단, 소수점 첫째 자리에서 반올림한다)**

① 55%　　② 67%

③ 74%　　④ 80%

34 다음은 외환위기 전후 한국의 경제 상황을 나타낸 자료이다. 이에 대한 설명으로 옳은 것은?

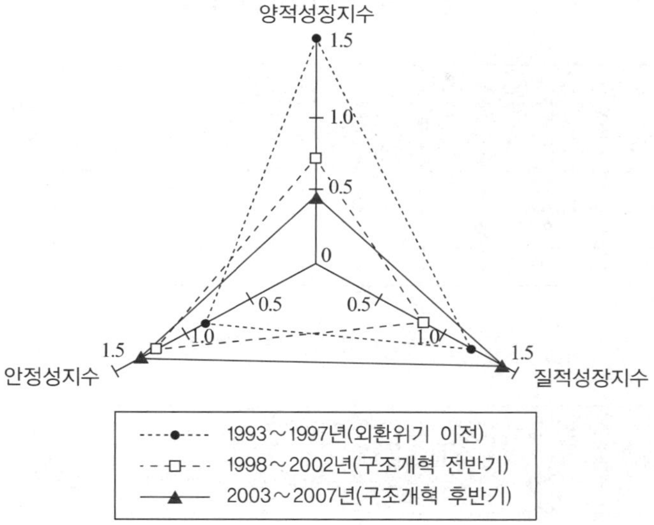

① 1993년 이후 양적성장지수가 감소함에 따라 안정성지수 또한 감소하였다.

② 안정성지수는 구조개혁 전반기와 구조개혁 후반기에 직전 기간 대비 모두 증가하였으나, 구조개혁 후반기의 직전 기간 대비 증가율은 구조개혁 전반기의 직전 기간 대비 증가율보다 낮다.

③ 세 지수 모두에서 구조개혁 전반기의 직전 기간 대비 증감폭보다 구조개혁 후반기의 직전 기간 대비 증감폭이 크다.

④ 구조개혁 전반기와 후반기 모두 양적성장지수의 직전 기간 대비 증감폭보다 안정성지수의 직전 기간 대비 증감폭이 크다.

※ 다음은 K공사의 지식재산권 현황에 대한 자료이다. 이어지는 질문에 답하시오. **[35~36]**

〈2024년 지식재산권 현황(누적)〉

(단위 : 건)

구분	합계	산업재산권					SW권 (컴퓨터 프로그램)	저작권
		소계	특허권 (PCT 포함)	실용신안권	디자인권	상표권		
합계	385	100	66	0	24	10	71	214
출원	21	21	16	0	0	5	0	0
등록	364	79	50	0	24	5	71	214

〈2023년 지식재산권 현황(누적)〉

(단위 : 건)

구분	합계	산업재산권					SW권 (컴퓨터 프로그램)	저작권
		소계	특허권 (PCT 포함)	실용신안권	디자인권	상표권		
합계	386	104	70	0	24	10	68	214
출원	32	32	27	0	0	5	0	0
등록	354	72	43	0	24	5	68	214

〈2022년 지식재산권 현황(누적)〉

(단위 : 건)

구분	합계	산업재산권					SW권 (컴퓨터 프로그램)	저작권
		소계	특허권 (PCT 포함)	실용신안권	디자인권	상표권		
합계	361	90	52	0	28	10	57	214
출원	24	24	19	0	0	5	0	0
등록	337	66	33	0	28	5	57	214

35 다음 〈보기〉 중 지식재산권 현황에 대한 설명으로 옳은 것을 모두 고르면?

〈보기〉

㉠ 2024년까지 등록 및 출원된 산업재산권의 수는 등록 및 출원된 SW권보다 40% 이상 많다.
㉡ 2024년까지 출원된 특허권 수는 산업재산권 전체 출원 수의 80% 이상을 차지한다.
㉢ 2024년까지 등록된 저작권 수는 등록된 SW권의 3배를 초과한다.
㉣ 2024년까지 출원된 특허권 수는 등록 및 출원된 특허권의 50% 이상이다.

① ㉠, ㉡
② ㉠, ㉢
③ ㉡, ㉢
④ ㉢, ㉣

36 **다음 중 지식재산권 현황에 대한 설명으로 옳지 않은 것은?**

① 등록된 누적 특허권 수는 2023년과 2024년 모두 전년 대비 증가하였다.
② 전체 디자인권 수는 2022년 대비 2024년에 5% 이상 감소하였다.
③ 매년 모든 산업재산권에서 등록된 건수가 출원된 건수 이상이다.
④ 등록된 지식재산권 중 2022년부터 2024년까지 건수에 변동이 없는 것은 2가지이다.

37 **다음은 K공사의 모집단위별 지원자 수 및 합격자 수를 나타낸 자료이다. 이에 대한 설명으로 옳지 않은 것은?**

〈모집단위별 지원자 수 및 합격자 수〉

(단위 : 명)

구분	남성		여성		합계	
	합격자 수	지원자 수	합격자 수	지원자 수	모집정원	지원자 수
A집단	512	825	89	108	601	933
B집단	353	560	17	25	370	585
C집단	138	417	131	375	269	792
합계	1,003	1,802	237	508	1,240	2,310

※ [경쟁률(%)] $=\frac{(\text{지원자 수})}{(\text{모집정원})}\times 100$

※ 경쟁률은 소수점 첫째 자리에서 반올림함

① 세 개의 모집단위 중 총 지원자 수가 가장 많은 집단은 A집단이다.
② 세 개의 모집단위 중 합격자 수가 가장 적은 집단은 C집단이다.
③ K공사의 남성 합격자 수는 여성 합격자 수의 5배 이상이다.
④ B집단의 경쟁률은 158%이다.

38 다음은 K기업의 콘텐츠 유형별 매출액을 나타낸 자료이다. 이에 대한 설명으로 옳은 것은?

〈K기업의 콘텐츠 유형별 매출액〉

(단위 : 억 원)

구분	SNS	영화	음원	게임	전체
2017년	30	371	108	235	744
2018년	45	355	175	144	719
2019년	42	391	186	178	797
2020년	59	508	184	269	1,020
2021년	58	758	199	485	1,500
2022년	308	1,031	302	470	2,111
2023년	104	1,148	411	603	2,266
2024년	341	1,510	419	689	2,959

① 영화 매출액은 매년 전체 매출액의 30% 이상이다.

② 2018 ~ 2019년 게임과 음원의 전년 대비 매출액의 증감 추이는 같다.

③ 2017 ~ 2024년 동안 매년 음원 매출액은 SNS 매출액의 2배 이상이다.

④ 2019년에는 모든 콘텐츠 유형의 매출액이 전년에 비해 증가하였다.

39 다음은 권장 소비자 가격과 판매 가격 차이를 조사한 자료이다. 〈조건〉을 적용했을 때, 할인가 판매 시 괴리율이 가장 높은 품목은?(단, 괴리율은 소수점 둘째 자리에서 버림한다)

〈권장 소비자 가격 및 판매 가격 정보〉

(단위 : 원, %)

구분	판매 가격		권장 소비자 가격과의 괴리율	
	정상가	할인가	권장 소비자 가격	정상가 판매 시 괴리율
세탁기	600,000	580,000	640,000	6.2
무선전화기	175,000	170,000	181,000	3.3
오디오세트	470,000	448,000	493,000	4.6
운동복	195,000	180,000	212,500	8.2

〈조건〉

- [권장 소비자 가격과의 괴리율(%)] $= \frac{\text{(권장 소비자 가격)} - \text{(판매 가격)}}{\text{(권장 소비자 가격)}} \times 100$
- 정상가 : 할인 판매를 하지 않는 상품의 판매 가격
- 할인가 : 할인 판매를 하는 상품의 판매 가격

① 세탁기　　② 무선전화기

③ 오디오세트　　④ 운동복

40 다음은 우리나라 강수량에 대한 자료이다. 이를 그래프로 바르게 변환한 것은?

〈우리나라 강수량〉

(단위 : mm, 위)

구분	1월	2월	3월	4월	5월	6월	7월	8월	9월	10월	11월	12월
강수량	15.3	29.8	24.1	65.0	29.5	60.7	308.0	241.0	92.1	67.6	12.7	21.9
역대순위	32	23	39	30	44	43	14	24	26	13	44	27

①
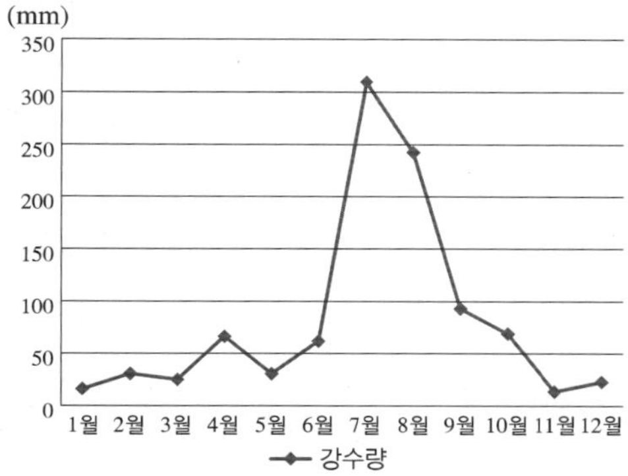

②
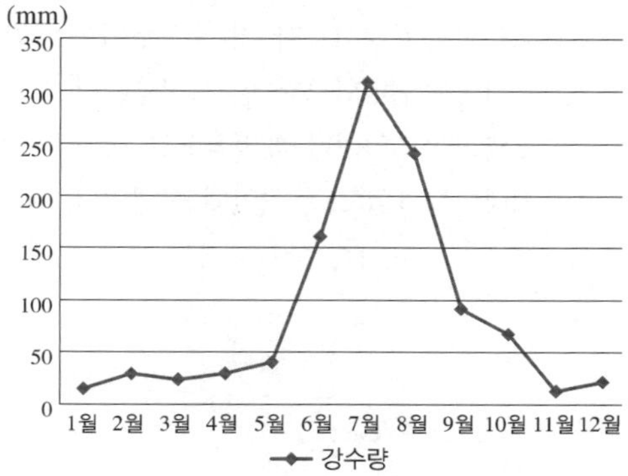

③
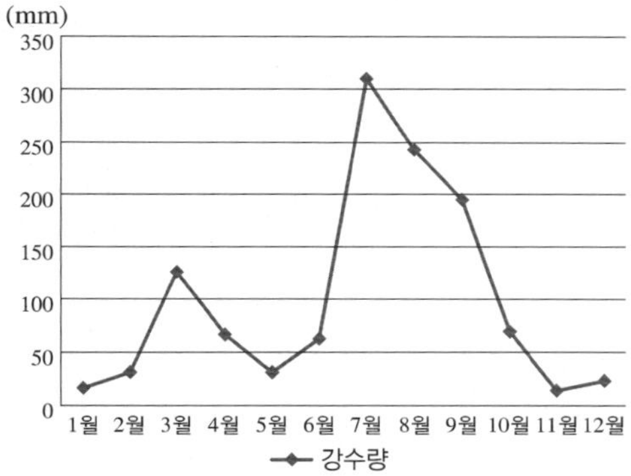

④
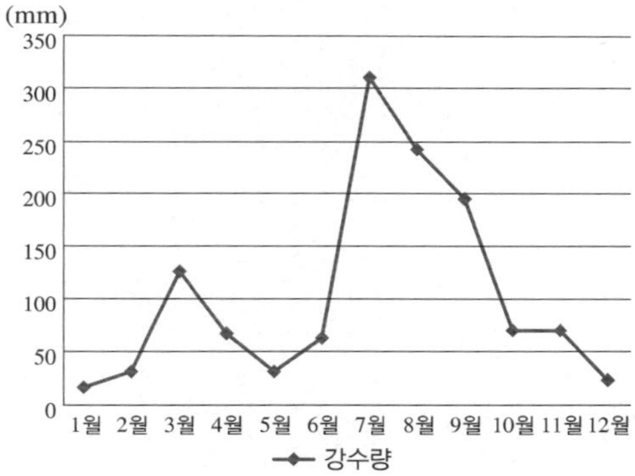

41 **국제영화제 행사에 참석한 K는 A ~ F 6개의 영화를 다음 〈조건〉에 맞춰 5월 1일부터 5월 6일까지 하루에 한 편씩 보려고 한다. 다음 중 항상 옳은 것은?**

〈조건〉

- F영화는 3일과 4일 중 하루만 상영된다.
- D영화는 C영화가 상영된 날 이틀 후에 상영된다.
- B영화는 C, D영화보다 먼저 상영된다.
- 첫째 날 B영화를 본다면, 5일에 반드시 A영화를 본다.

① A영화는 C영화보다 먼저 상영될 수 없다.

② C영화는 E영화보다 먼저 상영된다.

③ D영화는 5일이나 폐막작으로 상영될 수 없다.

④ B영화는 1일 또는 2일에 상영된다.

42 **환경부의 인사실무 담당자는 환경정책과 관련된 특별위원회를 구성하는 과정에서 외부 환경전문가를 위촉하려 한다. 현재 거론되고 있는 외부 전문가는 A ~ F 6명으로, 인사실무 담당자는 다음 〈조건〉에 따라 외부 환경전문가를 위촉해야 한다. 만약 B가 위촉되지 않는다면, 총 몇 명의 환경전문가가 위촉되는가?**

〈조건〉

- A가 위촉되면, B와 C도 위촉되어야 한다.
- A가 위촉되지 않는다면, D가 위촉되어야 한다.
- B가 위촉되지 않는다면, C나 E가 위촉되어야 한다.
- C와 E가 위촉되면, D는 위촉되지 않는다.
- D나 E가 위촉되면, F도 위촉되어야 한다.

① 1명　　② 2명

③ 3명　　④ 4명

43 K공사에 근무하는 A대리는 국내 자율주행자동차 산업에 대한 SWOT 분석 결과에 따라 국내 자율주행자동차 산업 발달을 위한 방안을 고안하는 중이다. A대리가 SWOT 분석에 의한 경영전략에 따라 판단하였다고 할 때, 다음 〈보기〉 중 적절하지 않은 것을 모두 고르면?

〈국내 자율주행자동차 산업에 대한 SWOT 분석 결과〉

구분	분석 결과
강점(Strength)	• 민간 자율주행기술 R&D지원을 위한 대규모 예산 확보 • 국내외에서 우수한 평가를 받는 국내 자동차기업 존재
약점(Weakness)	• 국내 민간기업의 자율주행기술 투자 미비 • 기술적 안전성 확보 미비
기회(Opportunity)	• 국가의 지속적 자율주행자동차 R&D 지원법안 본회의 통과 • 완성도 있는 자율주행기술을 갖춘 외국 기업들의 등장
위협(Threat)	• 자율주행차에 대한 국민들의 심리적 거부감 • 자율주행차에 대한 국가의 과도한 규제

〈SWOT 분석에 의한 경영전략〉

- SO전략 : 기회를 이용해 강점을 활용하는 전략
- ST전략 : 강점을 활용하여 위협을 최소화하거나 극복하는 전략
- WO전략 : 기회를 활용하여 약점을 보완하는 전략
- WT전략 : 약점을 최소화하고 위협을 회피하는 전략

〈보기〉

㉠ 자율주행기술 수준이 우수한 외국 기업과의 기술이전협약을 통해 국내 우수 자동차기업들의 자율주행기술 연구 및 상용화 수준을 향상시키려는 전략은 SO전략에 해당한다.

㉡ 민간의 자율주행기술 R&D를 적극 지원하여 자율주행기술의 안전성을 높이려는 전략은 ST전략에 해당한다.

㉢ 자율주행자동차 R&D를 지원하는 법률을 토대로 국내 기업의 기술개발을 적극 지원하여 안전성을 확보하려는 전략은 WO전략에 해당한다.

㉣ 자율주행기술개발에 대한 국내 기업의 투자가 부족하므로 국가기관이 주도하여 기술개발을 추진하는 전략은 WT전략에 해당한다.

① ㉠, ㉡　　② ㉠, ㉢

③ ㉡, ㉢　　④ ㉡, ㉣

※ A부장은 K종합병원의 간호인력의 고용을 합리화하고자 한다. 병원이 24시간 운영된다고 할 때, 다음 자료를 참고하여 이어지는 질문에 답하시오. **[44~45]**

〈시간대별 필요 간호인력 수〉

구분	2 ~ 6시	6 ~ 10시	10 ~ 14시	14 ~ 18시	18 ~ 22시	22 ~ 2시
필요인력(명)	5	20	30	15	50	10

〈근무 수칙〉

1) 간호인력은 휴게 시간을 포함하여 8시간 동안 연속으로 근무한다.
2) K종합병원 간호인력은 8시간마다 교대한다.
3) 교대 시 인수인계 시간은 고려하지 않는다.

44 A부장이 필요 간호인력 수에 따라 최소 간호인력을 산정한다고 할 때, 필요한 최소 간호인력 수는 몇 명인가?

① 75명 ② 85명
③ 95명 ④ 105명

45 K종합병원에서는 2 ~ 6시 사이 중환자 및 응급환자의 수요가 증가함에 따라 필요 간호인력 수를 20명으로 확충하기로 하였다. 이때, 필요한 최소 간호인력 수는 몇 명인가?

① 85명 ② 100명
③ 110명 ④ 125명

46 **K회사 근처에는 A ~ E 5개의 약국이 있으며, 공휴일에는 A ~ E약국 중 단 2곳만 영업을 한다. 다음 〈조건〉을 참고할 때, 반드시 참인 것은?(단, 한 달간 약국의 공휴일 영업일수는 서로 같다)**

〈조건〉

- 이번 달의 공휴일은 총 5일이다.
- 오늘은 세 번째 공휴일이며, 현재 A와 C약국이 영업하고 있다.
- D약국은 오늘을 포함하여 이번 달 남은 공휴일에 더 이상 영업하지 않는다.
- E약국은 마지막 공휴일에 영업한다.
- A와 E약국은 이번 달 공휴일에 D약국과 함께 이미 한 번씩 영업하였다.

① A약국은 이번 달 두 번의 공휴일에 연속으로 영업한다.
② 이번 달 B와 E약국이 함께 영업하는 공휴일은 없다.
③ B약국은 두 번째, 네 번째 공휴일에 영업한다.
④ 네 번째 공휴일에 영업하는 약국은 B와 C이다.

47 **초등학교 담장에 벽화를 그리기 위해 바탕색을 칠하려고 한다. 5개의 벽에 바탕색을 칠해야 하고, 벽은 일자로 나란히 배열되어 있다고 한다. 벽화는 다음 〈조건〉에 따라 칠한다고 할 때, 항상 옳은 것은?(단, 칠하는 색은 빨간색, 주황색, 노란색, 초록색, 파란색이다)**

〈조건〉

- 주황색과 초록색은 이웃해서 칠한다.
- 빨간색과 초록색은 이웃해서 칠할 수 없다.
- 파란색은 양 끝에 칠할 수 없으며, 빨간색과 이웃해서 칠할 수 없다.
- 노란색은 왼쪽에서 두 번째에 칠할 수 없다.

① 노란색을 왼쪽에서 첫 번째에 칠할 때, 주황색은 오른쪽에서 세 번째에 칠하게 된다.
② 칠할 수 있는 경우 중 한 가지는 주황색 – 초록색 – 파란색 – 노란색 – 빨간색이다.
③ 파란색을 오른쪽에서 두 번째에 칠할 때, 주황색은 왼쪽에서 첫 번째에 칠할 수도 있다.
④ 주황색은 왼쪽에서 첫 번째에 칠할 수 없다.

48 K공사의 A～C는 이번 신입사원 교육에서 각각 인사, 마케팅, 영업 교육을 맡게 되었다. 다음 〈조건〉을 참고할 때, 직원, 담당 교육, 교육 시간이 바르게 연결된 것은?

〈조건〉

- 교육은 각각 2시간, 1시간 30분, 1시간 동안 진행된다.
- A, B, C 중 2명은 과장이며, 나머지 한 명은 부장이다.
- 부장은 B보다 짧게 교육을 진행한다.
- A가 가장 오랜 시간 동안 마케팅 교육을 진행한다.
- 교육 시간은 인사 교육이 가장 짧다.

	직원	담당 교육	교육 시간
①	B과장	인사 교육	1시간
②	B부장	영업 교육	1시간
③	C부장	인사 교육	1시간
④	C부장	영업 교육	1시간 30분

49 하정이는 사내규정에 따라 비품을 구매하려고 한다. 어느 해 가을을 제외한 같은 계절에 가습기와 에어컨을 구매했다면, 그해의 구매 목록에 대해 성립할 수 없는 것은?(단, 가습기는 10만 원 미만, 에어컨은 50만 원 이상이다)

〈사내규정〉

- 매년 10만 원 미만, 10만 원 이상, 30만 원 이상, 50만 원 이상의 비품으로 구분지어 구매 목록을 만든다.
- 봄, 여름, 가을, 겨울에 구매하며 매 계절 적어도 구매 목록 중 하나는 구매한다.
- 매년 최대 6번까지 구매할 수 있다.
- 한 계절에 같은 가격대의 구매 목록을 2번 이상 구매하지 않는다.
- 두 계절 연속으로 같은 가격대의 구매 목록을 구매하지 않는다.
- 50만 원 이상 구매 목록은 매년 2번 구매한다.
- 봄에 30만 원 이상 구매 목록을 구매한다.

① 가을에 30만 원 이상 구매 목록을 구매한다.
② 여름에 10만 원 미만 구매 목록을 구매한다.
③ 봄에 50만 원 이상 구매 목록을 구매한다.
④ 겨울에 10만 원 이상 구매 목록을 구매한다.

50 **취업을 준비하는 A ~ E 5명이 지원한 분야는 각각 마케팅, 생산, 출판, 회계, 시설관리 중 하나이다. 5명은 모두 서류에 합격해 직무적성검사를 보러 가는데, 지하철, 버스, 택시 중 1가지를 타고 갈 것이다. 다음 〈조건〉을 참고할 때, 옳지 않은 것은?(단, 1가지 교통수단은 최대 2명만 이용할 수 있으며, 1명도 이용하지 않은 교통수단은 없다)**

〈조건〉

- 버스는 마케팅, 생산, 출판, 시설관리를 지원한 사람의 회사를 갈 수 있다.
- A는 출판을 지원했다.
- E는 어떤 교통수단을 선택해도 지원한 회사에 갈 수 있다.
- 지하철에는 D를 포함한 2명이 탄다.
- B가 탈 수 있는 교통수단은 지하철뿐이다.
- 버스와 택시가 지나가는 회사는 마케팅을 제외하고 중복되지 않는다.

① B와 D는 같이 지하철을 이용한다.
② C는 생산 혹은 시설관리이다.
③ A는 버스를 이용했다.
④ E는 회계를 지원했다.

51 **신혜와 유민이는 친구의 집에 놀러가서 사과와 포도, 딸기가 담긴 접시를 받았다. 다음 〈조건〉을 참고할 때, 옳은 것은?**

〈조건〉

- 사과, 포도, 딸기 중에는 각자 좋아하는 과일이 반드시 있다.
- 유민이는 사과와 포도를 좋아한다.
- 유민이가 좋아하는 과일은 신혜가 좋아하지 않는 과일이다.

① 신혜는 좋아하는 과일이 없다.
② 신혜가 포도를 좋아하는지 알 수 없다.
③ 신혜는 딸기를 좋아한다.
④ 유민이와 신혜가 같이 좋아하는 과일이 있다.

※ 귀하는 K사의 서비스 상담직원으로 근무하고 있으며, 다음 A/S 규정을 토대로 제품을 구매한 고객들의 문의를 응대하는 업무를 맡고 있다. 이어지는 질문에 답하시오. **[52~54]**

〈A/S 규정〉

■ **제품 보증기간**

- 제품의 보증기간은 제품 구매일을 기준으로 하며, 구매일을 증명할 수 있는 자료(구매영수증, 제품보증서 등)가 없을 경우에는 제품 생산일을 기준으로 산정한다.
- 단, 보증기간(1년 이내) 중 소비자 취급주의, 부적절한 설치, 자가 수리 또는 개조로 인한 고장 발생 및 천재지변(화재 및 수해 낙뢰 등)으로 인한 손상 또는 파손된 경우에는 보증기간 기준을 제외한다.

■ **A/S 처리기준**

- 제품보증기간 1년 이내 무상 A/S를 실시한다.
- 초기불량 및 파손의 경우를 제외한 사용 이후의 불량은 제품의 제조사 또는 판매자가 처리함을 원칙으로 한다.
- 당사는 제품의 미개봉 판매를 원칙으로 하며, 모든 사후처리는 당사의 A/S 규정과 원칙에 준한다.

■ **교환·환불 배송 정책**

- A/S에 관련된 운송비는 제품 초기불량일 경우에만 당사에서 부담한다.
- 당사의 교환 및 환불 정책은 수령한 날짜로부터 7일 이내 상품이 초기불량 및 파손일 경우에 한하며, 그 외의 경우에는 복구비용을 소비자가 부담하여야 한다.
- 당사에서 판매한 제품의 환불은 소비자법 시행령 제12조에 준한 사후처리를 원칙으로 한다.
- 제품의 온전한 상태를 기준으로 하며, 수령 후 제품을 사용하였을 경우에는 환불이 불가능하다.
- 단순변심으로는 미개봉 상태에서 3일 이내에 환불신청을 해야 한다.

■ **서비스 처리 비용**

구분	수리조치 사항		고객부담금(원)	비고
DVR 녹화기 관련	모델별 펌웨어 업그레이드 설치		20,000	회당
	하드 디스크 초기화 및 기능 점검		10,000	회당
	이전 설치로 인한 네트워크 관련 작업		20,000	-
	PC장착 카드형 DVR CD-Key		10,000	개당
	DVR 메인보드 파손		수리 시 50,000 교체 시 100,000	-
CCTV 카메라 관련	각종 카메라 이전 설치		건물 내 30,000 건물 외 50,000	-
	각종 카메라 추가 설치		건물 내 10,000 건물 외 20,000	제품 구매비 별도
	영상관련 불량	1) 기본 27만 화소 모듈	15,000	개당
		2) 27만 화소 IR 모듈	20,000	개당
		3) 41만 화소 IR 모듈	30,000	개당
	각종 카메라 전면 유리 파손 교체		3,000	개당
	카메라 전원·영상 배선 교체		8,000	-
	소비자 과실로 인한 내부 파손		수리 시 50,000 교체 시 100,000	-

52 다음은 K사의 제품을 구매한 고객의 문의사항이다. 귀하의 답변으로 적절하지 않은 것은?

> 고객 : 안녕하세요? 3일 전에 CCTV 제품을 구매해 설치하였습니다. 항상 켜두는 제품이라 고장이 쉽게 날 수 있을 것 같은데, A/S 규정이 어떻게 되는지 안내해 주실 수 있나요?
> 귀하 : 안녕하세요? 고객님. 저희 업체의 제품을 이용해 주셔서 감사합니다. 문의하신 A/S 규정에 대해서 간략하게 안내해 드리겠습니다.

① 단순변심으로는 미개봉 상태에서 3일 이내에 환불신청을 해야 합니다.
② 당사는 제품을 미개봉한 상태에서 판매하는 것을 원칙으로 하고 있습니다. 온전한 제품을 수령한 후 사용하였을 때에는 환불이 불가합니다.
③ 다만, 제품을 수령한 날로부터 7일 이내에 초기불량 및 파손이 있을 경우에는 당사에서 교환 또는 환불해 드리고 있으니 언제든지 연락 주시길 바랍니다.
④ 수령한 날짜로부터 7일 이내 상품이 초기불량 및 파손일 경우 외의 문제가 발생하면, 운송비를 제외한 복구 시 발행되는 모든 비용에 대해 고객님께서 부담하셔야 합니다.

53 다음 문의에 대해 귀하가 고객에게 안내하여야 할 수리비용은 얼마인가?

> 고객 : 안녕하세요? 재작년에 K사 DVR녹화기를 구매했었는데요. 사용 중에 문제가 생겨 연락드렸습니다. 며칠 전에 CCTV와 DVR을 다른 장소로 옮겨 설치했는데 네트워크 설정이 필요하다고 뜨면서 제대로 작동하지 않네요. 제가 제품을 구매한 후로 펌웨어 업그레이드를 한 번도 안 했었는데, 혹시 그것 때문일까요? 어찌 되었든 방문하는 수리기사에게 업그레이드뿐만 아니라 하드 디스크도 함께 점검해 달라고 요청해 주세요. 그럼 수리비용은 얼마나 나올까요?

① 60,000원
② 50,000원
③ 40,000원
④ 30,000원

54 다음은 수리기사가 보내온 A/S 점검 결과이다. 이를 토대로 고객에게 청구하여야 할 비용은 얼마인가?

〈A/S 점검표〉

점검일자 : 2025년 7월 1일(화)

대상제품		MD-RO439 model CCTV 카메라 1대
제품위치		건물 내부
점검항목		점검내용
외부	전면 헤드	전면 유리 파손 교체
	후면 고정대	이상 무
	본체	이상 무
내부	메인보드	이상 무, 클리너 사용(비용 ×)
	전원부	전원 배선 교체
	출력부	41만 화소 IR 교체
기타사항		로비 CCTV 1대 추가 설치(제품비 80,000원)

① 101,000원
② 111,000원
③ 121,000원
④ 131,000원

55 다음 〈조건〉에 따라 문항출제위원을 위촉하고자 할 때, 항상 참인 것은?

위촉하고자 하는 문항출제위원은 총 6명이다. 후보자는 논리학자 4명, 수학자 6명, 과학자 5명으로 추려졌다. 논리학자 2명은 형식논리를 전공했고 다른 2명은 비형식논리를 전공했다. 수학자 2명은 통계학을 전공했고 3명은 기하학을 전공했으며 나머지 1명은 대수학을 전공했다. 과학자들은 각각 물리학, 생명과학, 화학, 천문학, 기계공학을 전공했다.

〈조건〉

- 형식논리 전공자가 선정되면 비형식논리 전공자도 최소한 같은 인원만큼 선정된다.
- 수학자 중에서 통계학자만 선정되는 경우는 없다.
- 과학자는 최소 2명은 선정되어야 한다.
- 논리학자, 수학자는 최소 1명씩은 선정되어야 한다.
- 기하학 전공자는 천문학 전공자와 함께 선정되고, 기계공학 전공자는 통계학 전공자와 함께 선정된다

① 형식논리 전공자와 비형식논리 전공자가 1명씩 선정된다.
② 서로 다른 전공을 가진 수학자가 2명 선정된다.
③ 과학자는 최대 4명까지 선정될 수 있다.
④ 통계학 전공자를 포함하면 수학자는 3명이 선정될 수 없다.

56 같은 해에 입사한 동기 A～E는 모두 K기업 소속으로 서로 다른 부서에서 일하고 있다. 다음은 근무 부서와 부서별 성과급에 대한 자료이다. 이를 참고했을 때 항상 옳은 것은?

〈부서별 성과급〉

비서실	영업부	인사부	총무부	홍보부
60만 원	20만 원	40만 원	60만 원	60만 원

※ 각 사원은 모두 각 부서의 성과급을 동일하게 받음

〈부서배치 조건〉

- A는 성과급이 평균보다 적은 부서에서 일한다.
- B와 D의 성과급을 더하면 나머지 세 명의 성과급 합과 같다.
- C의 성과급은 총무부보다는 적지만 A보다는 많다.
- C와 D 중 한 사람은 비서실에서 일한다.
- E는 홍보부에서 일한다.

〈휴가 조건〉

- 영업부 직원은 비서실 직원보다 휴가를 더 늦게 가야 한다.
- 인사부 직원은 첫 번째 또는 제일 마지막으로 휴가를 가야 한다.
- B의 휴가 순서는 이들 중 세 번째이다.
- E는 휴가를 반납하고 성과급을 2배로 받는다.

① A의 3개월 치 성과급은 C의 2개월 치 성과급보다 많다.
② C가 맨 먼저 휴가를 갈 경우, B가 맨 마지막으로 휴가를 가게 된다.
③ D가 C보다 성과급이 많다.
④ 휴가철이 끝난 직후, D와 E의 성과급 차이는 세 배이다.

57 우주인 선발에 지원한 A～G 7명 중에서 2명이 선발되었고, 누가 선발되었는지에 대하여 5명이 다음 〈조건〉과 같이 진술하였다. 이 중 3명의 진술만 옳을 때, 반드시 선발된 사람은?

〈조건〉

- A, B, G는 모두 탈락하였다.
- E, F, G는 모두 탈락하였다.
- C와 G 중에서 1명만 선발되었다.
- A, B, C, D 중에서 1명만 선발되었다.
- B, C, D 중에서 1명만 선발되었고, D, E, F 중에서 1명만 선발되었다.

① A　② B
③ D　④ G

※ 다음은 K사 제품의 공정표와 공정에 따른 〈조건〉이다. 이어지는 질문에 답하시오. **[58~59]**

〈K사 제품 공정표〉

구분	선행공정	소요시간(분)
가	준비단계	30
나	없음	15
다	가	60
라	나	35
마	다	20
바	라 또는 마	45

〈조건〉

- 준비단계는 공정을 시작하기 전 기계 점검 및 작동 예열 시간으로 20분이 소요된다(단, 가 공정을 할 때마다 준비단계를 먼저 시행한다).
- 나 공정은 준비단계 없이 바로 시작할 수 있다.
- 공정 사이 제품의 이동시간은 무시한다.
- 가, 나 공정은 동시 시작이 가능하고, 공정 과정은 두 가지이다.
- 가 공정으로 시작하는 제품은 7개, 나 공정으로 시작하는 제품은 3개 생산이 가능하다.
- 공정 과정은 선행공정에 따라 정해지고, 마지막 공정인 바 공정에서는 동시가동이 가능하다.

58 공장에서 10시간 동안 기계를 작동했을 때, 가 공정으로 시작하는 공정 과정의 완제품 개수와 나 공정으로 시작하여 만들어지는 완제품 개수의 차이는 몇 개인가?

① 9개　② 7개
③ 5개　④ 3개

59 두 가지 공정 과정을 동시에 가동시켜 150개의 제품을 생산한다고 할 때, 최소 소요시간은 몇 시간인가?

① 21시간　② 26시간
③ 28시간　④ 35시간

60 다음은 K손해보험 보험금 청구 절차 안내문이다. 이를 토대로 고객들의 질문에 답변하려고 할 때, 적절하지 않은 것은?

〈보험금 청구 절차 안내문〉

단계	구분	내용
Step 1	사고 접수 및 보험금 청구	피보험자, 가해자, 피해자가 사고발생 통보 및 보험금 청구를 합니다. 접수는 가까운 영업점에 관련 서류를 제출합니다.
Step 2	보상팀 및 보상담당자 지정	보상처리 담당자가 지정되어 고객님께 담당자의 성명, 연락처를 SMS로 전송해 드립니다. 자세한 보상 관련 문의사항은 보상처리 담당자에게 문의하시면 됩니다.
Step 3	손해사정법인 (현장확인자)	보험금 지급여부 결정을 위해 사고현장조사를 합니다. (병원 공인된 손해사정법인에게 조사업무를 위탁할 수 있음)
Step 4	보험금 심사 (심사자)	보험금 지급 여부를 심사합니다.
Step 5	보험금 심사팀	보험금 지급 여부가 결정되면 피보험자 예금통장에 보험금이 입금됩니다.

※ 3만 원 초과 10만 원 이하 소액통원의료비를 청구할 경우 보험금 청구서와 병원영수증, 질병분류기호(질병명)가 기재된 처방전만으로 접수가 가능함

※ 의료기관에서는 환자가 요구할 경우 처방전 발급 시 질병분류기호(질병명)가 기재된 처방전 2부 발급이 가능함

※ 온라인 접수 절차는 K손해보험 홈페이지에서 확인할 수 있음

① Q : 자전거를 타다가 팔을 다쳐서 병원비가 56,000원이 나왔습니다. 보험금을 청구하려고 하는데 제출할 서류는 어떻게 되나요?

A : 고객님의 의료비는 10만 원이 넘지 않는 관계로 보험금 청구서와 병원영수증, 진단서가 필요합니다.

② Q : 사고를 낸 당사자도 보험금을 청구할 수 있나요?

A : 네, 고객님. 사고의 가해자와 피해자 모두 보험금을 청구하실 수 있습니다.

③ Q : 사고 접수는 인터넷으로 접수가 가능한가요?

A : 네, 가능합니다. 자세한 접수 절차는 K손해보험 홈페이지에서 확인하실 수 있습니다.

④ Q : 질병분류기호가 기재된 처방전은 어떻게 발급하나요?

A : 처방전 발급 시 해당 의료기관에 질병분류기호를 포함해달라고 요청하시면 됩니다.

| 01 | 국민건강보험법

61 **다음 중 국민건강보험법상 건강보험심사평가원의 업무가 아닌 것은?**

① 요양급여 비용의 심사
② 심사 및 평가기준의 개발
③ 요양급여의 적정성 평가
④ 건강생활 실천율의 모니터링

62 **다음 중 3년 동안 행사하지 않으면 소멸시효가 완성되는 권리로 볼 수 없는 것은?**

① 보험료, 연체금 및 가산금으로 과오납부한 금액을 환급받을 권리
② 보험급여를 받을 권리
③ 과다납부된 본인일부부담금을 돌려받을 권리
④ 휴직자 등의 보수월액보험료를 징수할 권리

63 **다음 중 국민건강보험법상 보험료에 대한 설명으로 옳지 않은 것은?**

① 보험료는 가입자의 자격을 취득한 날이 속하는 달의 다음 달부터 가입자의 자격을 잃은 날의 전날이 속하는 달까지 징수한다.
② 보험료를 징수할 때 가입자의 자격이 변동된 경우에는 변동된 날이 속하는 달의 보험료는 변동되기 전의 자격을 기준으로 징수한다.
③ 직장가입자의 월별 보험료액은 보수월액에 보험료율을 곱하여 얻은 보수월액보험료만으로 산정한다.
④ 지역가입자의 월별 보험료액은 세대 단위로 산정한다.

64 다음 글의 빈칸 ㉠, ㉡에 들어갈 내용이 바르게 연결된 것은?

> ① 직장가입자의 보험료율은 ㉠ 의 범위에서 심의위원회의 의결을 거쳐 대통령령으로 정한다.
> ② 국외에서 업무에 종사하고 있는 직장가입자에 대한 보험료율은 제1항에 따라 정해진 보험료율의 ㉡ 으로 한다.
> ③ 지역가입자의 보험료부과점수당 금액은 심의위원회의 의결을 거쳐 대통령령으로 정한다.

	㉠	㉡
①	1천분의 80	100분의 40
②	1천분의 80	100분의 50
③	1천분의 100	100분의 40
④	1천분의 100	100분의 50

65 다음 글의 빈칸에 들어갈 내용으로 옳은 것은?

> 보건복지부장관은 요양기관이 다음 각 호의 어느 하나에 해당하면 그 요양기관에 대하여 ________의 범위에서 기간을 정하여 업무정지를 명할 수 있다.
> 1. 속임수나 그 밖의 부당한 방법으로 보험자·가입자 및 피부양자에게 요양급여비용을 부담하게 한 경우
> 2. 제97조 제2항에 따른 명령에 위반하거나 거짓 보고를 하거나 거짓 서류를 제출하거나, 소속 공무원의 검사 또는 질문을 거부·방해 또는 기피한 경우
> 3. 정당한 사유 없이 요양기관이 제41조의3 제1항에 따른 결정을 신청하지 아니하고 속임수나 그 밖의 부당한 방법으로 행위·치료재료를 가입자 또는 피부양자에게 실시 또는 사용하고 비용을 부담시킨 경우

① 1년
② 2년
③ 3년
④ 4년

66 다음 중 국민건강보험법상 국민건강보험공단의 임원에 대한 설명으로 옳지 않은 것은?

① 대한민국 국민이 아닌 사람은 공단의 임원이 될 수 없다.
② 정신장애로 직무를 수행할 수 없다고 인정되면 임명권자가 해임할 수 있다.
③ 영리를 목적으로 하는 사업과 비영리 목적의 업무는 모두 겸직할 수 없다.
④ 감사에 해당하는 임원은 공단의 업무, 회계 및 재산 상황을 감사한다.

67 다음 〈보기〉 중 요양급여가 제공되는 것을 모두 고르면?

〈보기〉

㉠ 질병 ㉡ 부상 ㉢ 출산

① ㉠, ㉡
② ㉠, ㉢
③ ㉡, ㉢
④ ㉠, ㉡, ㉢

68 다음 글의 밑줄 친 부분에 해당되는 사항으로 옳지 않은 것은?

공단은 사용자, 직장가입자 및 세대주에게 다음 <u>각 호의 사항</u>을 신고하게 하거나 관계 서류(전자적 방법으로 기록된 것을 포함한다)를 제출하게 할 수 있다.

① 가입자의 거주지 변경
② 가입자의 재산
③ 건강보험사업을 위하여 필요한 사항
④ 가입자의 보수

69 **다음 중 국민건강보험법상 국민건강보험공단의 자산의 관리·운영 및 증식사업에서 안정성과 수익성을 위해 고려해야 할 사항이 아닌 것은?**

① 체신관서 또는 은행법에 따른 은행에의 예입 또는 신탁

② 은행법에 따른 대기업이 직접 발행하거나 채무이행을 보증하는 유가증권의 매입

③ 자본시장과 금융투자업에 대한 법률에 따른 신탁업자가 발행하거나 같은 법에 따른 집합투자업자가 발행하는 수익증권의 매입

④ 공단의 업무에 사용되는 부동산의 취득 및 일부 임대

70 **다음 중 국민건강보험법상 국민건강보험공단에 대한 설명으로 옳지 않은 것은?**

① 공단의 주요 사항을 심의·의결하기 위해 이사회를 둔다.

② 공단의 조직·인사·보수 및 회계에 대한 규정은 이사장이 결정하여 보건복지부장관의 승인을 받아 정한다.

③ 공단은 보험재정에 관련된 사항을 심의·의결하기 위하여 재정운영위원회를 둔다.

④ 공단의 임직원은 형법 제129조부터 제132조까지의 규정을 적용할 때 공무원으로 본다.

71 **다음 중 국민건강보험법상 1년 이하의 징역 또는 1,000만 원 이하의 벌금에 처하는 경우로 옳지 않은 것은?**

① 선별급여가 금지되었음에도 불구하고 선별급여를 제공한 요양기관의 개설자

② 대행청구단체가 아닌 자로 하여금 대행하게 한 자

③ 행정처분절차가 진행 중인 사실을 지체 없이 알리지 아니한 자

④ 업무정지기간 중에 요양급여를 한 요양기관의 개설자

72 **다음 중 국민건강보험법상 업무의 위탁에 대한 설명으로 옳지 않은 것은?**

① 공단은 보험료의 수납 또는 보험료납부의 확인에 대한 업무를 금융기관에 위탁할 수 있다.
② 공단은 징수위탁근거법의 위탁에 따라 징수하는 연금보험료, 고용보험료, 산업재해보상보험료, 부담금 및 분담금 등의 수납 업무를 금융기관에 위탁할 수 있다.
③ 공단은 보험료와 징수위탁보험료 등의 징수 업무를 국가기관에 위탁할 수 있다.
④ 공단이 위탁할 수 있는 업무 및 위탁받을 수 있는 자의 범위는 보건복지부령으로 정한다.

73 **다음 중 국민건강보험법상 보수월액에 대한 설명으로 옳지 않은 것은?**

① 직장가입자의 보수월액은 직장가입자가 지급받는 보수를 기준으로 하여 산정한다.
② 휴직자의 보수월액보험료는 해당 사유가 생기기 전 달의 보수월액을 기준으로 산정한다.
③ 보수는 근로자 등이 근로를 제공하고 사용자·국가 또는 지방자치단체로부터 지급받는 금품으로서 대통령령으로 정하는 것을 말한다.
④ 보수 관련 자료가 없을 경우 건강보험심사평가원장이 정하여 고시하는 금액을 보수로 본다.

74 **국민건강보험법상 요양급여를 받는 자는 대통령령으로 정하는 바에 따라 비용의 일부를 본인이 부담하여야 한다. 다음 중 본인일부부담금에 대한 설명으로 옳지 않은 것은?**

① 선별급여는 다른 요양급여에 비하여 본인일부부담금을 하향 조절할 수 있다.
② 본인일부부담금의 총액이 본인부담상한액을 초과한 경우 공단이 그 초과 금액을 부담한다.
③ 본인부담상한액은 가입자의 소득수준 등에 따라 정한다.
④ 본인일부부담금 총액 산정 방법 등은 대통령령으로 정한다.

75 **다음 중 국민건강보험법상 보험료 등의 독촉 및 체납처분에 대한 설명으로 옳지 않은 것은?**

① 직장가입자의 사용자가 2명 이상인 경우 그중 1명에게 한 독촉은 해당 사업장의 다른 사용자 모두에게 효력이 있는 것으로 본다.

② 독촉할 때에는 30일 이상 60일 이내의 납부기한을 정하여 독촉장을 발부하여야 한다.

③ 독촉을 받은 자가 그 납부기한까지 보험료 등을 내지 아니하면 보건복지부장관의 승인을 받아 국세 체납처분의 예에 따라 이를 징수할 수 있다.

④ 체납처분을 하기 전에 보험료 등의 체납 내역, 압류 가능한 재산의 종류 등이 포함된 통보서를 발송하여야 한다.

76 **다음 중 국민건강보험법상 가입자의 자격변동 시기에 해당하지 않는 것은?**

① 지역가입자가 적용대상사업장의 사용자로 된 날

② 직장가입자가 다른 적용대상사업장의 근로자로 사용된 날

③ 직장가입자인 근로자 등이 그 사용관계가 끝난 날

④ 지역가입자가 적용대상사업장의 근로자로 사용된 날

77 **다음 중 국민건강보험법상 보험급여의 정지 사유에 해당하는 것은?**

① 고의로 인한 범죄행위에 그 원인이 있는 경우

② 국외에서 업무에 종사하고 있는 경우

③ 고의로 국민건강보험공단의 지시를 따르지 않은 경우

④ 중대한 과실로 국민건강보험공단에서 요구하는 문서나 물건을 제출하지 않은 경우

78 **다음 중 국민건강보험공단의 결손처분에 대한 설명으로 옳지 않은 것은?**

① 해당 권리에 대한 소멸시효가 완성된 경우 의결 없이 보험료 등을 결손처분을 할 수 있다.
② 체납처분이 끝나고 체납액에 충당될 배분금액이 그 체납액에 미치지 못하는 경우 보험료 등을 결손처분할 수 있다.
③ 징수할 가능성이 없다고 인정되는 경우로서 대통령령으로 정하는 경우 보험료 등을 결손처분할 수 있다.
④ 결손처분을 한 후 압류할 수 있는 다른 재산이 있는 것을 발견한 때에는 지체 없이 그 처분을 취소하고 체납처분을 하여야 한다.

79 **다음 중 국민건강보험법상 국민건강보험공단의 업무로 옳지 않은 것은?**

① 자산의 관리·운영 및 증식사업
② 보험급여 비용의 지급
③ 요양급여의 적정성 평가
④ 의료시설의 운영

80 **다음 중 국민건강보험법상 고액·상습체납자의 인적사항 공개에 대한 설명으로 옳지 않은 것은?**

① 1년이 경과한 보험료, 연체금과 체납처분비의 총액이 1,000만 원 이상인 체납자가 납부능력이 있음에도 불구하고 체납한 경우 그 인적사항·체납액 등을 공개할 수 있다.
② 체납자의 인적사항 등에 대한 공개 여부를 심의하기 위하여 공단에 보험료정보공개심의위원회를 둔다.
③ 공개대상자에게 공개대상자임을 서면으로 통지하여 소명의 기회를 부여하여야 한다.
④ 체납자 인적사항 등의 공개는 관보에 게재할 수 없으며, 공단 인터넷 홈페이지에 게시하는 방법에 따른다.

| 02 | 노인장기요양보험법

61 다음 중 노인장기요양보험법에서 정의하는 용어에 대한 설명이 바르게 연결되지 않은 것은?

① 장기요양기관 : 시장, 군수, 구청장 등으로부터 지정을 받은 기관으로서 장기요양급여를 제공하는 기관
② 장기요양요원 : 장기요양기관에 소속되어 노인 등의 신체활동 또는 가사활동 지원 등의 업무를 수행하는 자
③ 장기요양사업 : 장기요양보험료, 국가 및 지방자치단체의 부담금 등을 재원으로 하여 노인 등에게 장기요양급여를 제공하는 사업
④ 장기요양급여 : 등급판정위원회의 등급판정에 따라 6개월 미만 동안 혼자서 일상생활을 수행하기 어렵다고 인정되는 자에게 신체활동 · 가사활동의 지원 또는 간병 등의 서비스나 이에 갈음하여 지급하는 현금 등

62 다음 〈보기〉 중 장기요양기관이 업무정지된 경우 수급자의 권익을 보호하기 위하여 특별자치시장 · 특별자치도지사 · 시장 · 군수 · 구청장이 취해야 하는 조치를 모두 고르면?

〈보기〉

㉠ 수급자가 부담할 비용이 있는 경우 이를 정산하는 조치
㉡ 행정처분의 내용을 수급자에게 통보하는 조치
㉢ 행정처분의 내용을 수급자의 보호자에게 통보하는 조치
㉣ 다른 장기요양기관을 선택하여 이용할 수 있도록 하는 조치

① ㉠, ㉡, ㉣
② ㉠, ㉢, ㉣
③ ㉡, ㉢, ㉣
④ ㉠, ㉡, ㉢, ㉣

63 다음은 장기요양급여의 재가급여 중 어디에 해당하는가?

수급자를 보건복지부령으로 정하는 범위 안에서 일정 기간 동안 장기요양기관에 보호하여 신체활동 지원 및 심신기능의 유지 · 향상을 위한 교육지 · 훈련 등을 제공하는 장기요양급여

① 단기보호
② 중기보호
③ 장기보호
④ 시설보호

64 **다음 중 장기요양보험료의 징수와 산정에 대한 설명으로 옳지 않은 것은?**

① 공단은 장기요양사업에 사용되는 비용에 충당하기 위하여 장기요양보험료를 징수한다.

② 장기요양보험료는 건강보험료와 구분하여 징수한다.

③ 공단은 장기요양보험료와 건강보험료를 구분하여 고지하여야 한다.

④ 공단은 장기요양보험료와 건강보험료를 각각의 독립회계로 관리하여야 한다.

65 **다음 중 장기요양기본계획에 포함되지 않는 것은?**

① 연도별 장기요양급여 대상인원

② 연도별 장기요양기관 관리 방안

③ 장기요양병원장의 처우에 관한 사항

④ 장기요양요원의 처우에 관한 사항

66 **다음 중 장기요양사업의 관리운영기관에 대한 설명으로 옳지 않은 것은?**

① 장기요양사업의 관리운영기관은 공단으로 한다.

② 장기요양기관은 설치 목적에 필요한 최소한의 범위에서 설치하여야 한다.

③ 공단은 장기요양사업에 대하여 독립회계를 설치·운영하여야 한다.

④ 장기요양사업 수행조직과 건강보험사업 수행조직은 따로 구분하여 두지 않는다.

67 **다음 글의 빈칸에 공통으로 들어갈 숫자로 옳은 것은?**

> 노인장기요양법에서 노인 등이란 _____세 이상의 노인 또는 _____세 미만의 자로서 치매・뇌혈관성질환 등 대통령령으로 정하는 노인성 질병을 가진 자를 말한다.

① 55
② 60
③ 65
④ 70

68 **다음 중 장기요양인정의 신청 등에 대한 설명으로 옳은 것은?**

① 거동이 불편하거나 도서・벽지 지역에 거주하여 의료기관을 방문하기 어려운 자는 사회복지사의 도움을 받아 의사소견서를 제출하여야 한다.
② 장기요양인정을 신청하는 자가 제출하여야 하는 의사소견서의 발급비용・비용부담방법 등은 공단에서 정한다.
③ 공단이 장기요양인정 신청의 조사를 하는 경우 3명 이상의 소속 직원이 조사할 수 있도록 노력하여야 한다.
④ 조사를 하는 자는 조사일시, 장소 및 조사를 담당하는 자의 인적사항 등을 미리 신청인에게 통보하여야 한다.

69 **다음 중 노인장기요양보험법의 재가 및 시설 급여비용에 대한 설명으로 옳은 것은?**

① 장기요양기관은 수급자에게 재가급여를 제공한 경우 구청에 장기요양급여비용을 청구하여야 한다.
② 보건복지부장관은 매년 급여종류 및 장기요양등급 등에 따라 공단의 심의를 거쳐 다음 연도의 재가 및 시설 급여비용과 특별현금급여의 지급금액을 정하여 고시하여야 한다.
③ 장기요양급여를 받는 자는 대통령령으로 정하는 바에 따라 비용의 전부를 본인이 부담한다.
④ 보건복지부장관은 재가 및 시설 급여비용을 정할 때 국가 및 지방자치단체로부터 장기요양기관의 설립비용을 지원받았는지 여부 등을 고려할 수 있다.

70 다음 〈보기〉 중 장기요양위원회의 구성에 대한 설명으로 옳은 것을 모두 고르면?

〈보기〉

㉠ 위원장은 1인으로 한다.
㉡ 부위원장 1인을 포함한 16인 이상 20인 이하의 위원으로 구성한다.
㉢ 위원은 보건복지부장관이 임명 또는 위촉한 자로 한다.
㉣ 위원장은 보건복지부차관이 된다.

① ㉠, ㉡
② ㉠, ㉢
③ ㉠, ㉡, ㉢
④ ㉠, ㉢, ㉣

71 다음 중 장기요양위원회의 운영에 대한 설명으로 옳은 것은?

① 회의는 구성원 3분의 2 이상의 출석으로 개의한다.
② 출석위원 과반수의 찬성으로 의결한다.
③ 분야별로 실무위원회를 두지 않는다.
④ 장기요양위원회는 공단에 소속된 기관이다.

72 다음 중 수급자가 장기요양인정신청 등을 직접 수행할 수 없을 때 본인 또는 가족의 동의를 받아 그 신청을 대리할 수 없는 자는?

① 사회복지전담공무원
② 치매안심센터의 장
③ 수급자 본인의 친족
④ 특별자치시장・특별자치도지사가 지정하는 자

73 장기요양급여의 재가급여 중 다음 내용에 해당하는 것은?

장기요양요원이 수급자의 가정 등을 방문하여 신체활동 및 가사활동 등을 지원하는 장기요양급여

① 방문목욕
② 방문요양
③ 주·야간보호
④ 단기보호

74 다음 중 장기요양급여 중 가족요양비에 대한 설명으로 옳지 않은 것은?

① 가족요양비는 공단이 지급할 수 있다.
② 가족요양비는 대통령령으로 정하는 기준에 따라 지급할 수 있다.
③ 가족요양비는 천재지변 등의 사유로 장기요양기관이 제공하는 장기요양급여의 이용으로는 부족하다고 보건복지부장관이 인정하는 자가 받을 수 있다.
④ 가족요양비는 신체·정신 또는 성격 등 대통령령으로 정하는 사유로 인하여 가족 등으로부터 장기요양을 받아야 하는 자가 받을 수 있다.

75 다음은 장기요양인정의 신청에 대한 설명이다. 빈칸에 공통으로 들어갈 내용으로 옳은 것은?

장기요양인정을 신청하는 자는 공단에 장기요양인정신청서에 ________를 첨부하여 제출하여야 한다. 다만, ________는 공단이 등급판정위원회에 자료를 제출하기 전까지 제출할 수 있다.

① 의사소견서
② 공단소견서
③ 요양원소견서
④ 시장소견서

76 장기요양급여를 제공받거나 제공할 경우 요구하거나 제공하여서는 아니 되는 행위를 급여외행위라고 한다. 다음 〈보기〉 중 급여외행위를 모두 고르면?

〈보기〉

㉠ 수급자의 가족만을 위한 행위
㉡ 수급자의 생업을 지원하는 행위
㉢ 수급자 가족의 생업을 지원하는 행위
㉣ 수급자의 일상생활에 지장이 없는 행위

① ㉠, ㉣
② ㉠, ㉡, ㉢
③ ㉠, ㉢, ㉣
④ ㉠, ㉡, ㉢, ㉣

77 다음 중 빈칸 ㉠, ㉡에 들어갈 기관이 바르게 연결된 것은?

• 장기요양보험료율, 가족요양비, 특례요양비 및 요양병원간병비의 지급기준 등을 심의하기 위하여 ___㉠___를 둔다.
• 장기요양인정 및 장기요양등급 판정 등을 심의하기 위하여 공단에 ___㉡___를 둔다.

	㉠	㉡
①	장기요양위원회	장기요양등급판정위원회
②	공표심의위원회	재심사위원회
③	장기요양위원회	공표심의위원회
④	장기요양등급판정위원회	장기요양위원회

78 **다음 중 장기요양사업의 실태를 파악하기 위한 실태조사에 대한 설명으로 옳지 않은 것은?**

① 3년마다 실시한다.

② 장기요양요원의 근로조건에 관한 사항도 조사한다.

③ 실태조사의 결과는 공표하여야 한다.

④ 실태조사의 방법과 내용 등에 필요한 사항은 대통령령으로 정한다.

79 **다음 중 장기요양기관이 거짓으로 청구한 금액이 장기요양급여비용 총액의 100분의 10 이상인 경우 공표할 수 있는 사항이 아닌 것은?**

① 처분내용

② 이용인원

③ 위반사실

④ 장기요양기관의 주소

80 **다음 중 재가 및 시설 급여비용의 청구 및 지급에 대한 설명으로 옳지 않은 것은?**

① 공단은 장기요양에 사용된 비용 중 공단부담금을 해당 장기요양기관에 지급하여야 한다.

② 공단은 장기요양급여평가 결과에 따라 장기요양급여비용을 감액조정하여 지급할 수 없다.

③ 수급자가 이미 낸 본인부담금이 본인부담금보다 더 많으면 차액을 수급자에게 지급하여야 한다.

④ 장기요양기관은 수급자에게 재가급여 또는 시설급여를 제공한 경우 공단에 장기요양급여비용을 청구하여야 한다.

3권

제2회
국민건강보험공단

NCS + 법률

www.sdedu.co.kr

〈문항 및 시험시간〉

평가영역	문항 수	시험시간	모바일 OMR 답안채점 / 성적분석 서비스	
[공통] 의사소통+수리+문제해결 [행정직 · 건강직 · 기술직] 국민건강보험법 [요양직] 노인장기요양보험법	80문항	80분	행정직 · 건강직 · 기술직	요양직

다음 개정 법령을 기준으로 수록하였습니다.
- 국민건강보험법 [법률 제20505호, 시행 2025. 4. 23]
- 노인장기요양보험법 [법률 제20587호, 시행 2025. 6. 21]

국민건강보험공단 신규직원 필기시험

제2회 모의고사

문항 수 : 80문항
시험시간 : 80분

제 1 영역 NCS

01 다음 글의 빈칸에 들어갈 내용으로 가장 적절한 것은?

> 한 존재가 가질 수 있는 욕망과 그 존재가 가졌다고 할 수 있는 권리 사이에는 모종의 개념적 관계가 있는 것 같다. 권리는 침해될 수 있는 것이며, 어떤 것에 대한 개인의 권리를 침해하는 것은 그것과 관련된 욕망을 좌절시키는 것이다. 예를 들어 당신이 차를 가지고 있다고 가정해 보자. 그럴 때 나는 우선 그것을 당신으로부터 빼앗지 말아야 한다는 의무를 가진다. 그러나 그 의무는 무조건적인 것이 아니다. 이는 부분적으로 당신이 그것과 관련된 욕망을 가지고 있는지 여부에 달려 있다. 만약 당신이 차를 빼앗기든지 말든지 관여치 않는다면, 내가 당신의 차를 빼앗는다고 해서 당신의 권리를 침해하는 것은 아닐 수 있다.
> 물론 권리와 욕망 간의 관계를 정확히 설명하는 것은 어렵다. 이는 졸고 있는 경우나 일시적으로 의식을 잃는 경우와 같은 특수한 상황 때문인데, 그러한 상황에서도 졸고 있는 사람이나 의식을 잃은 사람에게 권리가 없다고 말하는 것은 옳지 않을 것이다. 그러나 이와 같이 권리의 소유가 실제적인 욕망 자체와 연결되지는 않는다고 하더라도, 권리를 소유하려면 어떤 방식으로든 관련된 욕망을 가지는 능력이 있어야 한다. 어떤 권리를 소유할 수 있으려면 최소한 그 권리와 관련된 욕망을 가질 수 있어야 한다는 것이다.
> 이러한 관점을 '생명에 대한 권리'라는 경우에 적용해 보자. 생명에 대한 권리는 개별적인 존재의 생존을 지속시킬 권리이고, 이를 소유하는 데 관련되는 욕망은 개별존재로서 생존을 지속시키고자 하는 욕망이다. 따라서 자신을 일정한 시기에 걸쳐 존재하는 개별존재로서 파악할 수 있는 존재만이 생명에 대한 권리를 가질 수 있다. 왜냐하면 ______________________________

① 생명에 대한 권리를 가질 수 있는 존재만이 개별존재로서 생존을 지속시키고자 하는 욕망을 가질 수 있기 때문이다.

② 자신을 일정한 시기에 걸쳐 존재하는 개별존재로서 파악할 수 있는 존재는 다른 존재자의 생명을 빼앗지 말아야한다는 의무를 지니기 때문이다.

③ 자신을 일정한 시기에 걸쳐 존재하는 개별존재로서 파악할 수 있는 존재만이 개별존재로서 생존을 지속시키고자 하는 욕망을 가질 수 있기 때문이다.

④ 개별존재로서 생존을 지속시키고자 하는 욕망을 가질 수 있는 존재만이 자신을 일정한 시기에 걸쳐 존재하는 개별존재로서 파악할 수 있기 때문이다.

02 다음 글을 통해 추론할 수 없는 것은?

> 언어는 배우는 아이들이 있어야 지속된다. 그러므로 성인들만 사용하는 언어가 있다면 그 언어의 운명은 어느 정도 정해진 셈이다. 언어학자들은 이런 방식으로 추리하여 인류 역사에 드리워진 비극에 대해 경고한다. 한 언어학자는 현존하는 북미 인디언 언어의 약 80%인 150개 정도가 빈사 상태에 있다고 추정한다. 알래스카와 시베리아 북부에서는 기존 언어의 90%인 40개 언어, 중앙아메리카와 남아메리카에서는 23%인 160개 언어, 오스트레일리아에서는 90%인 225개 언어, 그리고 전 세계적으로는 기존 언어의 50%인 3,000개의 언어들이 소멸해 가고 있다고 한다. 이 중 사용자 수가 10만 명을 넘는 약 600개의 언어들은 비교적 안전한 상태에 있지만, 그 밖의 언어는 21세기가 끝나기 전에 소멸할지도 모른다.
>
> 언어가 이처럼 대규모로 소멸하는 원인은 중첩적이다. 토착 언어 사용자들의 거주지가 파괴되고, 종족 말살과 동화(同化)교육이 이루어지며, 사용 인구가 급격히 감소하는 것 외에 '문화적 신경가스'라고 불리는 전자 매체가 확산되는 것도 그 원인이 된다. 물론 우리는 소멸을 강요하는 사회적, 정치적 움직임들을 중단시키는 한편, 토착어로 된 교육 자료나 문학작품, 텔레비전 프로그램 등을 개발함으로써 언어 소멸을 어느 정도 막을 수 있다. 나아가 소멸 위기에 처한 언어라도 20세기의 히브리어처럼 지속적으로 공식어로 사용할 의지만 있다면 그 언어를 부활시킬 수도 있다.
>
> 합리적으로 보자면, 우리가 지구상의 모든 동물이나 식물종들을 보존할 수 없는 것처럼 모든 언어를 보존할 수는 없으며, 어쩌면 그래서는 안 되는지도 모른다. 가령, 어떤 언어 공동체가 경제적 발전을 보장해 주는 주류 언어로 돌아설 것을 선택할 때, 그 어떤 외부 집단이 이들에게 토착 언어를 유지하도록 강요할 수 있겠는가? 또한, 한 공동체 내에서 이질적인 언어가 사용되면 사람들 사이에 심각한 분열을 초래할 수도 있다. 그러나 이러한 문제가 있더라도 전 세계 언어의 50% 이상이 빈사 상태에 있다면 이를 보고만 있을 수는 없다.

① 현재 소멸해 가고 있는 전 세계 언어 중 약 2,400여 개의 언어들은 사용자 수가 10만 명 이하이다.
② 소멸 위기에 있는 언어라도 사용자들의 의지에 따라 유지될 수 있다.
③ 소멸 위기 언어 사용자가 처한 현실적인 문제는 언어의 다양성을 보존하기 어렵게 만들 수 있다.
④ 언어 소멸은 지구상의 동물이나 식물종 수의 감소와 같이 자연스럽고 필연적인 현상이다.

03 다음 문단을 논리적 순서대로 바르게 나열한 것은?

(가) 초연결사회란 사람, 사물, 공간 등 모든 것들이 인터넷으로 서로 연결돼, 모든 것에 대한 정보가 생성 및 수집되고 공유·활용되는 것을 말한다. 즉, 모든 사물과 공간에 새로운 생명이 부여되고 이들의 소통으로 새로운 사회가 열리고 있는 것이다.
(나) 최근 '초연결사회(Hyper Connected Society)'란 말을 주위에서 심심치 않게 들을 수 있다. 인터넷을 통해 사람 간의 연결은 물론 사람과 사물, 심지어 사물 간의 연결 등 말 그대로 '연결의 영역 초월'이 이뤄지고 있다.
(다) 나아가 초연결사회는 단지 기존의 인터넷과 모바일 발전의 맥락이 아닌 우리가 살아가는 방식 전체, 즉 사회의 관점에서 미래사회의 새로운 패러다임으로 큰 변화를 가져올 전망이다.
(라) 초연결사회에서는 인간 대 인간은 물론, 기기와 사물 같은 무생물 객체끼리도 네트워크를 바탕으로 상호 유기적인 소통이 가능해진다. 컴퓨터, 스마트폰으로 소통하던 과거와 달리 초연결 네트워크로 긴밀히 연결되어 오프라인과 온라인이 융합되고, 이를 통해 새로운 성장과 가치 창출의 기회가 증가할 것이다.

① (가) – (나) – (다) – (라)
② (가) – (나) – (라) – (다)
③ (나) – (가) – (다) – (라)
④ (나) – (가) – (라) – (다)

04 다음 글의 중심 내용으로 가장 적절한 것은?

'있어빌리티'는 '있어 보인다.'와 능력을 뜻하는 영어단어 'Ability'를 합쳐 만든 신조어로, 실상은 별거 없지만, 사진이나 영상을 통해 뭔가 있어 보이게 자신을 잘 포장하는 능력을 의미한다. 이처럼 있어빌리티는 허세, 과시욕 등의 부정적인 단어와 함께 사용되어 왔다. 그러나 기업과 마케팅 전문가들은 있어빌리티를 중요한 마케팅 포인트로 생각하고, 있어 보이고 싶은 소비자의 심리를 겨냥해 마케팅 전략을 세운다. 있어 보이기 위한 연출에는 다른 사람이 사용하는 것과는 다른 특별한 상품이 필요하기 때문이다. 과거에는 판매하는 제품이나 서비스가 얼마나 괜찮은지를 강조하기 위한 홍보 전략이 성행했다면, 최근에는 특정 상품을 구매하고 서비스를 이용하는 소비자가 얼마나 특별한지에 대해 강조하는 방식이 많다. VIP 마케팅 또한 있어빌리티를 추구하는 소비자들을 위한 마케팅 전략이다. VIP에 속한다는 것 자체가 자신이 특별한 사람이라는 것을 증명하기 때문이다.

① 자기 과시의 원인
② 자기표현의 중요성
③ 자기 과시 욕구의 문제점
④ 자기 과시를 활용한 마케팅 전략

05 다음 글의 내용으로 가장 적절한 것은?

> 제2차 세계대전 중, 태평양의 한 전투에서 일본군은 미군 흑인 병사들에게 자신들은 유색인과 전쟁할 의도가 없으니 투항하라고 선전하였다. 이 선전물을 본 백인 장교들은 그것이 흑인 병사들에게 미칠 영향을 우려하여 급하게 부대를 철수시켰다. 사회학자인 데이비슨은 이 사례에서 아이디어를 얻어서 대중매체가 수용자에게 미치는 영향과 관련한 '제3자 효과(Third-Person Effect)' 이론을 발표하였다.
>
> 이 이론의 핵심은 대중매체의 영향력을 차별적으로 인식한다는 데에 있다. 곧 사람들은 수용자의 의견과 행동에 미치는 대중 매체의 영향력이 자신보다 다른 사람들에게서 더 크게 나타나리라고 믿는 경향이 있다는 것이다. 예를 들어 선거 때 어떤 후보에게서 탈세 의혹이 있다는 신문보도를 보았다고 하자. 그때 사람들은 후보를 선택하는 데 자신보다 다른 독자들이 더 크게 영향을 받을 것이라고 여긴다.
>
> 제3자 효과는 대중매체가 전달하는 내용에 따라 다르게 나타난다. 예컨대 대중매체가 건강 캠페인과 같이 사회적으로 바람직한 내용을 전달할 때보다 폭력물이나 음란물처럼 유해한 내용을 전달할 때, 사람들은 자신보다 다른 사람들에게 미치는 영향력을 더욱 크게 인식한다는 것이다. 이러한 인식은 수용자의 구체적인 행동에도 영향을 미쳐 제3자 효과가 크게 나타나는 사람일수록 내용물의 심의, 검열, 규제와 같은 법적·제도적 조치에 찬성하는 성향을 보인다.
>
> 제3자 효과 이론은 사람들이 다수의 의견처럼 보이는 것에 영향받을 수 있다는 이론과 연결되면서, 여론의 형성 과정을 설명하는 데도 이용되었다. 이 설명에 따르면, 사람들은 자신은 대중매체의 전달 내용에 쉽게 영향받지 않는다고 생각하면서도 다른 사람들이 영향받을 것을 고려하여 자신의 태도와 행위를 결정한다. 즉, 다른 사람들에게서 소외되어 고립되는 것을 염려한 나머지, 자신의 의견을 포기하고 다수의 의견이라고 생각하는 것을 따라가게 된다는 것이다.

① 태평양 전쟁 당시 흑인 병사들에게 나타난 제3자 효과는 미군 철수의 원인이 되었다.

② 대중매체의 영향을 크게 받는 사람일수록 대중매체에 대한 법적·제도적 조치에 반대하는 경향이 있다.

③ 사람들은 자신이 타인에 비해 대중매체의 영향을 덜 받는다 생각하면서도 결과적으로 타인과 의견을 같이 하는 경향이 있다.

④ 제3자 효과가 나타나는 사람은 일단 한번 대중매체를 타면 어떤 내용이든지 동등한 수준으로 다른 이들에게 영향을 끼친다고 믿는다.

06 다음 글의 빈칸 ㉠~㉢에 들어갈 접속어가 바르게 연결된 것은?

> 무더운 여름 기차나 지하철을 타면 "실내가 춥다는 민원이 있어 냉방을 줄인다."라는 안내방송을 쉽게 들을 수 있을 정도로 우리는 쾌적한 기차와 지하철을 이용할 수 있는 시대에 살고 있다.
> ___㉠___ 이러한 쾌적한 환경을 누리기 시작하게 된 것은 그리 오래되지 않은 일이다. 1825년 세계 최초로 영국의 증기기관차가 시속 16km로 첫 주행을 시작하였고, 이 당시까지만 해도 열차 내의 유일한 냉방 수단은 창문뿐이었다. 열차에 에어컨이 설치되기 시작된 것은 100년이 더 지난 1930년대 초반 미국에서였고, 우리나라는 이보다 훨씬 후인 1969년 지금의 새마을호라 불리는 '관광호'에서였다. 이는 국내에 최초로 철도가 개통된 1899년 이후 70년 만으로 관광호 이후 국내에 도입된 특급열차들은 대부분 전기 냉난방시설을 갖추게 되었다.
> ___㉡___ 지하철의 에어컨 도입은 열차보다 훨씬 늦었는데, 이는 우리나라뿐만 아니라 해외도 마찬가지였으며, 실제로 영국의 경우 아직도 지하철에는 에어컨이 없는 상황이다.
> 우리나라는 1974년 서울 지하철이 개통되었는데, 이 당시 객실에는 천장의 달린 선풍기가 전부였기 때문에 한여름에는 땀 냄새가 가득한 찜통 지하철이 되었다. ___㉢___ 1983년이 되어서야 에어컨이 설치된 지하철이 등장하기 시작하였고, 기존에 에어컨이 설치되지 않았던 지하철들은 1989년이 되어서야 선풍기를 떼어내고 에어컨으로 교체하기 시작하였다.

	㉠	㉡	㉢
①	따라서	그래서	마침내
②	하지만	반면	마침내
③	하지만	왜냐하면	그래서
④	왜냐하면	반면	마침내

07 다음 글을 읽고 한국인의 수면 시간과 관련된 글을 쓴다고 할 때, 주제로 적절하지 않은 것은?

> 인간은 평생 3분의 1 정도를 잠으로 보낸다. 잠은 낮에 사용한 에너지를 보충하고, 피로를 회복하는 중요한 과정이다. 하지만 한국인은 잠이 부족하다. 한국인의 평균 수면 시간은 7시간 41분밖에 되지 않으며, 2016년 기준 경제협력개발기구(OECD) 회원국 가운데 꼴찌를 차지했다. 한 조사에 따르면, 전 국민의 17% 정도가 주 3회 이상 불면 증상을 갖고 있으며, 이는 연령이 높아짐에 따라 늘어났다.
> 이에 따라 불면증, 기면증, 수면무호흡증 등 수면장애로 병원을 찾는 사람은 2016년 기준 291만 8,976명으로 5년 사이 13%가 증가했다. 수면장애를 방치하면 삶의 질 저하는 물론 만성 두통, 심혈관계 질환 등이 발생할 수 있다. 불면증은 수면 질환의 대명사로, 가장 흔하고 복합적인 질환이다. 불면증은 면역기능 저하, 인지감퇴뿐만 아니라 일상생활에 장애를 초래할 수 있으며, 우울증, 인지장애 등을 유발할 수 있다.
> 또한, 코를 골며 자다가 몇 초에서 몇 분 동안 호흡을 멈추는 수면무호흡증도 있다. 이 역시 인지기능 저하와 심혈관계 질환 등 합병증을 일으킨다. 특히 수면무호흡증은 비만과 관계가 깊고, 졸음운전의 원인이 되기도 한다.
> 최근 고령 인구 증가로 뇌 퇴행성 질환인 렘수면 행동장애(RBD; Rem Sleep Behavior Disorder)도 늘고 있다. 이 병은 잠자는 동안 악몽을 꾸면서 소리를 지르고, 팔다리를 움직이고, 벽을 치고, 침대에서 뛰어내리는 등 난폭한 행동을 한다. 이 병을 앓는 상당수가 파킨슨병, 치매 환자로 이어진다. 또한, 잠들기 전에 다리에 이상 감각이나 통증이 생기는 하지불안증후군도 수면의 질을 떨어뜨리는 병이다. 낮 동안 졸리는 기면증(嗜眠症) 역시 일상생활에 심각한 장애를 초래한다.
> 한 정신건강의학과 교수는 "수면 문제는 결국 심혈관계 질환, 치매와 파킨슨병 등의 퇴행성 질환, 우울증, 졸음운전의 원인이 되므로 전문적인 치료를 받아야 한다."라고 했다.

① 한국인의 부족한 수면 시간
② 수면 마취제의 부작용
③ 수면장애의 종류
④ 수면장애의 심각성

08 A씨는 얼마 전 아들을 출산하였다. 집에서 육아를 하면서 아이의 배꼽 관리를 어떻게 해야 할지 고민이 생겨 국민건강보험공단 사이트에서 다음과 같은 글을 찾아 읽었다. 이에 대한 A씨의 반응으로 적절하지 않은 것은?

> 원래 배꼽은 아기와 엄마의 태반을 연결하던 제대 혈관이 떨어진 자리이다. 이때 너무 자주 소독하면 오히려 떨어져야 할 탯줄이 그대로 남는 경우도 있으므로 지나치게 철저한 소독은 바람직하지 않다.
> 떨어진 자리에 작은 흰 조직이 남고 진물이 흐르는 것을 '육아종'이라고 하는데 이 경우는 마른 면봉으로 수시로 닦아주거나 소아과에 가서 질산은 용액을 바르면 빨리 없어진다. 반면, 배꼽 주위 피부가 붉게 되며 부어오르는 것은 '제대염'과 같은 염증이 생긴 경우이니 신속히 병원에 가서 치료를 받아야 한다.
> 염증이 없는데 튀어나오는 경우를 '배꼽 탈장'이라고 한다. 누르면 장에서 꾸르륵거리는 소리가 나며 치료하지 않아도 기다리면 저절로 들어가기 때문에 걱정하지 않아도 된다.
>
> 1. **제대를 소독하는 방법**
> 제대와 배꼽 주위를 알코올이나 베타딘 등을 묻힌 솜이나 면봉으로 소독하고 잘 건조시킨다. 이때 소독약으로는 알코올을 사용하는 것이 좋다. 보통 70% 이상의 알코올을 사용하는데 알코올은 소독 효과도 있지만 약을 바른 부위를 빨리 건조되게 하는 효과도 있다. 베타딘을 소독약으로 사용할 때는 소독을 한 후 알코올로 베타딘을 닦아내야 아기 피부에 자극을 적게 줄 수 있다.
>
> 2. **제대를 말리는 방법**
> 소독 후 소독 거즈나 반창고를 붙일 필요가 없으며, 복대 같은 것으로 싸는 것보다 제대를 노출시켜 잘 말리는 것이 제일 중요하다. 하지만 염증이 생겨서 치료를 하는 경우에는 병원에서 덮어준 소독 거즈를 떼면 안 된다. 그래야만 세균이 더 들어가지 않기 때문이다.
>
> 3. **제대가 떨어진 후 배꼽을 소독하는 방법**
> 제대가 떨어진 자리에는 약간의 상처가 있기 마련이다. 제대가 떨어져 나간 배꼽 안을 소독하여야 하므로 배꼽을 살짝 벌려 안쪽까지 소독을 해주어야 한다. 이때 배꼽 안쪽부터 먼저 소독을 하고 바깥쪽은 나중에 하는 것이 좋다.
>
> 4. **목욕 시 제대 관리**
> 제대가 떨어질 때까지는 목욕시킬 때 제대에 물이 들어가지 않도록 조심하는 것이 좋다. 만약 제대에 물이 들어갔을 경우에는 말린 뒤 바로 소독을 하면 된다.

① 제대가 떨어지기 전까지는 목욕할 때 물이 들어가지 않도록 주의해야겠어.
② 지금까지 베타딘을 사용하고 있었는데, 건조를 위해서는 알코올을 사용하는 게 더 편하겠네.
③ 자주 소독하는 게 좋은 줄만 알았는데 오히려 아이에게 해가 될 수도 있구나.
④ 아이 배를 누르면 꾸르륵 소리가 나는 걸 보니 배꼽 탈장인 것 같은데, 병원을 빨리 가봐야겠어.

09 다음 글에서 〈보기〉가 들어갈 위치로 가장 적절한 곳은?

(가) 턱관절(악관절)이란 양쪽 손가락을 바깥귀길(외이도) 앞쪽에 대고 입을 벌릴 때 움직이는 것을 알 수 있는 얼굴 부위의 유일한 관절이다. 사람의 머리뼈는 여러 개의 뼈가 맞물려 뇌를 보호하도록 되어 있는 구조인데, 그중 머리 옆을 덮고 있는 좌우 관자뼈의 아래쪽에는 턱관절오목(하악와, 하악골과 접하기 때문에 붙여진 이름)이라 불리는 오목한 곳이 있다. (나) 국민건강보험공단이 2015년부터 2019년까지 건강보험 지급 자료를 분석한 내용에 따르면, 주 진단명으로 '턱관절 장애'를 진료받은 환자는 2015년 35만 명에서 2019년 41만 명으로 17% 증가하였으며, 여성이 남성보다 1.5배 정도 더 많은 것으로 나타났다. (다) 2019년 성별・연령대별 진료 현황을 살펴보면, 20대(11만 4천 명, 27.7%)가 가장 많았고, 30대(6만 6천 명, 16%), 10대(5만 7천 명, 13.9%) 순이었으며, 젊은 연령층의 여성 진료 인원이 많은 것으로 나타났다. 20대 여성이 6만 5천 명으로 같은 연령대 남성 4만 9천 명보다 1,500명 많았으며, 9세 이하를 제외한 전 연령대에서 여성 진료 인원이 많았다. (라) 2019년 연령대별 인구 10만 명당 진료 인원에서도 20대 여성이 1,992명으로 가장 많았고, 다음으로 30대 여성 1,152명, 40대 여성 867명 순으로 나타났다. 남성은 20대가 1,347명으로 가장 많았고, 80대 이상이 431명으로 가장 적었다. 같은 기간 턱관절장애 질환 총진료비도 2015년 311억 1000만 원에서 2019년 458억 3000만 원으로 47.3% 늘었다. 2019년 기준 턱관절장애 질환 건강보험 구성비를 연령대별로 살펴보면 20대가 28.3%(129억 8000만 원)으로 가장 많았고, 30대 16%(73억 4000만 원), 40대 13.1%(60억 1000만 원) 순이었다. 특히 여성이 전 연령층에서 남성보다 총진료비가 많았으며, 여성의 총진료비도 높게 나타나는 등 진료인원 구성비와 같은 양상을 보였다. 2019년 총진료비 중 여성은 전체의 65%인 296억 5000만 원을 차지했다.

〈보기〉

국민건강보험공단 일산병원 치과 김○○ 교수는 20대 여성 환자가 많은 이유에 대해 "턱관절 장애는 턱관절과 주위 저작근 등의 이상으로 나타나는 기질적 요인도 있으나, 정서적(또는 정신적) 기여 요인 또한 영향을 미치는 것으로 알려져 있다. 턱관절 장애는 스트레스, 불안감 또는 우울증 등이 요인으로 작용할 수 있다. 일반적으로 여성이 턱관절 이상 증상에 대해서 더 민감하게 받아들이는 것으로 알려져 있다. 한 가지 고려 사항으로는 아직 명확하게 밝혀진 것은 아니나, 최근 여성호르몬이 턱관절 장애의 병인에 영향을 줄 수 있는 것으로 보고된 바 있다."라고 설명하였다.

① (가)
② (나)
③ (다)
④ (라)

※ 다음 글을 읽고 이어지는 질문에 답하시오. [10~11]

건강보험료 부과체계 개편 논의는 이미 몇 년 전부터 이어져 왔다. 건강보험 재정 통합에 따라 보험자가 단일화되었음에도 부과체계 개선을 위한 첫 걸음을 내딛었다. 그리고 마침내 2017년 1월 건강보험료를 '소득중심 부과체계'로 개편하는 방안을 발표했다. 정부는 3단계 7년 시행을 제시했는데, 국회 논의 과정에서 2단계 5년으로 단축되었고, 형제자매를 포함한 피부양자 기준 등 일부가 수정되었다.
주요 내용은 저소득자에 대한 평가소득 폐지, 지역가입자의 집・자동차 등 재산에 대한 보험료 부과 축소, 직장가입자의 피부양자 인정 기준 단계적 강화, 보수 외 소득이 있는 직장가입자에 대한 보험료 부과 강화 등이다. 저소득계층의 보험료가 인상되는 경우 보험료를 낮추는 방안도 추가되었다. 이 같은 개선안은 1단계로 2018년 7월 시행하고 2단계는 4년 후인 2022년 7월 시행할 예정이다. 국고 지원을 5년간 연장해 개편안에 대한 적정성을 평가하고, 보건복지부에 보험료부과제도개선위원회를 설치해 지속적으로 제도 개선을 추진할 수 있도록 한 것이다. 2018년 7월 개편안이 시행되면 전체 지역가입자의 약 78%인 593만 세대의 보험료가 인하되며, 직장가입자의 약 99%는 보험료 변동이 없지만 약 13만 세대는 보험료가 인상되게 된다. 상당한 소득이 있는데도 직장피부양자에 올려 무임승차했던 계층도 일정 부분 보험료를 부담해야 한다.

1. 지역가입자 저소득계층 건강보험료 부담 경감

지역가입자 세대별 보험료는 소득보험료, 자동차보험료, 재산보험료로 구성된다. 소득보험료에 대해서는 연간 소득 500만 원 이하 세대에 부과되던 평가소득보험료가 폐지되고, 연간 소득 100만 원 이하 세대는 최저 보험료인 13,100원이 부과된다. 2022년 7월부터는 연간 소득 336만 원 이하 세대는 소득 최저보험료 17,120원으로 변경될 예정이다. 자동차보험료는 단계적으로 축소해 자동차 배기량 1,600cc 초과 차량 중 9년 미만 자동차와 4,000만 원 이상의 고가 자동차에 대해 부과하고, 2022년 7월부터는 4,000만 원 이상 승용차만 자동차보험료를 부과한다. 재산보험료는 비중을 크게 줄이는 공제 방식으로 계산된다.
1단계에서는 세대원의 총재산과표구간별 500 ~ 1,200만 원까지를, 2단계에서는 5,000만 원을 공제한다. 또한 미성년자의 체납보험료는 소급하여 면제하고, 저소득계층의 보험료가 인상되는 경우에는 보험료를 낮추는 방안도 마련했다. 다만, 최고 보험료가 227만 7천 원에서 301만 5천 원으로 올라 일부는 보험료가 상승하게 된다.

2. 직장가입자 건강보험료 일부 상승

대부분의 직장가입자는 보험료 변동이 없으며, 월급 외 소득이 있는 경우에만 약간 상승하게 된다. 예상 세대는 약 13만 세대 정도다. 보수 이외에 소득이 있을 경우 1단계에서는 3,400만 원 초과 시, 2단계에서는 2,000만 원 초과 시(현재 7,200만 원 초과) 소득원액보험료를 추가 부담한다. 연금소득과 근로소득이 보험료에 반영되는 평가율은 현행 20%에서 30%로 바뀌며, 2022년 7월부터는 50%로 조정된다. 보수월액보험료의 최고 보험료도 사용자 부담분을 제외한 본인 부담분 기준으로 238만 9천 원에서 301만 5천 원으로 상향 조정된다.

3. 피부양자제도 개편

피부양자제도는 유지되지만, 피부양자 인정 요건이 강화되어 약 36만 명가량이 지역가입자로 바뀌게 될 전망이다. 기존에는 이자소득과 배당소득을 합한 금액이나 근로소득과 기타소득을 합한 금액 또는 연금소득이 각각 연간 4,000만 원 이하인 경우에 피부양자로 인정했지만, 합산 종합과세소득이 3,400만 원을 초과할 때와 종합소득이 연 1,000만 원을 초과하면서 재산과표 5억 4,000만 원을 초과할 때는 지역가입자로 전환된다. 장애인과 국가유공자 및 보훈대상자 중 상이자도 재산요건을 충족해야 한다. 또한 형제자매도 피부양자에서 제외되지만 예외로 장애인, 30세 미만, 65세 이상의 경우는 소득과 재산 기준 충족 시 인정한다. 피부양자에서 지역가입자로 전환 시 2022년 6월까지 보험료를 한시적으로 30% 경감한다.

10 **다음 중 개편된 건강보험료 부과체계를 이해한 내용으로 적절하지 않은 것은?**

① 이번 개편은 소득을 중심으로 부과하기 위한 것이다.
② 연간 소득 100만 원 이하 세대는 평가소득보험료를 내지 않아도 된다.
③ 1단계 개편 시 직장가입자의 월급 외 소득이 3,400만 원을 초과하면 소득월액보험료를 추가 부담한다.
④ 피부양자에서 지역가입자로 전환 시 2022년 6월까지 보험료를 한시적으로 30% 경감한다.

11 **국민건강보험공단에서 근무하는 A사원은 변경될 건강보험료로 인한 고객 문의에 답변을 해야 한다. 다음 중 적절하지 않은 것은?(단, 현재는 2017년이라고 가정한다)**

① Q : 건강보험료 부과 체계가 바뀐다는 소식을 들었습니다. 언제부터 바뀌는 건가요?
A : 네, 2단계에 걸쳐 바뀌게 되는데 2018년 7월에 1단계 변경이 되고 2022년 7월에 2단계 변경이 될 예정입니다.

② Q : 직장가입자입니다. 건강보험료가 인상될 가능성이 있나요?
A : 대부분의 직장가입자는 변동이 없을 것입니다. 다만, 귀하께서 월급 외 소득이 있으시다면 소득에 따라 보험료가 인상될 수 있습니다.

③ Q : 저는 직장인인 언니의 피부양자로 가입되어 있는데, 어떤 변동이 있나요?
A : 피부양자 인정 요건이 완화되었기 때문에 소득에 큰 변동이 없으시다면 피부양자제도는 그대로 유지될 것입니다.

④ Q : 저소득계층의 지역가입자입니다. 혹시 이번 건강보험료 개편으로 저희 가족이 내야 할 보험료가 상승할 수 있나요?
A : 저소득계층의 건강보험료 부담을 경감하기 위해 개정하는 것이므로 소득이나 재산이 크게 늘지 않았다면 걱정하지 않으셔도 됩니다.

※ 다음 글의 밑줄 친 ㉠～㉣의 수정 방안으로 적절하지 않은 것을 고르시오. [12~13]

12

학교에 재학 중인 학생들이 다양한 분야에서 노동 활동, 즉 아르바이트에 참여하고 있는 것은 오늘날 그리 드문 현상이 아니다. 실제로 예상보다 많은 청소년이 아르바이트를 하고 있거나, 아르바이트를 했던 경험이 있다고 응답했다. ㉠ 청소년들이 가장 많은 아르바이트는 '광고 전단 돌리기'였다. 전단지 아르바이트는 ㉡ 시급이 너무 높지만 아르바이트 중에서도 가장 짧은 시간에 할 수 있는 대표적인 단기 아르바이트로 유명하다. 이러한 특징으로 인해 대부분의 사람들이 전단지 아르바이트를 꺼리게 되고, 돈은 필요하지만 학교에 다니면서 고정적으로 일하기는 어려운 청소년들이 주로 하게 된다고 한다. 전단지 아르바이트 다음으로는 음식점에서 아르바이트를 해보았다는 청소년들이 많았다. 음식점 중에서도 패스트푸드점에서 아르바이트를 하고 있거나 해보았다는 청소년들이 가장 많았는데, 패스트푸드점은 ㉢ 대체로 최저임금을 받지 않거나 대형 프랜차이즈가 아닌 경우에는 최저임금마저도 주지 않는다는 조사 결과가 나왔다. 또한 식대나 식사를 제공하지 않아서 몇 시간 동안 서서 일하면서도 ㉣ 끼니만도 제대로 해결하지 못했던 경험을 한 청소년이 많은 것으로 밝혀졌다. 근로자로서 당연히 보장받아야 할 권리를 청소년이라는 이유로 보호받지 못하는 것이다.

① ㉠ : 호응 관계를 고려하여 '청소년들이 가장 많이 경험해 본'으로 수정한다.
② ㉡ : 앞뒤 문맥을 고려하여 '시급이 너무 낮지만'으로 수정한다.
③ ㉢ : 호응 관계를 고려하여 '대체로 최저임금으로 받거나'로 수정한다.
④ ㉣ : 호응 관계를 고려하여 '끼니조차'로 수정한다.

13

수험생이 실제로 하고 있는 건강 관리는 전문가들이 추천하는 건강 관리 활동과 차이가 있다. 수험생들은 건강이 나빠지면 가장 먼저 보양 음식을 챙겨 먹는 것으로 ㉠ 건강을 되찾으려고 한다. ㉡ 수면 시간을 늘리는 것으로 건강 관리를 시도한다. 이러한 시도는 신체에 적신호가 켜졌을 때 컨디션 관리를 통해 그것을 해결하려고 하는 자연스러운 활동으로 볼 수 있다. ㉢ 그래서 수험생은 다른 사람들보다 학업에 대한 부담감과 미래에 대한 불안감, 시험에서 오는 스트레스가 높다는 점을 생각해 본다면 신체적 건강과 정신적 건강의 연결고리에 대해 생각해 봐야 한다. 실제로 ㉣ 전문가의 수험생 건강 관리를 위한 조언을 보면 정신적 스트레스를 다스리는 것이 중요하다는 점을 알 수 있다. 수험생의 건강에 가장 악영향을 끼치는 것은 자신감과 긍정적인 생각의 부족이다. 시험에 떨어지거나 낮은 성적을 받는 것에 대한 심리적 압박감이 건강을 크게 위협한다는 것이다. 전문가들은 수험생에게 명상을 하면서 마음을 진정하는 것과, 취미 활동을 통해 긴장을 완화하는 것이 스트레스의 해소에 도움이 된다고 조언한다.

① ㉠ : 의미를 분명히 하기 위해 '건강을 찾으려고 한다'로 수정한다.
② ㉡ : 자연스러운 연결을 위해 '또한'을 앞에 넣는다.
③ ㉢ : 앞뒤 내용이 전환되므로 '하지만'으로 바꾼다.
④ ㉣ : 호응 관계를 고려하여 '전문가들의 수험생 건강관리를 위한 조언'으로 수정한다.

※ 다음 글을 읽고 이어지는 질문에 답하시오. [14~16]

(가) 따라서 급속하게 증가하는 고령화로 인한 국민의 노후에 대한 불안을 해소하고 치매・중풍 등으로 거동이 불편한 노인의 삶의 질 향상과 그 가족의 부양부담을 경감하기 위한 사회안전망으로써 사회보장이 필요하다.

(나) 결국 노인장기요양보험은 노인 요양문제에 따르는 젊은 층의 노인 부양비용을 사회적 연대원리에 의해 충당하는 제도로서, 젊은 층의 안정적 생활을 위해 반드시 마련되어야 하는 사회보험제도라는 인식 개선이 필요하다.

(다) 사람이라면 누구든지 치매・중풍 등의 노화 현상과 노인성질환 등으로 인한 장기요양의 필요성으로부터 자유로울 수 없으며, 노인장기요양보험제도는 이러한 장기요양의 문제를 사회적으로 공동 해결하기 위하여 노인 및 그 가족뿐만 아니라 국민 전체에 의한 사회적 부양이라는 측면에서 사회적 연대원리로 운영되는 사회보험제도이다.

(라) 우리 사회의 급격한 고령화에 따라 치매・중풍・파킨슨 등 노인성질병으로 일상생활을 혼자서 수행하기 어려운 노인들이 급속히 증가하고 있다. 요양이 필요한 노인은 증가하고 있지만 우리 사회의 핵가족화와 여성의 사회참여 증가로 가정에 의한 돌봄은 이미 한계에 도달하였고, 치매・중풍 등의 노인을 돌보는 가정에서는 비용부담, 부양문제로 인한 가족 간의 갈등이 빈번하게 발생하고 있는 실정이다.

14 다음 중 윗글을 논리적 순서대로 바르게 나열한 것은?

① (다) – (나) – (가) – (라)
② (다) – (라) – (가) – (나)
③ (라) – (가) – (다) – (나)
④ (라) – (나) – (가) – (다)

15 다음 중 윗글의 주제로 가장 적절한 것은?

① 사회보험의 현재와 미래
② 고령화의 원인과 해결방안
③ 고령화와 사회보장
④ 우리나라의 사회보험제도

16 다음 중 윗글이 어떤 질문에 대한 답이 된다면 그 질문으로 가장 적절한 것은?

① 사회보장이란 무엇인가요?
② 노인장기요양보험은 왜 필요한가요?
③ 고령화를 극복하기 위한 방법은 무엇이 있나요?
④ 다른 나라와 우리나라의 사회보험제도의 차이점은 무엇인가요?

17 다음 글의 빈칸 ㉠, ㉡에 들어갈 내용이 바르게 연결된 것은?

> 애덤 스미스의 '보이지 않는 손'이라는 가정은 시장에서 개인의 이익 추구 활동을 제한하지 않는 것이 전체 이윤을 극대화하는 최선의 방책임을 보여주는 것으로 간주되었다. 그렇다면 다음의 경우는 어떠한가?
> 공동 소유의 목초지에 양을 치기에 알맞은 풀이 자라고 있다고 생각해 보자. 일정 넓이의 목초지에 방목할 수 있는 가축 두수에는 일정한 한계가 있기 마련이다. 즉, '수용 한계'가 존재하는 것이다. 그 목초지에 한 마리를 더 방목한다고 해서 다른 가축들이 갑자기 죽거나 병에 걸리는 것은 아니다. 하지만 목초지의 수용 한계를 넘어 양을 키울 경우, 목초가 줄어들어 그 목초지에서 양을 키워 얻을 수 있는 전체 생산량이 줄어든다. 나아가 수용 한계를 과도하게 초과할 정도로 사육 두수가 늘어날 경우 목초지 자체가 거의 황폐화된다.
> 예를 들어 수용 한계가 양 20마리인 공동 목초지에서 4명의 농부가 각각 5마리의 양을 키우고 있다고 해 보자. 그 목초지의 수용 한계에 이미 도달한 상태이지만, 그중 한 농부가 자신의 이익을 늘리고자 방목하는 양의 두수를 늘리려 한다. 그러면 5마리를 키우고 있는 농부들은 목초지의 수용 한계로 인하여 기존보다 이익이 줄어들지만, 두수를 늘린 농부의 경우 그의 이익이 기존보다 조금 늘어난다. 손실을 만회하기 위해 다른 농부들도 사육 두수를 늘리고자 할 것이다. 이러한 상황이 장기화될 경우, ______㉠______ 이와 같이 아담 스미스의 '보이지 않는 손'에 시장을 맡겨 둘 경우 ______㉡______ 결과가 나타날 것이다.

① ㉠ : 농부들의 총이익은 기존보다 증가할 것이다.
   ㉡ : 한 사회의 공공 영역이 확장되는
② ㉠ : 농부들의 총이익은 기존보다 감소할 것이다.
   ㉡ : 한 사회의 전체 이윤이 감소하는
③ ㉠ : 농부들의 총이익은 기존보다 감소할 것이다.
   ㉡ : 한 사회의 전체 이윤이 유지되는
④ ㉠ : 농부들의 총이익은 기존과 동일하게 될 것이다.
   ㉡ : 한 사회의 전체 이윤이 감소되는

18 다음 글의 빈칸 (가) ~ (다)에 들어갈 내용을 〈보기〉에서 골라 순서대로 바르게 나열한 것은?

> 언젠가부터 우리 바다 속에 해파리나 불가사리와 같이 특정한 종들만이 크게 번창하고 있다는 우려의 말이 들린다. 한마디로 다양성이 크게 줄었다는 이야기다. 척박한 환경에서는 몇몇 특별한 종들만이 득세한다는 점에서 자연 생태계와 우리 사회는 닮은 것 같다. 어떤 특정 집단이나 개인들에게 앞으로 어려워질 경제 상황은 새로운 기회가 될지도 모른다.
> ____(가)____ 왜냐하면 자원과 에너지 측면에서 보더라도 이들 몇몇 집단들만 존재하는 세계에서는 이들이 쓰다 남은 물자와 이용하지 못한 에너지는 고스란히 버려질 수밖에 없고 따라서 효율성이 극히 낮기 때문이다.
> 다양성 확보는 사회 집단의 생존과도 무관하지 않다. 조류 독감이 발생할 때마다 해당 양계장은 물론 그 주변 양계장의 닭까지 모조리 폐사시켜야 하는 참혹한 현실을 본다. 단 한 마리의 닭이 조류 독감에 걸려도 그렇게 많은 닭들을 죽여야 하는 이유는 인공적인 교배로 인해 이들 모두가 똑같은 유전자를 가졌기 때문이다.
> ____(나)____
> 이처럼 다양성의 확보는 자원의 효율적 사용과 사회 안정에 중요하지만 많은 비용이 들기도 한다. 예를 들어 출산 휴가를 주고, 노약자를 배려하고, 장애인에게 보조 공학 기기와 접근성을 제공하는 것을 비롯해 다문화 가정, 외국인 노동자를 위한 행정 제도 개선 등은 결코 공짜가 아니다. ____(다)____

〈보기〉

㉠ 따라서 다양한 유전 형질을 확보하는 길만이 재앙의 확산을 막고 피해를 줄이는 길이다.
㉡ 하지만 이는 사회 전체로 볼 때 그다지 바람직한 현상이 아니다.
㉢ 그럼에도 불구하고 다양성 확보가 중요한 이유는 우리가 미처 깨닫고 있지 못하는 넓은 이해와 사랑에 대한 기회를 사회 구성원 모두에게 제공하기 때문이다.

	(가)	(나)	(다)
①	㉠	㉡	㉢
②	㉠	㉢	㉡
③	㉡	㉠	㉢
④	㉡	㉢	㉠

19 다음 글의 서술상 특징으로 가장 적절한 것은?

> '디드로 효과'는 프랑스의 계몽주의 철학자인 드니 디드로의 이름을 따서 붙여진 것으로, 소비재가 어떤 공통성이나 통일성에 의해 연결되어 있음을 시사하는 개념이다. 디드로는 '나의 옛 실내복과 헤어진 것에 대한 유감'이라는 제목의 에세이에서 친구로부터 받은 실내복에 대한 이야기를 풀어 놓는다. 그는 '다 헤지고 시시하지만 편안했던 옛 실내복'을 버리고, 친구로부터 받은 새 실내복을 입었다. 그로 인해 또 다른 변화가 일어났다. 그는 한두 주 후 실내복에 어울리게끔 책상을 바꿨고, 이어 서재의 벽에 걸린 장식을 바꿨으며, 결국엔 모든 걸 바꾸고 말았다. 달라진 것은 그것뿐만이 아니었다. 전에는 서재가 초라했지만 사람들이 붐볐고, 그래서 혼잡했지만 잠시 행복함을 느끼기도 했다. 하지만 실내복을 바꾼 이후의 변화를 통해서 우아하고 질서 정연하고 아름답게 꾸며졌지만, 결국 자신은 우울해졌다는 것이다.

① 묘사를 통해 대상을 구체적으로 드러내고 있다.
② 다양한 개념들을 분류의 방식으로 설명하고 있다.
③ 벌어진 일련의 일들을 인과관계에 따라 서술하고 있다.
④ 권위 있는 사람의 말을 인용하여 주장을 뒷받침하고 있다.

20 다음 글의 제목으로 가장 적절한 것은?

> 물은 너무 넘쳐도 문제고, 부족해도 문제이다. 무엇보다 충분한 양을 안전하게 저장하면서 효율적으로 관리하는 것이 중요하다. 하지만 예기치 못한 자연재해가 불러오는 또 다른 물의 재해도 우리를 위협한다. 지진의 여파로 지진해일(쓰나미)이 몰려오고 댐이 붕괴되면서 상상도 못한 피해를 불러올 수 있다. 이는 역사 속에서 실제로 반복되어 온 일이다.
>
> 1755년 11월 1일 아침, 15・16세기 대항해 시대를 거치며 해양 강국으로 자리매김한 포르투갈의 수도 리스본에 대지진이 발생했다. 도시 건물 중 85%가 파괴될 정도로 강력한 지진이었다. 하지만 지진은 재해의 전주곡에 불과했다.
>
> 지진이 덮치고 약 40분 후 지진해일(쓰나미)이 항구와 도심지로 쇄도했다. 해일은 리스본뿐 아니라 인근 알가르브 지역의 해안 요새 중 일부를 박살냈고, 숱한 가옥을 무너뜨렸다. 그리고 6 ~ 9만 명이 귀한 목숨을 잃었다. 이 대지진과 이후의 해일은 포르투갈 문명의 역사를 바꿔버렸다. 포르투갈은 이후 강대국 대열에서 밀려나 옛 영화를 찾지 못한 채 지금에 이르고 있다.
>
> 또한, 1985년 7월 19일 이탈리아의 스타바댐이 붕괴되면서 그 여파로 발생한 약 20만 톤의 진흙과 모래, 물이 테세로 마을을 덮쳐 268명이 사망하고 63개의 건물과 8개의 다리가 파괴되는 사고가 일어났다.

① 우리나라는 '물 스트레스 국가'
② 도를 지나치는 '물 부족'
③ 강력한 물의 재해 '지진해일'
④ 누구도 피해 갈 수 없는 '자연 재해'

21 어떤 열차가 500m/min의 속력으로 터널을 통과하는 데 10분이 걸렸다. 터널의 길이가 4.5km일 때, 이 열차의 길이는 몇 m인가?

① 400m
② 450m
③ 500m
④ 550m

22 A주머니에는 흰 공 1개와 검은 공 3개가 들어있고, B주머니에는 흰 공 2개가 들어있다. 두 주머니 중에 어느 하나를 택하여 1개의 공을 꺼낼 때, 그 공이 흰 공일 확률은?

① $\frac{1}{4}$
② $\frac{3}{8}$
③ $\frac{1}{2}$
④ $\frac{5}{8}$

23 다음은 천식 진단율을 나타낸 자료이다. 이에 대한 설명으로 옳은 것은?(단, 소수점 첫째 자리에서 절사한다)

〈천식 진단율〉

구분	남학생		여학생	
	분석대상자 수(명)	진단율(%)	분석대상자 수(명)	진단율(%)
중1	5,178	9.1	5,011	6.7
중2	5,272	10.8	5,105	7.6
중3	5,202	10.2	5,117	8.5
고1	5,069	10.4	5,096	7.6
고2	5,610	9.8	5,190	8.2
고3	5,293	8.7	5,133	7.6

① 분석대상자 수는 남학생과 여학생 모두 학년이 올라갈수록 증가한다.

② 중학교와 고등학교 모두 학년별 남학생의 수가 여학생의 수보다 많다.

③ 중학교 때는 각 학년 남학생의 천식 진단율이 여학생보다 높았지만 고등학교 때는 반대이다.

④ 천식 진단을 받은 여학생은 중·고등학교 모두 남학생보다 적다.

24 다음은 2014년부터 2024년까지 K국의 주식시장 현황을 나타낸 자료이다. 이를 바탕으로 당해연도 초과수익률을 바르게 나타낸 그래프는?

〈K국 주식시장 현황〉

구분	2014년	2015년	2016년	2017년	2018년	2019년	2020년	2021년	2022년	2023년	2024년
주가지수	376	562	1,028	505	694	628	811	896	1,379	1,434	1,897
수익률(%)	-	49.5	82.8	−50.9	37.4	−9.5	29.1	10.5	53.9	4.0	32.3

※ [당해연도 초과수익률(%p)]=[당해연도 수익률(%)]−[연평균 수익률(%)]

※ 연평균 수익률은 23.9%임

①
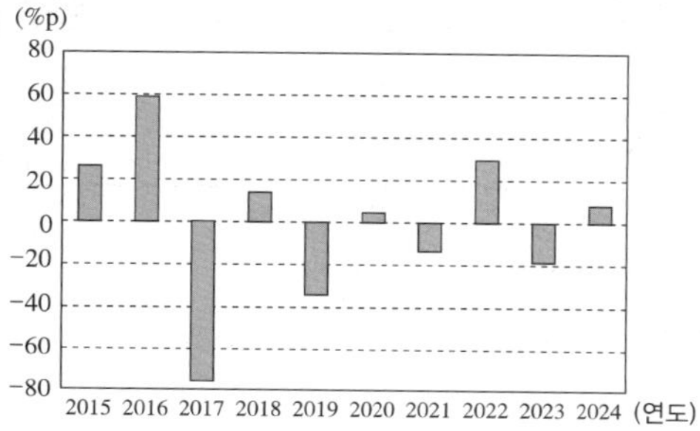

②
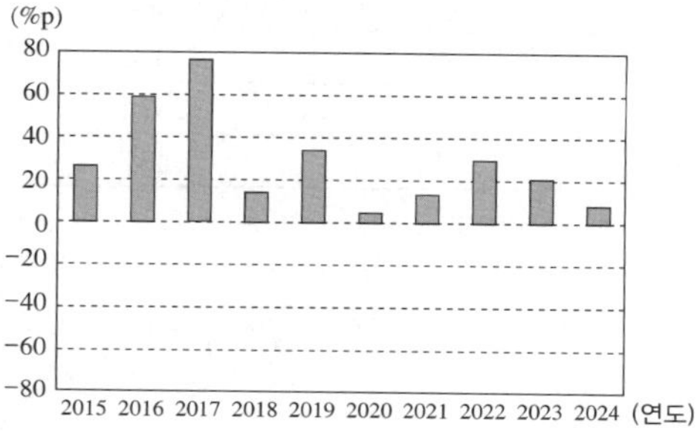

③
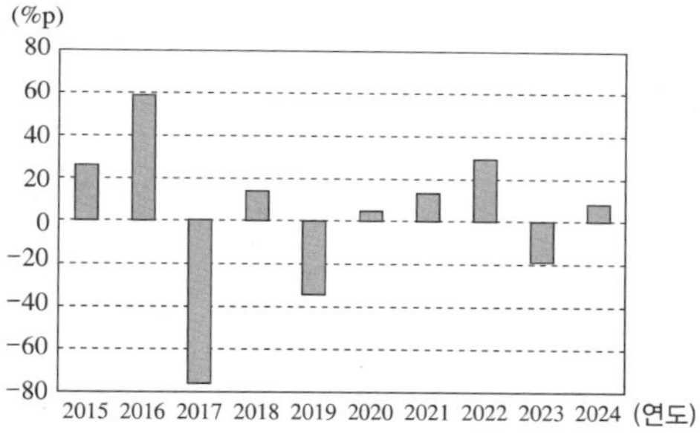

④
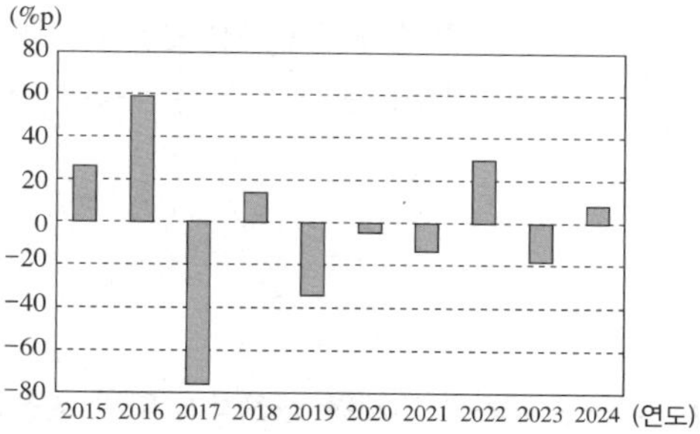

25 다음은 보험업계에 있는 업체들의 실적 지표에 대한 자료이다. 이에 대한 설명으로 옳지 않은 것은?

〈3사 간 시장 점유율 추이〉

(단위 : %)

구분	2022년	2023년	2024년	2025년 1분기
K그룹	15	14.9	14.7	14.7
H그룹	13.9	14	14	14.2
L그룹	13.3	13.5	13.7	14.3

〈3사의 2024년 1분기 각종 지표〉

(단위 : 억 원, %)

구분	매출액	성장률	순익	손해율
K그룹	7,663	8.3	177(500)	69.8(69.9)
H그룹	7,372	10.0	336(453)	77.8(71.0)
L그룹	7,464	12.3	116(414)	78.0(76.6)

※ (　)는 2024년임

① K그룹의 점유율이 제자리걸음하고 있는 사이에 H그룹과 L그룹이 점유율을 끌어 올려 K그룹을 압박하고 있다.
② 2025년 1분기에 점유율에서는 H그룹이 L그룹에 밀렸지만 순익 면에서는 H그룹이 알찬 성장을 하고 있다.
③ 세 기업 중 손해율이 가장 낮은 K그룹은 그만큼 안정성이 높다는 증거이다.
④ 2025년 한 해 동안 L그룹은 시장점유율 2위를 지킬 것이다.

26 다음은 K기업의 재화 생산량에 따른 총생산비용의 변화를 나타낸 자료이다. K기업의 생산 활동에 대한 설명으로 옳은 것을 〈보기〉에서 모두 고르면?(단, 재화 1개당 가격은 7만 원이다)

〈재화 생산량에 따른 총생산비용〉

생산량(개)	0	1	2	3	4	5
총생산비용(만 원)	5	9	12	17	24	33

〈보기〉

㉠ 2개와 5개를 생산할 때의 이윤은 동일하다.
㉡ 이윤을 극대화할 수 있는 최대 생산량은 4개이다.
㉢ 4개에서 5개로 생산량을 증가시킬 때 이윤은 증가한다.
㉣ 1개를 생산하는 것보다 생산을 하지 않는 것이 손해가 적다.

① ㉠, ㉡　　② ㉠, ㉢
③ ㉡, ㉢　　④ ㉢, ㉣

27 K회사에서는 올해 고객만족도 조사를 통해 갑～병 중 최고의 지점을 뽑으려고 한다. 인터넷 설문 응답자 5,500명 중 '잘 모르겠다.'를 제외한 응답자의 비율이 67%일 때, 갑을 택한 응답자는 몇 명인가?(단, 인원은 소수점 첫째 자리에서 반올림한다)

〈고객만족도 조사 현황〉

구분	갑	을	병	합계
응답률		23%	45%	100%

※ 응답률은 '잘 모르겠다.'를 제외한 응답자 안에서의 비율임

① 1,119명
② 1,139명
③ 1,159명
④ 1,179명

28 2025년 상반기 K기업 홍보팀 입사자는 2024년 하반기에 비해 20% 감소하였으며, 2025년 상반기 인사팀 입사자는 2024년 하반기 마케팅팀 입사자 수의 2배이고, 영업팀 입사자는 2024년 하반기보다 30명이 늘었다. 2025년 상반기 마케팅팀의 입사자는 2025년 상반기 인사팀의 입사자와 같다. 2025년 상반기 전체 입사자가 2024년 하반기 대비 25% 증가했을 때, 2024년 하반기 대비 2025년 상반기 인사팀 입사자의 증감률은?

〈K기업 입사자 수〉

(단위 : 명)

구분	마케팅	영업	홍보	인사	합계
2024년 하반기 입사자 수	50		100		320

① －15%
② 0%
③ 15%
④ 25%

29 다음은 K공사에서 서울 및 수도권 지역의 가구를 대상으로 난방방식 및 난방연료 현황에 대해 조사한 자료이다. 이에 대한 설명으로 옳은 것은?

〈난방방식 현황〉

(단위 : %)

구분	서울	인천	경기남부	경기북부	전국 평균
중앙난방	22.3	13.5	6.3	11.8	14.4
개별난방	64.3	78.7	26.2	60.8	58.2
지역난방	13.4	7.8	67.5	27.4	27.4

※ 경기는 남부와 북부로 나눠 조사함

〈난방연료 사용현황〉

(단위 : %)

구분	서울	인천	경기남부	경기북부	전국 평균
도시가스	84.5	91.8	33.5	66.1	69.5
LPG	0.1	0.1	0.4	3.2	1.4
등유	2.4	0.4	0.8	3.0	2.2
열병합	12.6	7.4	64.3	27.1	26.6
기타	0.4	0.3	1.0	0.6	0.3

① 경기북부의 경우 도시가스를 사용하는 가구 수가 등유를 사용하는 가구 수의 30배 이상이다.

② 다른 난방연료와 비교했을 때 서울과 인천에서는 등유를 사용하는 비율이 가장 낮다.

③ 지역난방을 사용하는 가구 수는 서울이 인천의 약 1.7배이다.

④ 경기남부의 가구 수가 경기북부의 가구 수의 2배라면 경기 전체에서 개별난방을 사용하는 가구 수의 비율은 약 37.7%이다.

30 다음은 전국 주요 댐 저수 현황 자료이다. 이에 대한 설명으로 옳은 것은?

〈전국 주요 댐 저수 현황〉

구분	주의단계							경계단계	심각단계
	소양강댐	충주댐	횡성댐	안동댐	임하댐	용담댐	주암댐	대청댐	보령댐
현재 저수량 (백만 m^3) 평년 대비 저수율	1,277.2 69%	1,144.9 68%	25.3 43%	413.2 56%	186.9 69%	233.1 64%	167.9 42%	547.8 57%	25.1 61%
현재 저수율(%)	44.0	41.6	29.1	33.1	31.4	28.6	36.7	36.8	21.5

※ 2025년 7월 10일 오전 7시 기준

① 저수 현황은 주의단계, 경계단계, 심각단계의 3단계로 나뉘며, 주의단계에 해당하는 댐은 소양강댐, 충주댐, 횡성댐, 안동댐, 임하댐, 용담댐, 대청댐이다.

② 현재 저수율이 가장 높은 곳은 소양강댐으로, 가장 낮은 댐과의 차이는 22.5%p이다.

③ 주요 댐들의 현재 저수율은 평년 대비 저수율에 다소 못 미치지만 심각한 수준은 아니다.

④ 댐의 크기와 저수 가능 용량은 횡성댐이 보령댐보다 크다.

31 K회사에서는 업무 효율을 높이기 위해 근무여건 개선방안에 대하여 논의하고자 한다. 인사부에서 근무하는 귀하는 해당 논의에 필요한 자료를 제공하기 위하여 전 직원의 야간근무 현황을 조사하였으며, 다음과 같은 결과를 얻었다. 이에 대한 설명으로 옳지 않은 것은?

〈야간근무 현황(주 단위)〉

(단위 : 일, 시간)

구분	주 평균 야근 빈도	주 평균 야근 시간
임원진	1.2	1.8
부장급	2.2	3.3
과장급	2.4	4.8
대리급	1.8	6.3
평사원	1.4	4.2

① 과장급은 한 주에 평균적으로 2.4일 정도 야간근무를 한다.

② 전 직원의 주 평균 야근 빈도는 1.8일이다.

③ 평사원은 한 주 동안 평균 4시간 12분 정도 야간근무를 하고 있다.

④ 1회 야간근무 시 평균적으로 가장 긴 시간 동안 일하는 사원은 대리급 사원이다.

32 다음은 한국인의 주요 사망원인에 대한 자료이다. 이를 참고하여 인구 10만 명 중 사망원인에 따른 인원수를 나타낸 그래프로 옳은 것은?(단, 모든 그래프의 단위는 '명'이다)

한국인 10만 명 중 무려 185명이나 암으로 사망한다는 통계를 바탕으로 암이 한국인 사망원인 1위로 알려진 가운데, 그 밖의 순위에 대한 관심도 뜨겁다. 2위와 3위는 각각 심장과 뇌관련 질환으로 알려졌고, 또한 1위와의 차이는 20명 미만일 정도로 크게 차이를 보이지 않아 한국인 주요 3대 사망원인으로 손꼽아진다. 특히 4위는 자살로 알려져 큰 충격을 더하고 있는데, 우리나라의 경우 20대・30대 사망원인 1위가 자살이며, 인구 10만 명당 50명이나 이로 인해 사망한다고 한다. 그다음으로는 당뇨, 치매, 고혈압의 순서이다.

①

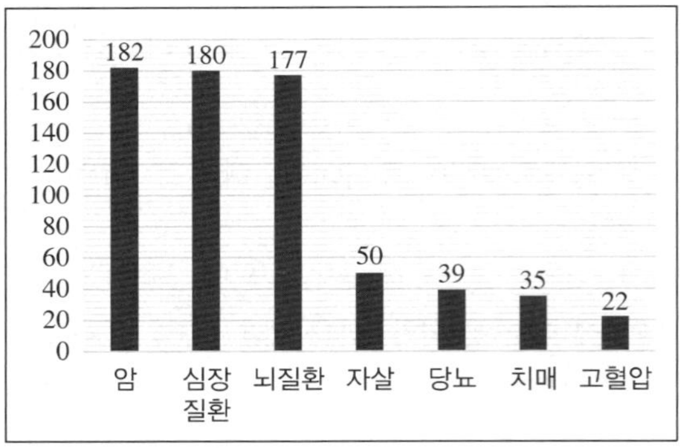

②

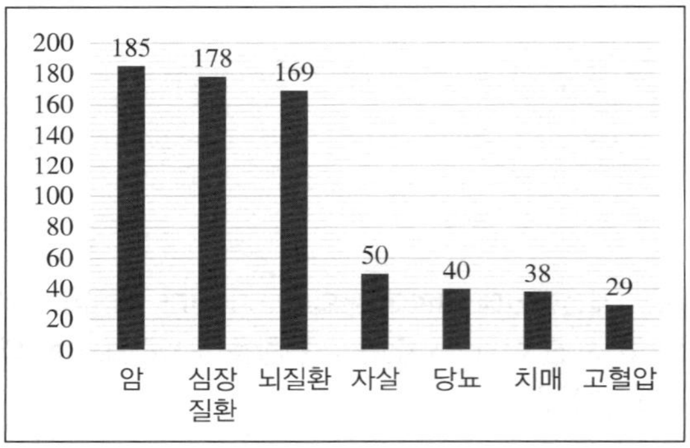

③

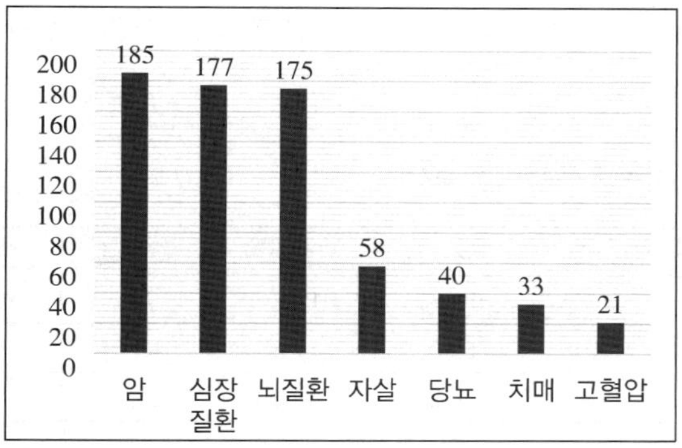

185
177
175
58
40
33
21
200
180
160
140
120
100
80
60
40
20
0
암
심장 질환
뇌질환
자살
당뇨
치매
고혈압

④

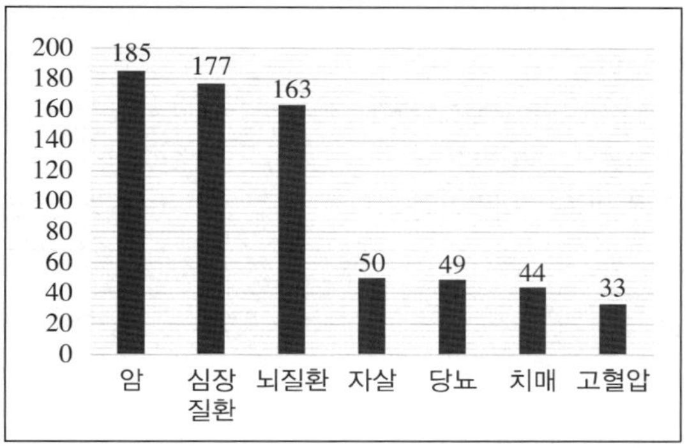

185
177
163
50
49
44
33
200
180
160
140
120
100
80
60
40
20
0
암
심장 질환
뇌질환
자살
당뇨
치매
고혈압

33 다음은 최근 5년 동안의 아동 비만율을 나타낸 표이다. 이에 대한 설명으로 옳은 것을 〈보기〉에서 모두 고르면?

〈연도별 아동 비만율〉

(단위 : %)

구분	2020년	2021년	2022년	2023년	2024년
유아(만 6세 미만)	11	10.8	10.2	7.4	5.8
어린이(만 6세 이상 만 13세 미만)	9.8	11.9	14.5	18.2	19.7
청소년(만 13세 이상 만 19세 미만)	18	19.2	21.5	24.7	26.1

〈보기〉

㉠ 모든 아동의 비만율은 전년 대비 증가하고 있다.
㉡ 어린이 비만율은 유아 비만율보다 크고, 청소년 비만율보다 작다.
㉢ 2020년 대비 2024년 청소년 비만율의 증가율은 45%이다.
㉣ 2024년과 2022년의 비만율 차이가 가장 큰 아동은 어린이이다.

① ㉠, ㉢
② ㉠, ㉣
③ ㉡, ㉢
④ ㉢, ㉣

34 다음은 K중학교 여름방학 방과 후 학교 신청 학생 중 과목별 학생 수를 비율로 나타낸 그래프이다. 방과 후 학교를 신청한 전체 학생이 200명일 때, 수학을 선택한 학생은 미술을 선택한 학생보다 몇 명이 더 적은가?

〈과목별 신청 학생 현황〉

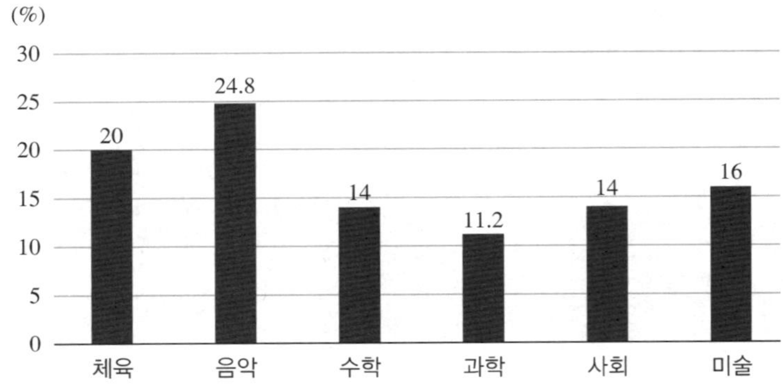

① 3명
② 4명
③ 5명
④ 6명

35 다음은 항목별 상위 7개 동의 자산규모를 나타낸 자료이다. 이에 대한 설명으로 옳은 것은?

〈항목별 상위 7개 동의 자산규모〉

구분 순위	총자산(조 원)		부동산자산(조 원)		예금자산(조 원)		가구당 총자산(억 원)	
	동명	규모	동명	규모	동명	규모	동명	규모
1	여의도동	24.9	대치동	17.7	여의도동	9.6	을지로동	51.2
2	대치동	23.0	서초동	16.8	태평로동	7.0	여의도동	26.7
3	서초동	22.6	압구정동	14.3	을지로동	4.5	압구정동	12.8
4	반포동	15.6	목동	13.7	서초동	4.3	도곡동	9.2
5	목동	15.5	신정동	13.6	역삼동	3.9	잠원동	8.7
6	도곡동	15.0	반포동	12.5	대치동	3.1	이촌동	7.4
7	압구정동	14.4	도곡동	12.3	반포동	2.5	서초동	6.4

※ (총자산)=(부동산자산)+(예금자산)+(증권자산)

※ $(가구\ 수)=\frac{(총자산)}{(가구당\ 총자산)}$

① 압구정동의 가구 수는 여의도동의 가구 수보다 적다.
② 이촌동의 가구 수는 2만 가구 이상이다.
③ 대치동의 증권자산은 서초동의 증권자산보다 많다.
④ 여의도동의 증권자산은 최소 4조 원 이상이다.

36 K회사에서는 추석을 맞이해 직원들에게 선물을 보내려고 한다. 선물은 비슷한 가격대의 상품으로 다음과 같이 준비하였으며, 전 직원들을 대상으로 투표를 실시하였다. 가장 많은 표를 얻은 상품 하나를 선정하여 선물을 보낸다면, 총 얼마의 비용이 드는가?

〈추석맞이 선물 투표 결과〉

상품 내역		투표 결과					
상품명	가격	총무부	기획부	영업부	생산부	관리부	연구소
한우Set	80,000원	2	1	5	13	1	1
영광굴비	78,000원	0	3	3	15	3	0
장뇌삼	85,000원	1	0	1	21	2	2
화장품	75,000원	2	1	6	14	5	1
전복	70,000원	0	1	7	19	1	4

※ 투표에 대해 무응답 및 중복응답은 없음

① 9,200,000원
② 9,450,000원
③ 9,650,000원
④ 9,800,000원

37 다음은 연도별 우리나라 부패인식지수(CPI) 변동 추이에 대한 자료이다. 이에 대한 설명으로 옳지 않은 것은?

〈연도별 우리나라 부패인식지수(CPI) 변동 추이〉

구분		2018년	2019년	2020년	2021년	2022년	2023년	2024년
CPI	점수	4.5	5.0	5.1	5.1	5.6	5.5	5.4
	조사대상국	146	159	163	180	180	180	178
	순위	47	40	42	43	40	39	39
	백분율	32.3	25.2	25.8	23.9	22.2	21.6	21.9
OECD	회원국	30	30	30	30	30	30	30
	순위	24	22	23	25	22	22	22

※ CPI 0～10점 : 점수가 높을수록 청렴

① CPI를 확인해 볼 때, 우리나라는 다른 해에 비해 2022년에 가장 청렴했다고 볼 수 있다.

② CPI 순위는 2023년에 처음으로 30위권에 진입했다.

③ 청렴도가 가장 낮은 해와 2024년의 청렴도 점수의 차이는 0.9점이다.

④ OECD 순위는 2018년부터 2024년까지 상위권이라 볼 수 있다.

38 다음은 1년 동안 K병원을 찾은 당뇨병 환자에 대한 자료이다. 이에 대한 설명으로 옳지 않은 것은?

〈당뇨병 환자 수〉

(단위 : 명)

당뇨병 / 나이	경증		중증	
	여성	남성	여성	남성
50세 미만	9	13	8	10
50세 이상	10	18	8	24

① 여성 환자 중 중증 환자의 비율은 45% 이상이다.

② 경증 환자 중 남성 환자의 비율은 중증 환자 중 남자 환자의 비율보다 높다.

③ 50세 이상 환자 수는 50세 미만 환자 수의 1.5배이다.

④ 중증 여성 환자의 비율은 전체 당뇨병 환자의 16%이다.

※ 다음은 2020 ~ 2024년 우리나라의 예산분야별 재정지출 추이를 나타낸 자료이다. 이어지는 질문에 답하시오. **[39~40]**

〈우리나라의 예산분야별 재정지출 추이〉

(단위 : 조 원, %)

구분	2020년	2021년	2022년	2023년	2024년	연평균 증가율
예산	137.2	147.5	153.7	165.5	182.8	7.4
기금	59.0	61.2	70.4	72.9	74.5	6.0
교육	24.5	27.6	28.8	31.4	35.7	9.9
사회복지·보건	32.4	49.6	56.0	61.4	67.5	20.1
R&D	7.1	7.8	8.9	9.8	10.9	11.3
SOC	27.1	18.3	18.4	18.4	18.9	−8.6
농림·해양·수산	12.3	14.1	15.5	15.9	16.5	7.6
산업·중소기업	11.4	11.9	12.4	12.6	12.6	2.5
환경	3.5	3.6	3.8	4.0	4.4	5.9
국방비	18.1	21.1	22.5	24.5	26.7	10.2
통일·외교	1.4	2.0	2.6	2.4	2.6	16.7
문화·관광	2.3	2.6	2.8	2.9	3.1	7.7
공공질서·안전	7.6	9.4	11.0	10.9	11.6	11.2
균형발전	5.0	5.5	6.3	7.2	8.1	12.8
기타	43.5	35.2	35.1	37.0	38.7	−2.9
총지출	196.2	208.7	224.1	238.4	257.3	7.0

※ (총지출)=(예산)+(기금)

39 다음 중 위 자료에 대한 설명으로 옳은 것은?(단, 비율은 소수점 첫째 자리에서 반올림한다)

① 교육 분야의 전년 대비 재정지출 증가율이 가장 높은 해는 2021년이다.

② 전년 대비 재정지출액이 증가하지 않은 해가 있는 분야는 5개이다.

③ 사회복지·보건 분야가 예산에서 차지하고 있는 비율은 언제나 가장 높다.

④ 기금의 연평균 증가율보다 낮은 연평균 증가율을 보이는 분야는 3개이다.

40 2022년 대비 2023년 사회복지·보건 분야의 재정지출 증감률과 공공질서·안전 분야의 재정지출 증감률의 차이는 얼마인가?(단, 소수점 둘째 자리에서 반올림한다)

① 9.4%p

② 10.5%p

③ 11.2%p

④ 12.6%p

※ 다음은 코로나 확진자의 환자번호에 대한 자료이다. 이어지는 질문에 답하시오. **[41~43]**

• 환자번호의 주된 목적은 증상별 치료의 구분을 위한 것으로 환자번호가 중복하여 생성될 수 있다.
• 환자번호 구성(9자리)

감염 구분	확진 지역	바이러스 구분	환자 나이	증상 정도	증상 내용
A	BB	C	D	E	FFF

감염 구분	확진 지역	바이러스 구분
I : 국내발생 O : 해외유입	01 : 서울 08 : 경상 02 : 인천 09 : 대구 03 : 경기 10 : 전라 04 : 세종 11 : 광주 05 : 대전 12 : 부산 06 : 강원 13 : 울산 07 : 충청 14 : 제주	염기서열 기준 분류 1 : S그룹 2 : V그룹 3 : G그룹 4 : L그룹
환자 나이	**증상 정도**	**증상 내용**
B : 10대 미만 K : 10대 A : 20 ~ 30대 F : 40 ~ 50대 S : 60대 이상	N : 경증 D : 중등도 L : 중증 X : 최종증	000 : 기침 001 : 발열 010 : 기침·발열 011 : 기침·발열·호흡곤란 111 : 발열·폐렴

※ 폐렴은 최종증에만 나타남

41 환자번호가 다음과 같을 때, 환자번호에 대한 설명으로 옳은 것은?

I023KN000

① 국내감염인지 해외감염인지의 여부는 위 정보로 알 수 없다.
② 서울에서 확진판정을 받았다.
③ 환자의 바이러스가 어떤 종류인지에 대한 검사결과는 나오지 않았다.
④ 경증환자로 아직까지는 생명에 위험이 없을 것으로 보인다.

42 다음은 확진자 A에 대한 정보이다. 기록해야 할 환자번호로 옳은 것은?

〈환자 내용〉

유학 중 코로나 위험으로 인해 해외에서 귀국해 온 27세 A씨는 비행 도중 기침과 발열 증상을 보였고, 국가 지침에 따라 주민등록상 거주지인 대구에서 코로나검사를 받았다. 검사결과 S그룹 감염으로 판정되었으며, 증상정도에 따라 중등도로 분류되었다.

① O091AD010
② O091AD011
③ O091AL010
④ I091AD010

43 다음 중 코로나 확진자 환자번호가 옳지 않은 것을 〈보기〉에서 모두 고르면?

〈보기〉

㉠ I002AN000
㉡ O031AD010
㉢ O124FN111
㉣ I143KL011

① ㉠, ㉡
② ㉠, ㉢
③ ㉡, ㉢
④ ㉡, ㉣

44 K사 기획팀은 신입사원 입사로 인해 자리 배치를 바꾸려고 한다. 자리 배치표와 〈조건〉을 참고하여 자리를 배치하였을 때, 배치된 자리와 직원이 바르게 연결된 것은?

〈자리 배치표〉

출입문				
1 – 신입사원	2	3	4	5
6	7	8 – A사원	9	10

• 기획팀 팀원 : A사원, B부장, C대리, D과장, E차장, F대리, G과장

〈조건〉

• B부장은 출입문과 가장 먼 자리에 앉는다.
• C대리와 D과장은 마주보고 앉는다.
• E차장은 B부장과 마주보거나 B부장의 옆자리에 앉는다.
• C대리는 A사원 옆자리에 앉는다.
• E차장 옆자리에는 아무도 앉지 않는다.
• F대리와 마주보는 자리에는 아무도 앉지 않는다.
• D과장과 G과장은 옆자리 또는 마주보고 앉지 않는다.
• 빈자리는 2자리이며 옆자리 또는 마주보는 자리이다.

① 2 – G과장
② 3 – B부장
③ 5 – E차장
④ 6 – F대리

45 이웃해 있는 10개의 건물에 초밥가게, 옷가게, 신발가게, 편의점, 약국, 카페가 있다. 카페가 3번째 건물에 있고 〈조건〉을 참고할 때, 항상 옳은 것은?(단, 한 건물에 한 가지 업종만 들어갈 수 있다)

〈조건〉

• 초밥가게는 카페보다 앞에 있다.
• 초밥가게와 신발가게 사이에 건물이 6개 있다.
• 옷가게와 편의점은 인접할 수 없으며, 옷가게와 신발가게는 인접해 있다.
• 신발가게 뒤에 아무것도 없는 건물이 2개 있다.
• 2번째와 4번째 건물은 아무것도 없는 건물이다.
• 편의점과 약국은 인접해 있다.

① 카페와 옷가게는 인접해 있다.
② 초밥가게와 약국 사이에 2개의 건물이 있다.
③ 편의점은 6번째 건물에 있다.
④ 신발가게는 8번째 건물에 있다.

46 K기업은 적합한 인재를 채용하기 위하여 NCS 기반 능력 중심 공개채용을 시행하였고, 면접자들의 평가점수를 최종 합격자 선발기준에 따라 판단하여 상위 2명을 최종 합격자로 선정하고자 한다. 다음 중 최종 합격자가 바르게 짝지어진 것은?

〈최종 합격자 선발기준〉

구분	의사소통능력	문제해결능력	조직이해능력	대인관계능력	합계
평가비중	40%	30%	20%	10%	100%

〈면접평가 결과〉

구분	A	B	C	D	E
의사소통능력	A^+	A^+	A^+	B^+	C
문제해결능력	B^+	B+5	A^+	B+5	A+5
조직이해능력	A+5	A	C^+	A^+	A
대인관계능력	C	A^+	B^+	C^+	B^++5

※ 등급별 변환 점수 : A^+=100점, A=90점, B^+=80점, B=70점, C^+=60점, C=50점
※ 면접관의 권한으로 등급별 점수에 5점을 가점할 수 있음

① A, B
② B, C
③ C, D
④ D, E

47 다음 글의 내용이 참일 때, 반드시 참인 것은?

도덕성에 결함이 있는 어떤 사람도 공무원으로 채용되지 않는다. 업무 능력을 검증받았고 인사추천위원회의 추천을 받았으며 공직관이 투철한, 즉 이 세 조건을 모두 만족하는 지원자는 누구나 올해 공무원으로 채용된다. 올해 공무원으로 채용되는 사람들 중에 봉사정신이 없는 사람은 아무도 없다. 공직관이 투철한 철수는 올해 공무원 채용 시험에 지원하여 업무 능력을 검증받았다.

① 만일 철수가 도덕성에 결함이 없다면, 그는 올해 공무원으로 채용된다.
② 만일 철수가 봉사정신을 갖고 있다면, 그는 올해 공무원으로 채용된다.
③ 만일 철수가 도덕성에 결함이 있다면, 그는 인사추천위원회의 추천을 받지 않았다.
④ 만일 철수가 올해 공무원으로 채용된다면, 그는 인사추천위원회의 추천을 받았다.

48 K기업은 가전전시회에서 자사의 제품을 출품하기로 하였다. 제품을 보다 효과적으로 홍보하기 위하여 다음과 같이 행사장의 A ~ G 중 3곳에서 홍보판촉물을 배부하기로 하였을 때, 가장 많은 사람들에게 홍보판촉물을 나눠 줄 수 있는 위치는 어디인가?

- 전시관은 제1전시관 → 제2전시관 → 제3전시관 → 제4전시관 순서로 배정되어 있다.
- 행사장 출입구는 한 곳이며, 다른 곳으로는 출입이 불가능하다.
- 방문객은 행사장 출입구로 들어와서 시계 반대 방향으로 돌며, 4개의 전시관 중 2개의 전시관을 골라 관람한다.
- 방문객은 자신이 원하는 2개의 전시관을 모두 관람하면 행사장 출입구를 통해 나가기 때문에 한 바퀴를 초과해서 도는 방문객은 없다.
- 방문객은 전시관 입구로 들어가면 출구로 나오기 때문에 전시관의 입구와 출구 사이에 있는 외부 통로를 동시에 지나치지 않는다.
- 행사장에는 시간당 평균 400명이 방문하며, 각 전시관의 시간당 평균 방문객 수는 다음과 같다.

제1전시관	제2전시관	제3전시관	제4전시관
100명	250명	150명	300명

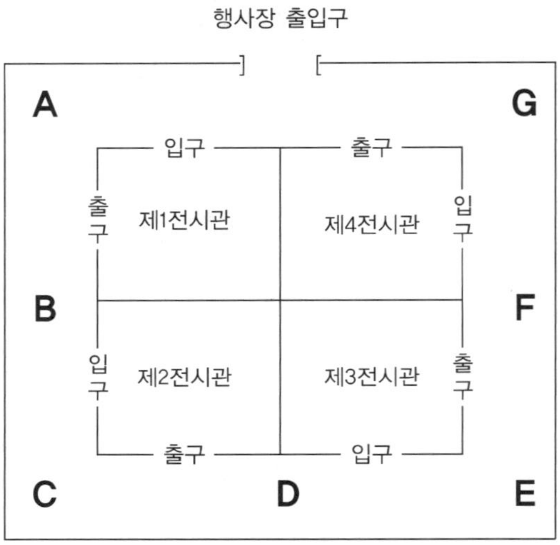

① A, B, C
② A, D, G
③ B, C, E
④ B, D, F

49 K기업에서는 A제품을 개발하여 중국시장에 진출하고자 한다. K기업의 신입사원은 상사로부터 3C 분석 결과 자료와 함께, 사업 계획에 반영하고 향후 해결해야 할 회사의 전략 과제가 무엇인지 정리하여 보고하라는 지시를 받았다. 다음 중 회사에서 해결해야 할 전략 과제로 적절하지 않은 것은?

〈K기업의 3C 분석 결과〉

Customer	Competitor	Company
• 중국시장은 매년 10% 성장 중임 • 중국시장 내 제품의 규모는 급성장 중임 • 20 ~ 30대 젊은 층이 중심 • 온라인 구매가 약 80% 이상 • 인간공학 지향	• 중국기업들의 압도적인 시장점유 • 중국기업들 간의 치열한 가격경쟁 • A/S 및 사후관리 취약 • 생산 및 유통망 노하우 보유	• 국내시장 점유율 1위 • A/S 등 고객서비스 부문 우수 • 해외 판매망 취약 • 온라인 구매시스템 미흡(보안, 편의 등) • 높은 생산원가 구조 • 높은 기술개발력

① 중국시장의 판매유통망 구축
② 온라인 구매시스템 강화
③ 고객서비스 부문 강화
④ 원가 절감을 통한 가격경쟁력 강화

50 A빵집과 B빵집은 서로 마주보고 있는 경쟁업체이다. 인근상권에는 두 업체만 있으며, 각 매장에 하루 평균 100명의 고객이 방문한다. 고객은 가격변동에 따른 다른 매장으로의 이동은 있으나 이탈은 없다. 두 빵집이 서로 협상할 수 없는 조건이라면, 다음 중 적절하지 않은 것은?

〈A빵집과 B빵집의 보수행렬〉

B빵집 \ A빵집	인상	유지	인하
인상	(20%, 20%)	(30%, −20%)	(45%, −70%)
유지	(−20%, 30%)	(0%, 0%)	(10%, −30%)
인하	(−70%, 45%)	(−30%, 10%)	(−20%, −20%)

※ 괄호 안의 숫자는 A빵집과 B빵집의 매출증가율을 의미함(A빵집 매출증가율, B빵집 매출증가율)
※ 가격의 인상폭과 인하폭은 동일함

① A빵집과 B빵집 모두 가격을 유지할 가능성이 높다.
② A빵집이 가격을 인상할 때, B빵집이 가격을 유지한다면 A빵집은 손해를 입게 된다.
③ A빵집이 가격을 인상할 때, B빵집은 가격을 유지하는 것보다 인하하는 것이 더 큰 이익을 얻을 수 있다.
④ A빵집이 가격을 유지할 때, B빵집이 가격을 인상한다면 B빵집은 손해를 입게 된다.

51 다음은 아동수당에 대한 매뉴얼과 이동수단에 대한 상담의 일부이다. 제시된 상담에서 고객의 문의에 대한 처리로 적절한 것을 모두 고르면?

〈아동수당〉

- 아동수당은 만 6세 미만 아동의 보호자에게 월 10만 원의 수당을 지급하는 제도이다.
- 아동수당은 보육료나 양육수당과는 별개의 제도로서 다른 복지급여를 받고 있어도 수급이 가능하지만, 반드시 신청을 해야 혜택을 받을 수 있다.
- 6월 20일부터 사전 신청 접수가 시작되고, 9월 21일부터 수당이 지급된다.
- 아동수당 수급대상 아동을 보호하고 있는 보호자나 대리인은 20일부터 아동 주소지 읍・면・동 주민센터에서 방문 신청 또는 복지로 홈페이지 및 모바일 앱에서 신청할 수 있다.
- 아동수당 제도 첫 도입에 따라 초기에 아동수당 신청이 한꺼번에 몰릴 것으로 예상되어 연령별 신청기간을 운영한다(연령별 신청기간은 만 0 ~ 1세는 20 ~ 25일, 만 2 ~ 3세는 26 ~ 30일, 만 4 ~ 5세는 7월 1 ~ 5일, 전 연령은 7월 6일부터이다).
- 아동수당은 신청한 달의 급여분(사전신청은 제외)부터 지급한다. 따라서 9월분 아동수당을 받기 위해서는 9월 말까지 아동수당을 신청해야 한다(단, 소급 적용은 되지 않는다).
- 아동수당 관련 신청서 작성요령이나 수급 가능성 등 자세한 내용은 아동수당 홈페이지에서 확인 가능하다.

고객 : 저희 아이가 만 5세인데요. 아동수당을 지급받을 수 있나요?
상담원 : ㉠ 네, 만 6세 미만의 아동이면 9월 21일부터 10만 원의 수당을 지급받을 수 있습니다.
고객 : 제가 보육료를 지원받고 있는데, 아동수당도 받을 수 있는 건가요?
상담원 : ㉡ 아동수당은 보육료와는 별개의 제도로 신청만 하면 수당을 받을 수 있습니다.
고객 : 그럼 아동수당을 신청하려면 어떻게 해야 하나요?
상담원 : ㉢ 아동 주소지의 주민센터를 방문하거나 복지로 홈페이지 또는 모바일 앱에서 신청하시면 됩니다.
고객 : 따로 정해진 신청기간은 없나요?
상담원 : ㉣ 6월 20일부터 사전 신청 접수가 시작되고, 9월 말까지 아동수당을 신청하면 되지만 소급 적용이 되지 않습니다. 10월에 신청하시면 9월 아동수당은 지급받을 수 없으므로 9월 말까지 신청해 주시면 될 것 같습니다.
고객 : 네, 감사합니다.
상담원 : ㉤ 아동수당 관련 신청서 작성요령이나 수급 가능성 등의 자세한 내용은 메일로 문의해 주세요.

① ㉠, ㉡
② ㉠, ㉤
③ ㉠, ㉡, ㉢
④ ㉡, ㉢, ㉣

52 K공사의 비품실에는 6개의 층으로 된 선반이 있다. 다음 〈조건〉에 따라 선반의 정해진 층에 회사 비품을 정리하려고 할 때, 바르게 추론한 것은?

〈조건〉

- 선반의 홀수 층에는 2개의 물품을 두고, 짝수 층에는 1개만 둔다.
- 간식은 2층 선반에 위치한다.
- 볼펜은 간식보다 아래층에 있다.
- 보드마카와 스테이플러보다 위층에 있는 물품은 1개이다.
- 믹스커피와 종이컵은 같은 층에 있으며, 간식의 바로 위층이다.
- 화장지와 종이 사이에는 2개의 물품이 위치하며, 화장지가 종이 위에 있다.
- 볼펜 옆에는 메모지가 위치한다.

① 종이 아래에 있는 물품은 5가지이며, 그중 하나는 종이컵이다.
② 보드마카 위에는 간식이 위치한다.
③ 간식과 종이컵 사이에는 메모지가 있다.
④ 화장지는 4층에, 종이는 3층에 있다.

53 K회사에서 옥상 정원을 조성하기 위해 나무들을 4줄로 심으려고 한다. 다음 〈조건〉에 따라 줄마다 두 종류의 나무를 심을 때, 바르게 추론한 것은?

〈조건〉

- 은행나무는 가장 앞줄에 있다.
- 소나무와 감나무는 같은 줄에 있고, 느티나무의 바로 앞줄이다.
- 밤나무는 가장 뒷줄에 있다.
- 플라타너스는 감나무와 벚나무의 사이에 있다.
- 단풍나무는 소나무보다는 앞줄에 있지만, 벚나무보다는 뒤에 있다.

① 은행나무는 느티나무와 같은 줄에 있다.
② 벚나무는 첫 번째 줄에 있다.
③ 단풍나무는 플라타너스 옆에 있으며 세 번째 줄이다.
④ 플라타너스보다 뒤에 심은 나무는 없다.

54 **K스포츠용품 쇼핑몰을 운영하는 귀하는 최근 축구사랑재단으로부터 대량주문을 접수받았다. 다음 대화를 토대로 거래가 원활히 성사되었다면, 해당 거래에 의한 매출액은 총 얼마인가?**

구매담당자 : 안녕하세요? 축구사랑재단 구매담당자입니다. 이번에 축구공 기부행사를 진행할 예정이어서 견적을 받아보았으면 합니다. 초등학교 2곳, 중학교 3곳, 고등학교 1곳에 각 용도에 맞는 축구공으로 300개씩 배송했으면 합니다. 그리고 견적서에 배송료 등 기타 비용이 있다면 함께 추가해서 보내주세요.

귀하 : 네, 저희 쇼핑몰을 이용해 주셔서 감사합니다. 5천만 원 이상의 대량구매 건에 대해서 전체 주문금액의 10% 할인과 무료 배송을 제공해 드리고 있습니다. 알려주신 정보로 견적서를 보내 드리겠습니다. 감사합니다.

〈쇼핑몰 취급 축구공 규격 및 가격〉

구분	3호	4호	5호
무게(g)	300 ~ 320	350 ~ 390	410 ~ 450
둘레(mm)	580	640	680
지름(mm)	180	200	220
용도	8세 이하 어린이용	8 ~ 13세 초등학생용	14세 이상 사용, 시합용
판매가격	25,000원	30,000원	35,000원

① 5,100만 원
② 5,400만 원
③ 5,670만 원
④ 6,000만 원

55 K조선소는 6척의 선박 건조를 수주하였다. 오늘을 포함하여 30일 이내에 모든 선박을 건조하여야 하나, 인력 부족으로 기간 내에 완료하지 못할 것으로 판단하였다. 완료하지 못할 선박은 다른 조선소에 하청을 줄 예정이다. K조선소의 하루 최대투입가능 근로자 수가 100명이라고 할 때, K조선소가 벌어들일 수 있는 최대 수익은?

〈K조선소 선박별 생산 정보〉

구분	소요기간	1일 필요 근로자 수	수익(원)
A선박	5일	20명	15억
B선박	10일	30명	20억
C선박	10일	50명	40억
D선박	15일	40명	35억
E선박	15일	60명	45억
F선박	20일	70명	85억

※ 1일 필요 근로자 수 이상의 근로자가 투입되더라도 선박당 건조 소요기간은 변하지 않음
※ 각 근로자는 자신이 투입된 선박의 건조가 끝나야만 다른 선박의 건조에 투입될 수 있음
※ 필요 근로자 수가 100% 충원되지 않는 경우 작업을 진행할 수가 없음

① 135억 원
② 140억 원
③ 155억 원
④ 160억 원

56 다음 상황을 근거로 판단할 때, 〈보기〉 중 옳은 것을 모두 고르면?

K국 사람들은 아래와 같이 한 손으로 1부터 10까지의 숫자를 표현한다.

숫자	1	2	3	4	5
펼친 손가락 개수	1개	2개	3개	4개	5개
펼친 손가락 모양					
숫자	6	7	8	9	10
펼친 손가락 개수	2개	3개	2개	1개	2개
펼친 손가락 모양					

〈상황〉

K국에 출장을 간 갑은 K국의 언어를 하지 못하여 물건을 살 때 상인의 손가락을 보고 물건의 가격을 추측한다. K국 사람의 숫자 표현법을 제대로 이해하지 못한 갑은 상인이 금액을 표현하기 위해 펼친 손가락 1개당 1원씩 돈을 지불하려고 한다(단, 갑은 하나의 물건을 구매하며, 물건의 가격은 최소 1원부터 최대 10원까지라고 가정한다).

〈보기〉

㉠ 물건의 가격과 갑이 지불하려는 금액이 일치했다면, 물건의 가격은 5원 이하이다.
㉡ 상인이 손가락 3개를 펼쳤다면, 물건의 가격은 최대 7원이다.
㉢ 물건의 가격과 갑이 지불하려는 금액이 8원만큼 차이가 난다면, 물건의 가격은 9원이거나 10원이다.
㉣ 갑이 물건의 가격을 초과하는 금액을 지불하려는 경우가 발생할 수 있다.

① ㉠, ㉡　　② ㉢, ㉣
③ ㉠, ㉡, ㉢　　④ ㉠, ㉢, ㉣

57 K마트는 개업 5주년을 맞이하여 우수고객 1명에게 소정의 상품을 제공하는 이벤트를 실시하였다. 당첨자는 이벤트에 참여한 고객 중 총점이 가장 높은 고객으로 선정하고자 하였으나, 다음과 같이 동순위자가 발생하였다. 이를 해결하기 위해 가중치 부여 방법을 적용하였더니 C고객이 당첨자로 결정되었다. 이때, 평가항목 중 가장 높은 가중치가 적용된 것은 무엇인가?

〈고객평가표〉

평가항목 / 고객	방문횟수	구매횟수	구매금액	지인 소개	총점
A고객	상	상	하	최상	30점
B고객	최상	최상	중	하	30점
C고객	상	중	최상	중	30점

〈등급별 점수표〉

최상	상	중	하	최하
10	8	6	4	2

〈가중치 부여 방법〉

- 1단계 : 평가항목별 고객등급에 따라 점수표를 근거하여 점수를 매김
- 2단계 : 평가항목별 가중치를 고려하여 구한 가중평균값을 최종 평가점수로 함

평가항목	??	??	??	??
가중치	40%	20%	20%	20%

- 3단계 : 최종 평가점수 중 가장 높은 점수를 얻은 자를 당첨자로 함

① 방문횟수
② 구매횟수
③ 구매금액
④ 지인 소개

58 K외식업체는 고객전용주차장의 공간이 협소하여 외부 주차장을 활용하려고 한다. 외부 주차장을 이용하는 방식은 월 임대료를 내고 사용하는 방법과 주차권을 발행하여 계산하는 방법이 있다. 다음 중 어떠한 방법이 더 경제적이고, 그 차이는 얼마인가?(단, 1개월은 4주이다)

〈외부 주차장 이용방법〉

- 월 임대료 납부 시 : 월 1,500만 원 1회 납부, 주차대수 무관
- 주차권 발행 시 : 1회 주차권 3시간 이용가능, 주차권 1장당 3,000원 납부

〈요일별 방문고객현황〉

구분	월요일	화요일	수요일	목요일	금요일	토요일	일요일
방문고객수(평균)	150명	180명	170명	175명	250명	400명	450명
차량보유비율(%)	62%	55%	50%	68%	80%	92%	88%

※ 차량보유고객 1명당 1장의 주차권을 제공함

	주차장 이용방법	차이
①	월 임대료 납부	920,000원
②	주차권 발행	920,000원
③	월 임대료 납부	1,320,000원
④	주차권 발행	1,320,000원

59 K회사 본사에서는 직원들의 단합을 위하여 체육대회를 진행할 예정이다. 총무팀, 영업팀, 연구팀, 전산팀 4개 팀이 참석하며, 팀별로 구성원들의 복장을 통일하고자 한다. 팀 복장을 선정하기 위해 샘플로 모자, 티셔츠, 반바지를 빨간색, 파란색, 노란색, 검은색 색깔별로 총 12개의 물품을 구입하였다. 각 팀은 각각 다른 색의 모자, 티셔츠, 반바지를 착용하기로 했다. 예를 들어 어떤 팀이 빨간색 모자, 파란색 티셔츠를 착용한다면 반바지는 노란색 또는 검은색을 착용해야 한다. 〈조건〉을 참고할 때, 반드시 참이 되는 것은?

〈조건〉

- 선호하는 것을 배정받고, 싫어하는 것은 배정받지 않는다.
- 총무팀은 빨간색 티셔츠를 선호하고, 파란색 반바지는 싫어한다.
- 영업팀은 노란색 티셔츠를 싫어하고, 검은색 반바지를 선호한다.
- 연구팀은 검은색 티셔츠를 싫어한다.
- 전산팀은 빨간색을 싫어한다.

① 총무팀은 검은색 모자를 배정받는다.

② 영업팀은 노란색 모자를 배정받는다.

③ 연구팀은 파란색 반바지를 배정받는다.

④ 전산팀은 검은색 티셔츠를 배정받는다.

60 K공사의 A사원은 동계 연수에 참가하고자 한다. A사원의 연수 프로그램에 대한 〈조건〉이 다음과 같을 때, 〈보기〉 중 옳은 것을 모두 고르면?

〈조건〉

- 전략기획연수는 반드시 참여해야 한다.
- 노후관리연수에 참여하면 직장문화연수도 참여한다.
- 자기관리연수가 참여하면 평생직장연수에는 참여하지 않는다.
- 직장문화연수에 참여하면 전략기획연수는 참여하지 않는다.
- 자기관리연수와 노후관리연수 중 한 가지 프로그램에는 꼭 참여한다.

〈보기〉

㉠ A사원은 노후관리연수에 참여한다.
㉡ A사원은 자기관리연수에 참여한다.
㉢ A사원은 직장문화연수에 참여하지 않는다.
㉣ A사원은 평생직장연수에 참여한다.

① ㉠, ㉡
② ㉠, ㉢
③ ㉡, ㉢
④ ㉡, ㉣

| 01 | 국민건강보험법

61 다음 중 직장가입자 및 지역가입자의 자격을 상실하는 시기로 옳지 않은 것은?

① 사망한 날의 다음 날
② 국적을 잃은 날의 다음 날
③ 직장가입자의 피부양자가 된 다음 날
④ 국내에 거주하지 아니하게 된 날의 다음 날

62 다음은 보험급여의 징수에 관한 내용이다. 밑줄 친 ㉠～㉣ 중 옳지 않은 것은?

부당이득의 징수(제57조)
① 공단은 속임수나 그 밖의 부당한 방법으로 보험급여를 받은 사람·준요양기관 및 보조기기 판매업자나 보험급여 비용을 받은 요양기관에 대하여 그 ㉠ 보험급여나 보험급여 비용에 상당하는 금액의 일부만을 징수할 수 있다.

… 중략 …

③ ㉡ 사용자나 가입자의 거짓 보고나 거짓 증명, 요양기관의 거짓 진단이나 거짓 확인 또는 준요양기관이나 보조기기를 판매한 자의 속임수 및 그 밖의 부당한 방법으로 보험급여가 실시된 경우 공단은 이들에게 보험급여를 받은 사람과 연대하여 제1항에 따른 징수금을 내게 할 수 있다.
④ 공단은 속임수나 그 밖의 부당한 방법으로 보험급여를 받은 사람과 ㉢ 같은 세대에 속한 가입자에게 속임수나 그 밖의 부당한 방법으로 보험급여를 받은 사람과 연대하여 제1항에 따른 징수금을 내게 할 수 있다.
⑤ 요양기관이 가입자나 피부양자로부터 속임수나 그 밖의 부당한 방법으로 요양급여비용을 받은 경우 공단은 해당 요양기관으로부터 이를 징수하여 가입자나 피부양자에게 지체 없이 지급하여야 한다. 이 경우 ㉣ 공단은 가입자나 피부양자에게 지급하여야 하는 금액을 그 가입자 및 피부양자가 내야 하는 보험료 등과 상계할 수 있다.

① ㉠ ② ㉡
③ ㉢ ④ ㉣

63 **다음 중 국민건강보험법상 국민건강보험공단의 보험료에 대한 설명으로 옳지 않은 것은?**

① 보험료는 가입자의 자격을 취득한 날이 속하는 달부터 자격을 잃는 날까지 징수할 수 있다.
② 보험료를 징수할 때 가입자의 자격이 변동된 경우, 변동된 날이 속하는 달의 보험료를 변동되기 전의 기준으로 징수한다.
③ 지역가입자의 월별 보험료액은 세대 단위로 산정한다.
④ 월별 보험료액은 가입자의 보험료 평균액의 일정비율 금액을 고려하여 상한 및 하한을 정한다.

64 **다음 중 국민건강보험법상 보험급여에 대한 설명으로 옳지 않은 것은?**

① 가입자는 본인일부부담금 외에 자신이 부담한 비용이 요양급여 대상에서 제외되는 비용인지 심사평가원에 확인을 요청할 수 있다.
② 부득이한 사유라도 요양기관이 아닌 장소에서 출산한 가입자는 요양비를 받을 수 없다.
③ 건강보험공단은 임신·출산 진료비, 장제비, 상병수당 등의 급여를 실시할 수 있다.
④ 건강보험공단은 장애인 가입자에게 보조기기에 대하여 보험급여를 실시할 수 있다.

65 **다음 글의 빈칸에 들어갈 날짜로 옳은 것은?**

가입자가 자격을 잃은 경우 직장가입자의 사용자와 지역가입자의 세대주는 그 명세를 보건복지부령으로 정하는 바에 따라 자격을 잃은 날부터 ________ 이내에 보험자에게 신고하여야 한다.

① 7일
② 10일
③ 14일
④ 21일

66 다음 중 국민건강보험법상 국민건강보험종합계획에서 국회 소관 상임위원회에 지체 없이 보고하여야 하는 경우로 옳지 않은 것은?

① 건강보험정책심의위원회의 심의를 거친 국민건강보험종합계획의 수립 및 변경
② 국민건강보험종합계획에 따라 건강보험정책심의위원회의 심의를 거친 시행계획의 수립
③ 국민건강보험종합계획 시행계획에 따른 추진실적 평가
④ 국민건강보험종합계획의 수립을 위하여 필요한 자료의 제출 요구

67 다음 중 국민건강보험법상 과징금에 대한 설명으로 옳지 않은 것은?

① 보건복지부장관이 정하는 특별한 사유가 있다고 인정되면 부당한 방법으로 부담하게 한 금액의 5배 이하의 금액을 과징금으로 부과·징수할 수 있다.
② 특별한 사유가 있다고 인정되는 때에는 해당 약제에 대한 요양급여비용 총액의 100분의 40을 넘지 아니하는 범위에서 과징금을 부과·징수할 수 있다.
③ 해당 약제에 대한 요양급여비용 총액을 정할 때에는 1년간의 요양급여 총액을 넘지 않는 범위에서 정하여야 한다.
④ 과징금을 납부하여야 할 자가 납부기한까지 이를 내지 아니하면 그 과징금 부과 처분을 취소하고 업무정지 처분을 하거나 국세 체납처분의 예에 따라 이를 징수한다.

68 다음 중 국민건강보험법상 임의계속가입자(실업자)에 대한 특례에 대한 설명으로 옳지 않은 것은?

① 공단에 신청한 임의계속가입자는 대통령령으로 정하는 기간 동안 직장가입자의 자격을 유지한다.
② 임의계속가입자의 보수월액은 보수월액보험료가 산정된 최근 6개월간의 보수월액을 평균한 금액으로 한다.
③ 임의계속가입자의 보험료는 보건복지부장관이 정하여 고시하는 바에 따라 그 일부를 경감할 수 있다.
④ 임의계속가입자의 보수월액보험료는 임의계속가입자가 전액을 부담하고 납부한다.

69 다음 중 우리나라에서 의료보험이 처음으로 실시된 시기는?

① 1970년
② 1977년
③ 1979년
④ 1989년

70 다음 〈보기〉의 사례 중 건강보험의 피부양자가 될 수 있는 경우를 모두 고르면?

〈보기〉

㉠ 직장가입자인 A씨는 국민기초생활보장수급자로서 의료급여를 받고 있는 친동생을 자신의 피부양자로 등록하려고 한다.
㉡ 국가유공자의 유족인 B씨는 국민건강보험공단에 건강보험의 적용을 신청해 두었는데, 지난 달 결혼한 배우자의 건강보험에 피부양자로 등록되기를 희망한다.
㉢ C씨는 건강보험을 적용받던 도중 실직으로 인하여 생활이 어려워져 의료보호 대상자가 되었으나, 국민건강보험공단에 건강보험의 적용배제 신청을 하였다. 다음 달부터 아들과 함께 살게 되어 아들의 피부양자로 등록하기를 원한다.

① ㉠
② ㉡
③ ㉠, ㉡
④ ㉡, ㉢

71 다음 중 국민건강보험법상 건강검진에 대한 설명으로 옳지 않은 것은?

① 직장가입자, 18세 이상인 피부양자 등은 일반건강검진 대상자이다.
② 암관리법에 따른 암의 종류별 검진주기·연령 기준 등에 해당하는 사람은 암검진을 받는다.
③ 6세 미만의 가입자 및 피부양자는 영유아건강검진을 받을 수 있다.
④ 세대주인 지역가입자 및 20세 이상인 지역가입자는 일반건강검진을 받을 수 있다.

72 다음 중 국민건강보험법상 요양급여비용의 청구와 지급에 대한 설명으로 옳지 않은 것은?

① 요양기관은 건강보험공단에 요양급여비용의 지급을 청구할 수 있다.

② 요양급여비용 심사청구는 심사평가원에서만 할 수 있다.

③ 요양급여비용 심사 내용을 통보받은 건강보험공단은 지체 없이 그 내용에 따라 해당 요양기관에 지급해야 한다.

④ 건강보험공단은 가입자에게 지급하여야 하는 금액을 그 가입자가 내야 하는 보험료와 그 밖에 국민건강보험법에 따른 징수금과 상계(相計)할 수 있다.

73 다음 〈보기〉 중 국민건강보험법상 요양급여를 실시하는 요양기관으로 옳은 것을 모두 고르면?

〈보기〉

㉠ 의료법에 따라 개설된 의료기관
㉡ 지역보건법에 따른 보건소·보건의료원 및 보건지소
㉢ 의료법에 따라 등록된 약국
㉣ 의료법에 따라 설립된 한국희귀·필수의약품센터

① ㉠, ㉡
② ㉠, ㉣
③ ㉡, ㉢
④ ㉢, ㉣

74 다음 중 국민건강보험법상 건강보험분쟁조정위원회에 대한 설명으로 옳지 않은 것은?

① 위원장을 포함하여 60명 이내의 위원으로 구성하고, 위원장을 제외한 위원 중 1명은 당연직위원으로 한다.

② 회의는 위원장, 당연직위원 및 위원장이 매 회의마다 지정하는 7명의 위원을 포함하여 총 9명으로 구성하되, 공무원이 아닌 위원이 과반수가 되도록 하여야 한다.

③ 구성원 3분의 1의 출석과 출석위원 3분의 1의 찬성으로 의결한다.

④ 실무적으로 지원하기 위하여 분쟁조정위원회에 사무국을 둔다.

75 **다음 중 국민건강보험법상 외국인 등에 대한 특례에 대한 설명으로 옳지 않은 것은?(단, 건강보험 적용대상 사업장의 근로자이면서 제6조 제2항 각 호의 어느 하나에 해당하지 않는 외국인을 대상으로 한다)**

① 재외동포의 출입국과 법적 지위에 대한 법률 제6조에 따라 국내거소신고를 한 사람은 지역가입자가 된다.
② 출입국관리법 제31조에 따라 외국인등록을 한 사람은 직장가입자가 된다.
③ 국내체류가 법률에 위반되는 경우로서 대통령령으로 정하는 사유가 있는 경우에는 가입자 및 피부양자가 될 수 없다.
④ 정부는 외국 정부가 사용자인 사업장의 근로자의 건강보험에 대하여는 외국 정부와 한 합의에 따라 이를 따로 정할 수 있다.

76 **다음 중 국민건강보험법상 보험료 · 연체금을 징수할 권리의 소멸시효는?**

① 1년
② 3년
③ 5년
④ 10년

77 **다음 중 국민건강보험법상 건강보험심사평가원의 임원에 대한 설명으로 옳은 것은?**

① 감사는 기획재정부장관이 임명한다.
② 비상임이사는 실비변상을 받을 수 없다.
③ 원장은 보건복지부장관이 임명한다.
④ 임원은 원장, 이사, 감사로 구성되어 있다.

78 **다음 중 국민건강보험법상 국민건강보험법의 종합계획에 포함되지 않는 것은?**

① 건강보험정책의 기본목표 및 추진방향
② 건강보험의 단기 재정 전망 및 운영
③ 요양급여비용에 관한 사항
④ 건강보험에 관한 통계 및 정보의 관리에 관한 사항

79 **다음 중 국민건강보험법상 보험급여를 받을 수 있는 사람은?**

① 국외에서 업무에 종사하고 있는 사람
② 업무 또는 공무로 생긴 질병으로 다른 법령에 따른 보상을 받게 되는 경우
③ 중대한 과실로 인한 범죄행위에 그 원인이 있거나 고의로 사고를 일으킨 경우
④ 장애인복지법에 의하여 등록된 장애인

80 **다음 중 국민건강보험법상 요양급여를 실시하는 요양기관에 해당하지 않는 것은?**

① 약사법에 따라 설립된 한국희귀·필수의약품센터
② 약사법에 따라 등록된 약국
③ 지역보건법에 따른 보건지소
④ 사회복지사업법에 따라 사회복지시설에 수용된 자의 진료를 주된 목적으로 개설한 의료기관

| 02 | 노인장기요양보험법

61 다음 중 장기요양보험에 대한 설명으로 옳지 않은 것은?

① 장기요양보험사업은 보건복지부장관이 관장한다.
② 장기요양보험사업의 보험자는 국민건강보험공단이다.
③ 국내에 거주하는 국민은 장기요양보험 가입자에 해당한다.
④ 외국인근로자 등 대통령령으로 정하는 외국인이 신청하는 경우 보건복지부령으로 정하는 바에 따라 장기요양보험가입자에서 제외할 수 없다.

62 다음 중 노인장기요양보험법상 공단의 업무가 아닌 것은?

① 장기요양보험료의 부과 · 징수
② 신청인에 대한 조사
③ 장기요양보험가입자의 자격관리
④ 장기요양기관 알선

63 다음 중 공단이 장기요양사업 수행에 필요한 자료 제출 등을 요구할 수 없는 사람은?

① 장기요양보험가입자 또는 그 피부양자
② 의료급여수급권자
③ 수급자
④ 장기요양위원회 위원

64 다음 중 노인장기요양보험법에 대한 설명으로 옳지 않은 것은?

① 국가는 매년 예산의 범위에서 해당 연도 장기요양보험료 예상수입액의 100분의 20에 상당하는 금액을 공단에 지원한다.

② 국가와 지방자치단체는 대통령령이 정하는 바에 따라 공단이 부담해야 할 비용 및 관리운영비의 일부를 부담한다.

③ 지방자치단체가 부담하는 금액은 보건복지부령으로 정하는 바에 따라 특별시·광역시·특별자치시·도·특별자치도와 시·군·구가 분담한다.

④ 지방자치단체의 부담액 부과, 징수 및 재원관리, 그 밖에 필요한 사항은 대통령령으로 정한다.

65 다음 중 노인장기요양보험법상 재심사청구에 대한 설명으로 옳은 것은?

① 심사청구 결정통지를 받은 날부터 30일 이내에 장기요양재심사위원회에 재심사를 청구할 수 있다.

② 재심사위원회의 위원은 장기요양사업 분야의 학식과 경험이 풍부한 자 중에서 보건복지부장관이 임명 또는 위촉한다.

③ 재심사위원회는 공무원이 아닌 위원이 전체 위원의 3분의 1 이상이 되도록 하여야 한다.

④ 재심사위원회는 위원장 1인을 포함한 18인 이내의 위원으로 구성한다.

66 다음 중 장기요양기관 지정의 유효기간은?

① 지정받은 날부터 3년

② 지정받은 날부터 4년

③ 지정받은 날부터 5년

④ 지정받은 날부터 6년

67 다음 중 국민건강보험공단이 장기요양급여를 제한할 수 있는 경우에 해당하지 않는 것은?

① 부정한 방법으로 장기요양인정을 받은 것으로 의심되는 경우 실시하는 조사에 응하지 아니하는 경우
② 고의로 사고를 발생하도록 하여 장기요양인정을 받은 것으로 의심되는 경우 실시하는 조사에 응하지 아니하는 경우
③ 장기요양급여를 받고 있는 자가 정당한 사유로 조사나 요구에 응하지 아니하거나 답변을 거절한 경우
④ 장기요양보험가입자 또는 그 피부양자 및 의료급여수급권자가 공단의 자료 제출 요구에 응하지 아니하는 경우

68 다음 글의 빈칸에 들어갈 내용으로 옳은 것은?

> 장기요양기관의 장은 폐업·휴업 신고를 할 때 또는 장기요양기관의 지정 갱신을 하지 않아 유효기간이 만료될 때 장기요양급여 제공 자료를 ＿＿＿＿＿(으)로 이관해야 한다.

① 보건복지부
② 소재지를 관할하는 세무서
③ 국민건강보험공단
④ 특별자치시·특별자치도·시·군·자치구

69 다음 〈보기〉 중 장기요양기본계획에 포함되는 사항을 모두 고르면?

〈보기〉

㉠ 장애등급별 입원 일수
㉡ 연도별 장기요양급여 대상인원
㉢ 연도별 장기요양급여 재원조달 계획
㉣ 연도별 장기요양기관 및 장기요양 전문인력 관리 방안
㉤ 장기요양요원의 처우에 관한 사항
㉥ 장기요양보험가입자의 소득수준

① ㉠, ㉡, ㉣, ㉤
② ㉠, ㉡, ㉤, ㉥
③ ㉡, ㉢, ㉣, ㉤
④ ㉡, ㉢, ㉤, ㉥

70 **다음 중 장기요양사업 실태 파악에 대한 설명으로 옳은 것은?**

① 보건복지부장관이 조사를 실시해야 한다.
② 국민건강보험공단에서 결과를 공표하여야 한다.
③ 조사를 2년마다 정기적으로 실시해야 한다.
④ 실태조사 방법은 국민건강보험공단에서 마련해야 한다.

71 **다음 중 노인장기요양보험법상 장기요양급여의 제공에 대한 설명으로 옳지 않은 것은?**

① 수급자는 장기요양인정서와 개인별장기요양이용계획서가 도달한 다음 날부터 장기요양급여를 받을 수 있다.
② 수급자는 돌볼 가족이 없는 경우 등 대통령령으로 정하는 사유가 있는 경우 신청서를 제출한 날부터 장기요양인정서가 도달되는 날까지의 기간 중에도 장기요양급여를 받을 수 있다.
③ 수급자는 장기요양급여를 받으려면 장기요양기관에 장기요양인정서와 개인별장기요양이용계획서를 제시하여야 한다.
④ 수급자가 장기요양인정서 및 개인별장기요양이용계획서를 제시하지 못하는 경우 장기요양기관은 공단에 전화나 인터넷 등을 통하여 그 자격 등을 확인할 수 있다.

72 **다음 중 노인장기요양보험법상 심사청구에 대한 설명으로 옳은 것은?**

① 공단의 처분에 이의가 있는 자는 건강보험심사평가원에 심사청구를 할 수 있다.
② 심사청구는 그 처분이 있음을 안 다음 날부터 90일 이내에 구두와 문서로 한다.
③ 처분이 있은 날부터 180일을 경과하면 심사청구를 제기하지 못한다.
④ 심사청구 사항을 심사하기 위하여 공단에 장기요양요원지원센터를 둔다.

73 **다음 중 노인장기요양보험법상 장기요양기관 지정을 반드시 취소해야 하는 경우는?**

① 업무정지기간 중에 장기요양급여를 제공한 경우
② 부정한 방법으로 급여비용을 청구한 경우
③ 장기요양급여를 거부한 경우
④ 지정기준에 적합하지 아니한 경우

74 **다음 중 장기요양급여 제공의 기본원칙에 대한 설명으로 옳지 않은 것은?**

① 장기요양급여는 노인 등의 심신상태·생활환경을 고려하여 필요한 범위 안에서 적정하게 제공하여야 한다.
② 장기요양급여는 노인 등 및 그 가족의 욕구·선택을 고려하여 필요한 범위 안에서 이를 적정하게 제공하여야 한다.
③ 장기요양급여는 특별현금급여를 우선적으로 제공하여야 한다.
④ 장기요양급여는 노인 등의 심신상태나 건강 등이 악화되지 아니하도록 의료서비스와 연계하여 이를 제공하여야 한다.

75 **다음 중 장기요양기관의 업무정지명령을 갈음하여 2억 원 이하의 과징금을 부과할 수 있는 경우가 아닌 것은?**

① 지정기준에 적합하지 아니한 경우
② 장기요양급여를 거부한 경우
③ 수급자를 소개, 알선 또는 유인하는 행위
④ 거짓으로 시설 급여비용을 청구한 경우

76 **다음 중 장기요양인정 신청자격요건을 충족한 신청인이 혼자서 일상생활을 수행하기 어렵다고 인정하는 경우 그 정도 등을 정하는 명령은?**

① 총리령　② 보건복지부령
③ 대통령령　④ 행정안전부령

77 **다음 중 노인장기요양보험법에 대한 설명으로 옳지 않은 것은?**

① 장기요양보험 사업을 수행하는 자가 아닌 자는 보험계약의 명칭에 노인장기요양보험을 사용하지 못한다.
② 가족요양비·특례요양비 및 요양병원간병비와 관련된 급여를 제공한 자는 업무수행 중 알게 된 비밀을 누설해서는 안 된다.
③ 시장·군수·구청장은 장기요양기관 지정취소의 경우에는 청문을 하여야 한다.
④ 장기요양급여를 받을 권리는 양도 또는 압류하거나 담보로 제공할 수 있다.

78 다음 중 행정제재처분 효과의 승계 대상(처분을 한 날부터 3년간)이 아닌 것은?

① 합병 후 존속하는 법인

② 합병으로 신설된 법인

③ 장기요양기관을 양도한 경우 양수인

④ 양수 시 행정제재처분을 알지 못하였음을 증명한 양수인

79 장기요양기관 지정의 갱신을 위해서는 지정 유효기간이 끝나기 며칠 전까지 갱신을 신청해야 하는가?

① 30일 ② 50일

③ 60일 ④ 90일

80 다음 중 등급판정 시 공단이 조사가 완료되면 등급판정위원회에 제출하여야 하는 자료가 아닌 것은?

① 조사결과서 ② 요양기관의 자격서

③ 의사소견서 ④ 그 밖에 심의에 필요한 자료

4권

제3회 국민건강보험공단

NCS + 법률

www.sdedu.co.kr

〈문항 및 시험시간〉

평가영역	문항 수	시험시간	모바일 OMR 답안채점 / 성적분석 서비스
[공통] 의사소통+수리+문제해결 [행정직 · 건강직 · 기술직] 국민건강보험법 [요양직] 노인장기요양보험법	80문항	80분	행정직 · 건강직 · 기술직 요양직

다음 개정 법령을 기준으로 수록하였습니다.

- 국민건강보험법 [법률 제20505호, 시행 2025. 4. 23]
- 노인장기요양보험법 [법률 제20587호, 시행 2025. 6. 21]

국민건강보험공단 신규직원 필기시험

제3회 모의고사

문항 수 : 80문항
시험시간 : 80분

제 1 영역 NCS

01 다음 글을 읽고 이해한 내용으로 적절하지 않은 것은?

모든 수는 두 정수의 조화로운 비로 표현될 수 있다고 믿었던 피타고라스는 음악에도 이런 사고를 반영하여 '순정율(Pure Temperament)'이라는 음계를 만들어냈다. 진동수는 현의 길이에 반비례하므로 현의 길이가 짧아지면 진동수가 많아지고 높은 음을 얻게 된다. 피타고라스는 주어진 현의 길이를 1/2로 하면 8도 음정을 얻을 수 있고 현의 길이를 2/3와 3/4으로 할 때는 각각 5도 음정과 4도 음정을 얻을 수 있음을 알아냈다.
현악기에서 광범위하게 쓰이는 순정율에서는 2도 음정 사이의 진동수의 비가 일정하지 않은 단점이 있다. 예를 들어 똑같은 2도 음정이라도 진동수의 비가 9 : 8, 10 : 9, 16 : 15 등으로 달라진다. 이때 9 : 8이나 10 : 9를 온음이라 하고, 16 : 15를 반음이라 하는데, 두 개의 반음을 합친다고 온음이 되는 것이 아니다. 이 점은 보통 때는 별 상관이 없지만 조바꿈을 할 때는 큰 문제가 된다. 이를 보완하여 진동수의 비가 일정하도록 정한 것이 건반악기에서 이용되는 '평균율(Equal Temperament)'이다. 평균율도 순정율과 마찬가지로 진동수를 2배하면 한 옥타브의 높은 음이 된다. 기준이 되는 '도'에서부터 한 옥타브 위의 '도'까지는 12단계의 음이 있으므로 인접한 두 음 사이의 진동수의 비를 12번 곱하면 한 옥타브 높은 음의 진동수의 비인 2가 되어야 한다. 즉, 두 음 사이의 진동수의 비는 약 1.0595가 된다. 순정율과 평균율은 결과적으로는 비슷한 진동수들을 갖게 되며, 악기의 특성에 따라 다양하게 사용된다.

① 조바꿈할 때 일정한 진도수의 비를 갖도록 정한 것은 평균율이다.
② 순정율이 평균율보다 오래되었다.
③ 현악기에서는 순정율이, 건반악기에서는 평균율이 주로 사용된다.
④ 조바꿈을 여러 번 하는 음악을 연주할 때는 순정율을 사용하는 것이 좋다.

02 다음 글의 밑줄 친 ㉠~㉣의 수정 방안으로 적절하지 않은 것은?

> 문화 융성 시대가 도래함에 따라 공공도서관의 ㉠ 역할이 증대되고 있다. 지식 정보 인프라 구축의 중요성, ㉡ 지역주민 문화 복지 관심 증가 및 정부의 공공도서관 건립 지원 확대로 최근 4 ~ 5년간 공공 도서관 건립이 꾸준하게 증가하고 있다. ㉢ 그래서 국가도서관통계시스템에 따르면 우리나라 공공도서관의 1관당 인구는 64,547명(2011년)으로 주요 국가들의 공공도서관 1관당 인구보다 많은 인구를 서비스 대상으로 하고 있다. 이는 우리나라 도서관 인프라가 여전히 열악한 상황이라는 것을 알려준다. ㉣ 이런 상황을 개선되기 위해 정부는 '도서관발전종합계획(2009년 ~ 2013년)'을 마련하여 진행 중에 있다. 종합계획에 따르면 도서관 접근성 향상과 서비스 환경 개선을 위해 1인당 장서 보유량을 2013년까지 1.6권으로 높여 국제 기준에 맞도록 장서를 확충할 계획이다. 또한 도서관을 통한 창의적인 인재양성을 위해 정보 활용 교육과 도서관 활용 수업을 제도화하고 학교 도서관 전담 인력을 학생 1,500명당 1명으로 증원할 계획이다. 이와 함께 지식 정도 격차 해소를 위해 병영 도서관, 교도소 도서관 환경을 전면적으로 개선하고 장애인, 고령자, 다문화 가정을 위한 도서관 프로그램도 확대할 계획이다. 한편 국가지식 정보 활용을 위해 세계의 최신 정보를 집약한 과학 기술·농학·의학·국립도서관 설립을 추진하고 국가 대표 도서관인 국립중앙도서관은 2013년까지 장서를 1,100만 권으로 확충할 예정이다. 이를 통해 국립중앙도서관이 세계 8위 수준의 장서 소장 국가 도서관이 될 것을 기대하고 있다고 도서관정보정책위원회는 밝혔다.

① ㉠ : '자기가 마땅히 하여야 할 맡은 바 직책이나 임무'를 의미하는 '역활'로 수정한다.

② ㉡ : 명사를 지나치게 많이 나열하였으므로 '지역주민의 문화 복지에 대한 관심 증가'로 수정한다.

③ ㉢ : 앞뒤 문장 간의 관계로 볼 때 뒤의 문장이 앞 문장의 결과가 아니므로 '그럼에도 불구하고' 정도로 수정한다.

④ ㉣ : 문장성분 사이의 호응이 어색하므로 '이런 상황을 개선하기 위해'로 수정한다.

03 다음 문단을 논리적 순서대로 바르게 나열한 것은?

> (가) 하지만 막상 앱을 개발하려 할 때 부딪히는 여러 난관이 있다. 여행지나 주차장에 한 정보를 모으는 것도 문제이고, 정보를 지속적으로 갱신하는 것도 문제이다. 이런 문제 때문에 결국 아이디어를 포기하는 경우가 많다.
>
> (나) 그러나 이제는 아이디어를 포기하지 않아도 된다. 바로 공공 데이터가 있기 때문이다. 공공 데이터는 공공 기관에서 생성, 취득하여 관리하고 있는 정보 중 전자적 방식으로 처리되어 누구나 이용할 수 있도록 국민들에게 제공된 것을 말한다.
>
> (다) 현재 정부에서는 공공 데이터 포털 사이트를 개설하여 국민들이 쉽게 이용할 수 있도록 하고 있다. 공공 데이터 포털 사이트에서는 800여 개 공공 기관에서 생성한 15,000여 건의 공공 데이터를 제공하고 있으며, 제공하는 공공 데이터의 양을 꾸준히 늘리고 있다.
>
> (라) 앱을 개발하려는 사람들은 아이디어가 넘친다. 사람들이 여행 준비를 위해 많은 시간을 허비하는 것을 보면 한 번에 여행 코스를 짜 주는 앱을 만들어 보고 싶어 하고, 도심에 주차장을 못 찾아 헤매는 사람들을 보면 주차장을 쉽게 찾아 주는 앱을 만들어 보고 싶어 한다.

① (다) - (나) - (가) - (라)
② (다) - (가) - (나) - (라)
③ (라) - (가) - (다) - (나)
④ (라) - (가) - (나) - (다)

※ 다음 글을 읽고 이어지는 질문에 답하시오. [4~5]

보험은 같은 위험을 보유한 다수인이 위험 공동체를 형성하여 보험료를 납부하고, 보험 사고가 발생하면 보험금을 지급받는 제도이다. 보험 상품을 구입한 사람은 장래의 우연한 사고로 인한 경제적 손실에 ㉠ 대비할 수 있다. 보험금 지급은 사고 발생이라는 우연적 조건에 따라 결정되는데, 이처럼 보험은 조건의 실현 여부에 따라 받을 수 있는 재화나 서비스가 달라지는 조건부 상품이다.

위험 공동체의 구성원이 납부하는 보험료와 지급받는 보험금은 그 위험 공동체의 사고 발생 확률을 근거로 산정된다. 특정 사고가 발생할 확률은 정확히 알 수 없지만 그동안 발생된 사고를 바탕으로 그 확률을 예측한다면, 관찰 대상이 많아짐에 따라 실제 사고 발생 확률에 ㉡ 근접하게 된다.

본래 보험 가입의 목적은 금전적 이득을 취하는 데 있는 것이 아니라 장래의 경제적 손실을 보상받는 데 있으므로 위험 공동체의 구성원은 자신이 속한 위험 공동체의 위험에 상응하는 보험료를 납부하는 것이 공정할 것이다. 따라서 공정한 보험에서는 구성원 각자가 납부하는 보험료와 그가 지급받을 보험금에 대한 기댓값이 일치해야 하며 구성원 전체의 보험료 총액과 보험금 총액이 일치해야 한다. 이때 보험금에 대한 기댓값은 사고가 발생할 확률에 사고 발생 시 수령할 보험금을 곱한 값이다.

보험금에 대한 보험료의 비율[(보험료)÷(보험금)]을 보험료율이라 하는데, 보험료율이 사고 발생 확률보다 높으면 구성원 전체의 보험료 총액이 보험금 총액보다 더 많고, 그 반대의 경우에는 구성원 전체의 보험료 총액이 보험금 총액보다 더 적다. 따라서 공정한 보험에서는 보험료율과 사고 발생 확률이 같아야 한다. 물론 현실에서 보험사는 영업 활동에 소요되는 비용 등을 보험료에 반영하기 때문에 공정한 보험이 적용되기 어렵지만 기본적으로 위와 같은 원리를 바탕으로 보험료와 보험금을 산정한다.

그런데 보험 가입자들이 자신이 가진 위험의 정도에 대해 진실한 정보를 알려 주지 않는 한, 보험사는 보험 가입자 개개인이 가진 위험의 정도를 정확히 파악하여 거기에 ㉢ 상응하는 보험료를 책정하기 어렵다. 이러한 이유로 사고 발생 확률이 비슷하다고 예상되는 사람들로 구성된 어떤 위험 공동체에 사고 발생 확률이 더 높은 사람들이 동일한 보험료를 납부하고 진입하게 되면, 그 위험 공동체의 사고 발생 빈도가 높아져 보험사가 지급하는 보험금의 총액이 증가한다. 보험사는 이를 ㉣ 보전하기 위해 구성원이 납부해야 할 보험료를 인상할 수밖에 없다. 결국 자신의 위험 정도에 상응하는 보험료보다 더 높은 보험료를 납부하는 사람이 생기게 되는 것이다.

이러한 문제는 정보의 비대칭성에서 비롯되는데 보험 가입자의 위험 정도에 대한 정보는 보험 가입자가 보험사보다 더 많이 갖고 있기 때문이다. 이를 해결하기 위해 보험사는 보험 가입자의 감춰진 특성을 파악할 수 있는 수단이 필요하다. 우리 상법에 규정되어 있는 고지 의무는 이러한 수단이 법적으로 구현된 제도이다. 보험 계약은 보험 가입자의 청약과 보험사의 승낙으로 성립된다. 보험 가입자는 반드시 계약을 체결하기 전에 '중요한 사항'을 알려야 하고, 이를 사실과 다르게 진술해서는 안 된다. 여기서 '중요한 사항'은 보험사가 보험 가입자의 청약에 대한 승낙을 결정하거나 차등적인 보험료를 책정하는 근거가 된다. 따라서 고지 의무는 결과적으로 다수의 사람들이 자신의 위험 정도에 상응하는 보험료보다 더 높은 보험료를 납부해야 하거나, 이를 이유로 아예 보험에 가입할 동기를 상실하게 되는 것을 방지한다.

04 다음 중 윗글의 내용으로 적절하지 않은 것은?

① 보험은 조건부 상품으로 제공되는 재화나 서비스가 달라질 수 있다.
② 현실에서 공정한 보험이 적용되기 어려운 이유는 보험사의 영업 활동 비용 등이 보험료에 반영되기 때문이다.
③ 사고 발생 확률이 보험료율보다 높으면 구성원 전체의 보험료 총액이 보험금 총액보다 더 많게 된다.
④ 보험 가입자는 보험사보다 보험 가입자의 위험 정도에 대한 정보를 많이 가지고 있다.

05 다음 중 윗글의 밑줄 친 ㉠~㉣을 대체할 수 있는 단어로 적절하지 않은 것은?

① ㉠ : 대처
② ㉡ : 인접
③ ㉢ : 상당
④ ㉣ : 보존

06 다음 글의 제목으로 가장 적절한 것은?

> 모르는 게 약이고 아는 게 병이라는 말은 언제 사용될까? 언제 몰라야 좋은 것이고, 알면 나쁜 것일까? 모든 것을 다 안다고 좋은 것은 아니다. 몰랐으면 아무 문제되지 않았을 텐데 알아서 문제가 발생하는 경우도 많다. 어떤 때는 정확히 알지 않고 어슴푸레한 지식으로 알고 있어서 고통스러운 경우도 있다. 예를 들어 우리가 손바닥에 수많은 균이 있다는 것을 늘 인식하고 산다면 어떨까? 내가 먹는 음식의 성분들이나 위해성을 안다면 더 행복할까? 물건에서 균이 옮을까봐 다른 사람들이 쓰던 물건을 만지지 않는 사람도 있다. 이런 게 괜히 알아서 생긴 병이다. 예전에는 이런 경우를 흔히 노이로제라고 부르기도 했다.

① 노이로제, 아는 것이 힘이다
② 등잔 밑이 어둡다, 노이로제
③ 모르는 게 약이다, 노이로제
④ 노이로제, 돌다리도 두드려보고 건너라

※ 다음 글을 읽고 이어지는 질문에 답하시오. [7~8]

(가) 보통 손톱, 발바닥, 얼굴 등에 없던 점이 생기거나, 이미 있는 점의 모양·크기·색소·표면상태가 변할 때, 혹은 점이 가렵거나 통증이 발생했을 때 피부과 전문병원을 찾아 육안 검사, 조직 검사 등을 받아보는 것이 좋다. 이미 진행된 1cm 이상의 혹 상태는 육안으로도 쉽게 의심할 수 있고 확인이 가능하지만 상피세포암의 조기 병변인 광선각화증이나 일반 점과 유사하게 시작하는 기저세포암이나 악성흑색종의 경우 육안으로 확인이 불가능하기 때문에 지래짐작하기 보다 피부과 전문의를 찾아 조기에 발견하고 치료해야 한다.

(나) 특히 자외선은 상피세포암뿐만 아니라 기저세포암까지 유관할 수 있는 대표적인 원인으로 여름철 이에 대한 관리가 소흘하게 된다면 크게 후회하는 결과를 초래할 수 있다. 보통 피부암은 특별한 증세나 이상이 나타나기보다는 피부의 변화로 알 수 있으므로 이에 대해 알아두는 것이 좋다.

(다) 그러기 위해서는 일광을 직접 쬐기보다 그늘에서 활동하고, 외출 시에는 반드시 긴팔 옷, 선글라스, 양산, 창 넓은 모자, 자외선 차단제 중 하나는 꼭 필수로 착용해야겠다. 더불어 자외선 차단제는 자신에게 맞는 제품을 사용하도록 하며 일반적으로 일상생활의 경우 SPF 15 / PA+ 정도, 장시간 야외활동을 하는 경우에는 SPF 30 / PA++ 정도의 자외선 차단제를 충분히 도포하면 적당하고 자외선 차단 기능이 발휘되기까지는 30여 분이 소유되므로 외출 30분 전에 바르도록 하며, 2 ~ 3시간마다 덧발라 주는 것이 좋다. 이렇게 피부를 보호하는 것이 노화를 막는 것뿐만 아니라 혹시 모를 피부암을 예방할 수 있는 가장 좋은 방법일 것이다.

(라) 피부암의 가장 큰 원인은 바로 태양광선에 포함되어 있는 자외선에 과도하게 노출되는 것이다. 이외에도 타르·비소와 같은 화학물질, 반복적 방사선 노출, 감염 등으로 인해 상피세포암이 발생할 수 있다. 만약 자외선 차단제를 바르지 않고 햇볕에 과도하게 또는 만성적으로 노출될 경우 자외선에 의한 피부 세포 DNA 손상이 돌연변이 발암과정을 거쳐 피부암으로 발병하게 된다.

(마) 이렇게 자외선은 각종 피부 질병뿐만 아니라 노화를 촉진시키고 심지어 피부암까지 유발할 수 있는 원인이 된다. 그러므로 어린이를 포함하여 활동량이 많은 청소년기부터 많은 시간 야외에서 활동할 경우 자외선은 피해서 좋은 게 아니라 꼭 피해야만 하는 것으로 생각하는 것이 좋다.

07 다음 중 윗글의 문단을 논리적 순서대로 바르게 나열한 것은?

① (가) – (다) – (나) – (라) – (마)
② (다) – (가) – (마) – (나) – (라)
③ (라) – (가) – (나) – (다) – (마)
④ (라) – (나) – (가) – (마) – (다)

08 윗글의 밑줄 친 단어 중 사용이 적절하지 않은 단어의 개수는?

① 1개
② 2개
③ 3개
④ 4개

09 다음 글의 제목으로 가장 적절한 것은?

영양분이 과도하게 많은 물에서는 오히려 물고기의 생존이 어렵다. 농업용 비료나 하수 등에서 배출되는 질소와 인 등으로 영양분이 많아진 하천의 수온이 상승하면 식물성 플랑크톤이 대량으로 증식하게 된다. 녹색을 띠는 플랑크톤이 수면을 뒤덮으면 물속으로 햇빛이 닿지 못하고 결국 물속의 산소가 고갈되어 물고기는 숨을 쉬기 어려워진다. 즉, 물속의 과도한 영양분이 오히려 물고기의 생존을 위협하는 것이다.
이처럼 부영양화된 물에서의 플랑크톤 증식으로 인한 녹조 현상은 경제발전과 각종 오염물질 배출량의 증가로 인해 심각한 사회문제가 되고 있다. 녹조는 냄새를 유발하는 물질과 함께 독소를 생성하여 수돗물의 수질을 저하시킨다. 특히 독성물질을 배출하는 녹조를 유해 녹조로 지정하여 관리하고 있는 현실을 고려하면 이제 녹조는 생태계뿐만 아니라 먹는 물의 안전까지도 위협한다.
하천의 생태계를 보호하고 우리가 먹는 물을 보호하기 위해서는 녹조의 발생 원인을 사전에 제거해야 한다. 이를 위해서는 무엇보다 생활 속에서의 작은 실천이 중요하다. 질소나 인이 첨가되지 않은 세제를 사용하고, 농가에서는 화학 비료 사용을 최소화하며 하천에 오염된 물이 흘러 들어가지 않도록 철저히 관리하는 노력을 기울여야 한다.

① 물고기의 생존을 위협하는 하천의 수질 오염
② 녹조를 가속화하는 이상 기온 현상
③ 물고기와 인간의 안전을 위협하는 하천의 부영양화
④ 녹조 예방을 위한 정부의 철저한 관리 필요성

※ 다음 글을 읽고 이어지는 질문에 답하시오. [10~11]

인공지능(AI)을 통한 얼굴 인식 프로그램은 인간의 얼굴 표정을 통해 감정을 분석한다. 인간의 표정을 인식하여 슬픔・기쁨・놀라움・분노 등을 얼마나 느끼고 있는지 정량적으로 보여주는 것이다.
많은 AI 기업들이 이와 같은 얼굴 인식 프로그램을 개발하고 있다. 미국의 한 AI 기업은 얼굴 표정을 식별하여 감정을 읽어내는 안면 인식 기술 '레코그니션(Rekognition)'을 개발하였고, 대만의 다른 AI 기업은 인간의 얼굴 표정을 인식해 그 사람의 나이와 성별, 감정을 식별하는 '페이스 미(Face Me)'를 공개하였다.
___㉠___ 인간의 얼굴 표정으로 감정을 읽는 것은 매우 비과학적이다. 얼굴의 움직임과 내적 감정 상태의 명확한 연관성을 찾기 어렵기 때문이다. 인간의 얼굴 표정에서 감정 상태를 유추할만한 증거는 거의 없으며, 사람들은 감정을 느껴도 얼굴을 움직이지 않을 수 있다. 심지어 다른 사람에게 자신의 감정을 속이는 것도 가능하다. 게다가 얼굴 표정은 문화적 맥락과도 관련이 있기 때문에 서양인과 동양인의 기쁨・슬픔에 대한 표정은 다를 수 있다.
___㉡___ 채용이나 법 집행 등 민감한 상황에서 감정인식 기술을 사용하는 것은 금지해야 한다. 현재 안면 및 감정 인식 기술을 광고 마케팅이나 채용 인터뷰, 범죄 수사 등에 활용하고 있는 것은 매우 위험하다. 인간의 감정은 계량화가 불가능하며, 이러한 인간의 감정을 알고리즘화하려는 것은 시도 자체가 잘못된 것이다.

10 다음 중 글쓴이의 주장을 뒷받침하는 근거로 적절하지 않은 것은?

① 감정은 상황, 신체 움직임, 부끄러움이나 흥분할 때 나오는 호르몬 반응 등 다양한 요소들이 작용한 결과이다.
② 얼굴 인식을 통해 감정을 파악하는 기술은 인간이 행복할 때는 웃고 화가 날 때면 얼굴을 찌푸린다는 단순한 가설에 기대고 있다.
③ 실제로 경찰에서 사용 중인 거짓말 탐지기조차도 증거 능력에 대해 인정하지 않고 참고 용도로만 사용하고 있다.
④ AI가 제공해주는 과학적이고 분석적인 데이터를 통해 더 자세히 지원자의 감정을 파악할 수 있다.

11 다음 중 윗글의 빈칸 ㉠, ㉡에 들어갈 접속어가 바르게 연결된 것은?

	㉠	㉡
①	그러므로	그러나
②	그러므로	또한
③	그러나	또한
④	그러나	따라서

12 다음 글을 읽고 보인 반응으로 적절하지 않은 것은?

> 지난해 국민건강보험료 피부양자 자격 요건 중 소득 기준이 강화되었다. 소득세법상 연간 합산소득 3,400만 원 이하에서 2,000만 원 이하로 낮아진 것이다. 당초 재산 기준도 강화될 예정이었지만, 최근 수년간 주택 가격이 급등한 상황 등을 감안해 현행 기준을 유지하기로 하였다.
> 이로 인해 지난해 말 피부양자에서 탈락해 지역가입자로 전환된 사람이 50만 명이 넘는다. 이 수치 안에는 피부양자 탈락자 본인 외에도 배우자, 직계 존·비속, 배우자의 직계 존·비속, 형제·자매 등 부양 요건 미충족 탈락자도 4만 3,660명에 이른다.
> 이들은 피부양자에서 탈락해 지역가입자로 전환되면서 기존에 납부하지 않았던 건보료를 가구당 월평균 10만 5,000원가량 내야 하는 상황이 되었다.
> 특히 이번 국민건강보험료 개편으로 인해 가장 큰 피해를 입은 사람은 공적연금을 지급 받는 사람들이다. 공적연금이란 공무원연금을 포함해 사학연금, 군인연금, 국민연금 등을 말하는데, 은퇴 후 지급 받는 공적연금이 소득 기준을 초과한다면 건강보험료 피부양자 자격을 잃게 되는 것이다.
> 실제로 지난해 2월 기준 국민연금 수령으로 인해 지역가입자로 전환된 피부양자는 2,685명인데 반해 이번 국민건강보험료 개편으로 인한 탈락자는 27만 3,000명에 다다랐다. 특히 물가상승분을 반영해 상승되는 국민연금 지급액 구조 탓에 이후 건강보험료 피부양자 자격 탈락자는 계속하여 증가할 것으로 보이는 상황이다.

① 주택 가격이 상승하지 않았다면 국민건강보험료 피부양자 자격 요건 중 재산 기준도 강화되었겠군.
② 피부양자 탈락 시 가족 역시 탈락할 가능성이 높겠군.
③ 피부양자에서 탈락하면 경제적 부담이 커지겠군.
④ 은퇴 후 공무원연금을 월 170만 원씩 수령하는 사람은 현행법상 건강보험료 피부양자 자격이 박탈되겠군.

13 다음 기사를 읽고 조력발전소에 대해 알 수 있는 내용으로 적절하지 않은 것은?

조력발전이 다시 주목받고 있다. 한 국회의원은 2021년 10월 18일 환경부 산하기관 대상 국정감사에서 시화호 사례를 들어 새만금 조력발전 필요성을 제기했다. 수질 악화로 몸살을 앓고 있는 새만금호에 조력발전소를 설치해 해수 유통을 실시하여 전기를 생산한다면 환경도 살리고 깨끗한 에너지도 얻을 수 있다는 논리이다. 6월 4일 환경부 장관은 시화호에서 열린 환경의 날 기념식에서 "중기 계획 중 하나로 조력발전을 확대하는 것에 대한 예비타당성조사가 계획된 상태"라며, "타당성 조사 등을 검토한 후에 진행해 나갈 것"이라고 말했다.

하지만 조력발전이 해양생태계를 파괴한다는 상반된 주장도 제기된 바 있다. 2010년 시화호에 조력발전소를 설치할 당시 환경단체들은 "조력발전소가 갯벌을 죽이고 해양생태계를 파괴한다."라고 주장한 바 있다. 어업으로 생활을 영위하는 주민들도 설립 초기에 생태계 파괴 우려로 반대의 목소리가 높았다.

1994년, 6년 7개월간의 공사 끝에 방조제 끝막이 공사가 완료되고 시화호는 바다로부터 분리됐다. 그로부터 2년 후 인근 공단 지역에서 흘러든 오염물질로 인해 시화호는 죽음의 호수로 전락했다. 착공 전부터 수질오염에 대한 우려가 끊임없이 제기됐지만 개발 위주의 정책을 바꾸기엔 역부족이었다. 착공 당시 중동 건설경기 침체로 인해 갈 곳을 잃은 건설근로자와 장비들을 놀리지 않고, 국내 경기를 활성화하며 대규모 산업단지가 들어설 '새 땅'을 확보하겠다는 목표를 세웠기 때문에 환경피해에 대한 고려는 우선순위에 들어가지 않았다. 정부는 부랴부랴 담수 방류를 결정하고 하수처리장 신·증설 등 수질개선 대책을 내놨지만 눈에 띄는 성과가 나타나지 않았다. 2000년에는 담수화 계획을 전면 포기했고, 이듬해 해수 상시 유통을 결정했다. 2002년 12월 시화호 방조제에 조력발전소를 건설하기로 확정하고 2004년부터 착공에 들어갔다. 2011년 준공된 시화호 조력발전소는 시설용량 254MW의 세계 최대 조력발전소로 기록됐다.

조력발전소의 발전은 밀물이 들어오는 힘으로 수차 발전기를 돌려 전기를 생산하는 방식이다. 썰물 때는 수차가 작동하지 않고 배수만 진행되며, 지난해 12월까지 44억 kWh의 전기를 생산했다. 이 발전소에서 연간 생산되는 전력량은 인구 40 ~ 50만 명의 도시 소비량과 맞먹는다.

제방을 터 바다로 물을 흘려보내고 밀물이 들어오게 하면서 수질은 개선됐다. 상류 주거지역과 공단지역의 하수처리 시설을 확충하면서 오염물질 유입량이 줄어든 것도 수질 개선을 도왔다.

현재 시화호 지역은 눈에 띄게 환경이 개선됐다. 1997년에 17.4mg/L에 이르던 연도별 평균 COD는 해수유통 이후 낮아졌고, 2020년에는 2.31mg/L를 기록했다. 수질평가지(WQI)에 의한 수질 등급은 정점 및 시기별로 변화가 있지만 2020년의 연평균 수질은 Ⅱ등급으로 개선됐다. 수질이 개선되면서 시화호 지역의 생태계도 살아나고 있다.

그러므로 조력발전이 생태계를 살려냈다고 하기보다는 담수화 포기, 해수유통의 영향이라고 보는 것이 타당하다. 조력발전은 해수유통을 결정한 이후 배수 갑문으로 흘러 나가는 물의 흐름을 이용해 전기를 생산하는 것으로 해수유통의 부차적 결과물이기 때문이다.

① 조력발전소는 밀물을 통해 전기를 생산하고 있으며, 최근 주목받고 있는 발전소이다.
② 시화호 발전소의 1년 전기 생산량으로 인구 40만 명의 도시에 전기 공급이 가능하다.
③ 조력발전소가 설치된 이후 시화호의 수질이 악화되었으나, 해수유통을 통해 다시 수질을 회복할 수 있었다.
④ 우리나라에 세계 최대 규모의 조력발전소가 있다.

14 다음 중 A의 주장에 대한 반박으로 가장 적절한 것은?

A : 우리나라의 장기 기증률은 선진국에 비해 너무 낮아. 이게 다 부모로부터 받은 신체를 함부로 훼손해서는 안 된다는 전통적 유교 사상 때문이야.
B : 맞아. 그런데 장기기증 희망자로 등록이 돼 있어도 유족들이 장기 기증을 반대하여 기증이 이뤄지지 않는 경우도 많아.
A : 유족들도 결국 유교 사상으로 인해 신체 일부를 다른 사람에게 준다는 방식을 잘 이해하지 못하는 거야.
B : 글쎄, 유족들이 동의해서 기증이 이뤄지더라도 보상금을 받고 '장기를 팔았다.'라는 죄책감을 느끼는 유족들도 있다고 들었어. 또 아직은 장기 기증에 대한 생소함 때문일 수도 있어.

① 캠페인을 통해 장기 기증에 대한 사람들의 인식을 변화시켜야 한다.
② 유족에게 지급하는 보상금 액수가 증가하면 장기 기증률도 높아질 것이다.
③ 장기기증 희망자는 반드시 가족들의 동의를 미리 받아야 한다.
④ 장기 기증률이 낮은 이유에는 유교 사상 외에도 여러 가지 원인이 있을 수 있다.

15 다음 문단을 논리적 순서대로 바르게 나열한 것은?

(가) 교정 중에는 교정장치를 부착하고 있기 때문에 치아뿐 아니라 교정장치까지 닦아주어야 하는데요. 가운데 홈이 있어 교정장치와 치아를 닦을 수 있는 교정용 칫솔을 선택해, 가운데 파여진 곳을 교정장치에 위치시킨 후 옆으로 왔다 갔다 전체적으로 닦아줍니다. 그다음 칫솔을 비스듬이하여 교정장치의 위아래를 꼼꼼하게 닦아줍니다.
(나) 치아를 가지런하게 하기 위해 교정하시는 분들 중에 간혹 교정 중에 칫솔질이 잘 되지 않아 충치가 생기고 잇몸이 내려가 버리는 경우를 종종 보곤 합니다. 그러므로 교정 중에는 더 신경 써서 칫솔질을 해야 하죠.
(다) 마지막으로 칫솔질을 할 때 잊지 말아야 할 것은 우리 입안에 치아만 있는 것이 아니므로 혀와 잇몸에 있는 플라그들도 제거해 주셔야 입 냄새도 예방할 수 있다는 것입니다. 올바른 칫솔질로 건강한 치아를 잘 유지하시길 바랍니다.
(라) 또 교정장치 때문에 닦이지 않는 부위는 치간칫솔을 이용해 위아래 오른쪽 왼쪽 넣어 잘 닦아줍니다. 치실은 치아에 C자 모양으로 감아준 후 치아 방향으로 쓸어내려 줍니다. 그리고 교정 중에는 워터픽이라는 물분사장치를 이용해 양치해 주시는 것도 많은 도움이 됩니다. 잘하실 수 있으시겠죠?

① (가) – (나) – (라) – (다)
② (가) – (라) – (나) – (다)
③ (나) – (가) – (라) – (다)
④ (나) – (라) – (다) – (가)

16 다음 글의 밑줄 친 ㉠～㉤의 수정 방안으로 적절하지 않은 것은?

> 흔히들 '향토 음식'이라고 하면 옛날부터 전해 내려온 전통 음식을 떠올릴 것이다. ㉠ 그러나 향토 음식은 전통 음식보다 좁은 개념으로, 각 지역의 특산물을 재료로 하여 만들어진 그 지방 고유의 음식을 말한다. ㉡ 해당 지역에서 생산된 재료로 만들 뿐만 아니라 조리 방법에 있어서도 그 지역 사람들이 살아 온 모습을 담고 있기 때문에 향토 음식은 그 지역 고유의 음식 문화를 이룬다고 할 수 있다.
>
> ㉢ 그리고 요즘 청소년들은 이런 향토 음식에 대해 제대로 알고 있지 못하며 이에 관심을 가질 생각도 없는 것으로 보인다. 지난 달 우리 지역 고등학생을 대상으로 한 향토 음식 선호도 설문 조사에서 "가장 좋아하는 우리 지역 향토 음식이 무엇입니까?"라는 질문에 대해 "우리 지역 향토 음식이 무엇인지 잘 모른다."라고 응답한 학생이 대다수를 차지했던 것이다. 나는 이 결과를 접하고서 이제라도 향토 음식에 관심을 가지고 그것을 배워야겠다는 생각을 하게 되었다.
>
> 그래서 나는 친구들과 주말에 ○○마을에서 열리는 '향토 음식 요리 교실'에 다니고 있다. ㉣ 주말에 함께 시간을 내는 것은 쉬운 일이 아니다. 지난 주말에는 밀국수 만드는 법을 배우면서, 할머니들로부터 이 지역 밀국수에 대한 이야기를 들을 수 있었다. ○○마을은 지역 특성상 논농사가 어려워 쌀 대신 밀을 많이 먹었고, 이웃과 함께 국수를 만들어 먹으며 정을 나누었다. 또 양념을 많이 쓰지 않은 자연 그대로의 담백한 맛은 우리 지역 사람들의 ㉤ 활기찬 마음과 닮아 있다고 했다. 우리는 이런 이야기를 들으며, 향토 음식을 배우는 것은 그 지역의 요리만 배우는 것이 아니라 그 지역에서 이어져 온 문화와 정신을 배우는 것임을 알게 되었다.
>
> 이처럼 우리 청소년들이 향토 음식에 관심을 갖는 것은 사라져 가는 우리의 식문화를 지킴으로써 전통을 계승하는 계기를 마련한다는 데에 의의가 있다. 또한, 향토 음식에 대한 관심은 지역 공동체의 조화를 이루어 내는 데에도 참여할 것이다.
>
> 향토 음식은 우리 전통을 이어 갈 소중한 유산 중 하나이다. 티끌 모아 태산이 되듯 향토 음식에 대한 청소년의 작은 관심들이 모인다면 향토 음식은 우리의 자랑으로 자랄 것이다.

① 내용의 연결이 자연스럽지 못하므로 ㉠과 ㉡의 순서를 서로 바꾼다.

② 접속어의 사용이 잘못되었으므로 ㉢을 '그런데'로 수정한다.

③ 글의 흐름과 어긋나는 문장이므로 ㉣을 삭제한다.

④ 의미상 어울리지 않으므로 ㉤을 '소박한'으로 고친다.

17 다음 글의 제목으로 가장 적절한 것은?

시장경제는 국민 모두가 잘 살기 위한 목적을 달성하기 위한 수단으로서 선택한 나라 살림의 운영 방식이다. 그러나 최근에 재계, 정계, 그리고 경제 관료 사이에 벌어지고 있는 시장경제에 대한 논쟁은 마치 시장경제 그 자체가 목적인 것처럼 왜곡되고 있다. 국민들이 잘 살기 위해서는 경제가 성장해야 한다. 그러나 경제가 성장했는데도 다수의 국민들이 잘 사는 결과를 가져오지 못하고 경제적 강자들의 기득권을 확대 생산하는 결과만을 가져온다면 국민들은 시장경제를 버리고 대안적 경제체제를 찾을 것이다. 그렇기 때문에 시장경제를 유지하기 위해서는 성장과 분배의 균형이 중요하다.

시장경제는 경쟁을 통해서 효율성을 높이고 성장을 달성한다. 경쟁의 동기는 사적인 이익을 추구하는 인간의 이기적 속성에 기인한다. 국민 각자는 모두가 함께 잘 살기 위해서가 아니라 내가 잘 살기 위해서 경쟁을 한다. 모두가 함께 잘 살기 위한 공동의 목적을 달성하기 위한 수단으로 시장경제를 선택한 것이지만 개개인은 이기적인 동기로 시장에 참여하는 것이다. 이와 같이 시장경제는 개인과 공동의 목적이 서로 상반되는 모순을 이루는 것이 그 본질이다. 그래서 시장경제가 제대로 운영되기 위해서는 국가의 소임이 중요하다.

시장경제에서 국가가 할 일을 크게 세 가지로 나누어 볼 수 있다. 첫째는 경쟁을 유도하는 시장체제를 만드는 것이고, 둘째는 공정한 경쟁이 이루어지도록 시장질서를 세우는 것이며, 셋째는 경쟁의 결과로 얻은 성과가 모두에게 공평하게 분배되도록 조정하는 것이다. 최근에 벌어지고 있는 시장경제의 논쟁은 세 가지 국가의 역할 중에서 논쟁의 주체들이 자신의 이해관계에 따라 선택적으로 시장경제를 왜곡하고 있다. 경쟁에서 강자의 위치를 확보한 재벌들은 경쟁 촉진을 주장하면서 공정 경쟁이나 분배를 말하는 것은 반시장적이라고 매도한다. 정치권은 인기 영합의 수단으로, 그리고 일부 노동계는 이기적 동기에서 분배를 주장하면서 분배의 전제가 되는 성장을 위해서 필요한 경쟁을 훼손하는 모순된 주장을 한다. 경제 관료들은 자신의 권력을 강화하기 위한 부처의 이기적인 관점에서 경쟁 촉진과 공정 경쟁 사이에서 줄타기 곡예를 하며 분배에 대해서 말하는 것은 금기시한다. 모두가 자신들의 기득권을 위해서 선택적으로 왜곡하고 있다.

경쟁은 원천적으로 공정성을 보장하지 못한다. 서로 다른 능력이 주어진 천부적인 차이는 물론이고, 물려받는 재산과 환경의 차이로 인하여 출발선에서부터 불공정한 경쟁이 시작된다. 그럼에도 불구하고 경쟁은 창의력을 가지고 노력하는 사람에게 성공을 가져다주는 체제이다. 그래서 출발점이 다를지라도 노력과 능력에 따라서 성공의 기회가 제공되도록 보장하기 위해서 공정 경쟁이 중요하다.

경쟁은 또한 분배의 공평성을 보장하지 못한다. 경쟁의 결과는 경쟁에 참여한 모든 사람들의 노력의 결과로 이루어진 것이지, 승자만의 노력으로 이루어진 것은 아니다. 경쟁의 결과가 승자에 의해서 독점된다면 국민들은 경쟁의 참여를 거부할 수밖에 없다. 그래서 경쟁에 참여한 모두에게 공평한 분배가 이루어지는 것이 중요하다.

① 시장경제에서 개인과 국가의 관계
② 시장경제에서 국가 역할의 중요성
③ 시장경제에서 개인 간의 경쟁
④ 시장경제에서 경쟁의 이점과 그 한계

18 다음 문장을 논리적 순서대로 바르게 나열한 것은?

(가) 그렇기 때문에 남녀 고용 평등의 확대를 위해 채용 목표제를 강화할 필요가 있다.
(나) 우리나라 대졸 이상 여성의 고용 비율은 OECD 국가 중 최하위인데 이는 채용 과정에서 여성이 부당한 차별을 받는 경우가 많다는 것을 보여준다.
(다) 우리나라 남녀 전체의 평균 고용 비율 격차는 31.8%로 남성에 비해 여성의 고용 비율이 현저히 낮다.
(라) 강화된 법규가 준수될 수 있도록 정부의 계도와 감독 기능을 강화해야 할 것이다.
(마) 고용 시 여성에게 일정 비율을 할애하는 것은 남성에 대한 역차별이라는 주장이 있기는 하지만 남녀 고용 평등이 어느 정도 실현될 때까지 여성에 대한 배려는 불가피하다.

① (다) – (가) – (마) – (나) – (라)
② (다) – (나) – (라) – (가) – (마)
③ (라) – (나) – (마) – (다) – (가)
④ (라) – (다) – (가) – (나) – (마)

19 다음 글을 읽고 추론할 수 있는 내용으로 가장 적절한 것은?

어떤 시점에 당신만이 느끼는 어떤 감각을 지시하여 'W'라는 용어의 의미로 삼는다고 해보자. 그 이후에 가끔 그 감각을 느끼게 되면, "'W'라고 불리는 그 감각이 나타났다."라고 당신은 말할 것이다. 그렇지만 그 경우에 당신이 그 용어를 올바르게 사용했는지 그렇지 않은지를 어떻게 결정할 수 있는가? 만에 하나 첫 번째 감각을 잘못 기억할 수도 있는 것이고, 혹은 실제로는 단지 희미하고 어렴풋한 유사성밖에 없는데도 첫 번째 감각과 두 번째 감각 사이에 밀접한 유사성이 있는 것으로 착각할 수도 있다. 더구나 그것이 착각인지 아닌지를 판단할 근거가 없다. 만약 'W'라는 용어의 의미가 당신만이 느끼는 그 감각에만 해당한다면, 'W'라는 용어의 올바른 사용과 잘못된 사용을 구분할 방법은 어디에도 없게 될 것이다. 올바른 적용에 관해 결정을 내릴 수 없는 용어는 아무런 의미도 갖지 않는다.

① 본인만이 느끼는 감각을 지시하는 용어는 아무 의미도 없다.
② 어떤 용어도 구체적 사례를 통해서 의미를 얻게 될 수 없다.
③ 감각을 지시하는 용어는 사용하는 사람에 따라 상대적인 의미를 갖는다.
④ 감각을 지시하는 용어의 의미는 그것이 무엇을 지시하는가와 아무 상관이 없다.

20 다음 글의 주장을 비판하기 위한 탐구 활동으로 가장 적절한 것은?

> 기술은 그 내부적인 발전 경로를 이미 가지고 있으므로, 어떤 특정한 기술(혹은 인공물)이 출현하는 것은 '필연적'인 결과라고 생각하는 사람들이 많다. 이러한 통념을 약간 다르게 표현하자면, 기술의 발전 경로는 이전의 인공물보다 '기술적으로 보다 우수한' 인공물들이 차례차례 등장하는, 인공물들의 연쇄로 파악할 수 있다는 것이다. 그리고 기술의 발전 경로가 '단일한' 것으로 보고, 어떤 특정한 기능을 갖는 인공물을 만들어 내는 데 있어서 '유일하게 가장 좋은' 설계 방식이나 생산 방식이 있을 수 있다고 가정한다. 이와 같은 생각을 종합하면 기술의 발전은 결코 사회적인 힘이 가로막을 수 없는 것일 뿐 아니라 단일한 경로를 따르는 것이므로, 사람들이 할 수 있는 일은 이미 정해져 있는 기술의 발전 경로를 열심히 추적해 가는 것밖에 남지 않게 된다는 결론이 나온다.
>
> 그러나 다양한 사례 연구에 의하면 어떤 특정 기술이나 인공물을 만들어 낼 때, 그것이 특정한 형태가 되도록 하는 데 중요한 역할을 하는 것은 그 과정에 참여하고 있는 엔지니어, 자본가, 소비자, 은행, 정부 등의 이해관계나 가치체계임이 밝혀졌다. 이렇게 보면 기술은 사회적으로 형성된 것이며, 이미 그 속에 사회적 가치를 반영하고 있는 셈이 된다. 뿐만 아니라 복수의 기술이 서로 경쟁하여 그중 하나가 사회에서 주도권을 잡는 과정을 분석해 본 결과, 이 과정에서 중요한 역할을 하는 것은 기술적 우수성이나 사회적 유용성이 아닌, 관련된 사회집단들의 정치적·경제적 영향력인 것으로 드러났다고 한다. 결국 현재에 이르는 기술 발전의 궤적은 결코 필연적이고 단일한 것이 아니었으며, '다르게' 될 수도 있었음을 암시하고 있는 것이다.

① 논거가 되는 연구 결과를 반박할 수 있는 다른 연구자료를 조사한다.
② 사회 변화에 따라 가치 체계의 변동이 일어나게 되는 원인을 분석한다.
③ 기술 개발에 관계자들의 이해관계나 가치가 작용한 실제 사례를 조사한다.
④ 글쓴이가 문제 삼고 있는 통념에 변화가 생기게 된 계기를 분석한다.

21 K기업의 마케팅부, 영업부, 영업지원부에서 2명씩 대표로 회의에 참석하기로 하였다. 원탁에 같은 부서 사람이 옆자리에 앉는 방식으로 자리배치를 한다고 할 때, 6명이 앉을 수 있는 경우의 수는 모두 몇 가지인가?

① 15가지
② 16가지
③ 17가지
④ 18가지

22 수영장에 물을 가득 채울 때 수도관 A로는 6시간, B로는 4시간이 걸린다. A, B 두 수도관을 모두 사용하여 수영장에 물을 가득 채우는 데 걸리는 시간은?

① 2시간
② 2시간 12분
③ 2시간 24분
④ 2시간 36분

23 다음은 2020 ~ 2024년 4종목의 스포츠 경기에 대한 경기 수를 나타낸 자료이다. 이에 대한 설명으로 옳지 않은 내용은?

〈국내 연도별 스포츠 경기 수〉

(단위 : 회)

구분	2020년	2021년	2022년	2023년	2024년
농구	413	403	403	403	410
야구	432	442	425	433	432
배구	226	226	227	230	230
축구	228	230	231	233	233

① 농구의 경기 수는 2021년 전년 대비 감소율이 2024년 전년 대비 증가율보다 높다.
② 2020년 농구와 배구 경기 수 차이는 야구와 축구 경기 수 차이의 90% 이상이다.
③ 2020년부터 2024년까지 야구 평균 경기 수는 축구 평균 경기 수의 2배 이하이다.
④ 2021년부터 2023년까지 경기 수가 증가하는 스포츠는 1종목이다.

24 K사는 사무실을 새롭게 꾸미기 위해 바닥에 붙일 타일을 구매하려고 한다. 타일을 붙일 사무실 바닥의 크기는 가로 8m, 세로 10m이며, 다음 3개의 타일 중 하나를 선택하여 구매하려고 할 때, 가장 저렴한 타일로 한다면 어느 타일이고, 총 가격은 얼마인가?

〈업체별 타일 정보〉

구분	크기(가로×세로)	단가(원)	배송비(원)
A타일	20cm×20cm	1,000	50,000원
B타일	250mm×250mm	1,500	30,000원
C타일	25cm×20cm	1,250	75,000원

① A, 2,050,000원
② B, 2,050,000원
③ B, 1,950,000원
④ C, 1,950,000원

25 다음은 6명 학생들의 지난 달 독서 현황을 나타낸 자료이다. 〈보기〉 중 옳은 것을 모두 고르면?

〈학생별 독서 현황〉

구분 \ 학생	지호	영길	다솜	대현	정은	관호
성별	남	남	여	남	여	남
독서량(권)	0	2	6	4	8	10

〈보기〉

㉠ 학생들의 평균 독서량은 5권이다.
㉡ 남학생이면서 독서량이 5권 이상인 학생 수는 전체 남학생 수의 50% 이상이다.
㉢ 독서량이 2권 이상인 학생 중 남학생 비율은 전체 학생 중 여학생 비율의 2배 이상이다.
㉣ 여학생이거나 독서량이 7권 이상인 학생 수는 전체 학생 수의 50% 이상이다.

① ㉠, ㉡
② ㉠, ㉢
③ ㉠, ㉣
④ ㉡, ㉢

26 다음은 A국과 B국의 골키퍼, 수비(중앙 수비, 측면 수비), 미드필드, 공격(중앙 공격, 측면 공격) 능력을 영역별로 평가한 결과이다. 이에 대한 설명으로 옳지 않은 것은?(단, 원 중심에서 멀어질수록 점수가 높아진다)

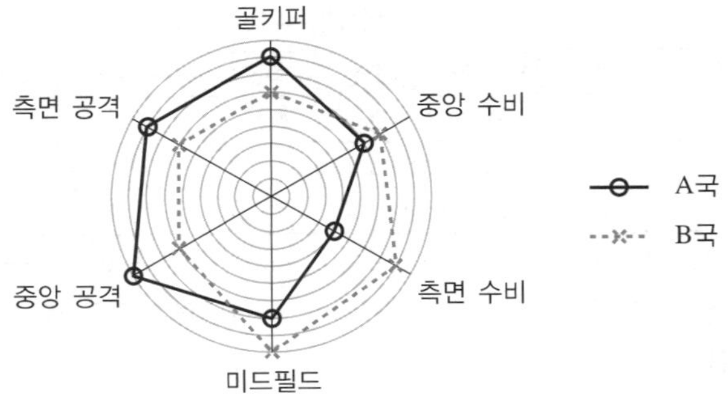

① A국은 공격보다 수비에 약점이 있다.
② B국은 미드필드보다 수비에서의 능력이 뛰어나다.
③ A국과 B국은 측면 수비 능력에서 가장 큰 차이가 난다.
④ A국과 B국 사이에 가장 작은 차이를 보이는 영역은 중앙 수비이다.

27 경기침체가 계속되면서 공무원 보수에 대해 '공무원 평생소득이 민간기업 평균소득보다 많다.'라는 주장과 '공무원의 보수가 박봉이기 때문에 처우가 개선되어야 한다.'라는 주장이 맞서고 있다. 이에 대한 내용으로 옳은 것을 〈보기〉에서 모두 고르면?

〈공무원과 민간기업 근로자의 소득〉

구분	공무원(일반 7급)	민간기업 근로자
생애연금	6억 1,851만 원	2억 6,252만 원
퇴직금(수당)	6,075만 원	1억 6,431만 원
취업소득	14억 2,681만 원	15억 722만 원
생애 총소득	21억 607만 원	19억 3,407만 원
민간기업 대비 공무원 생애 총소득 비율	A	100%

〈보기〉

㉠ 공무원은 민간기업 근로자보다 생애 총소득이 더 높다.
㉡ 민간기업 대비 공무원 생애 총소득 비율인 A값은 105.5%이다.
㉢ 민간기업 근로자는 취업소득과 퇴직금에서 공무원보다 많았지만, 생애연금 급여는 공무원 연금의 약 42%에 불과했다.
㉣ 생애 총소득은 공무원이 더 높지만, 퇴직 후 받는 모든 금액은 민간기업 근로자가 높다.

① ㉠, ㉡
② ㉠, ㉢
③ ㉡, ㉢
④ ㉡, ㉣

28 다음은 우리나라 시 · 도별 연평균 문화예술 및 스포츠 관람횟수에 대해 조사한 자료이다. 이에 대한 설명으로 옳지 않은 것은?

〈시 · 도별 연평균 문화예술 및 스포츠 관람횟수〉

(단위 : 회)

구분	음악 · 연주회	연극 · 마당극 · 뮤지컬	무용	영화	박물관	미술관	스포츠
전국	2.5	2.4	2.7	6.6	2.6	2.5	3.5
서울특별시	2.9	2.5	2.7	7.2	2.8	2.9	3.9
부산광역시	2.0	2.0	2.0	6.6	2.7	2.0	3.2
대구광역시	2.7	2.2	3.4	6.3	2.5	1.9	2.9
인천광역시	2.2	2.4	2.8	6.3	2.5	2.5	3.6
광주광역시	2.4	2.1	2.7	6.8	2.6	2.3	3.5
대전광역시	2.9	2.1	3.2	6.9	3.1	2.2	3.1
울산광역시	2.2	2.0	2.3	6.2	2.4	2.3	2.9
세종특별자치시	2.7	2.2	3.0	6.8	2.9	2.4	3.2
경기도	2.3	2.5	2.4	6.6	2.4	2.5	3.5
강원도	2.7	2.0	4.9	6.9	2.7	2.5	3.5
충청북도	2.3	2.2	2.3	6.5	2.4	1.9	2.8
충청남도	2.1	2.3	2.2	6.1	2.7	2.0	2.8
전라북도	2.1	2.6	2.6	6.2	2.5	2.1	2.9
전라남도	2.2	2.0	3.5	5.7	2.5	2.5	3.2
경상북도	2.4	2.1	2.9	6.1	2.7	2.1	2.9
경상남도	2.3	2.1	3.4	6.9	2.6	2.4	3.8
제주특별자치도	2.5	2.0	2.1	6.2	2.9	2.7	3.2

① 모든 시 · 도는 연평균 무용 관람횟수보다 연평균 영화 관람횟수가 더 많다.

② 경상남도에서 영화 다음으로 연평균 관람횟수가 많은 항목은 스포츠 관람이다.

③ 연평균 무용 관람횟수가 가장 많은 시 · 도는 연평균 스포츠 관람횟수도 가장 많다.

④ 대구광역시의 연평균 박물관 관람횟수는 제주특별자치도의 연평균 박물관 관람횟수의 80% 이상이다.

29 다음은 에너지원별 판매단가 및 CO_2 배출량에 대한 자료이다. 이에 대한 설명으로 옳지 않은 것은?(단, 배수는 소수점 둘째 자리에서 반올림한다)

〈에너지원별 판매단가 및 CO_2 배출량〉

구분	판매단가(원/kWh)	CO_2 배출량(g-CO_2/kWh)
원자력	38.42	9
유연탄	38.56	968
증유	115.32	803
LPG	132.45	440

① LPG 판매단가는 원자력 판매단가의 3.4배이다.
② 유연탄의 CO_2 배출량은 원자력의 97.6배이다.
③ LPG는 CO_2 배출량이 두 번째로 낮다.
④ 판매단가가 두 번째로 높은 에너지원은 CO_2 배출량도 두 번째로 높다.

30 다음은 계절별 강수량 추이에 대한 자료이다. 이를 이해한 내용으로 옳은 것은?

〈계절별 강수량 추이〉

(단위 : mm)

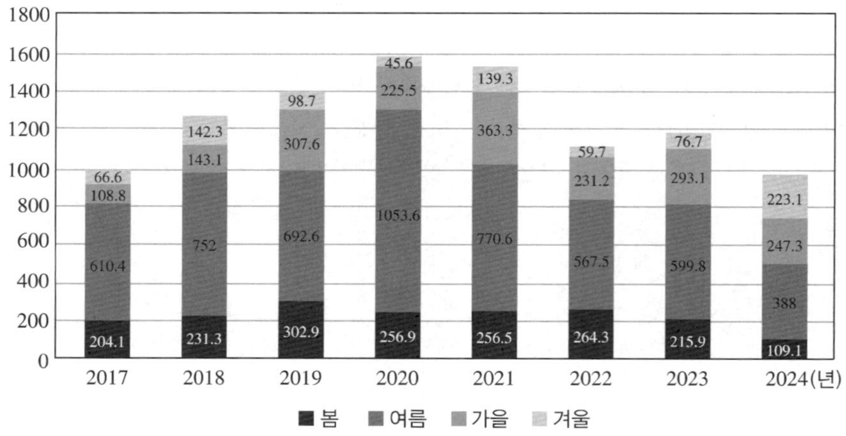

① 2017년부터 2024년까지 가을철 평균 강수량은 210mm 미만이다.
② 여름철 강수량이 두 번째로 높았던 해의 가을·겨울철 강수량의 합은 봄철 강수량의 2배 이상이다.
③ 강수량이 제일 낮은 해에 우리나라는 가뭄이었다.
④ 전년 대비 강수량의 변화가 가장 큰 해는 2022년이다.

31 다음은 K국의 치과의원 노인외래진료비 본인부담제도 안내문이다. 이를 참고했을 때 〈보기〉에 제시된 A ~ E씨의 본인부담금의 합은 얼마인가?

〈치과의원 노인외래진료비 본인부담제도 안내〉

2025년 1월부터 만 65세 이상 치과의원 노인외래진료비 본인부담제도가 개선됩니다.

■ 대상 : 만 65세 이상 치과의원 외래진료 시

■ 본인부담금 안내 : 총진료비가 1만 5천 원 이하인 경우는 1,500원
일정 금액 초과 시 총진료비의 10 ~ 30% 부담

구분	진료비 구간	본인부담금 현행		본인부담금 개선
치과의원	1만 5천 원 이하	1,500원	⇨	1,500원
	1만 5천 원 초과 2만 원 이하	30%		10%
	2만 원 초과 2만 5천 원 이하			20%
	2만 5천 원 초과			30%

〈보기〉

구분	진료비	진료 날짜
A씨	17,000원	2024년 6월
B씨	13,500원	2025년 3월
C씨	23,000원	2025년 2월
D씨	24,000원	2024년 10월
E씨	27,000원	2025년 5월

※ 단, A ~ E씨는 모두 만 65세 이상임

① 18,800원
② 21,300원
③ 23,600원
④ 26,500원

32 다음은 K공사의 연도별 재무자료이다. 이를 바르게 해석하지 못한 사람은?

〈K공사 연도별 재무자료〉

(단위 : 억 원, %)

연도	자산	부채	자본	부채 비율
2015년	41,298	15,738	25,560	61.6
2016년	46,852	23,467	23,385	100.4
2017년	46,787	21,701	25,086	86.5
2018년	50,096	23,818	26,278	80.6
2019년	60,388	26,828	33,560	79.9
2020년	64,416	30,385	34,031	89.3
2021년	73,602	39,063	34,539	113.1
2022년	87,033	52,299	34,734	150.6
2023년	92,161	55,259	36,902	149.7
2024년	98,065	56,381	41,684	135.3

① A : K공사의 자본금은 2019년에 전년 대비 7,000억 원 이상 증가했는데, 이는 10년간 자본금 추이를 볼 때 두드러진 변화야.

② B : 부채 비율이 전년 대비 가장 많이 증가한 해는 2016년이네.

③ C : 10년간 평균 부채 비율은 90% 미만이야.

④ D : 2024년의 자산과 자본은 10년 중 가장 많았지만, 그만큼 부채도 가장 많았네.

33 다음은 2020년부터 2024년까지 K기업의 매출액과 원가, 그리고 판관비를 정리한 자료이다. 이를 나타낸 그래프로 옳은 것은?

〈연도별 K기업 매출 및 판관비〉

(단위 : 억 원)

구분	2020년	2021년	2022년	2023년	2024년
매출액	1,485	1,630	1,410	1,860	2,055
매출원가	1,360	1,515	1,280	1,675	1,810
판관비	30	34	41	62	38

※ (영업이익)=(매출액)−[(매출원가)+(판관비)]

※ (영업이익률)=(영업이익)÷(매출액)×100

① 2020 ~ 2024년 영업이익

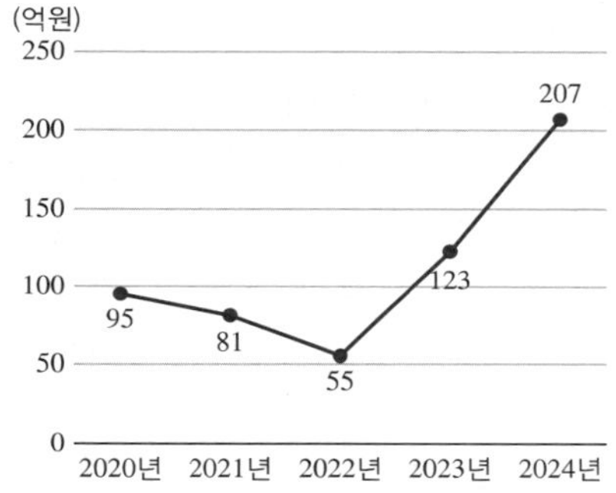

② 2020 ~ 2024년 영업이익

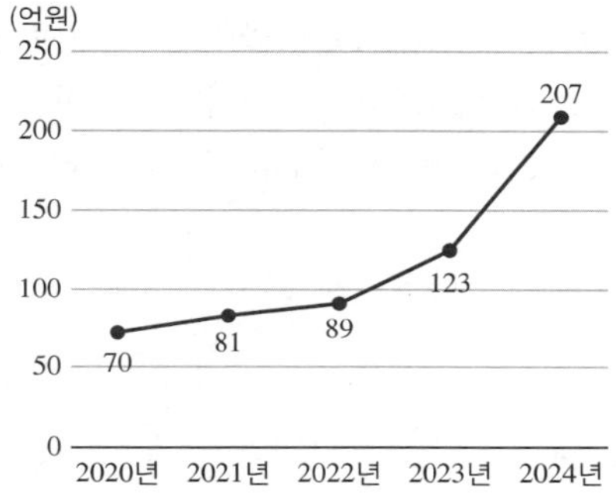

③ 2020 ~ 2024년 영업이익률

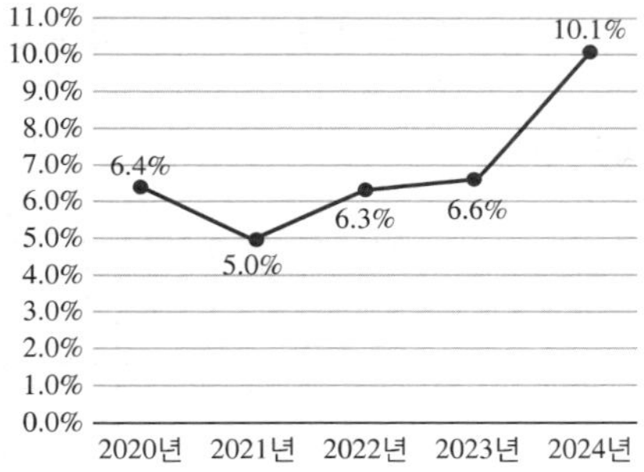

④ 2020 ~ 2024년 영업이익률

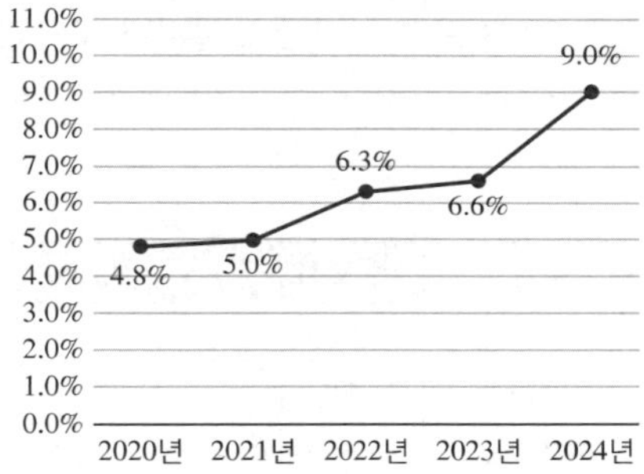

34 다음은 대륙별 인터넷 이용자 수에 대한 자료이다. 이에 대한 설명으로 옳지 않은 것은?

〈대륙별 인터넷 이용자 수〉

(단위 : 백만 명)

구분	2017년	2018년	2019년	2020년	2021년	2022년	2023년	2024년
중동	66	86	93	105	118	129	141	161
유럽	388	410	419	435	447	466	487	499
아프리카	58	79	105	124	148	172	193	240
아시아·태평양	726	872	988	1,124	1,229	1,366	1,506	1,724
아메리카	428	456	483	539	584	616	651	647
독립국가연합	67	95	114	143	154	162	170	188

① 2024년의 중동의 인터넷 이용자 수는 2017년에 비해 9천 5백만 명이 늘었다.
② 2023년에 비해 2024년의 인터넷 이용자 수가 감소한 대륙은 한 곳이다.
③ 2024년의 아프리카의 인터넷 이용자 수는 2020년에 비해 약 1.9배 증가했다.
④ 조사 기간 중 전년 대비 아시아·태평양의 인터넷 이용자 수의 증가량이 가장 큰 해는 2018년이다.

35 다음은 2019 ~ 2024년간 소유자별 국토면적을 나타낸 자료이다. 이에 대한 설명으로 옳지 않은 것은?

〈소유자별 국토면적〉

(단위 : km^2)

구분	2019년	2020년	2021년	2022년	2023년	2024년
전체	99,646	99,679	99,720	99,828	99,897	100,033
민유지	56,457	55,789	54,991	54,217	53,767	53,357
국유지	23,033	23,275	23,460	23,705	23,891	24,087
도유지	2,451	2,479	2,534	2,580	2,618	2,631
군유지	4,741	4,788	4,799	4,838	4,917	4,971
법인	5,207	5,464	5,734	5,926	6,105	6,287
비법인	7,377	7,495	7,828	8,197	8,251	8,283
기타	380	389	374	365	348	417

① 국유지 면적은 매년 증가하였고, 민유지 면적은 매년 감소하였다.
② 전년 대비 2020 ~ 2024년 군유지 면적의 증가량은 2023년에 가장 크다.
③ 2019년과 2024년을 비교했을 때, 법인보다 국유지 면적의 차이가 크다.
④ 전체 국토면적은 매년 조금씩 증가하고 있다.

36 다음은 K지역의 주화 공급에 대한 자료이다. 〈보기〉 중 이에 대한 설명으로 옳은 것을 모두 고르면?

〈주화 종류별 공급량과 공급기관 수〉

주화종류 / 구분	액면가				합계
	10원	50원	100원	500원	
공급량(만 개)	3,469	2,140	2,589	1,825	10,023
공급기관 수(개)	1,519	929	801	953	4,202

※ (평균 주화 공급량) $= \frac{\text{(주화 종류별 공급량의 합)}}{\text{(주화 종류 수)}}$

※ (주화 공급액)=(주화 공급량)×(액면가)

〈보기〉

㉠ 주화 공급량이 주화 종류별로 각각 200만 개씩 증가한다면 K지역의 평균 주화 공급량은 2,700만 개 이상이다.

㉡ 주화 종류별 공급기관당 공급량은 10원 주화가 500원 주화보다 적다.

㉢ 10원과 500원 주화는 각각 10%씩, 50원과 100원 주화는 각각 20%씩 공급량이 증가한다면, K지역의 평균 주화 공급량의 증가율은 15% 이하이다.

㉣ 총 주화 공급액 규모가 12% 증가해도 주화 종류별 주화 공급량의 비율은 변하지 않는다.

① ㉠, ㉡
② ㉠, ㉢
③ ㉡, ㉣
④ ㉠, ㉢, ㉣

※ 다음은 연령별 어린이집 이용 영유아 현황에 대한 자료이다. 이어지는 질문에 답하시오. **[37~38]**

〈연령별 어린이집 이용 영유아 현황〉

(단위 : 명)

구분		국·공립 어린이집	법인 어린이집	민간 어린이집	가정 어린이집	부모협동 어린이집	직장 어린이집	합계
2021년	0 ~ 2세	36,530	35,502	229,414	193,412	463	6,517	501,838
	3 ~ 4세	56,342	50,497	293,086	13,587	705	7,875	422,092
	5세 이상	30,533	27,895	146,965	3,388	323	2,417	211,521
2022년	0 ~ 2세	42,331	38,648	262,728	222,332	540	7,815	574,394
	3 ~ 4세	59,947	49,969	290,620	12,091	755	8,518	421,900
	5세 이상	27,378	23,721	122,415	2,420	360	2,461	178,755
2023년	0 ~ 2세	47,081	42,445	317,489	269,243	639	9,359	686,256
	3 ~ 4세	61,609	48,543	292,599	10,603	881	9,571	423,806
	5세 이상	28,914	23,066	112,929	1,590	378	2,971	169,848
2024년	0 ~ 2세	49,892	41,685	337,573	298,470	817	10,895	739,332
	3 ~ 4세	64,696	49,527	319,903	8,869	1,046	10,992	455,033
	5세 이상	28,447	21,476	99,847	1,071	423	3,100	154,364

37 다음 중 위 자료에 대한 내용으로 옳지 않은 것은?

① 2021 ~ 2024년 0 ~ 2세와 3 ~ 4세 국·공립 어린이집 이용 영유아 수는 계속 증가하고 있다.
② 2021 ~ 2024년 부모협동 어린이집과 직장 어린이집을 이용하는 연령별 영유아 수의 증감 추이는 동일하다.
③ 2022 ~ 2024년 전년 대비 가정 어린이집을 이용하는 0 ~ 2세 영유아 수는 2024년에 가장 크게 증가했다.
④ 법인 어린이집을 이용하는 5세 이상 영유아 수는 매년 감소하고 있다.

38 2021년과 2024년 전체 어린이집 이용 영유아 수의 차는 몇 명인가?

① 146,829명 ② 169,386명
③ 195,298명 ④ 213,278명

39 다음은 2014년부터 2024년까지 연도별 자동차 등록 추이를 나타낸 자료이다. 이를 나타낸 그래프로 옳지 않은 것은?

〈연도별 자동차 등록 추이〉

(단위 : 만 대)

구분	2014년	2015년	2016년	2017년	2018년	2019년	2020년	2021년	2022년	2023년	2024년
대수	1,794	1,844	1,887	1,940	2,012	2,099	2,180	2,253	2,320	2,368	2,437

※ (당해 증가율)=[(당해연도 수)−(전년도 수)]÷(전년도 수)×100

① 2015 ~ 2019년 증가대수

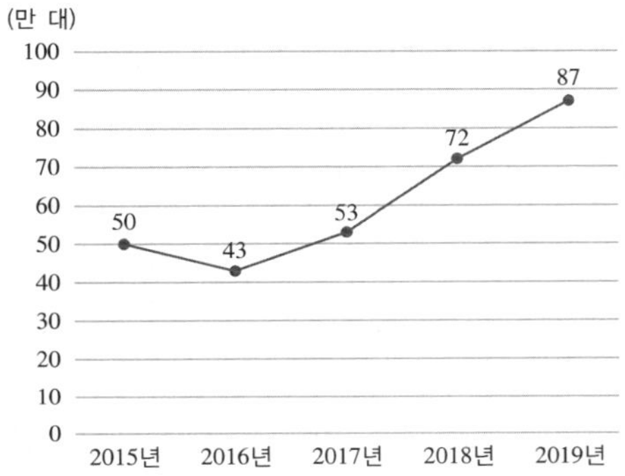

② 2020 ~ 2024년 증가대수

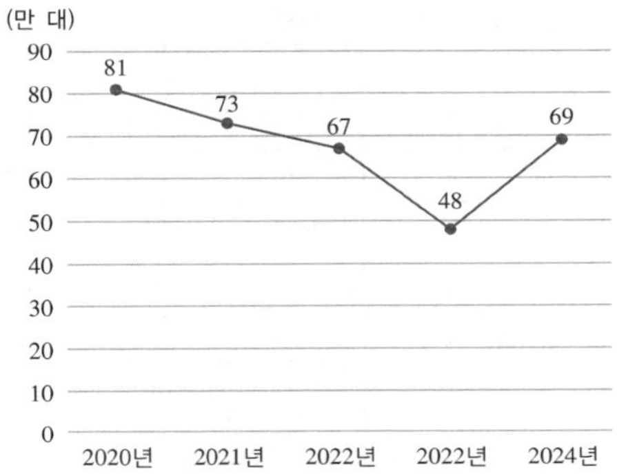

③ 2015 ~ 2019년 증가율

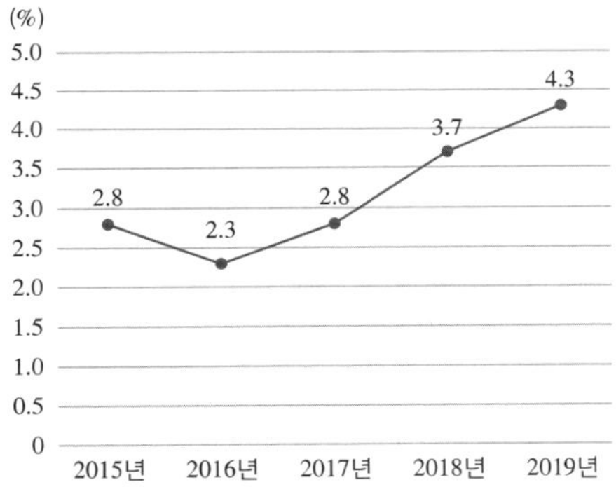

④ 2020 ~ 2024년 증가율

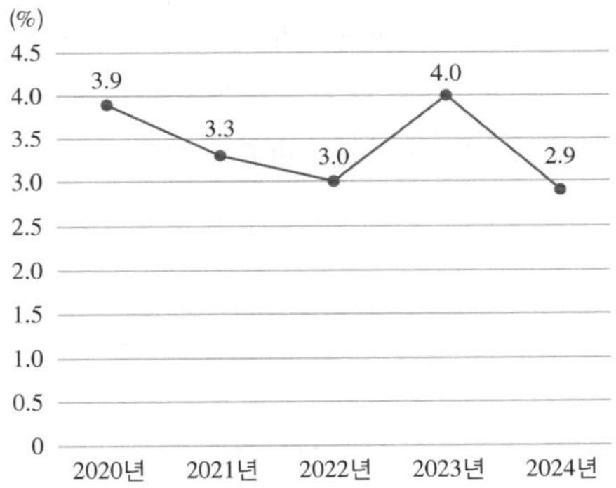

40 다음은 세계 총에너지 소비실적 및 수요 전망에 대한 자료이다. 이에 대한 설명으로 옳지 않은 것은?

〈세계 총에너지 소비실적 및 수요 전망〉

(단위 : Moe)

구분	소비실적		수요 전망					2023 ~ 2045년 연평균 증감률(%)
	2000년	2023년	2025년	2030년	2035년	2040년	2045년	
OECD	4,522	5,251	5,436	5,423	5,392	5,399	5,413	0.1
미국	1,915	2,136	2,256	2,233	2,197	2,192	2,190	0.1
유럽	1,630	1,769	1,762	1,738	1,717	1,704	1,697	−0.1
일본	439	452	447	440	434	429	422	−0.2
Non－OECD	4,059	7,760	9,151	10,031	10,883	11,656	12,371	1.7
러시아	880	741	730	748	770	798	819	0.4
아시아	1,588	4,551	5,551	6,115	6,653	7,118	7,527	1.8
중국	879	2,909	3,512	3,802	4,019	4,145	4,185	1.3
인도	317	788	1,004	1,170	1,364	1,559	1,757	2.9
중동	211	680	800	899	992	1,070	1,153	1.9
아프리카	391	739	897	994	1,095	1,203	1,322	2.1
중남미	331	611	709	784	857	926	985	1.7
합계	8,782	13,361	14,978	15,871	16,720	17,529	18,293	1.1

① 2023년 아시아 에너지 소비실적은 2000년의 3배 이상이다.

② Non－OECD 국가의 에너지 수요 전망은 2023 ~ 2045년 연평균 1.7%씩 증가한다.

③ 2000년 전체 소비실적에서 중국과 인도의 에너지 소비실적 합의 비중은 13% 이상이다.

④ 중남미의 소비실적과 수요 전망은 모두 증가하고 있다.

※ K공사에서는 동절기 근무복을 구매하려고 하며, 다음은 업체별 평가점수이다. 이어지는 질문에 답하시오. [41~42]

〈동절기 근무복 업체별 평가점수〉

구분	가격	디자인	보온성	실용성	내구성
A업체	★★★★	★★★	★★★★	★★	★★★★
B업체	★★★★★	★	★★★	★★★★	★
C업체	★★★	★★	★★★	★★★	★★
D업체	★★	★★★★	★★★★★	★★	★

※ ★의 개수가 많을수록 높은 평가점수임

41 K공사 임직원은 근무복의 가격과 보온성을 중요시한다. 임직원의 선호를 고려한다면, 어떤 업체의 근무복을 구매하겠는가?(단, 가격과 보온성을 고려한 별 개수가 같을 경우 모든 부문의 별 개수 합계를 비교한다)

① A업체
② B업체
③ C업체
④ D업체

42 각 업체의 한 벌당 구매가격이 다음과 같을 때, 예산 100만 원 내에서 어떤 업체의 근무복을 구매하겠는가?(단, 지급될 동절기 근무복은 총 15벌이며, 가격과 보온성을 고려하여 구매한다)

〈업체별 근무복 가격〉

(단위 : 원)

A업체	B업체	C업체	D업체
63,000	60,000	75,000	80,000

※ 평가점수 총점이 같을 경우, 가격이 저렴한 업체를 선정함

① A업체
② B업체
③ C업체
④ D업체

43 A ~ F 6명이 6층짜리 빌딩에 입주하려고 한다. 다음 〈조건〉을 만족할 때, 6명이 빌딩에 입주하는 방법은 몇 가지인가?

〈조건〉

- A와 C는 고소공포증이 있어서 3층보다 높은 곳에서는 살 수 없다.
- B는 높은 경치를 좋아하기 때문에 6층에 살려고 한다.
- F는 D보다, D는 E보다 높은 곳에 살려고 한다.
- A, B, C, D, E, F는 같은 층에 거주하지 않는다.

① 2가지
② 4가지
③ 6가지
④ 8가지

44 최근 스마트폰 보급과 모바일 쇼핑의 활성화를 바탕으로 모바일 결제시장이 급성장하고 있다. 이에 K금융기관은 모바일 뱅킹 서비스와 관련하여 분석한 결과를 토대로 다음과 같은 전략 과제를 수립하였다. 이를 근거로 실행방안을 구상하였을 때, 다음 중 적절하지 않은 것은?

〈모바일 뱅킹 서비스 단계별 전략 과제〉

구분	전략 과제
정보 취득 및 설치 단계	1. 최초 접근 채널 다양화 2. 모바일 뱅킹 서비스 친숙도 증대 3. 모바일 뱅킹 이용방법 이해도 증진 4. 앱 / 인증서 설치 등 편의성 증대 5. 시스템 안전성 어필 및 고객의 이체 실수 두려움 제거
이용 단계	6. 직관적이고 심플한 UI구성 7. 이용 단계 간소화 및 오류 제거 8. 대면 – 비대면 채널 간 연계 강화 9. 다양한 채널로 언제 어디서든 도움 제공

① 스마트 체험존 구축
② 직원을 통한 모바일 결제서비스 안내 강화
③ 서비스 단계 축소로 간편함 어필
④ 안전한 금융거래를 위한 스마트 OTP 도입 추진

45 영업사원 A가 다음 〈조건〉에 따라 도시 3곳을 방문할 때, 방문한 도시를 순서대로 바르게 나열한 것은?

〈조건〉

- 출발지는 대전이다.
- 출발지와 여행한 도시는 다시 방문하지 않는다.
- 이동 방법은 디스크 스케줄링 기법 SSTF(Shortest Seek Time First)를 활용한다.

※ SSTF : 현 위치에서 가장 짧은 거리를 우선 탐색하는 기법

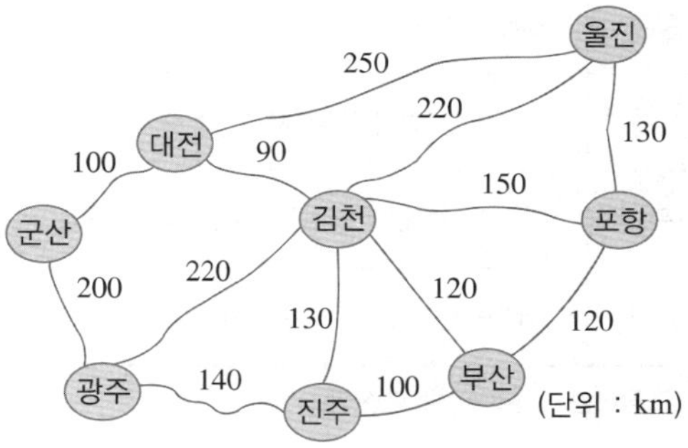

① 군산 – 광주 – 김천
② 군산 – 광주 – 진주
③ 김천 – 부산 – 진주
④ 울진 – 김천 – 광주

※ K공단이 운영하는 대학장학회에서 매년 10명씩 선정하여 장학금과 부상으로 문화상품권을 준다고 한다. 다음은 문화상품권 구매처와 각 장학금 종류에 따른 부상내역에 대한 자료이다. 이어지는 질문에 답하시오. [46~47]

〈문화상품권 구매처별 현황〉

구분	종류	할인율	비고
A업체	1만 원권, 5만 원권	100만 원 이상 구입 시 8% 할인 및 포장비 무료	• 택배비 4천 원 • 포장비 개당 5백 원
B업체	5천 원권, 1만 원권, 10만 원권	50만 원 이상 구입 시 50만 원 단위로 6% 할인	• 택배비 4천 원 • 포장비 개당 7백 원
C업체	5만 원권, 10만 원권	100만 원 이상 구입 시 5% 할인	• 직접 방문 구매 • 봉투만 무료 지급
D업체	1만 원권, 5만 원권	100만 원 이상 구입 시 100만 원 단위로 4% 할인	• 택배비 5천 원 • 포장비 무료

※ 택배비는 한 번만 계산하며, 포장비는 인원수만큼 계산함

〈장학금 및 부상내역〉

구분	장학금	인원	부상
성적 우수 장학금	450만 원	4명	문화상품권 30만 원
근로 장학금	450만 원	4명	문화상품권 30만 원
이공계 장학금	500만 원	2명	문화상품권 40만 원

※ 부상은 한 명당 받는 금액임

46 문화상품권을 종류에 상관없이 가장 저렴하게 구입할 때, 대학장학회에서 장학금과 부상에 사용한 총액은 얼마인가?(단, 택배비 및 포장비도 포함한다)

① 48,948,000원　② 48,938,000원
③ 48,928,000원　④ 48,918,000원

47 다음 〈조건〉에 맞는 구매처에서 할인받을 수 있는 금액은 얼마인가?(단, 택배비 및 포장비는 제외한다)

〈조건〉

• 5만 원권 또는 10만 원권으로 구매하려고 한다.
• 직접 방문하여 구매하기가 어렵다.
• 최소한의 비용으로 구매한다.

① 120,000원　② 180,000원
③ 206,000원　④ 256,000원

48 어느 도시에 있는 병원의 공휴일 진료 현황이 다음 〈조건〉과 같을 때, 공휴일에 진료하는 병원의 수는?

〈조건〉

- 만약 B병원이 진료를 하지 않으면, A병원은 진료를 한다.
- 만약 B병원이 진료를 하면, D병원은 진료를 하지 않는다.
- 만약 A병원이 진료를 하면, C병원은 진료를 하지 않는다.
- 만약 C병원이 진료를 하지 않으면, E병원이 진료를 한다.
- E병원은 공휴일에 진료를 하지 않는다.

① 1곳
② 2곳
③ 3곳
④ 4곳

49 다음 글의 내용을 토대로 5명의 기업윤리 심의위원을 선정하려고 할 때, 반드시 참인 것은?

후보자는 총 8명으로, 신진 윤리학자 1명과 중견 윤리학자 1명, 신진 경영학자 4명과 중견 경영학자 2명이다. 위원의 선정은 다음 조건을 만족해야 한다.

- 윤리학자는 적어도 1명 선정되어야 한다.
- 신진 학자는 4명 이상 선정될 수 없다.
- 중견 학자 3명이 함께 선정될 수는 없다.
- 신진 윤리학자가 선정되면 중견 경영학자는 2명 선정되어야 한다.

① 윤리학자는 2명이 선정된다.
② 신진 경영학자는 3명이 선정된다.
③ 중견 경영학자가 2명 선정되면 윤리학자 2명도 선정된다.
④ 중견 윤리학자가 선정되지 않으면 신진 경영학자 2명이 선정된다.

50 A씨는 가족들과 레스토랑에서 외식을 계획 중이며, 레스토랑에서 보다 할인된 가격 혜택을 받기 위해서 통신사별 멤버십 혜택을 표로 정리하였다. A ~ D레스토랑에 대한 E ~ G통신사의 혜택이 다음과 같을 때, 다음 중 가장 비용이 저렴한 경우는?

〈통신사별 멤버십 혜택〉

구분	E통신사	F통신사	G통신사
A레스토랑	1,000원당 100원 할인	15% 할인	–
B레스토랑	15% 할인	20% 할인	15% 할인
C레스토랑	20% 할인 (VIP의 경우 30% 할인)	1,000원당 200원 할인	30% 할인
D레스토랑	–	10% 할인 (VIP의 경우 20% 할인)	1,000원당 100원 할인

① A레스토랑에서 14만 3천 원의 금액을 사용하고, F통신사의 할인을 받는다.
② B레스토랑에서 16만 5천 원의 금액을 사용하고, F통신사의 할인을 받는다.
③ C레스토랑에서 16만 4천 원의 금액을 사용하고, E통신사의 VIP 할인을 받는다.
④ D레스토랑에서 15만 4천 원의 금액을 사용하고, F통신사의 VIP 할인을 받는다.

51 K회사의 청원경찰은 6층 회사건물을 층마다 모두 순찰한 후에 퇴근한다. 다음 〈조건〉에 따라 1층에서 출발하여 6층까지 순찰을 완료하고 다시 1층으로 돌아오기까지 소요되는 최소 시간은?(단, 제시된 조건 외의 다른 요인은 고려하지 않는다)

〈조건〉

- 층간 이동은 엘리베이터로만 해야 하며 엘리베이터가 1개 층을 이동하는 데는 1분이 소요된다.
- 엘리베이터는 한 번에 최대 3개 층(예 1층 → 4층)을 이동할 수 있다.
- 엘리베이터는 한 번 위로 올라갔으면, 그다음에는 아래 방향으로 내려오고, 그다음에는 다시 위 방향으로 올라가야 한다.
- 1개의 층을 순찰하는 데는 10분이 소요된다.

① 1시간 ② 1시간 10분
③ 1시간 16분 ④ 1시간 22분

52 다음은 K기업의 팀별 성과급 지급 기준과 영업팀의 평가표이다. 영업팀에게 지급되는 성과급의 1년 총액은?(단, 성과평가등급이 A등급이면 직전 분기 차감액의 50%를 가산하여 지급한다)

〈성과급 지급 기준〉

성과평가 점수	성과평가 등급	분기별 성과급 지급액
9.0점 이상	A	100만 원
8.0 ~ 8.9점	B	90만 원(10만 원 차감)
7.0 ~ 7.9점	C	80만 원(20만 원 차감)
6.9점 이하	D	40만 원(60만 원 차감)

〈영업팀 평가표〉

구분	1분기	2분기	3분기	4분기
유용성	8	8	10	8
안정성	8	6	8	8
서비스 만족도	6	8	10	8

※ (성과평가 점수)=[(유용성)×0.4]+[(안정성)×0.4]+[(서비스 만족도)×0.2]

① 350만 원
② 360만 원
③ 370만 원
④ 380만 원

※ A사원은 그날의 날씨와 평균기온을 고려하여 〈조건〉에 따라 자신이 마실 음료를 고른다. 다음은 음료의 메뉴판과 이번 주 일기예보이다. 이어지는 질문에 답하시오. **[53~54]**

〈메뉴판〉

(단위 : 원)

커피류			차 및 에이드류		
구분	작은 컵	큰 컵	구분	작은 컵	큰 컵
아메리카노	3,900	4,300	자몽에이드	4,200	4,700
카페라테	4,400	4,800	레몬에이드	4,300	4,800
바닐라라테	4,600	5,000	자두에이드	4,500	4,900
카페모카	5,000	5,400	밀크티	4,300	4,800

〈이번 주 일기예보〉

구분	7월 21일 일요일	7월 22일 월요일	7월 23일 화요일	7월 24일 수요일	7월 25일 목요일	7월 26일 금요일	7월 27일 토요일
날씨	흐림	맑음	맑음	흐림	비	비	맑음
평균기온	24℃	26℃	28℃	27℃	27℃	25℃	26℃

〈조건〉

- A사원은 맑거나 흐린 날에는 차 및 에이드류를 마시고, 비가 오는 날에는 커피류를 마신다.
- 평균기온이 26℃ 미만인 날에는 작은 컵으로, 26℃ 이상인 날은 큰 컵으로 마신다.
- 커피를 마시는 날 중 평균기온이 25℃ 미만인 날은 아메리카노를, 25℃ 이상 27℃ 미만인 날은 바닐라라테를, 27℃인 날은 카페라테를, 28℃ 이상인 날은 카페모카를 마신다.
- 차 및 에이드류를 마시는 날 중 평균기온이 27℃ 미만인 날은 자몽에이드를, 27℃ 이상인 날은 자두에이드를 마신다. 단, 비가 오지 않는 화요일과 목요일에는 반드시 밀크티를 마신다.

53 오늘이 7월 25일이라고 할 때, A사원이 오늘 마실 음료는?

① 아메리카노 큰 컵
② 카페라테 큰 컵
③ 바닐라라테 작은 컵
④ 카페모카 큰 컵

54 A사원은 7월 23일에 직장동료인 B사원에게 음료를 사주고자 한다. B사원에게는 자신이 전날 마신 음료와 같은 종류의 음료를 사준다고 할 때, A사원이 자신이 마실 음료와 B사원에게 사줄 음료 두 잔을 주문하며 지불할 금액은?

① 8,700원
② 9,000원
③ 9,200원
④ 9,500원

55 다음 글이 참일 때 항상 거짓인 것은?

> 갑 ~ 무는 J부서에 근무하고 있다. 이 부서에서는 K공사와의 업무 협조를 위해 지방의 네 지역으로 직원을 출장 보낼 계획을 수립하였다. 원활한 업무 수행을 위해 모든 출장은 갑 ~ 무 중 두 명 또는 세 명으로 구성된 팀 단위로 이루어진다. 네 팀이 구성되어 네 지역에 각각 한 팀씩 출장이 배정되며, 네 지역 출장 날짜는 모두 다르다. 또한, 모든 직원은 최소한 한 번 출장에 참가한다. 이번 출장 업무를 총괄하는 직원은 단 한 명밖에 없으며, 그는 네 지역 모두의 출장에 참가한다. 더불어 업무 경력을 고려하여, 단 한 지역의 출장에만 참가하는 것은 신입사원으로 제한한다. J부서에 근무하는 신입사원은 한 명밖에 없다. 다음 기준을 토대로 출장 계획을 수립한 결과, 을은 갑과 단둘이 가는 한 번의 출장 이외에 다른 어떤 출장도 가지 않으며, 병과 정이 함께 출장을 가는 경우는 단 한 번밖에 없다. 그리고 네 지역 가운데 광역시가 두 곳인데, 단 두 명의 직원만이 두 광역시 모두에 출장을 간다.

① 갑은 이번 출장 업무를 총괄하는 직원이다.
② 을은 광역시에 출장을 가지 않는다.
③ 병이 갑, 무와 함께 출장을 가는 지역이 있다.
④ 정은 총 세 곳에 출장을 간다.

56 다음 명제가 모두 참이라고 할 때, 항상 참이라고 볼 수 없는 것은?

> • K사원은 연말이 되면 회계 결산으로 특근을 한다.
> • P사원은 연말이 아니면 출장을 가지 않는다.
> • P사원이 출장을 가거나 혹은 Q사원이 야근을 한다.
> • K사원은 특근을 하고 Q사원은 야근을 한다.

① P사원이 출장을 가면 K사원은 특근을 한다.
② 지금은 연말이다.
③ P사원이 출장을 가면 연말이다.
④ P사원이 출장을 가는지는 알 수 없다.

57 **K기업에서는 사업 계획 및 예산 편성을 위하여 정기총회를 개최하였다. 정기총회에는 지역별 대표 8명이 참석했으며 다음 〈조건〉과 같이 원탁에 둘러앉았을 때, 서울 대표 맞은편에 앉아 있는 대표는 누구인가?**

〈조건〉

- 서울 대표는 부산 대표 옆에 앉아 있다.
- 부산 대표를 기준으로 오른쪽 두 번째에는 대전 대표가 앉아 있다.
- 울산 대표의 왼쪽에는 제주 대표가 앉아 있다.
- 경인 대표 양옆에는 서울 대표와 대구 대표가 앉아 있다.
- 광주 대표는 대구 대표와 마주 앉아 있다.

① 광주 대표
② 대전 대표
③ 제주 대표
④ 울산 대표

58 **형준, 연재, 영호, 소정이는 언어영역, 수리영역, 외국어영역으로 구성된 시험을 본 뒤 채점을 해보니 다음 〈조건〉과 같은 결과가 나타났다. 이를 참고했을 때, 반드시 참인 것은?**

〈조건〉

㉠ 형준이는 언어영역에서 1등이고, 수리영역에서는 연재보다 잘했다.
㉡ 연재는 수리영역 4위가 아니다.
㉢ 소정이는 외국어영역에서 형준이보다 못했다.
㉣ 형준이는 외국어영역에서 영호와 연재에게만 뒤처졌다.
㉤ 영호는 언어영역에서 4위를 했고, 수리영역은 연재보다 못했다.
㉥ 모든 영역에서 동점자는 존재하지 않는다.
㉦ 형준이는 수리영역에서 소정이보다 못했다.
㉧ 소정이의 외국어영역 순위는 연재의 수리영역 순위에 1을 더한 것과 같다.
㉨ 평소에 소정이의 언어영역 점수는 연재의 언어영역 점수보다 좋지 않은 편이었다.

① 언어영역 2위는 연재이다.
② 외국어영역 3위는 형준이다.
③ 영호는 세 과목에서 모두 4위이다.
④ 연재의 언어영역 순위에 1을 더한 값은 형준이의 외국어영역 순위와 같다.

59 다음 글의 내용이 참일 때, 반드시 채택되는 업체의 수는?

> K기업에서는 신제품에 들어갈 부품을 조달할 업체를 채택할 것이다. 예비 후보로 A, B, C, D, E 다섯 개 업체가 선정되었으며, 그 외에 다른 업체가 채택될 가능성은 없다. 각각의 업체에 대해 K기업은 채택하거나 채택하지 않거나 어느 하나의 결정만을 내린다.
> 기업 내부방침에 따라, 일정 규모 이상의 중견기업인 A가 채택되면 소기업인 B도 채택된다. A가 채택되지 않으면 D와 E역시 채택되지 않는다. 그리고 K기업의 생산공장과 동일한 단지에 속한 업체인 B가 채택된다면, 같은 단지의 업체인 C가 채택되거나 혹은 타지역 업체인 A는 채택되지 않는다. 마지막으로 부품 공급위험을 분산하기 위해 D가 채택되지 않는다면, A는 채택되지만 C는 채택되지 않는다.

① 1곳
② 2곳
③ 3곳
④ 4곳

60 다음 수제 초콜릿에 대한 분석 기사를 읽고 〈보기〉에서 설명하는 SWOT 분석에 의한 마케팅 전략을 진행하고자 할 때, 마케팅 전략으로 적절하지 않은 것은?

> 오늘날 식품 시장을 보면 원산지와 성분이 의심스러운 제품들로 넘쳐 납니다. 이로 인해 소비자들은 고급스럽고 안전한 먹거리를 찾고 있습니다. 우리의 수제 초콜릿은 이러한 요구를 완벽하게 충족시켜주고 있습니다. 풍부한 맛, 고급 포장, 모양, 건강상의 혜택, 강력한 스토리텔링 모두 높은 품질을 원하는 소비자들의 요구를 충족시키는 것입니다. 사실 수제 초콜릿을 만드는 데는 비용이 많이 듭니다. 각종 장비 및 유지 보수에서부터 값비싼 포장과 유통 업체의 높은 수익을 보장해 주다 보면 초콜릿을 생산하는 업체에게 남는 이익은 많지 않습니다. 또한, 수제 초콜릿의 존재 자체를 많은 사람들이 알지 못하는 상황입니다. 하지만 보다 좋은 식품에 대한 인기가 높아짐에 따라 더 많은 업체들이 수제 초콜릿을 취급하기를 원하고 있습니다. 따라서 수제 초콜릿은 일반 초콜릿보다 더 높은 가격으로 판매될 수 있을 것입니다. 현재 초콜릿을 대량으로 생산하는 대형 기업들은 자신들의 일반 초콜릿과 수제 초콜릿의 차이를 줄이는 데 최선을 다하고 있습니다. 그리고 직접 맛을 보기 전에는 일반 초콜릿과 수제 초콜릿의 차이를 알 수 없기 때문에 소비자들은 굳이 초콜릿에 더 많은 돈을 지불해야 하는 이유를 알지 못할 수 있습니다. 따라서 수제 초콜릿의 효과적인 마케팅 전략이 필요한 시점입니다.

〈보기〉

- SO전략 : 강점을 살려 기회를 포착한다.
- ST전략 : 강점을 살려 위협을 회피한다.
- WO전략 : 약점을 보완하여 기회를 포착한다.
- WT전략 : 약점을 보완하여 위협을 회피한다.

① 전문가의 의견을 통해 수제 초콜릿의 풍부한 맛을 알리는 동시에 일반 초콜릿과 맛의 차이도 알려야겠어.
② 수제 초콜릿을 고급 포장하여 수제 초콜릿의 스토리텔링을 더 살려보는 것은 어떨까.
③ 수제 초콜릿의 스토리텔링을 포장에 명시한다면 소비자들이 믿고 구매할 수 있을 거야.
④ 수제 초콜릿의 마케팅을 강화하는 방법으로 수제 초콜릿의 차이를 알려 대기업과의 경쟁에서 이겨야겠어.

제2영역 법률

| 01 | 국민건강보험법

61 다음 중 요양비 등 수급계좌에 대한 설명으로 옳지 않은 것은?

① 요양비 등 수급계좌의 신청 방법·절차와 관리에 필요한 사항은 대통령령으로 정한다.
② 공단은 요양비 등을 받는 수급자의 신청이 있을 경우 수급자 명의의 지정된 계좌에 입금해야 한다.
③ 요양비 등 수급계좌가 개설된 금융기관은 요양비 등 수급계좌에 요양비등만이 입금되도록 하고, 이를 관리하여야 한다.
④ 정보통신장애 등 불가피한 사유로 요양비 등 수급계좌에 요양비 등을 입금할 수 없으면 수급자에게 요양비 등 바우처를 지급하여야 한다.

62 다음 중 건강보험제도에 대한 설명으로 옳지 않은 것은?

① 일시에 발생하는 과중한 의료비의 부담을 경감시켜 주기 위한 제도이다.
② 국민의 질병·부상·분만·사망 등에 대하여 보험급여를 한다.
③ 예측 불가능한 질병 및 사고 등에 대하여 위험을 분산시켜 주는 제도이다.
④ 건강보험은 사회보장 체계상 사회복지서비스에 해당한다.

63 다음 중 벌금을 가장 많이 내는 사례는?

① 국민건강보험공단에 종사하였던 A씨는 정년퇴직 후 직무 수행 당시에 알게 된 국민건강보험 가입자의 주민등록번호를 제3자에게 제공하였다.
② 의료법에 따른 의료기관단체의 직원인 B씨는 친인척의 인적사항을 이용하여 거짓으로 요양급여비용을 청구하였다.
③ 보건의료원의 원장인 C씨는 환자의 요구에도 불구하고 정당한 이유 없이 요양급여를 거부했다.
④ 요양기관을 운영 중인 D씨는 요양·약제의 지급 등 보험급여에 관하여 거짓으로 조작한 서류를 제출했다.

64 다음 중 국민건강보험법상 국민건강보험의 가입자에 대한 설명으로 옳지 않은 것은?

① 가입자는 직장가입자와 지역가입자로 구분된다.
② 고용 기간이 1년 미만인 일용근로자는 가입자가 될 수 없다.
③ 군간부후보생은 가입자가 될 수 없다.
④ 지역가입자란 직장가입자와 그 피부양자를 제외한 가입자이다.

65 다음 〈보기〉 중 국민건강보험법상 지역가입자의 보험료부과점수를 정할 때 고려사항을 모두 고르면?

〈보기〉

㉠ 경제활동참가율　　㉡ 재산
㉢ 생활수준　　㉣ 소득월액

① ㉡　　② ㉣
③ ㉠, ㉢　　④ ㉡, ㉣

66 다음 글의 빈칸에 들어갈 내용으로 옳은 것은?

사업장의 사용자가 대통령령으로 정하는 사유에 해당되어 직장가입자가 될 수 없는 자를 제8조 제2항 또는 제9조 제2항을 위반하여 거짓으로 보험자에게 직장가입자로 신고한 경우 공단은 제1호의 금액에서 제2호의 금액을 뺀 금액의 ________에 상당하는 가산금을 그 사용자에게 부과하여 징수한다.
1. 사용자가 직장가입자로 신고한 사람이 직장가입자로 처리된 기간 동안 그 가입자가 제69조 제5항에 따라 부담하여야 하는 보험료의 총액
2. 제1호의 기간 동안 공단이 해당 가입자에 대하여 제69조 제4항에 따라 산정하여 부과한 보험료의 총액

① 100분의 10　　② 100분의 20
③ 100분의 30　　④ 100분의 40

67 다음 중 국민건강보험법령상 급여의 제한 및 정지에 대한 설명으로 옳지 않은 것은?

① 국민건강보험공단은 보험급여를 받을 수 있는 사람이 중대한 과실로 인한 범죄행위에 그 원인이 있는 경우 보험급여를 하지 아니한다.

② 국민건강보험공단은 보험급여를 받을 수 있는 사람이 다른 법령에 따라 국가로부터 보험급여에 상당하는 비용을 지급받게 되는 경우에는 그 한도에서 보험급여를 하지 아니한다.

③ 보험급여를 받을 수 있는 사람이 국외에 여행 중인 경우 그 기간에는 보험급여를 하지 아니한다.

④ 국민건강보험공단은 가입자가 대통령령으로 정하는 기간 이상 세대단위의 보험료를 체납한 경우 그 체납한 보험료를 완납할 때까지 그 가입자를 제외한 피부양자에 대하여 보험급여를 실시하지 아니한다.

68 다음 글의 빈칸 ㉠, ㉡에 들어갈 횟수가 바르게 연결된 것은?

> ① 공단은 보험료를 ___㉠___ 이상 체납한 자가 신청하는 경우 보건복지부령으로 정하는 바에 따라 분할납부를 승인할 수 있다.
> ② 공단은 보험료를 3회 이상 체납한 자에 대하여 제81조 제3항에 따른 체납처분을 하기 전에 제1항에 따른 분할납부를 신청할 수 있음을 알리고, 보건복지부령으로 정하는 바에 따라 분할납부 신청의 절차·방법 등에 대한 사항을 안내하여야 한다.
> ③ 공단은 제1항에 따라 분할납부 승인을 받은 자가 정당한 사유 없이 ___㉡___ 이상 그 승인된 보험료를 납부하지 아니하면 그 분할납부의 승인을 취소한다.

	㉠	㉡
①	2회	4회
②	2회	5회
③	3회	4회
④	3회	5회

69 국민건강보험법상 국민건강보험종합계획은 몇 년마다 수립하여야 하는가?

① 3년
② 4년
③ 5년
④ 6년

70 **다음 중 국민건강보험법상 보험료의 부담에 대한 설명으로 옳지 않은 것은?**

① 직장가입자가 근로자인 경우에는 보수월액보험료를 직장가입자와 사업주가 각각 50%를 부담한다.
② 직장가입자가 공무원인 경우에는 보수월액보험료를 직장가입자와 그 공무원이 소속되어 있는 국가 또는 지방자치단체가 각각 50%를 부담한다.
③ 직장가입자가 사립학교에 근무하는 교원인 경우에는 보수월액보험료를 직장가입자가 50%, 사용자가 30%, 국가가 20%를 각각 부담한다.
④ 직장가입자의 소득월액보험료는 직장가입자와 사업주가 각각 50%를 부담한다.

71 **국민건강보험법상 직장가입자 A는 현재 40대 직장 남성이다. 다음 중 A의 피부양자가 될 수 없는 사람은? (단, 제시된 관계 이외의 다른 요건은 모두 만족한다)**

① A의 장모
② A의 동생
③ A의 누나
④ A의 삼촌

72 **다음 〈보기〉 중 국민건강보험법의 적용대상자에 해당하는 것을 모두 고르면?**

〈보기〉

㉠ 직장가입자
㉡ 국가유공자 등 의료보호대상자
㉢ 지역가입자
㉣ 의료급여법상 의료급여 수급권자

① ㉣
② ㉠, ㉢
③ ㉡, ㉣
④ ㉠, ㉡, ㉢

73 **다음 중 국민건강보험법상 제3자에 대한 구상권의 행사에 있어, 보험급여를 받은 자가 제3자로부터 이미 손해배상을 받은 때에 보험자의 행위로 옳은 것은?**

① 보험급여를 받은 자에게 손해배상 상당액을 징수한다.

② 보험급여를 중지한다.

③ 보험자와 건강보험법상 제3자와는 법률관계가 없으므로 관계하지 않는다.

④ 배상액의 한도 내에서 보험급여를 하지 아니한다.

74 **다음 글의 빈칸에 들어갈 날짜로 옳은 것은?**

보험료 납부의무가 있는 자는 가입자에 대한 그 달의 보험료를 그 다음 달 ________까지 납부하여야 한다. 다만, 직장가입자의 보수 외 소득월액보험료 및 지역가입자의 보험료는 보건복지부령으로 정하는 바에 따라 분기별로 납부할 수 있다.

① 10일　　② 12일

③ 14일　　④ 16일

75 **다음 중 국민건강보험법상 보험료 등의 납입 고지에 대한 설명으로 옳지 않은 것은?**

① 납부의무자에게 징수하려는 보험료의 종류, 납부 금액, 납부기한 및 장소를 적은 문서로 납입 고지를 하여야 한다.

② 직장가입자의 사용자가 2명 이상인 경우 그 중 1명에게 한 고지는 해당 사업장의 다른 사용자 또는 세대 구성원인 다른 지역가입자 모두에게 효력이 있는 것으로 본다.

③ 공단은 제2차 납부의무자에게 납입의 고지를 한 경우에는 해당 법인인 사용자 및 사업 양도인에게 그 사실을 통지하여야 한다.

④ 휴직자의 보험료는 휴직의 사유가 끝나고 난 뒤에도 보건복지부령으로 정하는 바에 따라 납입 고지를 유예할 수 있다.

76 다음 글의 빈칸에 공통으로 들어갈 금액으로 옳은 것은?

> 공단은 보험료 징수 및 제57조에 따른 징수금(같은 조 제2항 각 호의 어느 하나에 해당하여 같은 조 제1항 및 제2항에 따라 징수하는 금액에 한정한다. 이하 "부당이득금")의 징수 또는 공익목적을 위하여 필요한 경우에 신용정보의 이용 및 보호에 대한 법률 제25조 제2항 제1호의 종합신용정보집중기관이 다음 각 호의 어느 하나에 해당하는 체납자 또는 결손처분자의 인적사항・체납액 또는 결손처분액에 대한 자료를 요구할 때에는 그 자료를 제공할 수 있다. 다만, 체납된 보험료나 국민건강보험법에 따른 그 밖의 징수금과 관련하여 행정심판 또는 행정소송이 계류 중인 경우, 그 밖에 대통령령으로 정하는 사유가 있을 때에는 그러하지 아니하다.
> 1. 국민건강보험법에 따른 납부기한의 다음 날부터 1년이 지난 보험료, 국민건강보험법에 따른 그 밖의 징수금과 체납처분비의 총액이 ________ 이상인 자
> 2. 국민건강보험법에 따른 납부기한의 다음 날부터 1년이 지난 부당이득금 및 그에 따른 연체금과 체납처분비의 총액이 1억 원 이상인 자
> 3. 제84조에 따라 결손처분한 금액의 총액이 ________ 이상인 자

① 50만 원　② 100만 원
③ 500만 원　④ 1,000만 원

77 다음 중 국민건강보험법에서 사용하는 용어의 뜻이 옳지 않은 것은?

① 근로자 : 교직원 등 직업의 종류와 관계없이 근로의 대가로 보수를 받아 생활하는 사람을 말한다.
② 사용자 : 근로자가 소속되어 있는 사업장의 사업주를 말한다.
③ 공무원 : 국가나 지방자치단체에서 상시 공무에 종사하는 사람을 말한다.
④ 사업장 : 사업소나 사무소를 말한다.

78 다음 중 국민건강보험법상 국민건강보험공단의 징수이사의 업무로 옳지 않은 것은?

① 보험료 및 징수금의 부과
② 보험료 및 징수금의 징수
③ 보험급여의 관리
④ 국민연금법, 임금채권보장법 등에 따라 위탁받은 업무

79 **국민건강보험법상 국민건강보험공단은 요양급여비용의 지급을 청구한 요양기관이 두 가지 법 중 하나라도 위반하였다는 사실을 확인한 경우 청구된 요양급여비용 지급을 보류할 수 있다. 다음 중 이 법으로 바르게 짝지어진 것은?**

① 의료법 제33조 제1항, 약사법 제20조 제1항
② 의료법 제33조 제1항, 약사법 제20조 제2항
③ 의료법 제33조 제2항, 약사법 제20조 제1항
④ 의료법 제33조 제2항, 약사법 제20조 제2항

80 **국민건강보험법상 건강보험심사평가원의 원장은 진료심사평가위원회의 심사위원을 해임 또는 해촉할 권한이 있다. 다음 중 해임 및 해촉에 해당하는 경우로 옳지 않은 것은?**

① 팔, 다리 골절 등 신체장애가 생겨 직무를 수행할 수 없다고 인정되는 경우
② 직무상 의무를 위반한 경우
③ 고의나 중대한 과실로 심사평가원에 손실이 생기게 한 경우
④ 직무 여부에 따라 품위를 손상하는 행위를 한 경우

| 02 | 노인장기요양보험법

61 다음 중 A씨에게 부과되는 과태료의 최대 액수는?

장기요양기관을 운영하는 A씨는 노인 학대 방지 등 수급자의 안전과 장기요양기관의 보안을 위하여 폐쇄회로 텔레비전을 설치하였으나, 관리가 어렵다는 이유로 기록된 영상정보를 한 달이 지나면 모두 폐기하였다.

① 100만 원
② 300만 원
③ 500만 원
④ 1,000만 원

62 다음 중 노인장기요양보험법상 장기요양인정 신청에 대한 설명으로 옳지 않은 것은?

① 장기요양보험가입자 또는 그 피부양자는 장기 요양인정신청을 할 수 있다.
② 장기요양인정 신청자는 원칙적으로 의사소견서를 제출하여야 한다.
③ 보건복지부장관이 정하여 고시하는 도서・벽지 지역에 거주하는 자는 의사소견서를 제출하지 아니할 수 있다.
④ 장기요양등급 변경을 원하는 수급자는 장기요양인정의 갱신신청을 하여야 한다.

63 다음 중 노인장기요양보험법에 대한 설명으로 옳지 않은 것은?

① 보건복지부장관은 5년 단위로 장기요양기본계획을 수립・시행하여야 한다.
② 보건복지부장관은 장기요양사업의 실태를 파악하기 위하여 3년마다 그 결과를 공표하여야 한다.
③ 장기요양보험사업의 보험자는 공단으로 한다.
④ 보건복지부장관은 장기요양사업에 사용되는 비용에 충당하기 위하여 장기요양보험료를 징수한다.

64 장기요양인정신청 등의 방법 및 절차 등에 대하여 필요한 사항은 어떻게 정하는가?

① 대통령령으로 정한다.
② 총리령으로 정한다.
③ 행정안전부령으로 정한다.
④ 보건복지부령으로 정한다.

65 **다음 중 장기요양급여의 종류에 대한 설명으로 옳은 것은?**

① 장기요양기관에 장기간 입소한 수급자에게 신체활동 지원 및 심신기능의 유지·향상을 위한 교육·훈련 등을 제공하는 장기요양급여는 주·야간보호이다.

② 특별현금급여로는 가족요양비, 특례요양비, 요양병원간병비가 있다.

③ 장기요양급여의 범위는 대통령령으로 정한다.

④ 장기요양요원의 범위·업무·보수교육 등에 대하여 필요한 사항은 보건복지부령으로 정한다.

66 **다음 중 우리나라의 노인장기요양보험제도에 대한 설명으로 옳은 것은?**

① 단기보호는 시설급여에 해당한다.

② 가족에게 요양을 받을 때 지원되는 현금급여가 있다.

③ 장기요양보험료는 건강보험료와 분리하여 징수한다.

④ 장기요양인정의 유효기간은 3개월 이상으로 한다.

67 **다음 글의 빈칸 ㉠, ㉡에 들어갈 내용이 바르게 연결된 것은?**

공단은 공단의 조직 등에 대한 규정을 정할 때 장기요양사업을 수행하기 위하여 두는 조직 등을 건강보험사업을 수행하는 조직 등과 구분하여 따로 두어야 한다. 다만 __㉠__와 __㉡__은/는 그러하지 아니하다.

	㉠	㉡
①	보험 관리	의료수급권자 조정
②	자격 관리	보험료 부과·징수업무
③	급여 관리	장기요양기관 선정
④	요양 관리	재가시설 심사

68 **다음 중 공단이 장기요양인정 신청서를 접수할 때 소속 직원에게 조사하게 할 내용으로 옳은 것은?**

① 신청인의 심신상태

② 장기요양급여의 수준 향상 방안

③ 노인성질환예방사업 추진계획

④ 소견서의 발급비용

69 다음 중 노인장기요양보험법에 대한 설명으로 옳은 것은?

① 장기요양인정의 갱신 신청은 유효기간이 만료되기 전 20일까지 이를 완료하여야 한다.
② 등급판정위원회는 신청인이 신청서를 제출한 날부터 20일 이내에 장기요양등급판정을 완료하여야 한다.
③ 수급자는 장기요양인정서와 개인별 장기요양이용계획서가 도달한 다음 날부터 장기요양급여를 받을 수 있다.
④ 장기요양급여는 월 한도액 범위 안에서 제공한다.

70 다음 중 장기요양요원지원센터의 업무에 해당하는 것은?

① 장기요양보험료의 부과・징수
② 장기요양요원의 역량강화를 위한 교육지원
③ 의료급여수급권자의 자격 관리
④ 장기요양등급 판정

71 다음 〈보기〉 중 보건복지부장관 소속으로 장기요양위원회가 심의하는 내용을 모두 고르면?

〈보기〉

㉠ 장기요양보험료율
㉡ 가족요양비, 특례요양비 및 요양병원간병비의 지급기준
㉢ 재가 및 시설 급여비용

① ㉠, ㉡
② ㉠, ㉢
③ ㉡, ㉢
④ ㉠, ㉡, ㉢

72 다음 중 공단의 이사장이 위촉하는 등급판정위원회의 위원이 될 수 없는 사람은?

① 의료인
② 시・군・구 소속 공무원
③ 장기요양에 관한 학식과 경험이 풍부한 자
④ 장기요양기관 또는 의료계를 대표하는 자

73 **다음 중 노인장기요양보험법상 등급판정위원회에 대한 설명으로 옳은 것은?**

① 장기요양인정 및 장기요양등급 판정 등을 관리하기 위하여 등급판정위원회를 둔다.
② 인구 수를 고려하여 하나의 특별자치시·특별자치도·시·군·구에 1개의 등급판정위원회를 설치한다.
③ 등급판정위원회는 위원장 1인을 제외한 15인의 위원으로 구성한다.
④ 등급판정위원회 공무원 위원의 임기는 재임기간으로 한다.

74 **다음은 장기요양급여의 관리·평가에 대한 내용이다. 빈칸 ㉠, ㉡에 들어갈 내용이 바르게 연결된 것은?**

- 공단은 장기요양기관이 제공하는 장기요양급여 내용을 지속적으로 관리·평가하여 장기요양급여의 수준이 향상되도록 노력하여야 한다.
- 장기요양급여 제공내용의 ___㉠___ 및 평가 결과의 공표 방법, 그 밖에 필요한 사항은 ___㉡___으로 정한다.

	㉠	㉡		㉠	㉡
①	관리 방법	대통령령	②	심사 방법	보건복지부령
③	평가 방법	보건복지부령	④	운영 방법	대통령령

75 **다음 중 장기요양보험 등에 대한 공단의 심사청구에 대한 설명으로 옳지 않은 것은?**

① 장기요양인정·장기요양등급·장기요양급여·부당이득·장기요양급여비용 또는 장기요양보험료 등에 대한 공단의 처분에 이의가 있는 경우에 심사청구 할 수 있다.
② 심사청구는 그 처분이 있음을 안 날부터 90일 이내에 문서(전자문서 포함)로 한다.
③ 처분이 있은 날부터 180일을 경과하면 이를 제기하지 못한다.
④ 심사위원회의 구성·운영 및 위원의 임기, 그 밖에 필요한 사항은 공단이 정한다.

76 **다음 중 노인장기요양보험법상 공단에 심사청구를 할 수 있는 기간은?**

① 60일 이내　② 90일 이내
③ 180일 이내　④ 1년 이내

77 다음 〈보기〉 중 1년 이하의 징역 또는 1,000만 원 이하의 벌금에 해당하는 것을 모두 고르면?

〈보기〉

㉠ 본인부담금을 면제 또는 감경하는 행위를 한 자
㉡ 거짓이나 그 밖의 부정한 방법으로 변경지정을 받거나 변경신고를 한 자
㉢ 정당한 사유 없이 장기요양급여의 제공을 거부한 자
㉣ 업무수행 중 알게 된 비밀을 누설한 자
㉤ 거짓이나 그 밖의 부정한 방법으로 장기요양급여를 받거나 다른 사람으로 하여금 장기요양급여를 받게 한 자
㉥ 수급자가 부담한 비용을 정산하지 아니한 자

① ㉠, ㉢, ㉣
② ㉠, ㉣, ㉤
③ ㉡, ㉢, ㉥
④ ㉢, ㉤, ㉥

78 다음 중 노인장기요양보험법의 처벌에 대한 설명으로 옳지 않은 것은?

① 수급자가 부담한 비용을 정산하지 아니한 자는 1년 이하의 징역 또는 1,000만 원 이하의 벌금에 처한다.
② 행정제재처분을 받았거나 그 절차가 진행 중인 사실을 양수인 등에게 지체 없이 알리지 아니한 자에게는 500만 원 이하의 과태료를 부과한다.
③ 지정받지 아니하고 장기요양기관을 운영하거나 거짓이나 그 밖의 부정한 방법으로 지정받은 자는 1년 이하의 징역 또는 1,000만 원 이하의 벌금에 처한다.
④ 거짓이나 그 밖의 부정한 방법으로 변경지정을 받거나 변경신고를 한 자에게는 500만 원 이하의 과태료를 부과한다.

79 **다음 중 처벌규정이 나머지와 다른 하나는?**

① 수급자가 부담한 비용을 정산하지 아니한 자
② 거짓이나 그 밖의 부정한 방법으로 다른 사람으로 하여금 장기요양급여를 받게 한 자
③ 정당한 사유 없이 장기요양급여의 제공을 거부한 자
④ 수급자에게 장기요양급여비용에 대한 명세서를 교부하지 아니하거나 거짓으로 교부한 자

80 **다음 중 장기요양기관에 관한 정보를 게시하지 아니하거나 거짓으로 게시한 자에 대한 처벌은?**

① 200만 원 이하의 과태료
② 300만 원 이하의 과태료
③ 500만 원 이하의 과태료
④ 1년 이하의 징역 또는 1,000만 원 이하의 벌금

5권

제4회
국민건강보험공단

NCS + 법률

〈문항 및 시험시간〉

평가영역	문항 수	시험시간	모바일 OMR 답안채점 / 성적분석 서비스	
[공통] 의사소통+수리+문제해결 [행정직·건강직·기술직] 국민건강보험법 [요양직] 노인장기요양보험법	80문항	80분	행정직·건강직·기술직	요양직

다음 개정 법령을 기준으로 수록하였습니다.
- 국민건강보험법 [법률 제20505호, 시행 2025. 4. 23]
- 노인장기요양보험법 [법률 제20587호, 시행 2025. 6. 21]

국민건강보험공단 신규직원 필기시험

제4회 모의고사

문항 수 : 80문항
시험시간 : 80분

제 1 영역 NCS

01 다음 글의 내용으로 적절하지 않은 것은?

종종 독버섯이나 복어 등을 먹고 사망했다는 소식을 접한다. 그럼에도 우리는 흔히 천연물은 안전하다고 생각한다. 자연에 존재하는 독성분이 천연화합물이라는 것을 쉽게 인지하지 못하는 것이다. 이처럼 외부에 존재하는 물질 외에 우리 몸 안에도 여러 천연화합물이 있는데, 부신에서 생성되는 아드레날린이라는 호르몬이 그 예이다.
아드레날린은 1895년 폴란드의 시불스키(Napoleon Cybulski)가 처음으로 순수하게 분리했고, 1897년 미국 존스홉킨스 대학의 아벨(John Jacob Abel)이 그 화학 조성을 밝혔다.
처음에는 동물의 부신에서 추출한 아드레날린을 판매하였으나, 1906년, 합성 아드레날린이 시판되고부터 현재는 모두 합성 제품이 사용되고 있다.
우리가 경계하거나 위험한 상황에 처하면, 가슴이 두근거리면서 심박과 순환하는 혈액의 양이 늘어나게 되는데 이는 아드레날린 때문이다. 아드레날린은 뇌의 신경 자극을 받은 부신에서 생성되어 혈액으로 들어가 빠르게 수용체를 활성화시킨다. 이처럼 아드레날린은 위험을 경계하고 그에 대응해야 함을 알리는 호르몬으로 '경계, 탈출의 호르몬'이라고도 불린다. 또한 아드레날린은 심장마비, 과민성 쇼크, 심한 천식, 알레르기 등에 처방되고 있으며, 안구 수술 전 안압 저하를 위한 안약으로 쓰이는 등 의학에서 널리 쓰이고 있다.
그러나 아드레날린은 우리 몸에서 생산되는 천연물임에도 독성이 매우 커 LD50(50%가 생존 또는 사망하는 양)이 체중 킬로그램당 4mg이다. 이처럼 아드레날린은 생명을 구하는 약인 동시에, 심장이 약한 사람이나 환자에게는 치명적인 독이 된다. 천연물은 무독하거나 무해하다는 생각은 버려야 한다.

① 아드레날린은 우리 몸속에 존재한다.
② 우리가 놀랄 때 가슴이 두근거리는 것은 아드레날린 때문이다.
③ 현재는 합성 아드레날린을 사용하고 있다.
④ 오늘날 천연 아드레날린과 합성 아드레날린은 함께 사용되고 있다.

02 다음 글을 읽고 바르게 추론한 것을 〈보기〉에서 모두 고르면?

우리가 현재 가지고 있는 믿음들은 추가로 획득된 정보에 의해서 수정된다. 빵소니사고의 용의자로 갑, 을, 병이 지목되었고 이 중 단 한 명만 범인이라고 하자. 수사관 K는 운전 습관, 범죄 이력 등을 근거로 각 용의자가 범인일 확률을 추측하여, '갑이 범인'이라는 것을 0.3, '을이 범인'이라는 것을 0.45, '병이 범인'이라는 것을 0.25만큼 믿게 되었다고 하자. 얼마 후 병의 알리바이가 확보되어 병은 용의자에서 제외되었다. 그렇다면 K의 믿음의 정도는 어떻게 수정되어야 할까? 믿음의 정도를 수정하는 두 가지 방법이 있다. 방법 A는 0.25를 다른 두 믿음에 동일하게 나누어 주는 것이다. 따라서 병의 알리바이가 확보된 이후 '갑이 범인'이라는 것과 '을이 범인'이라는 것에 대한 K의 믿음의 정도는 각각 0.425와 0.575가 된다. 방법 B는 기존 믿음의 정도에 비례해서 분배하는 것이다. 위 사례에서 '을이 범인'이라는 것에 대한 기존 믿음의 정도 0.45는 '갑이 범인'이라는 것에 대한 기존 믿음의 정도 0.3의 1.5배이다. 따라서 믿음의 정도 0.25도 이 비율에 따라 나누어주어야 한다. 즉, 방법 B는 '갑이 범인'이라는 것에는 0.1을, '을이 범인'이라는 것에는 0.15를 추가하는 것이다. 결국 방법 B에 따르면 병의 알리바이가 확보된 이후 '갑이 범인'이라는 것과 '을이 범인'이라는 것에 대한 K의 믿음의 정도는 각각 0.4와 0.6이 된다.

〈보기〉

㉠ 만약 기존 믿음의 정도들이 위 사례와 달랐다면, 병이 용의자에서 제외된 뒤 '갑이 범인'과 '을이 범인'에 대한 믿음의 정도의 합은, 방법 A와 방법 B 중 무엇을 이용하는지에 따라 다를 수 있다.

㉡ 만약 기존 믿음의 정도들이 위 사례와 달랐다면, 병이 용의자에서 제외된 뒤 '갑이 범인'과 '을이 범인'에 대한 믿음의 정도의 차이는 방법 A를 이용한 결과가 방법 B를 이용한 결과보다 클 수 있다.

㉢ 만약 '갑이 범인'에 대한 기존 믿음의 정도와 '을이 범인'에 대한 기존 믿음의 정도가 같았다면, '병이 범인'에 대한 기존 믿음의 정도에 상관없이 병이 용의자에서 제외된 뒤 방법 A를 이용한 결과와 방법 B를 이용한 결과는 서로 같다.

① ㉡
② ㉢
③ ㉠, ㉢
④ ㉡, ㉢

03 다음 글의 밑줄 친 ㉠~㉣에 대한 수정 방안으로 적절하지 않은 것은?

> 오늘날 인류가 왼손보다 오른손을 ㉠ <u>더 선호하는</u> 경향은 어디서 비롯되었을까? 오른손을 귀하게 여기고 왼손을 천대하는 현상은 어쩌면 산업화 이전 사회에서 배변 후 사용할 휴지가 없었다는 사실과 관련이 있을 법하다. 맨손으로 배변 뒤처리를 하는 것은 ㉡ <u>불쾌할 뿐더러</u> 병균을 옮길 위험을 수반하는 일이었다. 이런 위험의 가능성을 낮추는 간단한 방법은 음식을 먹거나 인사할 때 다른 손을 사용하는 것이었다. 기술 발달 이전의 사회는 대개 왼손을 배변 뒤처리에, 오른손을 먹고 인사하는 일에 사용했다.
> 나는 이런 배경이 인간 사회에 널리 나타나는 '오른쪽'에 대한 긍정과 '왼쪽'에 대한 ㉢ <u>반감</u>을 어느 정도 설명해 줄 수 있으리라고 생각한다. 그러나 이 설명은 왜 애초에 오른손이 먹는 일에, 그리고 왼손이 배변 처리에 사용되었는지 설명해주지 못한다. 동서양을 막론하고, 왼손잡이 사회는 확인된 바가 없기 때문이다. ㉣ <u>하지만 왼손잡이 사회가 존재할 가능성도 있으므로 만약 왼손잡이를 선호하는 사회가 발견된다면 이러한 논란은 종결되고 왼손잡이와 오른손잡이에 대한 새로운 이론이 등장할 것이다</u>. 그러므로 근본적인 설명은 다른 곳에서 찾아야 할 것 같다.
> 한쪽 손을 주로 쓰는 경향은 뇌의 좌우반구의 기능 분화와 관련되어 있는 것으로 보인다. 보고된 증거에 따르면, 왼손잡이는 읽기와 쓰기, 개념적 · 논리적 사고 같은 좌반구 기능에서 오른손잡이보다 상대적으로 미약한 대신 상상력, 패턴 인식, 창의력 등 전형적인 우반구 기능에서는 상대적으로 기민한 경우가 많다.
> 나는 이성 대 직관의 힘겨루기, 뇌의 두 반구 사이의 힘겨루기가 오른손과 왼손의 힘겨루기로 표면화된 것이 아닐까 생각한다. 즉, 오른손이 원래 왼손보다 더 능숙했기 때문이 아니라 뇌의 좌반구가 인간의 행동을 지배하는 권력을 갖게 되었기 때문에 오른손 선호에 이르렀다는 생각이다.

① ㉠ : 의미 중복이 일어나므로 '선호하는'으로 수정한다.
② ㉡ : 띄어쓰기가 잘못되었으므로 '불쾌할뿐더러'로 수정한다.
③ ㉢ : 문맥상 어색한 단어이므로 '기시감'으로 수정한다.
④ ㉣ : 전체적인 글의 흐름과 어울리지 않으므로 삭제한다.

04 다음 글의 내용으로 적절하지 않은 것은?

> 치매(Dementia)는 유발 요인에 따라 여러 종류로 나뉜다. 미국 정신의학 협회에서 발간한 '정신 질환 진단 및 통계 편람(DSN–IV)'에서는 치매를 혈관성 치매, 두뇌손상성 치매, 파킨슨병에 의한 치매 등 11가지 종류로 분류하고 있다. 뉴욕 알버트 아인슈타인 의과대학의 로버트 카츠만(Robert Katzman)은 1976년 이 중에서도 알츠하이머형(型) 치매 환자가 전체 치매 환자의 50 ~ 60%를 차지하는 것으로 추정했다. 이후 알츠하이머형 치매의 특징적 임상양상을 평가하는 것이 중요하게 생각되었지만, 당시 의학기술로는 부검으로만 특징적 병리 조직을 확인할 수 있었다.
>
> 이처럼 과거에는 치매가 한참 진행된 다음에야 추정을 할 수 있었고, 사실상의 확진은 부검을 통해서만 가능했다. 하지만 최근에는 영상의학적 진단법의 발달로 치매의 진단 방법도 비약적으로 발전했다. 알츠하이머 치매는 신경섬유와 시냅스의 손실이 두드러지게 나타나는데, 이는 컴퓨터단층촬영(Computed Tomography, CT)이나 자기공명영상(Magnetic Resonance Imaging, MRI) 등의 영상의학을 통해 어렵지 않게 진단할 수 있게 되었으며, 특히 핵의학적 영상학인 단일광자단층촬영(Single Photon Emission Computed Tomography, SPECT)과 양전자방출단층촬영(Positron Emission Tomography, PET)을 통해 혈류의 저하를 측정하거나 치매 초기 특징적 부위의 조직기능 저하를 측정하여 과거보다 훨씬 빠르게 치매를 진단할 수 있게 되었다.

① 미국 정신의학 협회에서는 치매를 11가지 종류로 분류한다.

② 알츠하이머형 치매 환자는 전체 치매 환자의 50 ~ 60%를 차지하는 것으로 추정되었다.

③ 알츠하이머형 치매 환자에서는 혈류의 저하가 측정된다.

④ 과거에도 알츠하이머형 치매의 확진은 환자의 생전에 가능했다.

05 다음 문단을 논리적 순서대로 바르게 나열한 것은?

(가) 이에 대하여 다른 쪽은 그것은 하나만 알고 둘은 모르는 소리라고 반박한다. 자연에 손을 대 편의 시설을 만들면 지금 당장은 편리하겠지만, 나중에는 인간이 큰 손해가 될 수 있다는 것이다.
(나) 한쪽에서는 현재 인간이 겪고 있는 상황을 고려해 볼 때 자연에 손을 대는 일은 불가피하며, 그 과정에서 생기는 일부 손실은 감내해야 한다고 주장한다.
(다) 최근 들어 나라 곳곳에서 큰 규모로 이루어지는 여러 가지 '자연 개발'에 대하여 상반된 주장이 맞서고 있다.
(라) 한편으로는 이 두 주장 모두 편향적인 시각이라는 비판도 있다. 두 주장 모두 어디까지나 인간을 모든 것의 중심에 놓고, 막상 그 대상인 자연의 입장은 전혀 고려하지 않았다는 것이다.

① (나) – (가) – (라) – (다)
② (나) – (라) – (가) – (다)
③ (다) – (나) – (가) – (라)
④ (다) – (가) – (라) – (나)

06 다음 글의 빈칸에 들어갈 내용으로 가장 적절한 것은?

미세먼지와 황사는 여러모로 비슷하면서도 뚜렷한 차이점을 지니고 있다. 삼국사기에도 기록되어 있는 황사는 중국 내륙 내몽골 사막에 강풍이 불면서 날아오는 모래와 흙먼지를 일컫는데, 장단점이 존재했던 과거와 달리 중국 공업지대를 지난 황사에 미세먼지와 중금속 물질이 더해지며 심각한 환경문제로 대두되었다. 이와 다르게 미세먼지는 일반적으로는 대기오염물질이 공기 중에 반응하여 형성된 황산염이나 질산염 등 이온 성분, 석탄・석유 등에서 발생한 탄소화합물과 검댕, 흙먼지 등 금속화합물의 유해성분으로 구성된다.
미세먼지의 경우 통념적으로는 먼지를 미세먼지와 초미세먼지로 구분하고 있지만, 대기환경과 환경 보전을 목적으로 하는 환경정책기본법에서는 미세먼지를 PM(Particulate Matter)이라는 단위로 구분한다. 즉, 미세먼지(PM_{10})의 경우 입자의 크기가 $10\mu m$ 이하인 먼지이고, 미세먼지($PM_{2.5}$)는 입자의 크기가 $2.5\mu m$ 이하인 먼지로 정의하고 있다. 이에 비해 황사는 통념적으로는 입자 크기로 구분하지 않으나 주로 지름 $20\mu m$ 이하의 모래로 구분하고 있다. 때문에 ______________________

① 황사 문제를 해결하기 위해서는 근본적으로 황사의 발생 자체를 억제할 필요가 있다.
② 황사와 미세먼지의 차이를 입자의 크기만으로 구분짓긴 어렵다.
③ 미세먼지의 역할 또한 분명히 존재함을 기억해야 할 것이다.
④ 황사와 미세먼지의 근본적인 구별법은 그 역할에서 찾아야 할 것이다.

07 다음 중 A의 주장에 반박할 수 있는 진술로 가장 적절한 것은?

> A : 우리나라는 경제 성장과 국민 소득의 향상으로 매년 전력소비가 증가하고 있습니다. 이런 와중에 환경문제를 이유로 발전소를 없앤다는 것은 말도 안 되는 소리입니다. 반드시 발전소를 증설하여 경제 성장을 촉진해야 합니다.
> B : 하지만 최근 경제 성장 속도에 비해 전력소비량의 증가가 둔화되고 있는 것도 사실입니다. 더구나 전력소비에 대한 시민의식도 점차 바뀌어가고 있으므로 전력소비량 관련 캠페인을 실시하여 소비량을 줄인다면 발전소를 증설하지 않아도 됩니다.
> A : 의식의 문제는 결국 개인에게 기대하는 것이고, 희망적인 결과만을 생각한 것입니다. 확실한 것은 앞으로 우리나라 경제 성장에 있어 더욱더 많은 전력이 필요할 것이라는 겁니다.

① 친환경 발전으로 환경과 경제 문제를 동시에 해결할 수 있다.
② 경제 성장을 하면서도 전력소비량이 감소한 선진국의 사례도 있다.
③ 최근 국제 유가의 하락으로 발전비용이 저렴해졌다.
④ 발전소의 증설이 건설경제의 선순환 구조를 이룩할 수 있는 것은 아니다.

08 다음 제시된 문단에 이어질 내용을 논리적 순서대로 바르게 나열한 것은?

> PTSD(Post Traumatic Stress Disorder)는 '외상 후 스트레스 장애'로, 외부로부터 피해를 당한 사람에게서 나타나는 일종의 정신질환이다. 성폭행 피해자, 화재를 진압한 소방관, 참전 군인 등에게 상대적으로 많이 발생한다고 한다.

> (가) 현대에 와서야 PTSD를 겁쟁이로 보지 않고 일종의 정신질환으로 보기 시작했다. 가장 가까운 시기로는 이라크 전쟁에 파병되었다가 온 병사들의 사례가 있다. 이들은 PTSD 때문에 매일 약을 먹으며 살고 있다고 한다.
> (나) 사실 과거에 PTSD는 정신질환으로 인정되지 않았다. 잔혹한 임무수행을 해야 하는 군대에서 그러한 경우가 많이 나타나는데, PTSD에 걸린 병사를 정신질환자가 아니라 겁쟁이로 생각했다.
> (다) 이렇게 충동억제장애 등으로 나타나는 PTSD가 다른 정신질환보다 더 문제가 되는 것은 전쟁에 의한 PTSD 질환자들이 건장한 병사 출신으로, 정신이상 상태로 타인에게 큰 피해를 줄 수 있다는 점도 한몫을 할 것이다.
> (라) 전술한 것처럼 PTSD는 약을 먹어야만 하는 질환이다. PTSD가 발병하였을 때 적절한 치료가 이루어지지 않는다면, 일반적으로 생각되는 정신질환이 발생하게 되며 그 종류도 다양하다. 보통 PTSD는 분노조절장애, 충동억제장애 등의 양상을 보이며, 이외에 우울증이나 공황장애와 함께 발병한다.

① (가) – (나) – (다) – (라)
② (가) – (나) – (라) – (다)
③ (나) – (가) – (다) – (라)
④ (나) – (가) – (라) – (다)

※ 다음 글을 읽고 이어지는 질문에 답하시오. [9~11]

사회 복지 제도란 국민의 안정적인 생활을 보장하기 위한 여러 사업을 조직적으로 행하는 제도를 말한다. 이는 사회 복지를 제도화하려는 것으로, 사회 정책적 차원에서 몇 가지 모델 유형으로 분류된다. 여기서 가장 널리 사용되는 방식은 윌렌스키와 르보가 제안한 '잔여적 복지 모델'과 '제도적 복지 모델'로 구분하는 방법이다.
㉠ 잔여적 복지 모델은 개인의 욕구를 충족시키고 자원을 배분하는 사회적 기능이 일차적으로 사적 영역인 가족이나 시장 등을 통해 이루어져야 한다고 본다. 다만, 이것이 제대로 이루어지지 않을 때 사회 복지 제도가 잠정적이고 일시적으로 그 기능을 대신할 수 있다는 점에서 잔여적 복지 모델은 구호적 성격의 사회 복지 모델이다. 잔여적 복지 모델은 자유주의 이념에 따라 사적 영역에 대한 국가의 관여를 최소 수준으로 제한해야 한다는 입장이며, 사회 복지의 대상도 노동시장에서 소득을 얻지 못하는 사람들과 같이 사적 영역에서 사회적 기능을 보장받지 못한 일부 사람들로 국한되어야 한다고 본다. 그래서 공공 부조와 같이 이 모델을 바탕으로 하여 국가가 제공하는 대부분의 사회 복지 서비스는 소득 조사나 자산 조사의 과정을 반드시 거쳐 제공된다. 또한, 국가의 역할이 최소화되면서 가족, 공동체, 민간 자원봉사, 시장 등 민간 부문이 개인 복지의 중요한 역할을 담당하게 된다.
㉡ 제도적 복지 모델은 각 개인의 욕구 충족과 자기 성취를 돕기 위해서 국가가 사회 제도를 통해 보편적 복지 서비스를 제공하는 것이 필요하다고 본다. 이는 개인들이 자신의 힘만으로는 일상적 위험과 불안에 충분히 대처하기 어려우며, 가족이나 직장도 개인들의 기본적인 필요와 욕구를 충족해 줄 수는 없다고 보기 때문이다. 제도적 복지 모델은 복지 국가의 이념에 따라 개인의 성별, 나이, 지위, 계층 등의 조건과 관계없이 국가가 모든 국민에게 복지 혜택을 제공함으로써 국민들의 기본적인 욕구를 해결하고 생존의 불안과 위험을 최소화해야 한다고 본다. 따라서 이 모델을 바탕으로 하는 복지 서비스는 '탈상품화'를 특징으로 한다. 탈상품화는 복지 서비스를 시장에서 돈으로 사고파는 상품이 아니라 소득이나 자산에 관계없이 누구나 제공받을 수 있게 하는 것을 말한다. 즉, 제도적 복지 모델에서는 국가가 사회 복지를 시장 논리에 내맡기지 않고 개인 또는 가족, 민간 부문에 그 책임을 전가하지 않는다.
오늘날 국가에서 이 두 가지 복지 모델 중 하나만을 택하여 모든 복지 제도에 적용하는 것은 현실적으로 불가능하다. 그래서 대부분의 국가에서는 두 복지 모델을 상호 보완적으로 운영하고 있다. 그리고 복지 모델을 바탕으로 사회 복지를 구현할 때는 운영 방식 차원에서 '보편적 복지'와 '선택적 복지'의 형태로 시행한다. 전자는 국민 모두를 수혜 대상으로 하는 것이고, 후자는 국민 중 일부에게만 복지 혜택을 제공하는 것이다. 우리나라의 경우, 건강보험 제도가 대표적인 보편적 복지라고 할 수 있는데, 국민은 누구나 의무적으로 건강보험에 가입하여 보험료를 납부해야 하고 국가는 건강보험료를 재원으로 모든 국민에게 기본적인 의료 혜택을 제공하고 있다. 그리고 일부 저소득층을 대상으로 최저 소득을 보장해 주는 생계 급여 제도는 선택적 복지의 형태로 제공되고 있다.

09 다음 중 윗글에서 알 수 있는 내용으로 적절하지 않은 것은?

① 복지 모델들은 상호 보완적으로 운영되는 경우가 많다.
② 복지 모델들은 공통적으로 사회 복지의 제도화를 추구한다.
③ 공공 부조는 국가가 국민에게 제공하는 사회 복지 서비스이다.
④ 국가에서 제공하는 복지 서비스는 반드시 자산 조사 과정을 거친다.

10 **다음 사례에 대해 윗글의 밑줄 친 ㉠, ㉡의 입장에서 주장할 수 있는 복지 정책의 방향으로 적절하지 않은 것은?**

민간 자선단체가 주로 빈민 구호 역할을 맡고 있는 K국가에서는 최근 경제 상황이 악화되어 빈민들이 크게 늘어났다. 그리고 국가의 의료 복지 제도가 미비하여 빈민들이 개인 비용으로 병원 시설을 이용할 수밖에 없어 상당한 경제적 부담을 느끼고 있는 상황이다. 이에 따라 K국가에서는 빈민들에 대한 사회 복지 제도의 운영 방향에 대한 사회적 논의가 활발하게 이루어지고 있다.

① ㉠ : 국가가 빈민 구호에 나설 수도 있습니다. 하지만 수혜자를 노동시장에서 소득을 얻지 못하는 사람들로 한정해야 합니다.

② ㉠ : 개인의 욕구 충족은 사적 영역에서 이루어져야 합니다. 먼저 현재처럼 민간 자선단체가 빈민 문제를 해결하도록 최대한 유도해야 합니다.

③ ㉡ : 국가에서 빈민 구호법을 제정해서 이 문제를 해결해야 합니다. 이제는 사회 복지의 책임을 민간에 맡겨서는 안 됩니다.

④ ㉡ : 국가가 재정을 확보하여 일시적으로 빈민들을 지원해야 합니다. 빈민들이 겪는 생존의 위험과 불안을 최소화하는 것은 사회 구성원 모두의 의무입니다.

11 **윗글을 읽은 후의 반응이 다음과 같을 때, 빈칸 A, B에 들어갈 내용이 바르게 연결된 것은??**

글을 읽고 보니, 사회 정책적 차원의 두 복지 모델은 ___A___에 따라, 운영 방식 차원의 두 복지 제도는 ___B___에 따라 구분한 것으로 볼 수 있겠군.

	A	B
①	정부의 정책 방향	수혜자의 계층
②	정부의 개입 정도	수혜자의 범위
③	정부의 지원 여부	수혜자의 지위
④	정부의 운영 체제	수혜자의 능력

※ 다음 글을 읽고 이어지는 질문에 답하시오. [12~13]

딸기에는 비타민 C가 귤의 1.6배, 레몬의 2배, 키위의 2.6배, 사과의 10배 정도 함유되어 있어 딸기 5 ~ 6개를 먹으면 하루에 필요한 비타민 C를 전부 섭취할 수 있다. 비타민 C는 신진대사 활성화에 도움을 줘 원기를 회복하고 체력을 증진시키며, 멜라닌 색소가 축적되는 것을 막아 기미, 주근깨를 예방해 준다. 멜라닌 색소가 많을수록 피부색이 검어지므로 미백 효과도 있는 셈이다. 또한 비타민 C는 피부 저항력을 높여줘 알레르기성 피부나 홍조가 짙은 피부에도 좋다. 비타민 C가 내는 신맛은 식욕 증진 효과와 스트레스 해소 효과가 있다. 한편, 딸기에 비타민 C만큼 풍부하게 함유된 성분이 항산화 물질인데, 이는 암세포 증식을 억제하는 동시에 콜레스테롤 수치를 낮춰주는 기능을 한다. 그래서 심혈관계 질환, 동맥경화 등에 좋고 눈의 피로를 덜어주며 시각기능을 개선해주는 효과도 있다. 딸기는 식물성 섬유질 함량도 높은 과일이다. 섬유질 성분은 콜레스테롤을 낮추고, 혈액을 깨끗하게 만들어 준다. 뿐만 아니라 소화 기능을 촉진하고 장운동을 활발히 해 변비를 예방한다. 딸기 속 철분은 빈혈 예방 효과가 있어 혈색이 좋아지게 한다. 더불어 모공을 축소시켜 피부 탄력도 증진시킨다. 딸기와 같은 붉은 과일에는 라이코펜이라는 성분이 들어있는데, 이 성분은 면역력을 높이고 혈관을 튼튼하게 해 노화 방지 효과를 낸다. 이처럼 딸기는 건강에 무척 좋지만 당도가 높으므로 하루에 5 ~ 10개 정도만 먹는 것이 적당하다. 물론 달달한 맛에 비해 칼로리는 100g당 27kcal로 높지 않아 다이어트 식품으로 선호도가 높다.

12 다음 중 윗글의 제목으로 가장 적절한 것은?

① 딸기 속 비타민 C를 찾아라
② 비타민 C의 신맛의 비밀
③ 제철과일, 딸기 맛있게 먹는 법
④ 다양한 효능을 가진 딸기

13 다음 중 윗글을 마케팅에 이용할 때, 마케팅 대상으로 적절하지 않은 사람은?

① 잦은 야외활동으로 주근깨가 걱정인 사람
② 스트레스로 입맛이 사라진 사람
③ 콜레스테롤 수치 조절이 필요한 사람
④ 당뇨병으로 혈당 조절을 해야 하는 사람

14 다음 글의 빈칸 ㉠ ~ ㉢에 들어갈 접속어가 바르게 연결된 것은?

> 다리 저림 증상이 나타나는 이유는 다양하다. 축구 선수들이 경기 중 다리 저림 증상으로 힘들어 하는 모습을 본 적이 있을 것이다. 축구나 수영처럼 하지 근육을 많이 사용하는 운동은 다리 저림 증상을 유발할 수 있다. 평소 운동을 잘 하지 않던 사람이 갑작스럽게 운동을 하면 근육 사용량이 갑자기 늘어나 다리 저림 증상이 나타날 수 있다. ___㉠___ 운동 전 충분한 준비 운동으로 몸과 근육의 긴장을 풀고, 운동 후에도 스트레칭을 통해 근육을 풀어주는 습관을 가지는 것이 좋다. ___㉡___ 피가 제대로 순환되지 않아도 다리 저림 증상이 발생할 수 있다. 혈액 순환이 잘 이루어지지 않으면 근육의 이완과 수축 운동에 문제가 생긴다. ___㉢___ 장시간 꽉 맞는 바지를 입거나 발이 꽉 끼는 신발을 신게 되면 다리 저림 증상이 나타날 수 있다. 이 밖에도 피로 누적이나 영양소 불균형으로 다리 저림 증상이 나타날 수 있다.

	㉠	㉡	㉢
①	그러나	마침내	그리고
②	그러나	따라서	그리고
③	그러므로	따라서	즉
④	그러므로	또한	따라서

15 다음 글의 밑줄 친 ㉠ ~ ㉣의 수정 방안으로 적절하지 않은 것은?

> 최근 비만에 해당되는 인구가 증가하고 있다. 비만은 다른 질병들을 ㉠ 유발할 수 있어 주의를 필요로 ㉡ 하는 데, 특히 학생들의 비만이 증가하여 제일 큰 문제가 되고 있다. 학생들의 비만 원인으로 교내 매점에서 판매되는 제품에 설탕이 많이 ㉢ 함유되어 있음이 거론되고 있다. 예를 들어 매점의 주요 판매 품목인 탄산음료, 빵 등은 다른 제품들에 비해 설탕 함유량이 높다. 학생들의 비만 문제를 해결하기 위한 방안으로 매점에서 판매되는 설탕 함유량이 높은 제품에 설탕세를 ㉣ 메겨서 학생들의 구매를 억제하자는 주장이 있다. 영국의 한 과학자는 생쥐에게 일정 기간 동안 설탕을 주입한 후 변화를 관찰하여 설탕이 비만에 상당한 영향력을 미치고 있으며, 운동 능력도 저하시킬 수 있다는 실험 결과를 발표하였다. 권장량 이상의 설탕은 비만의 주요한 요인이 될 수 있고, 이로 인해 다른 질병에 노출될 가능성도 높아지는 것이다. 이렇게 비만을 일으키는 주요한 성분 중 하나인 설탕이 들어간 제품에 대해 그 함유량에 따라 부과하는 세금을 '설탕세'라고 한다. 즉, 설탕세는 설탕 함유량이 높은 제품의 가격을 올려 소비를 억제하기 위한 방법이라고 할 수 있다.

① ㉠은 사동의 뜻을 가진 '유발시킬'로 수정해야 한다.
② ㉡의 '-ㄴ데'는 연결 어미로 '하는데'와 같이 붙여 써야 한다.
③ ㉢은 문맥상 같은 의미인 '포함되어'로 바꾸어 쓸 수 있다.
④ ㉣은 잘못된 표기이므로 '매겨서'로 수정해야 한다.

※ 다음은 한국의 사회보장에 대한 글이다. 이어지는 질문에 답하시오. [16~17]

우리나라의 사회보장기본법에 따르면 ㉠ 사회보장이란 출산, 양육, 실업, 노령, 장애, 질병, 빈곤 및 사망 등의 사회적 위험으로부터 모든 국민을 보호하고 국민의 삶의 질을 향상시키는 데 필요한 소득과 서비스를 보장하는 사회보험, 공공부조, 사회서비스를 말한다.
㉡ 사회보험이란 국민에게 발생하는 사회적 위험을 보험의 방식으로 대처함으로써 국민의 건강과 소득을 보장하는 것으로, 기본적으로 미래에 직면할 수 있는 사회적 위험에 대비하여 평소 경제활동을 통하여 소득이 있을 때 그 소득의 일부를 강제로 갹출하여 사전에 대비하는 제도를 말한다. 사회보험은 민간보험과 마찬가지로 가입자의 기여금(보험료)을 재원으로 가입자에게 발생하는 위험(보험사고)을 분산하는 보험원리를 이용하고 있지만, 영리를 목적으로 하는 민간보험과는 다른 성격을 가지게 된다.
㉢ 공공부조는 사회보장제도 중 사회보험 다음으로 큰 비중을 차지하고 있는 비기여, 소득·자산조사 프로그램으로, 스스로 생활유지 능력이 없거나 생활이 어려운 사람들에게 국가가 인간다운 생활을 영위할 수 있도록 하는 제도이다. 기여금을 지불하지 않는다는 측면에서 가입자들이 지불한 기여금에 의한 소득과 서비스를 보장하는 제도인 사회보험과는 구별되며, 공공부조가 사후적으로 빈곤의 문제를 해결하는 사회안전망(Social Safety Net)인 반면, 사회보험은 사람들이 빈곤으로 떨어지지 않도록 미리 예방하는 제도이다.
㉣ 사회서비스는 국가·지방자치단체 및 민간부문의 도움이 필요한 모든 국민에게 복지, 보건의료, 교육, 고용, 주거, 문화, 환경 등의 분야에서 인간다운 생활을 보장하고 상담, 재활, 돌봄, 정보의 제공, 관련 시설의 이용, 역량개발, 사회참여 지원 등을 통하여 국민의 삶의 질이 향상되도록 지원하는 것이다. 사회서비스는 현금급여와 더불어 현물급여의 형태로 지급되며 개별차원의 서비스를 제공한다는 점에서 공공부조와 구분된다. 즉, 기여금을 지불하지 않았으나 일정한 소득 및 자산조사를 거쳐 그 조건에 해당하는 사람들에게 급여를 제공하거나, 일정한 인구학적 기준만 충족되면(아동, 장애인, 노인 등) 기여금은 물론 소득 및 자산 조사 없이도 급여를 제공하는 것이다. 사회서비스의 재원은 주로 국가의 일반조세에 의해 충당되나 일부는 본인부담에 의해 충당되는 경우도 있다.

16 다음 중 윗글의 밑줄 친 ㉠~㉣의 관계에 대한 설명으로 적절하지 않은 것은?

① ㉡~㉣은 ㉠의 하위 단계에 속한다.
② ㉡~㉣은 서로 동일한 층위에 있다.
③ ㉡~㉣은 ㉠을 의미적으로 함의한다.
④ ㉠은 ㉡~㉣과 유의 관계에 있다.

17 다음 표를 참고하여 윗글을 이해한 내용으로 적절하지 않은 것은?

〈사회보험과 민간보험의 비교〉

구분	사회보험(공보험)	민간보험(사보험)
책임주체	국가	개인
법적 근거	사회보험법	상법(보험법)
가입	의무	임의
운영・관리체계	국가 또는 공법인(공단)	사기업(회사)
보험료의 부담	소득수준에 따른 능력비례부담	위험크기에 따른 부담
보험급여	균등급여	계약에 따라 급여
급여형태	현금 또는 현물	현금

① 사회보험은 사회보험법에 근거하고 있으나, 민간보험은 상법에 근거하고 있으므로 서로 다른 법적 근거를 갖는다.

② 사회보험과 민간보험 모두 가입자의 보험료를 재원으로 가입자에게 발생하는 위험을 분산하는 보험원리를 따른다.

③ 사회보험과 민간보험은 모두 영리를 목적으로 하나, 사회보험의 경우 소득수준에 따라 보험료를 다르게 부담한다.

④ 사회보험은 민간보험과 달리 의무적으로 가입해야 하며, 경제활동을 통해 소득이 발생하면 소득의 일부를 강제로 납부해야 한다.

18 다음 글의 밑줄 친 ㉠에 대해 제기할 수 있는 반론으로 가장 적절한 것은?

기업은 상품의 사회적 마모를 촉진시키는 주체이다. 생산과 소비가 지속되어야 이윤을 남길 수 있기 때문에, 하나의 상품을 생산해서 그 상품의 물리적 마모가 끝날 때까지를 기다렸다가는 그 기업은 망하기 십상이다. 이러한 상황에서 늘 수요에 비해서 과잉 생산을 하는 기업이 살아남을 수 있는 길은 상품의 사회적 마모를 짧게 해서 사람들로 하여금 계속 소비하게 만드는 것이다.
그래서 ㉠ 기업들은 더 많은 이익을 내기 위해서는 상품의 성능을 향상시키기보다는 디자인을 변화시키는 것이 더 바람직하다고 생각한다. 산업이 발달하여 상품의 성능이나 기능, 내구성이 이전보다 더욱 향상되었는데도 불구하고 상품의 수명이 이전보다 더 짧아지는 것은 어떻게 생각하면 자본주의 상품이 지닌 모순이라고 할 수 있다. 섬유의 질은 점점 좋아지지만 그 옷을 입는 기간은 이에 비해서 점점 짧아지게 되는 것이 바로 자본주의 상품이 지니고 있는 모순이다. 산업이 계속 발달하여 상품의 성능이 향상되는데도 상품의 사회적인 마모 기간이 누군가에 의해서 엄청나게 짧아지고 있다. 상품의 질은 향상되고 내가 버는 돈은 늘어가는 것 같은데 늘 무엇인가 부족한 듯한 느낌이 드는 것도 이것과 관련이 있다.

① 상품의 성능은 그대로 두어도 향상될 수 있는가?

② 디자인에 대한 소비자들의 취향이 바뀌는 것을 막을 방안은 있는가?

③ 상품의 성능 향상을 등한시하며 디자인만 바꾼다고 소비가 증가할 것인가?

④ 사회적 마모 기간이 점차 짧아지면 디자인을 개발하는 것이 기업에 도움이 되겠는가?

※ 다음 글을 읽고 이어지는 질문에 답하시오. [19~20]

남극의 빙하는 과거 지구의 대기 성분과 기온 변화에 관한 기초 자료를 생생하게 보존하고 있다. 과학자들은 빙하를 분석함으로써 지구 온난화 등 지구가 겪고 있는 여러 문제에 대하여 중요한 정보를 얻고 있다.
남극의 표층에 쌓인 눈은 계속 내리는 눈에 덮이면서 점점 깊이 매몰되고 그에 따라 눈의 밀도는 점차 증가한다. 일정한 깊이에 이르면 상부에 쌓인 눈이 가하는 압력 때문에 하부의 눈은 얼음으로 변형된다. 이때 눈 입자들 사이에 들어 있는 공기가 얼음 속에 갇히게 되고, 얼음이 두꺼워지면서 상부의 얼음이 가하는 압력이 증가하게 되면 클라트레이트 수화물*이 형성된다. 이 속의 기포들은 당시 대기의 기체 성분을 그대로 가지게 된다. 기포가 포함된 얼음을 시추하여 녹이면 원래의 상태로 바뀌고, 이때 기체 크로마토그래피 같은 정밀 기기를 사용하여 그 속의 기체 성분을 분석한다. 이러한 과정을 통해 이산화탄소나 메탄 등 과거 지구의 대기 성분과 농도를 알아낼 수 있다.
그러나 빙하 속 기포 내의 대기 성분 정보를 통해 그 당시의 기온을 알아내는 데에는 한계가 있다. 과거의 기온을 조사하는 대표적인 방법은 빙하를 구성하는 물 분자의 산소나 수소의 동위원소비를 이용하는 것이다. 동위원소란 원자 번호는 같지만 원자량이 서로 다른 원소를 말하는데, 산소의 동위원소로는 원자량이 16인 산소(^{16}O)와 원자량이 18인 산소(^{18}O)가 있다. 남극 빙하를 구성하는 물 분자들의 산소 동위원소비($^{16}O/^{18}O$)는 눈으로 내릴 당시의 기온 변화에 따라 증가하거나 감소하며 여름과 겨울 사이에 뚜렷한 차이를 보이는데, 그 증감은 1년의 주기를 이룬다. 오늘날의 실험 결과에 따르면 산소 동위원소비의 증감은 기온 변화와 거의 정비례 관계를 이루고 있다. 이러한 관계를 적용하여 빙하가 만들어진 당시의 기온을 알아낼 수 있는 것이다.
빙하에 대한 최근 연구는 산소의 동위원소비뿐만 아니라 이산화탄소나 메탄의 농도 변화도 기온 변화와 밀접한 관계가 있음을 보여준다. 이 기체들의 농도가 증가하면 기온이 올라가고 반대로 농도가 감소하면 기온이 내려간다는 사실이 밝혀진 것이다. 빙하로부터 알게 된 과거 이산화탄소와 메탄의 농도 변화 폭과 비교해 볼 때, 오늘날 이들의 농도는 우려할 만큼 급증하는 추세를 보이고 있다.

*클라트레이트 수화물 : 고압과 저온의 조건에서 물 분자가 결합하여 생성된 빈 공간에 메탄, 이산화탄소, 질소 등 분자량이 작은 기체가 들어 있는 결정체

19 다음 중 윗글의 표제와 부제로 가장 적절한 것은?

① 남극, 거대한 실험실 – 동위원소 연구의 현황
② 남극 빙하의 과거와 미래 – 새로운 자원의 보고
③ 남극 빙하의 가치 – 기후 변화의 기록 보관소
④ 빙하 연구의 현주소 – 과학적 연구 성과와 전망

20 다음 중 윗글을 바탕으로 과제를 수행할 때, 빈칸 ㉠에 들어갈 말로 가장 적절한 것은?

> • 과제명 : 1만 년 전부터 현재까지의 이산화탄소 농도와 기온 변화 양상
> • 조사 대상 : 남극에서 시추한 빙하
> • 조사 방법 및 내용
> – 기체 크로마토그래피를 이용한 기체 성분 조사
> – 산소 동위원소비를 이용한 기온 측정
> – 산소 동위원소비 증감의 주기성을 이용한 ___㉠___ 조사

① 전체 부피
② 결정 구조
③ 오염 정도
④ 생성 연대

21 어느 공장에서 작년에 A제품과 B제품을 합하여 1,000개를 생산하였다. 올해는 작년에 비하여 A제품의 생산이 10% 증가하고, B제품의 생산은 10% 감소하여 전체 생산량은 4% 증가하였다. 올해에 생산된 A제품의 수는?

① 800개
② 770개
③ 700개
④ 670개

22 농도가 8%인 소금물 400g에서 한 컵의 소금물을 퍼내고 그 양만큼 물을 부은 다음 다시 농도가 2%인 소금물을 넣었더니 농도 6%의 소금물 520g이 되었다. 퍼낸 소금물의 양은 얼마인가?

① 10g
② 20g
③ 30g
④ 40g

23 두 사람이 이번 주 토요일에 함께 미용실을 가기로 약속했다. 두 사람이 약속한 토요일에 함께 미용실에 다녀온 후에는 한 명은 20일마다, 한 명은 15일마다 미용실에 간다. 처음으로 다시 두 사람이 함께 미용실에 가게 되는 날은 무슨 요일인가?

① 월요일
② 화요일
③ 수요일
④ 목요일

24 다음은 선박 종류별 기름 유출사고 발생 현황을 나타낸 자료이다. 이에 대한 설명으로 옳은 것은?

〈선박 종류별 기름 유출사고 발생 현황〉

(단위 : 건, kL)

구분		유조선	화물선	어선	기타	합계
2020년	사고 건수	37	53	151	96	337
	유출량	956	584	53	127	1,720
2021년	사고 건수	28	68	245	120	461
	유출량	21	51	147	151	370
2022년	사고 건수	27	61	272	123	483
	유출량	3	187	181	212	583
2023년	사고 건수	32	33	217	102	384
	유출량	38	23	105	244	410
2024년	사고 건수	60	65	150	205	480
	유출량	1,223	66	30	143	1,462

① 2021 ~ 2024년 동안 연도별 총 사고 건수와 총 유출량의 전년 대비 증감 추이는 같다.
② 연도별 총 사고 건수에 대한 유조선 사고 건수 비율은 매년 감소하고 있다.
③ 기타를 제외하고 2020 ~ 2024년 동안 전체 유출량이 두 번째로 많은 선박 종류는 어선이다.
④ 총 유출량이 가장 적은 연도에서 기타를 제외하고 사고 건수 대비 유출량이 가장 적은 선박 종류는 어선이다.

25 다음은 8개국의 수출수지에 대한 국제통계 자료이다. 이에 대한 설명으로 옳지 않은 것은?

〈2025년 상반기 8개국 수출수지〉

(단위 : 백만 US$)

구분	한국	그리스	노르웨이	뉴질랜드	대만	독일	러시아	미국
1월	40,882	2,490	7,040	2,825	24,092	106,308	22,462	125,208
2월	40,125	2,145	7,109	2,445	24,629	107,910	23,196	116,218
3월	40,846	2,656	7,067	2,534	22,553	118,736	25,432	122,933
4월	41,983	2,596	8,005	2,809	26,736	111,981	24,904	125,142
5월	45,309	2,409	8,257	2,754	25,330	116,569	26,648	128,722
6월	45,069	2,426	8,472	3,088	25,696	102,742	31,128	123,557

① 한국의 수출수지 중 전월 대비 수출수지 증가량이 가장 많았던 달은 5월이다.
② 뉴질랜드의 수출수지는 2월 이후 지속적으로 증가하였다.
③ 그리스의 6월 수출수지 증가율은 전월 대비 약 0.7%이다.
④ 4월부터 6월 사이 한국의 수출수지 변화 추이와 같은 양상을 보이는 나라는 2개국이다.

26 다음은 어느 해 개최된 올림픽에 참가한 6개국의 성적이다. 이에 대한 설명으로 옳지 않은 것은?

〈국가별 올림픽 성적〉

(단위 : 명, 개)

구분	참가선수	금메달	은메달	동메달	합계
A국	240	4	28	57	89
B국	261	2	35	68	105
C국	323	0	41	108	149
D국	274	1	37	74	112
E국	248	3	32	64	99
F국	229	5	19	60	84

① 획득한 금메달 수가 많은 국가일수록 은메달 수는 적었다.
② 금메달을 획득하지 못한 국가가 가장 많은 메달을 획득했다.
③ 참가선수의 수가 많은 국가일수록 획득한 동메달 수도 많았다.
④ 획득한 메달의 합계가 큰 국가일수록 참가선수의 수도 많았다.

27 J사원은 각 생산부서의 사업평가 자료를 취합하였는데 커피를 흘려 자료의 일부가 훼손되었다. 다음 중 빈칸 (가) ~ (라)에 들어갈 수치가 바르게 연결된 것은?(단, 인건비와 재료비 이외의 투입요소는 없다)

〈사업평가 자료〉

구분	목표량	인건비	재료비	산출량	효과성 순위	효율성 순위
A부서	(가)	200	50	500	3	2
B부서	1,000	(나)	200	1,500	2	1
C부서	1,500	1,200	(다)	3,000	1	3
D부서	1,000	300	500	(라)	4	4

※ (효과성)=(산출량)÷(목표량)
※ (효율성)=(산출량)÷(투입량)

	(가)	(나)	(다)	(라)
①	300	500	800	800
②	500	800	300	800
③	800	500	300	300
④	500	300	800	800

※ 다음은 외국인 직접투자의 투자건수 비율과 투자금액 비율을 투자규모별로 나타낸 자료이다. 이어지는 질문에 답하시오. **[28~29]**

〈외국인 직접투자의 투자건수 · 금액 비율〉

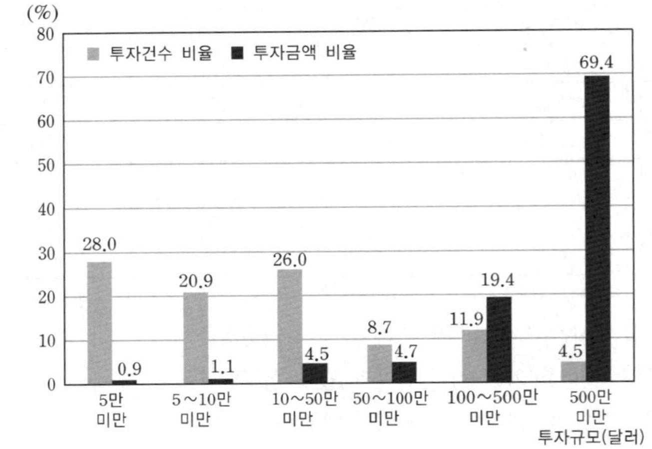

※ 투자규모는 외국인 직접투자의 건당 투자금액을 기준으로 구분함

※ [투자건수 비율(%)]$=\frac{\text{(투자규모별 외국인 직접투자 건수)}}{\text{(전체 외국인 직접투자 건수)}}\times 100$

※ [투자금액 비율(%)]$=\frac{\text{(투자규모별 외국인 직접투자 금액 합계)}}{\text{(전체 외국인 직접투자 건수)}}\times 100$

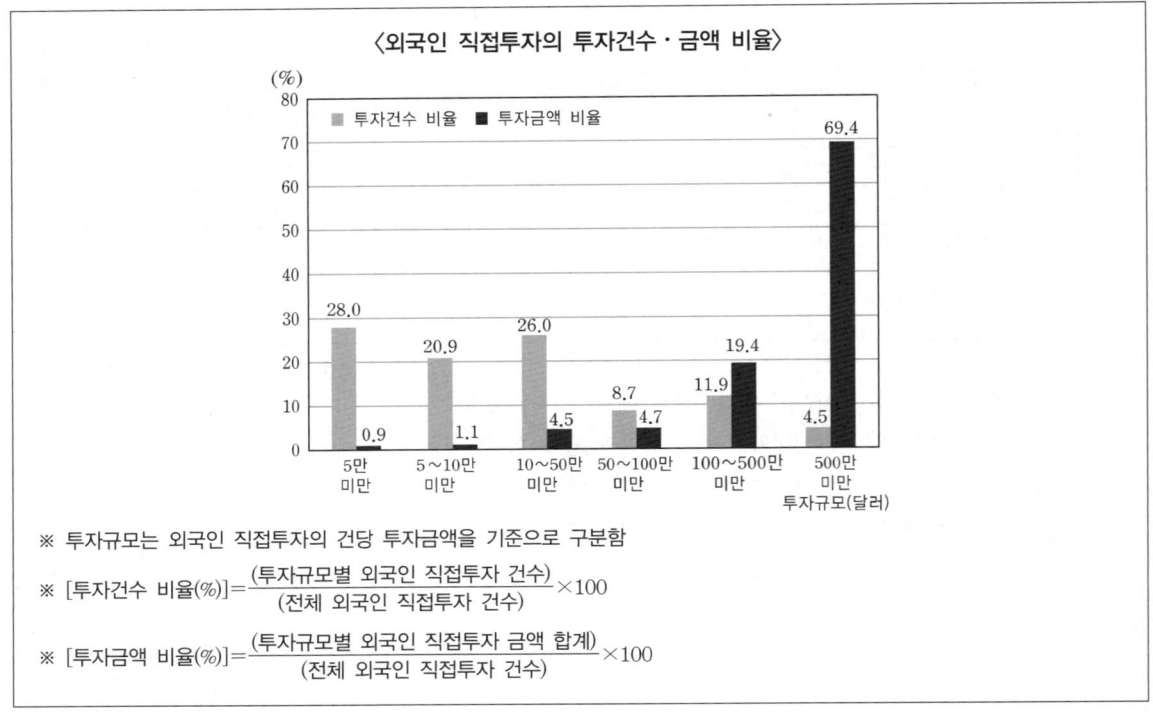

28 다음 중 투자규모가 50만 달러 미만인 투자건수 비율은?

① 55.3%
② 62.8%
③ 68.6%
④ 74.9%

29 다음 중 100만 달러 이상의 투자건수 비율은?

① 16.4%
② 19.6%
③ 23.5%
④ 26.1%

30 다음은 데이트 폭력 신고건수에 대한 그래프이다. 이에 대한 설명으로 옳지 않은 것은?(단, 비율은 소수점 둘째 자리에서 반올림한다)

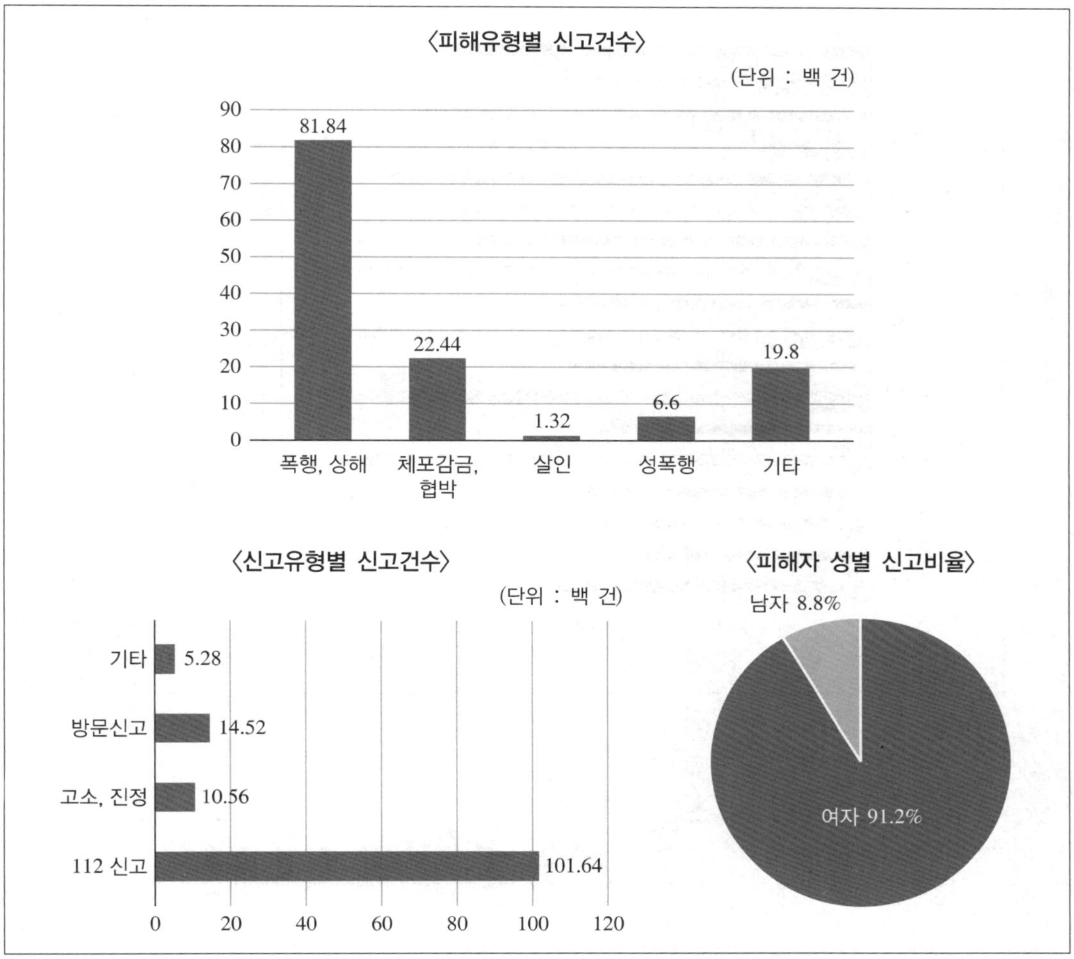

① 데이트 폭력 신고건수는 총 13,200건이다.

② 112 신고로 접수된 건수는 체포감금, 협박 피해자로 신고한 건수의 4배 이상이다.

③ 남성 피해자의 50%가 폭행, 상해로 신고했을 때, 폭행, 상해 전체 신고건수에서 남성의 비율은 약 7.1%이다.

④ 살인 신고건수에서 여성 피해자가 남성 피해자의 2배일 때, 전체 남성 피해자 신고건수 중 살인 신고건수는 3% 미만이다.

31 다음은 2016 ~ 2024년 매체별 광고비 현황에 대한 자료이다. 이를 변환한 그래프로 옳은 것은?

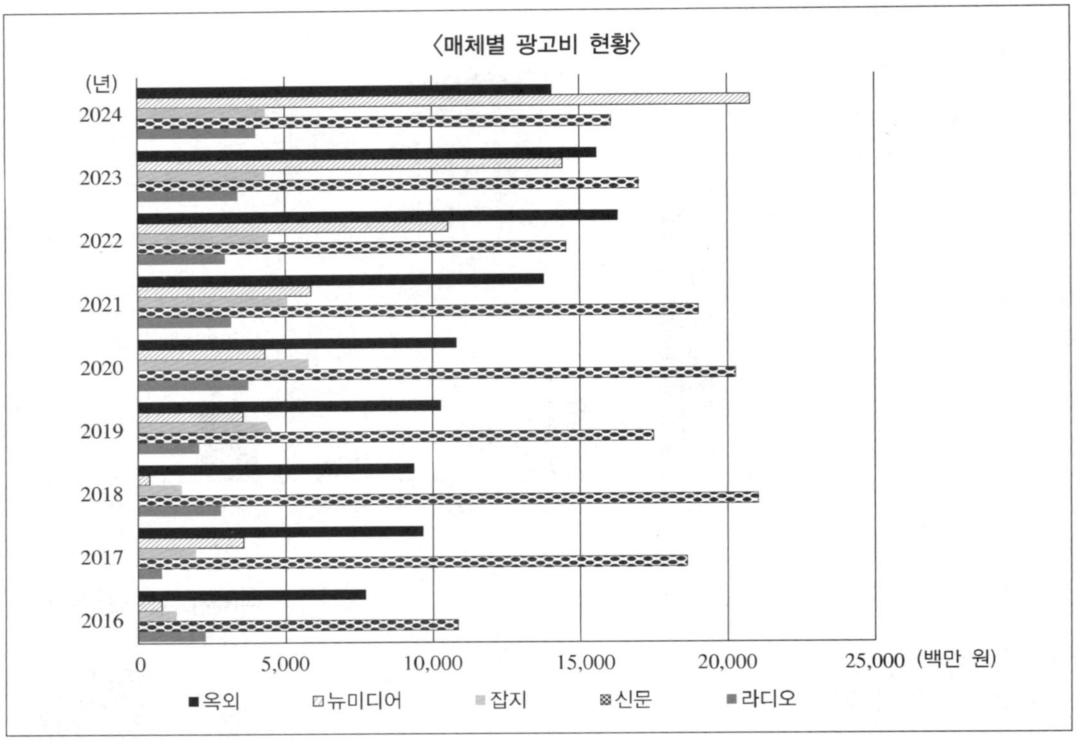

①

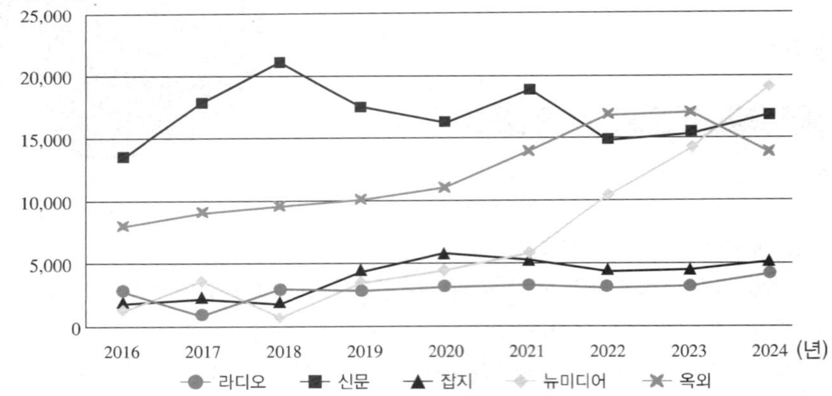

② (백만 원)

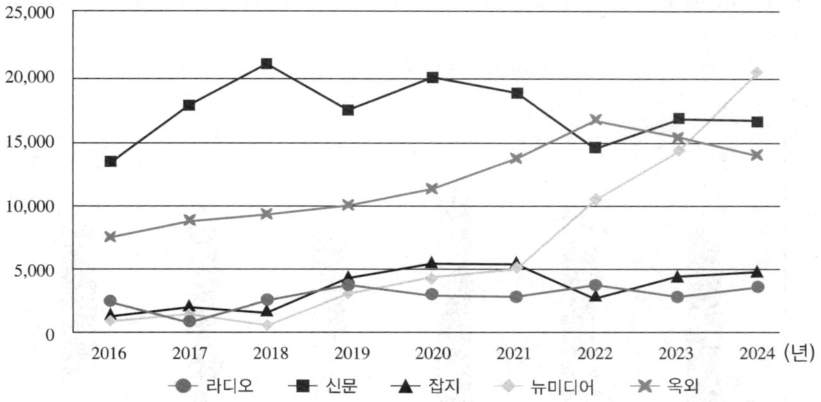

③ (백만 원)

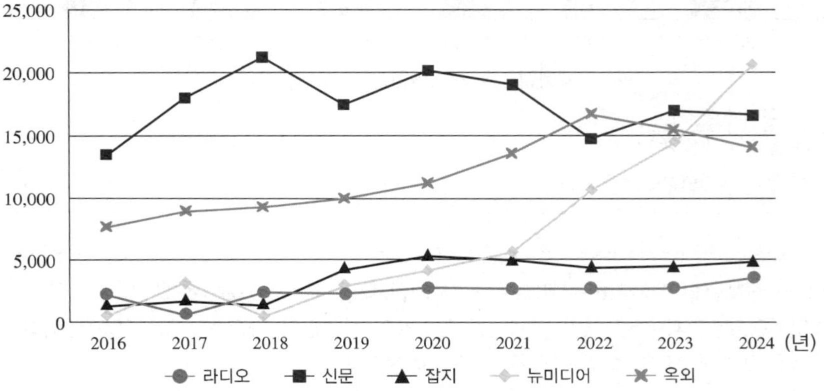

④ (백만 원)

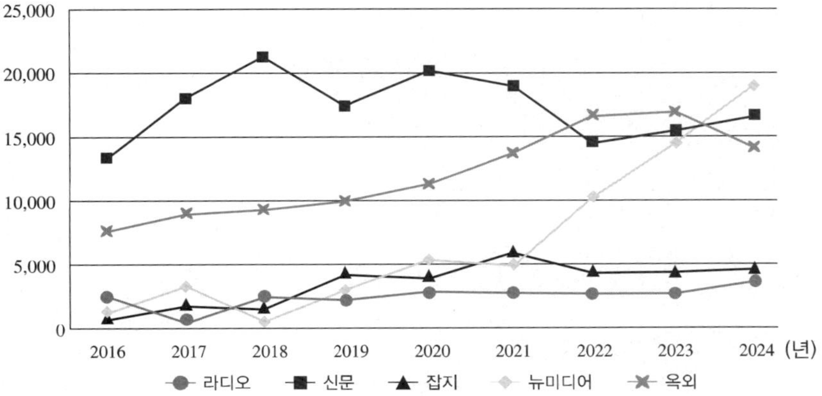

32 다음은 헌혈인구 및 개인헌혈 비율에 대한 자료이다. 이에 대한 〈보기〉의 설명 중 옳은 것을 모두 고르면?

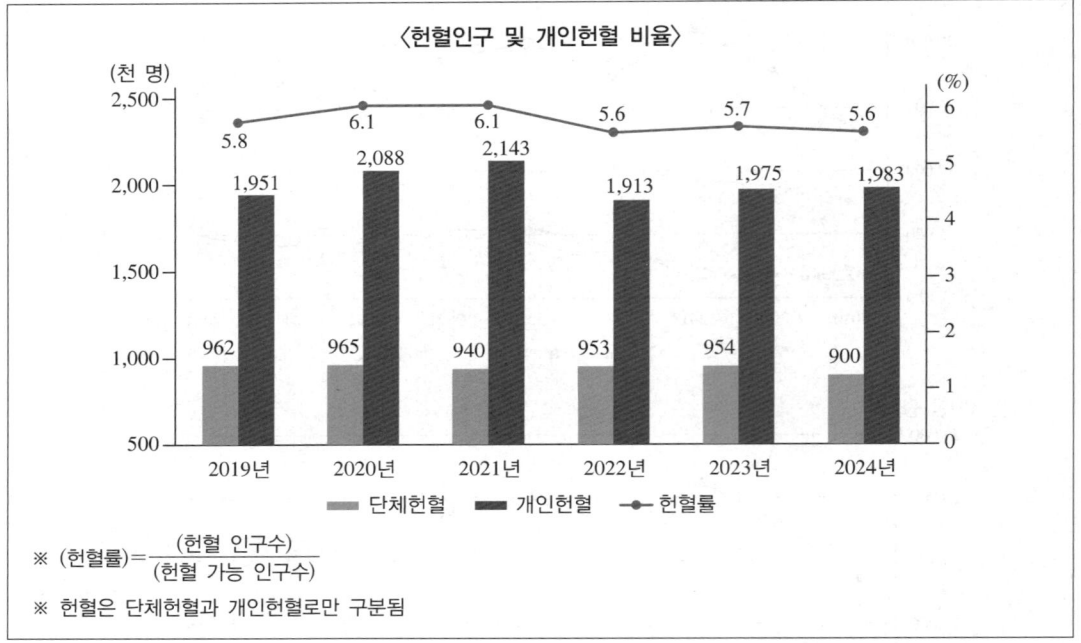

〈헌혈인구 및 개인헌혈 비율〉

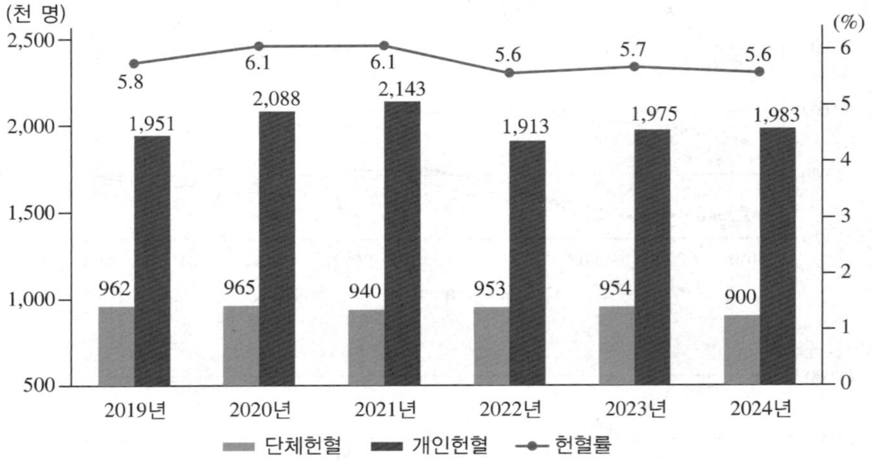

※ $(\text{헌혈률}) = \frac{(\text{헌혈 인구수})}{(\text{헌혈 가능 인구수})}$

※ 헌혈은 단체헌혈과 개인헌혈로만 구분됨

〈보기〉

㉠ 전체 헌혈 중 단체헌혈이 차지하는 비율은 조사 기간 동안 매년 20%를 초과한다.
㉡ 2020년부터 2023년까지 전년 대비 단체헌혈 증감률의 절댓값이 가장 큰 해는 2021년이다.
㉢ 2021년 대비 2022년 개인헌혈의 감소율은 25% 이상이다.
㉣ 2022년부터 2024년까지 개인헌혈과 헌혈률은 전년 대비 증감 추이가 동일하다.

① ㉠, ㉡
② ㉠, ㉢
③ ㉡, ㉢
④ ㉡, ㉣

33 다음은 2024년 우리나라의 LPCD(Liter Per Capital Day)에 대한 자료이다. 1인 1일 사용량에서 영업용 사용량이 차지하는 비중과 1인 1일 가정용 사용량에서 하위 두 항목이 차지하는 비중을 순서대로 바르게 나열한 것은?(단, 소수점 셋째 자리에서 반올림한다)

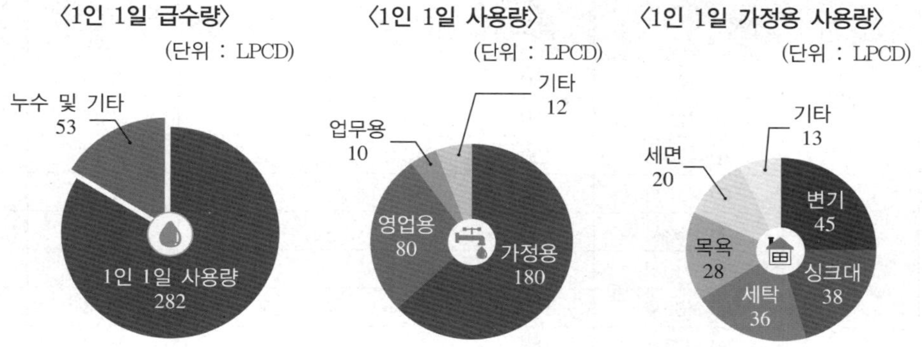

※ LPCD(Liter Per Capital Day) : 1인 1일 물 사용량으로 지역·국가 간 물 사용량을 비교할 수 있게 하고, 수자원을 효율적으로 활용할 수 있게 하는 지표

① 27.57%, 16.25%
② 27.57%, 19.24%
③ 28.37%, 18.33%
④ 28.37%, 19.24%

34 다음은 우리나라 국민들의 환경오염 방지 기여도에 대한 자료이다. 이에 대한 설명으로 옳은 것은?

〈환경오염 방지 기여도〉

(단위 : %)

구분		합계	매우 노력함	약간 노력함	별로 노력하지 않음	전혀 노력하지 않음
성별	남성	100	13.6	43.6	37.8	5.0
	여성	100	23.9	50.1	23.6	2.4
연령	10 ~ 19세	100	13.2	41.2	39.4	6.2
	20 ~ 29세	100	10.8	39.9	42.9	6.4
	30 ~ 39세	100	13.1	46.7	36.0	4.2
	40 ~ 49세	100	15.5	52.4	29.4	2.7
	50 ~ 59세	100	21.8	50.4	25.3	2.5
	60 ~ 69세	100	29.7	46.0	21.6	2.7
	70세 이상	100	31.3	44.8	20.9	3.0
경제활동	취업	100	16.5	47.0	32.7	3.8
	실업 및 비경제활동	100	22.0	46.6	27.7	3.7

① 10세 이상 국민들 중 환경오염 방지를 위해 별로 노력하지 않는 사람 비율의 합이 가장 높다.

② 10 ~ 69세까지 각 연령층에서 약간 노력하는 사람의 비중이 제일 높다.

③ 매우 노력함과 약간 노력함의 비율 합은 남성보다 여성이, 취업자보다 실업 및 비경제활동자가 더 높다.

④ 10세 이상 국민들 중 환경오염 방지를 위해 매우 노력하는 사람의 비율이 가장 높은 연령층은 60 ~ 69세이다.

35 다음은 K학원의 강사별 시급과 수강생 만족도에 대한 자료이다. 이에 대한 설명으로 옳은 것은?

〈강사별 시급 및 수강생 만족도〉

(단위 : 원, 점)

구분	2023년		2024년	
	시급	수강생 만족도	시급	수강생 만족도
A강사	50,000	4.6	55,000	4.1
B강사	45,000	3.5	45,000	4.2
C강사	52,000	(　)	54,600	4.8
D강사	54,000	4.9	59,400	4.4
E강사	48,000	3.2	(　)	3.5

〈수강생 만족도 점수별 시급 인상률〉

수강생 만족도	인상률
4.5점 이상	10% 인상
4.0점 이상 4.5점 미만	5% 인상
3.0점 이상 4.0점 미만	동결
3.0점 미만	5% 인하

※ 다음 연도 시급의 인상률은 당해 연도 시급 대비 당해 연도 수강생 만족도에 따라 결정됨
※ 강사가 받을 수 있는 시급은 최대 60,000원임

① E강사의 2024년 시급은 45,600원이다.
② 2025년 시급은 D강사가 C강사보다 높다.
③ 2024년과 2025년의 시급 차이가 가장 큰 강사는 C이다.
④ C강사의 2023년 수강생 만족도 점수는 4.5점 이상이다.

36 다음은 K국 국회의원의 SNS(소셜네트워크서비스) 이용자 수 현황에 대한 자료이다. 이를 이용하여 작성한 그래프로 옳지 않은 것은?(단, 소수점 둘째 자리에서 반올림한다)

〈K국 국회의원의 SNS 이용자 수 현황〉

(단위 : 명)

구분	정당	당선 횟수별				당선 유형별		성별	
		초선	2선	3선	4선 이상	지역구	비례대표	남자	여자
여당	A	82	29	22	12	126	19	123	22
야당	B	29	25	13	6	59	14	59	14
	C	7	3	1	1	7	5	10	2
합계		118	57	36	19	192	38	192	38

① 국회의원의 여야별 SNS 이용자 수

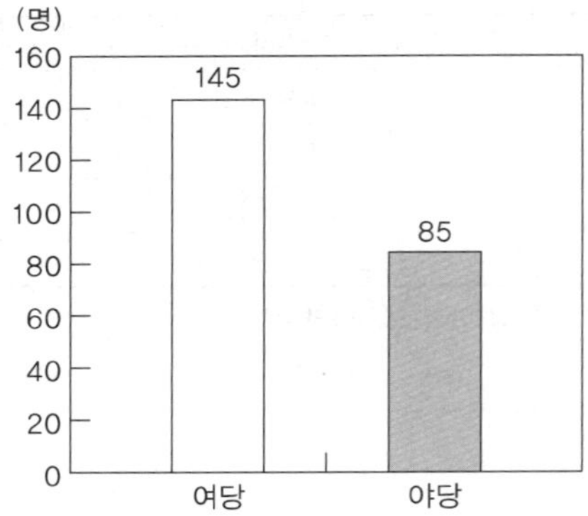

② 남녀 국회의원의 여야별 SNS 이용자 구성비

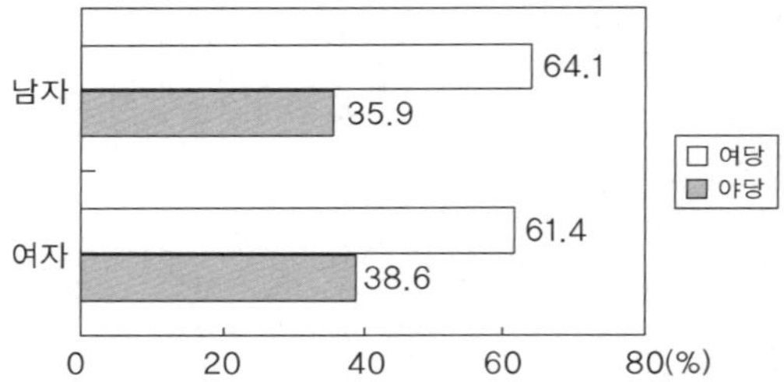

③ 야당 국회의원의 당선 횟수별 SNS 이용자 구성비

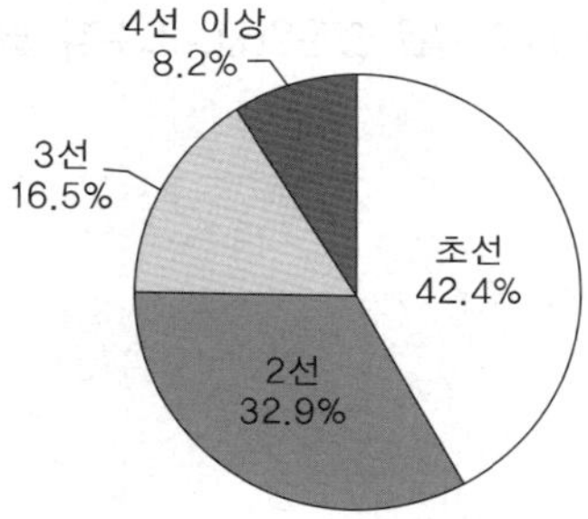

④ 2선 이상 국회의원의 정당별 SNS 이용자 수

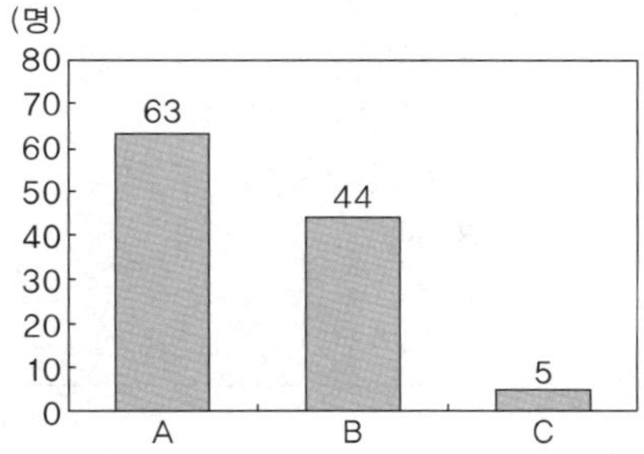

37 다음은 2025년 3월에 가구주들이 노후 준비방법에 대해 응답한 자료를 반영한 그래프이다. 구성비가 가장 큰 항목의 구성비 대비 네 번째로 구성비가 큰 항목의 구성비의 비율로 옳은 것은?(단, 소수점 둘째 자리에서 반올림한다)

〈노후 준비방법〉

(단위 : %)

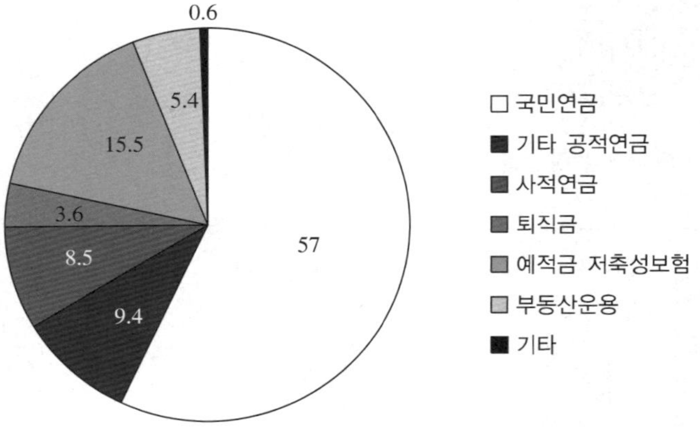

① 11.2%
② 14.9%
③ 17.4%
④ 19.1%

※ 다음은 2015 ~ 2024년 기초생활보장 수급자 현황에 대한 그래프이다. 이어지는 질문에 답하시오. **[38~39]**

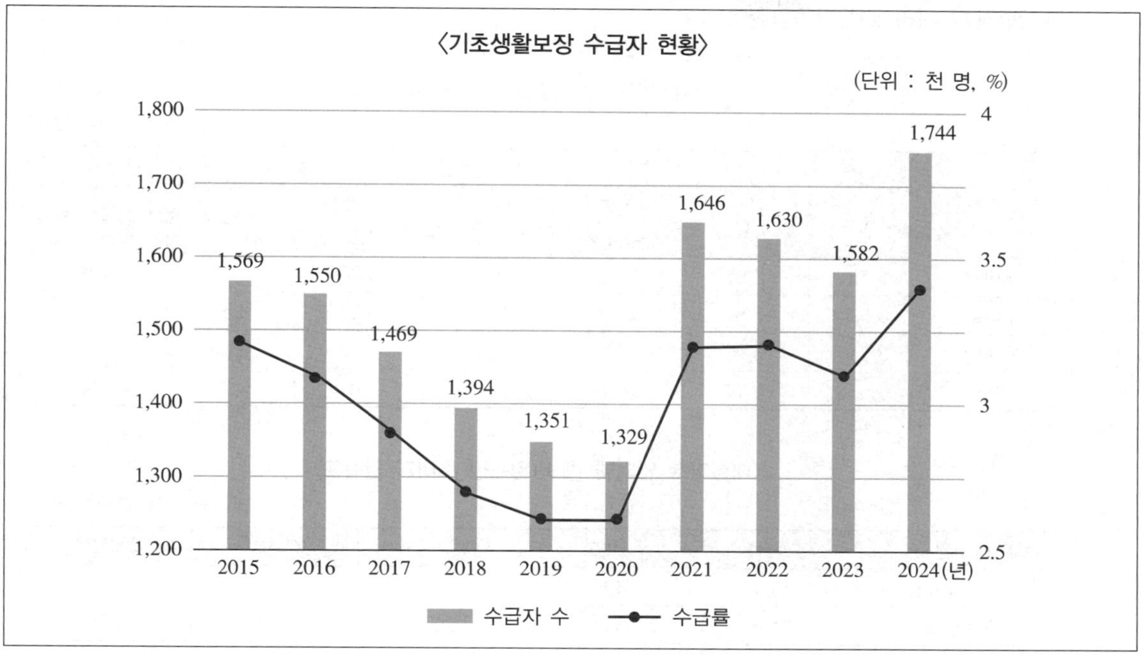

38 다음 중 2017년 대비 2021년 수급자 수의 증가율로 옳은 것은?(단, 증가율은 소수점 둘째 자리에서 반올림한다)

① 4.5%
② 9.0%
③ 12.0%
④ 15.4%

39 다음 중 수급률 대비 수급자 수의 값이 가장 큰 연도는?

① 2016년
② 2018년
③ 2020년
④ 2021년

40 다음은 대형마트 이용자를 대상으로 소비자 만족도를 조사한 결과이다. 이에 대한 설명으로 옳은 것은?(단, 소수점 셋째 자리에서 반올림한다)

〈대형마트 업체별 소비자 만족도〉

(단위 : 점/5점 만점)

구분	종합 만족도	서비스 품질					서비스 쇼핑 체험
		쇼핑 체험 편리성	상품 경쟁력	매장환경 / 시설	고객접점 직원	고객관리	
A마트	3.72	3.97	3.83	3.94	3.70	3.64	3.48
B마트	3.53	3.84	3.54	3.72	3.57	3.58	3.37
C마트	3.64	3.96	3.73	3.87	3.63	3.66	3.45
D마트	3.56	3.77	3.75	3.44	3.61	3.42	3.33

〈대형마트 인터넷 · 모바일쇼핑 소비자 만족도〉

(단위 : %, 점/5점 만점)

구분	이용률	A마트	B마트	C마트	D마트
인터넷쇼핑	65.4	3.88	3.80	3.88	3.64
모바일쇼핑	34.6	3.95	3.83	3.91	3.69

① 인터넷쇼핑과 모바일쇼핑의 소비자 만족도가 가장 큰 차이를 보이는 곳은 D마트이다.

② 종합만족도는 5점 만점에 평균 3.61점이며, 업체별로는 A마트가 가장 높고, C마트, B마트, D마트 순서로 나타났다.

③ 서비스 품질 부문에 있어 대형마트는 평균적으로 쇼핑 체험 편리성에 대한 만족도가 상대적으로 가장 높게 평가되었으며, 반대로 고객접점직원 서비스가 가장 낮게 평가되었다.

④ 대형마트를 이용하면서 느낀 감정이나 기분을 반영한 서비스 쇼핑 체험 부문의 만족도는 평균 3.41점으로 서비스 품질 부문들보다 낮았다.

41 K씨는 진찰을 받기 위해 병원에 갔다. 진찰 대기자는 K씨를 포함하여 총 5명이 있다. 이들의 순서가 다음의 〈조건〉을 모두 만족한다면, K씨는 몇 번째로 진찰을 받을 수 있는가?

〈조건〉

- A는 B의 바로 앞에 이웃하여 있다.
- A는 C보다 뒤에 있다.
- K는 A보다 앞에 있다.
- K와 D 사이에는 2명이 있다.

① 첫 번째　　② 두 번째
③ 세 번째　　④ 네 번째

42 K사에서는 직원들의 복리후생을 위해 이번 주말에 무료 요가강의를 제공할 계획이다. A사원, B사원, C주임, D대리, E대리, F과장 6명이 있으며, 요가강의에 참여할 직원들에 대한 다음 〈조건〉에 따를 때, 이번 주말에 열리는 무료 요가강의에 참석할 직원들의 최대 수는?

〈조건〉

- C주임과 D대리 중 1명만 참석한다.
- B사원이 참석하면 D대리는 참석하지 않는다.
- C주임이 참석하면 A사원도 참석한다.
- D대리가 참석하면 E대리는 참석하지 않는다.
- E대리는 반드시 참석한다.

① 2명　　② 3명
③ 4명　　④ 5명

43 자동차 외판원인 A～F 6명의 판매실적에 대한 다음 〈조건〉을 토대로 바르게 추론한 것은?

〈조건〉

- A는 B보다 실적이 높다.
- C는 D보다 실적이 낮다.
- E는 F보다 실적이 낮지만, A보다는 높다.
- B는 D보다 실적이 높지만, E보다는 낮다.

① 실적이 가장 높은 외판원은 F이다.
② 외판원 C의 실적은 꼴찌가 아니다.
③ B의 실적보다 낮은 외판원은 3명이다.
④ 외판원 E의 실적이 가장 높다.

44 다음 〈조건〉에 따라 K대회 예선이 진행된다. 갑이 심사위원장을 알아내고자 할 때, 〈보기〉 중 옳은 것을 모두 고르면?

〈조건〉

- 예선의 심사위원은 심사위원장 1인을 포함하여 총 4인이며, 그중 누가 심사위원장인지 참가자에게 공개되지 않는다.
- 심사위원은 참가자의 노래를 들은 후 동시에 ○ 또는 ×의 결정을 내리며, 다수결에 의해 예선 통과 여부가 결정된다.
- 만약 ○와 ×를 결정한 심사위원의 수가 같다면, 심사위원장이 ○ 결정을 한 경우 통과, × 결정을 한 경우 탈락한다.
- 4명의 참가자들은 어떤 심사위원이 자신에게 ○ 또는 × 결정을 내렸는지와 통과 또는 탈락 여부를 정확히 기억하여 갑에게 알려주었다.

〈보기〉

㉠ 4명의 참가자가 모두 심사위원 3인의 ○ 결정으로 통과했다면, 갑은 심사위원장을 알아낼 수 없다.
㉡ 4명의 참가자가 모두 같은 2인의 심사위원에게만 ○ 결정을 받아 탈락했다면, 갑은 심사위원장을 알아낼 수 있다.
㉢ 4명의 참가자가 모두 2인의 심사위원에게만 ○ 결정을 받았고, ○ 결정을 한 심사위원의 구성이 모두 다르다면, 갑은 심사위원장을 알아낼 수 있다.

① ㉠
② ㉡
③ ㉠, ㉢
④ ㉡, ㉢

45 다음 글과 〈조건〉을 바탕으로 바르게 추론한 것을 〈보기〉에서 모두 고르면?

(가) ~ (마)팀이 현재 수행하고 있는 과제의 수는 다음과 같다.
– (가)팀 : 0개
– (나)팀 : 1개
– (다)팀 : 2개
– (라)팀 : 2개
– (마)팀 : 3개
이 과제에 추가하여 8개의 새로운 과제 a, b, c, d, e, f, g, h를 다음 〈조건〉에 따라 (가) ~ (마)팀에 배정한다.

〈조건〉

- 어느 팀이든 새로운 과제를 적어도 하나는 맡아야 한다.
- 기존에 수행하던 과제를 포함해서 한 팀이 맡을 수 있는 과제는 최대 4개이다.
- 기존에 수행하던 과제를 포함해서 과제 4개를 맡는 팀은 둘이다.
- a, b는 한 팀이 맡아야 한다.
- c, d, e는 한 팀이 맡아야 한다.

〈보기〉

㉠ a를 (나)팀이 맡을 수 없다.
㉡ f를 (가)팀이 맡을 수 있다.
㉢ 기존에 수행하던 과제를 포함해서 과제 2개를 맡는 팀이 반드시 있다.

① ㉠
② ㉡
③ ㉠, ㉢
④ ㉡, ㉢

※ 다음은 A ~ D사원의 6월 근태 현황 중 일부를 나타낸 자료이다. 이어지는 질문에 답하시오. **[46~47]**

〈6월 근태 현황〉

(단위 : 회)

구분	A사원	B사원	C사원	D사원
지각	1			1
결근				
야근				2
근태 총점수(점)	0	−4	−2	0

〈6월 근태 정보〉

- 근태는 지각(−1점), 결근(−1점), 야근(+1점)으로 이루어져 있다.
- A, B, C, D사원의 근태 총점수는 각각 0점, −4점, −2점이다.
- A, B, C사원은 지각, 결근, 야근을 각각 최소 1회, 최대 3회 하였고 각 근태 횟수는 모두 달랐다.
- A사원은 지각을 1회 하였다.
- 야근은 A사원이 가장 많이 했다.
- 지각은 B사원이 C사원보다 적게 했다.

46 다음 중 항상 옳은 것은?

① 지각을 제일 많이 한 사람은 C사원이다.
② B사원은 결근을 2회 했다.
③ C사원은 야근을 1회 했다.
④ A사원은 결근을 3회 했다.

47 다음 중 지각보다 결근을 많이 한 사람은?

① A사원, B사원
② A사원, C사원
③ B사원, C사원
④ C사원, D사원

48 다음은 A와 B의 시계조립 작업지시서이다. 〈조건〉에 따라 작업할 때, B의 최종 완성 시간과 유휴 시간은 각각 얼마인가?(단, 이동 시간은 고려하지 않는다)

〈작업지시서〉

• 각 공작 기계 및 소요 시간
  1. 앞면 가공용 A공작 기계 : 20분
  2. 뒷면 가공용 B공작 기계 : 15분
  3. 조립 : 5분

• 공작 순서
  시계는 1대씩 만들며 A는 앞면부터 가공하여 뒷면 가공 후 조립하고, B는 뒷면부터 가공하여 앞면 가공 후 조립하기로 하였다.

〈조건〉

• A, B공작 기계는 1대씩이며 모두 사용해야 하고, 2명이 동시에 작업을 시작한다.
• 조립은 가공이 이루어진 후 즉시 실시한다.
• 완성된 시계는 작동하기 전에 조립에 걸리는 시간만큼 유휴 시간을 가진다.

	최종 완성 시간	유휴 시간
①	40분	5분
②	45분	5분
③	45분	10분
④	50분	5분

※ 유통업체인 K사는 유통대상의 정보에 따라 12자리로 구성된 분류코드를 부여하여 관리하고 있다. 이어지는 질문에 답하시오. **[49~50]**

〈분류코드 생성 방법〉

- 분류코드는 한 개 상품당 하나가 부과된다.
- 분류코드는 '발송코드 – 배송코드 – 보관코드 – 운송코드 – 서비스코드'가 순서대로 연속된 12자리 숫자로 구성되어 있다.
- 발송지역

발송지역	발송코드	발송지역	발송코드	발송지역	발송코드
수도권	a1	강원	a2	경상	b1
전라	b2	충청	c4	제주	t1
기타	k9	–	–	–	–

※ 수도권은 서울, 경기, 인천 지역임

- 배송지역

배송지역	배송코드	배송지역	배송코드	배송지역	배송코드
서울	011	인천	012	강원	021
경기	103	충남	022	충북	203
경남	240	경북	304	전남	350
전북	038	제주	040	광주	042
대구	051	부산	053	울산	062
대전	071	세종	708	기타	009

- 보관구분

보관품목	보관코드	보관품목	보관코드	보관품목	보관코드
냉동	FZ	냉장	RF	파손주의	FG
고가품	HP	일반	GN	–	–

- 운송수단

운송수단	운송코드	운송수단	운송코드	운송수단	운송코드
5톤 트럭	105	15톤 트럭	115	30톤 트럭	130
항공 운송	247	열차 수송	383	기타	473

- 서비스 종류

배송서비스	서비스코드	배송서비스	서비스코드	배송서비스	서비스코드
당일 배송	01	지정일 배송	02	일반 배송	10

49 **다음 분류코드에서 확인할 수 있는 정보가 아닌 것은?**

c4304HP11501

① 해당 제품은 충청지역에서 발송되어 경북지역으로 배송되는 제품이다.
② 냉장보관이 필요한 제품이다.
③ 15톤 트럭에 의해 배송될 제품이다.
④ 당일 배송 서비스가 적용된 제품이다.

50 **다음 정보를 근거로 할 때, A제품에 적용될 분류코드는?**

〈정보〉

- A제품은 K업체가 7월 5일에 경기도에서 울산지역에 위치한 구매자에게 발송한 제품이다.
- 수산품인 만큼 냉동 보관이 필요하며, 발송자는 택배 도착일을 7월 7일로 지정하였다.
- A제품은 5톤 트럭을 이용해 배송된다.

① k9062RF10510
② a1062FZ10502
③ a1062FZ11502
④ a1103FZ10501

※ 다음은 K아동병원의 8월 진료스케줄을 안내한 자료이다. 이어지는 질문에 답하시오. **[51~52]**

〈K아동병원 8월 진료스케줄〉

(◎ : 휴진, ● : 진료, ★ : 당직)

구분	일	월			화			수			목			금			토	
		오전	오후	야간	오전	오후	야간	오전	오후	야간	오전	오후	야간	오전	오후	야간	오전	오후
1주 차	〈진료시간〉 평일 : 오전 9시 ~ 오후 8시 공휴일(토, 일) : 오전 9시 ~ 오후 5시 점심시간 : 오후 12시 30분 ~ 오후 2시							1			2			3			4	
의사 A								●	●		●	●		●	●		●	●
의사 B								◎	◎	◎	◎	◎	◎	◎	◎	◎	◎	◎
의사 C								●	●		●	●			●	★	●	●
의사 D								●			◎	◎	◎	◎	◎	◎	◎	◎
의사 E									●	★		●	★	●	●		●	●
2주 차	5	6			7			8			9			10			11	
의사 A			●	★	●	●			●	★	●	●		●			●	●
의사 B	●	●	●			●	★	●			●	●		●	●		●	●
의사 C		●	●		●	●		●	●		◎	◎	◎		●	★	●	●
의사 D	◎	◎	◎	◎	◎	◎	◎	◎	◎	◎	◎	◎	◎	◎	◎	◎	◎	◎
의사 E		●	●		●			●	●			●	★	●	●		●	●
3주 차	12	13			14			15(광복절)			16			17			18	
의사 A	●		●	★	●	●		◎	◎	◎	●	●		●			●	●
의사 B		●	●		●			◎	◎	◎	●	●		●	●	★	●	●
의사 C	●	●	●		●	●		●	●	★	●				●		●	●
의사 D		●	●			●	★	●	●			●	★	●	●		●	●
의사 E		◎	◎	◎	◎	◎	◎	◎	◎	◎	◎	◎	◎	◎	◎	◎	◎	◎

51 다음 중 위 자료를 이해한 내용으로 옳지 않은 것은?

① 2 ~ 3주 차에 당직을 가장 많이 하는 의사는 A이다.
② 의사 D는 8월 2일부터 11일까지 휴진이다.
③ 2주 차 월 ~ 토요일 오전에 근무하는 의사는 요일마다 3명 이상이다.
④ 1 ~ 3주 차 동안 가장 많은 의사가 휴진하는 날은 광복절이다.

52 직장인 S씨는 아들의 예방접종을 위해 진료를 예약하려고 한다. 오후에 출근하는 S씨는 8월 2 ~ 3주 차 중 평일 오전에 하루 시간을 내려고 하며, 아들이 평소에 좋아하는 의사 A에게 진료를 받고자 할 때, 다음 중 예약날짜로 적절한 날짜는?

① 8월 3일
② 8월 8일
③ 8월 9일
④ 8월 13일

※ K공사 인사팀 팀원 6명이 회식을 하기 위해 이탈리안 레스토랑에 방문하였고 다음과 같이 주문하였다. 이어지는 질문에 답하시오. [53~54]

- 인사팀은 토마토 파스타 2개, 크림 파스타 1개, 토마토 리소토 1개, 크림 리소토 2개, 콜라 2잔, 사이다 2잔, 주스 2잔을 주문했다.
- 인사팀은 K팀장, L과장, M대리, S대리, H사원, J사원으로 구성되어 있는데, 같은 직급끼리는 같은 소스가 들어가는 요리를 주문하지 않았고, 같은 음료도 주문하지 않았다.
- 각자 좋아하는 요리가 있으면 그 요리를 주문하고, 싫어하는 요리나 재료가 있으면 주문하지 않았다.
- K팀장은 토마토 파스타를 좋아하고, S대리는 크림 리소토를 좋아한다.
- L과장과 H사원은 파스타면을 싫어한다.
- 대리들 중에 콜라를 주문한 사람은 없다.
- 크림 파스타를 주문한 사람은 사이다도 주문했다.
- 토마토 파스타나 토마토 리소토와 주스는 궁합이 안 맞는다고 하여 함께 주문하지 않았다.

53 다음 중 주문한 결과로 옳지 않은 것은?

① 사원들은 중 한 사람은 주스를 주문했다.
② L과장은 크림 리소토를 주문했다.
③ K팀장은 콜라를 주문했다.
④ 토마토 리소토를 주문한 사람은 콜라를 주문했다.

54 다음 중 같은 요리와 음료를 주문한 사람이 바르게 연결된 것은?

① J사원, S대리
② H사원, L과장
③ S대리, L과장
④ M대리, H사원

※ 다음은 K은행의 주택연금대출상품에 대한 자료이다. 이어지는 질문에 답하시오. **[55~56]**

〈주택연금대출〉

■ **상품특징**

• 만 60세 이상의 고령자가 소유주택을 담보로 매월 연금방식으로 노후생활자금을 지급받는 국가 보증의 금융상품(역모기지론)

• 공사에서 연금 가입자를 위해 발급한 보증서를 통해 본 은행이 가입자에게 연금을 지급

■ **가입요건**

(1) 가입가능연령 : 주택소유자가 만 60세 이상
부부 공동으로 주택 소유 시 연장자가 만 60세 이상

(2) 보유주택수 : 다음 중 하나에 해당(부부 기준)

• 1주택을 소유하신 분

• 보유주택 합산가격이 9억 원 이하인 다주택자인 분(상기 외 2주택자는 3년 이내 1주택 처분조건으로 가능)

※ 주택으로 보지 않는 주택

– 문화재로 지정된 주택, 전용면적 $20m^2$ 이하의 주택(아파트 제외)은 주택으로 보지 않음

※ 보유주택수 판단 시 유의사항

– 아파트분양권, 재건축 및 재개발 조합원 입주권은 1주택으로 보지 않음

– 복합용도주택, 임대사업자가 임대 목적으로 보유한 주택은 보유주택수에 포함

– 공동상속주택의 경우 지분이 가장 큰 상속인이 소유한 것으로 봄

– 부부 공동소유주택은 각 지분에 관계없이 1주택으로 봄

(3) 대상주택 : 시가 9억 원 이하의 주택

• 상가 등 복합 용도 주택은 전체 면적 중 주택이 차지하는 면적이 1/2 이상인 경우 가입가능

• 권리침해(가압류 등) 사실이 없는 주택만 가능(이용 중 권리변경 불가)

■ **지급방법**

(1) 월지급금 지급방식 : 종신방식(월지급금을 종신토록 지급받는 방식)

• 종신지급방식 : 인출한도 설정 없이 월지급금을 종신토록 받는 방식

• 종신혼합방식 : 인출한도 설정 후 나머지 부분을 월지급금으로 종신토록 지급받는 방식

(2) 월지급금 지급유형

• 정액형 : 월지급금을 평생 동안 일정한 금액으로 고정하는 방식

• 증가형 : 처음에 적게 받다가 12개월마다 최초 지급금의 3%씩 증가하는 방식

• 감소형 : 처음에 많이 받다가 12개월마다 최초 지급금의 3%씩 감소하는 방식

• 전후후박형 : 초기 10년간은 정액형보다 많이 받다가 11년째부터는 초기 월지급금의 70% 수준으로 받는 방식

※ 이용기간 중 지급방식 변경 가능(3년 내 1회에 한하여 가능)

■ **대출금리**

본 상품은 『3개월 변동 시장금리 및 6개월 변동 신규취급액기준 COFIX』에 따라 적용금리가 변동됨

55 K은행에 근무 중인 귀하에게 고객 문의가 접수되었다. 다음 질문에 대한 답변으로 옳지 않은 것은?

> 고객 : 안녕하세요. 은퇴 후에 생활자금으로 주택연금대출을 이용해 볼까 고민하고 있어요. K은행 홈페이지에 가서 살펴봤는데도 이해가 잘 안 되네요. 주택연금대출에 대해서 설명해 주세요.

① 주택연금대출은 시가 9억 원 이하의 주택을 보유하고 있는 만 60세 이상의 고령자를 대상으로 하는 상품입니다.

② 주택소유자가 만 60세 이상이어야 하지만 부부 공동소유 시에는 부부 중 연장자가 만 60세 이상이면 가입 가능합니다.

③ 2주택의 합산가액이 9억 원 이하이더라도 3년 이내에 1주택을 처분하는 조건으로 했을 경우에만 가입이 가능합니다.

④ 연금지급방식은 종신방식으로 취급하고 있으며 평생 일정한 금액을 받는 정액형과, 초기 10년간은 정액형보다 많이 받다가 11년째부터는 적게 받는 전후후박형 등이 있습니다.

56 귀하는 5명의 고객으로부터 주택연금대출 가입신청 상담을 요청받았다. 다음 중 주택연금대출에 가입할 수 없는 고객은 모두 몇 명인가?

〈주택연금대출 가입신청 고객 정보〉

구분	신청자 연령 (배우자 연령)	주택소유형태 (신청자 기준)	보유주택수 (주택유형)	주택가액	기타
A	만 62세 (만 58세)	단독소유	1 (아파트)	3억 원	–
B	만 57세 (만 63세)	단독소유	1 (단독주택)	5억 원	–
C	만 59세 (만 62세)	부부공동소유	2 (아파트)	8억 원	1년 후 1주택 처분 예정
D	만 68세 (만 55세)	부부공동소유	1 (아파트)	4억 원	이외 임대사업으로 4주택 보유 (가액 : 10억 원)
E	만 67세 (만 64세)	단독소유	2 (전원주택, 아파트)	9억 원	이외 전용면적 $18m^2$ 아파트 보유 (가액 : 1억 원)

① 1명　　② 2명

③ 3명　　④ 4명

57 다음은 중국에 진출한 프랜차이즈 커피전문점에 대해 SWOT 분석을 한 결과이다. 〈보기〉의 빈칸 (가) ~ (라)에 들어갈 전략이 바르게 연결된 것은?

〈프랜차이즈 커피전문점 SWOT 분석 결과〉

S(강점)	W(약점)
• 풍부한 원두커피의 맛 • 독특한 인테리어 • 브랜드 파워 • 높은 고객 충성도	• 낮은 중국 내 인지도 • 높은 시설비 • 비싼 임대료
O(기회)	**T(위협)**
• 중국 경제 급성장 • 서구문화에 대한 관심 • 외국인 집중 • 경쟁업체 진출 미비	• 중국의 차 문화 • 유명 상표 위조 • 커피 구매 인구의 감소

〈보기〉

(가)	(나)
• 브랜드가 가진 미국 고유문화 고수 • 독특하고 차별화된 인테리어 유지 • 공격적 점포 확장	• 외국인 많은 곳에 점포 개설 • 본사 직영으로 인테리어
(다)	**(라)**
• 고품질 커피로 상위 소수고객에 집중	• 녹차 향 커피 • 개발 상표 도용 감시

	(가)	(나)	(다)	(라)
①	SO전략	ST전략	WO전략	WT전략
②	WT전략	ST전략	WO전략	SO전략
③	SO전략	WO전략	ST전략	WT전략
④	ST전략	WO전략	SO전략	WT전략

※ 귀하는 K외식업체에서 근무하고 있으며, 최근 개점한 한식 뷔페 ○○지점의 고객현황을 분석하여 다음과 같은 결과를 도출하였다. 이어지는 질문에 답하시오. **[58~60]**

〈한식 뷔페 ○○지점 고객현황〉

■ 일반현황

- 운영시간 : 런치 11:00 ~ 15:00, 디너 16:00 ~ 20:00
- 장소 : 서울 서초구 서초대로 ○○길
- 직원 수 : 30명
- 수용인원 : ___명

■ 주요 시간대별 고객출입현황

- 런치

11:00 ~ 11:30	11:30 ~ 12:30	12:30 ~ 13:30	13:30 ~ 14:30
20명	2분당 +3명, 5분당 −1명	1분당 +2명, 6분당 −5명	5분당 +6명, 3분당 −2명

- 디너

16:00 ~ 16:30	16:30 ~ 17:30	17:30 ~ 18:30	18:30 ~ 19:30
20명	2분당 +7명, 3분당 −7명	1분당 +3명, 5분당 −6명	5분당 +4명, 3분당 −3명

※ 주요 시간대별 개장 후 30분 동안은 고객의 추가 출입이 없음
※ 주요 시간대별 마감 전 30분 동안은 고객을 받지 않음

58 귀하가 12:00에 매장에서 식사하고 있는 고객 수를 세어 보았다면 총 몇 명인가?

① 58명
② 59명
③ 60명
④ 61명

59 런치가격이 10,000원이고, 디너가격이 15,000원이라면 하루 동안 벌어들이는 매출액은 얼마인가?

① 6,850,000원
② 7,700,000원
③ 9,210,000원
④ 9,890,000원

60 조사 당일에 만석이었던 적이 한 번 있었다고 한다면, 매장의 좌석은 모두 몇 석인가?

① 200석
② 208석
③ 220석
④ 236석

| 01 | 국민건강보험법

61 다음 중 건강보험증에 대한 설명으로 옳지 않은 것은?

① 부득이한 사유가 있을 경우 직계존속에 한해 건강보험증을 양도·대여하여 보험급여를 받게 할 수 있다.
② 자격을 상실하였을 경우 상실 이전 자격을 증명하던 건강보험증을 사용하여 보험급여를 받을 수 없다.
③ 천재지변이나 부득이한 사유가 있을 경우 건강보험증을 요양기관에 제출하지 않아도 요양급여를 받을 수 있다.
④ 주민등록증으로 요양기관이 자격을 확인할 수 있을 경우 건강보험증을 제출하지 않아도 요양급여를 받을 수 있다.

62 국민건강보험공단은 가입자 및 피부양자의 자격관리, 보험료의 부과·징수, 보험급여의 관리 등 건강보험사업의 수행을 위해서 자료를 제공하도록 요청할 수 있다. 다음 중 해당 자료로 옳지 않은 것은?

① 국세
② 주민등록
③ 출입국관리
④ 상속세

63 다음 〈보기〉 중 국민건강보험법상 요양급여를 받을 수 있는 경우를 모두 고르면?

〈보기〉

㉠ 진찰·검사
㉡ 간호
㉢ 수술 및 그 밖의 치료
㉣ 장례
㉤ 재활

① ㉠, ㉡, ㉢, ㉣
② ㉠, ㉡, ㉢, ㉤
③ ㉠, ㉢, ㉣, ㉤
④ ㉡, ㉢, ㉣, ㉤

64 **다음 〈보기〉 중 국민건강보험법상 건강보험 자격이 변동되는 경우로 옳은 것을 모두 고르면?**

〈보기〉

㉠ 지역가입자가가 적용대상사업장의 사용자가 된 날
㉡ 직장가입자인 근로자가 사용관계가 끝난 날
㉢ 지역가입자가 다른 세대로 전입한 날
㉣ 직장가입자가 다른 적용대상사업장의 사용자나 근로자 등으로 사용된 다음 날

① ㉠, ㉡
② ㉠, ㉢
③ ㉡, ㉢
④ ㉢, ㉣

65 **다음 중 보험료 등의 충당, 환급 등에 대한 설명으로 옳지 않은 것은?**

① 납부의무자가 보험료 등으로 낸 금액 중 과오납부한 금액이 있으면 그 과오납금을 보험료 등에 우선 충당한다.
② 납부의무자가 체납처분비로 낸 금액 중 과오납부한 금액이 있으면 그 과오납금을 연체금 또는 체납처분비에 우선 충당한다.
③ 충당하고 남은 금액이 있으면 납부의무자에게 환급하여야 한다.
④ 과오납급을 환급할 경우에는 이자를 가산하지 않는다.

66 **다음 중 국민건강보험법상 보험료의 부담에 대한 설명으로 옳지 않은 것은?**

① 직장가입자의 보수 외 소득월액보험료는 직장가입자가 부담한다.
② 지역가입자의 보험료는 그 가입자가 속한 세대의 지역가입자 전원이 연대하여 부담한다.
③ 직장가입자가 공무원인 경우 그 공무원이 소속되어 있는 국가는 보험료의 100분의 30을 부담한다.
④ 직장가입자가 교직원인 경우 사용자가 부담액 전부를 부담할 수 없으면 그 부족액을 학교에 속하는 회계에서 부담하게 할 수 있다.

67 다음은 국민건강보험법상 위반사실의 공표에 대한 설명이다. 빈칸 ㉠, ㉡에 들어갈 내용이 바르게 연결된 것은?

> 보건복지부장관은 관련 서류의 위조·변조로 요양급여비용을 거짓으로 청구하여 업무정지 처분 또는 과징금 등 행정처분을 받은 요양기관에 대하여 위반사실을 공표할 수 있다. 요양기관이 거짓으로 청구한 금액이 ___㉠___ 이상이거나 요양급여비용 총액 중 거짓으로 청구한 금액의 비율이 ___㉡___ 이상인 경우에는 위반사실을 공표할 수 있다.

	㉠	㉡
①	1,000만 원	30%
②	1,500만 원	20%
③	1,500만 원	30%
④	2,500만 원	20%

68 다음 중 국민건강보험 가입자의 보험료의 일부를 경감받을 수 있는 자로 옳지 않은 것은?

① 휴직자
② 60세 이상인 사람
③ 장애인복지법에 따라 등록한 장애인
④ 국가유공자 등 예우 및 지원에 대한 법률에 따른 국가유공자

69 다음 중 국민건강보험법상 보험급여의 정지 기간에 해당하는 경우로 옳지 않은 것은?

① 국내에 여행 중인 경우
② 교도소에 수용되어 있는 경우
③ 국외에서 업무에 종사하고 있는 경우
④ 국외에 여행 중인 경우

70 다음 중 국민건강보험법상 보험료 경감대상자는?

① 65세 노인
② 군인
③ 교도소 수용자
④ 해외여행자

71 다음 글의 빈칸 ㉠~㉢에 들어갈 말이 바르게 연결된 것은?

> 국민건강보험법의 목적은 국민의 ___㉠___ · 부상에 대한 예방 · 진단 · 치료 · 재활과 출산 · ___㉡___ 및 건강증진에 대하여 ___㉢___를 실시함으로써 국민보건 향상과 사회보장 증진에 이바지함을 목적으로 한다.

	㉠	㉡	㉢
①	질병	사망	의료서비스
②	건강	치료	의료서비스
③	질병	재활	의료행위
④	질병	사망	보험급여

72 국민건강보험법상 국내에 거주하는 모든 국민은 원칙적으로 건강보험의 가입자 또는 피부양자가 된다. 다음 중 건강보험 적용 대상 제외자로 볼 수 없는 것은?

① 의료급여법에 따라 의료급여를 받는 사람

② 건강보험을 적용받고 있던 사람이 유공자 등 의료보호대상자로 되었으나 건강보험의 적용배제신청을 보험자에게 하지 아니한 사람

③ 독립유공자예우에 대한 법률에 따라 의료보호를 받는 사람

④ 국가유공자 등 예우 및 지원에 대한 법률에 따라 의료보호를 받는 사람

73 다음 중 국민건강보험법상 가입자 자격의 변동 시기로 옳지 않은 것은?

① 지역가입자가 적용대상사업자의 근로자 · 공무원 또는 교직원으로 사용된 날

② 지역가입자가 다른 세대로 전입한 날의 다음 날

③ 직장가입자인 근로자 · 공무원 또는 교직원이 그 사용관계가 끝난 날의 다음 날

④ 직장가입자가 다른 적용대상사업자의 근로자 · 공무원 또는 교직원으로 사용된 날

74 임산부 A는 갑작스러운 진통으로 인해 부득이하게 집에서 아기를 출산하였다. 이러한 경우 A가 법에 따라 받을 수 있는 보험급여는?

① 요양급여

② 건강검진

③ 부가급여

④ 요양비

75 **다음 중 국민건강보험법상 2년 이하의 징역 또는 2,000만 원 이하의 벌금에 처하는 경우는?**

① 대행청구단체의 종사자로서 거짓이나 그 밖의 부정한 방법으로 요양급여비용을 청구한 자
② 업무를 수행하면서 알게 된 정보를 누설하거나 직무상 목적 외의 용도로 이용 또는 제3자에게 제공한 자
③ 요양비 명세서나 요양 명세를 적은 영수증을 내주지 아니한 자
④ 거짓이나 그 밖의 부정한 방법으로 보험급여를 받거나 타인으로 하여금 보험급여를 받게 한 자

76 **다음 중 건강보험정책에 관한 사항을 심의·의결하기 위하여 보건복지부장관 소속으로 있는 건강보험정책 심의위원회에 대한 설명으로 옳은 것은?**

① 심의위원회 위원의 임기는 2년으로 한다.
② 심의위원회의 운영 등에 필요한 사항은 보건복지부령으로 정한다.
③ 심의위원회의 위원장은 보건복지부장관이다.
④ 위원장 1명과 부위원장 1명을 포함하여 25명의 위원으로 구성한다.

77 **다음 중 국민건강보험법상 국민건강보험공단에 적용되는 사항으로 옳지 않은 것은?**

① 국민건강보험법과 공공기관의 운영에 관한 법률에서 정한 사항 외에는 민법 중 재단법인에 관한 규정을 준용한다.
② 이사장의 권한 중 급여의 제한, 보험료의 납입고지 등은 위임할 수 없다.
③ 회계연도마다 결산보고서와 사업보고서를 작성하여 다음해 2월 말일까지 보건복지부장관에게 보고하여야 한다.
④ 조직·인사·보수 및 회계에 관한 규정은 이사회의 의결을 거쳐 보건복지부장관의 승인을 받아 정한다.

78 **다음 중 국민건강보험법상 국민건강보험 자격에 대한 설명으로 옳지 않은 것은?**

① 지역가입자가 적용대상사업장의 사용자로 되거나 근로자·공무원 또는 교직원으로 사용되어 국민건강보험 자격이 변동된 경우 직장가입자의 사용자가 보험자에게 그 명세를 신고하여야 한다.

② 지역가입자가 다른 세대로 전입하여 국민건강보험 자격이 변동된 경우 지역가입자의 세대주가 그 명세를 보험자에게 신고하여야 한다.

③ 직장가입자가 다른 적용대상사업장의 사용자로 되거나 근로자 등으로 사용되어 국민건강보험 자격이 변동된 경우 지역가입자의 세대주가 그 명세를 보험자에게 신고하여야 한다.

④ 직장가입자인 근로자 등이 그 사용관계가 끝나 국민건강보험 자격이 변동된 경우 지역가입자의 세대주가 그 명세를 보험자에게 신고하여야 한다.

79 **다음 중 국민건강보험법상 보험료 납부의무에 대한 설명으로 옳지 않은 것은?**

① 소득월액보험료는 직장가입자가 납부한다.

② 보수월액보험료는 사용자가 납부하며, 사업장의 사용자가 2명인 경우 정해진 1명의 사용자가 해당 직장가입자의 보험료를 납부한다.

③ 지역가입자의 보험료는 그 가입자가 속한 세대의 지역가입자 전원이 연대하여 납부한다.

④ 소득 및 재산이 없는 미성년자는 납부의무를 부담하지 않는다.

80 **다음 중 국민건강보험법의 목적에서 보험급여의 범위가 아닌 것은?**

① 건강증진

② 부상에 대한 예방·진단·치료·재활

③ 출산 및 사망

④ 고의사고

| 02 | 노인장기요양보험법

61 **다음 〈보기〉 중 시장이 장기요양기관을 지정할 때에 검토하여야 할 내용을 모두 고르면?**

〈보기〉

㉠ 장기요양기관을 운영하려는 자의 장기요양급여 제공 이력
㉡ 장기요양서비스와 안전확인 등의 보호조치 계획
㉢ 장기요양기관의 운영 계획
㉣ 노인에 대한 현황조사 및 관리 계획

① ㉠, ㉡
② ㉠, ㉢
③ ㉠, ㉡, ㉢
④ ㉠, ㉡, ㉣

62 **다음 중 장기요양위원회의 구성에 대한 설명으로 옳지 않은 것은?**

① 위원장은 1인, 부위원장은 1인이다.
② 16인 이상 22인 이하의 위원으로 구성한다.
③ 위원장은 보건복지부장관이 된다.
④ 부위원장은 위원 중에서 위원장이 지명한다.

63 **다음 중 노인장기요양보험법상 장기요양기관의 의무로 옳지 않은 것은?**

① 장기요양급여신청을 받은 때 장기요양급여의 제공을 거부하여서는 아니 된다.
② 수급자에게 장기요양급여비용에 대한 명세서를 교부하여야 한다.
③ 장기요양급여 제공에 대한 자료를 거짓으로 작성하여서는 아니 된다.
④ 영리를 목적으로 수급자가 부담하는 본인부담금을 감경할 수 있다.

64 다음 글의 빈칸에 들어갈 말로 옳은 것은?

> 공단은 시설에서 재가급여 또는 시설급여에 상당한 장기요양급여를 받은 경우 해당 장기요양급여비용의 일부를 해당 수급자에게 ________로 지급할 수 있다.

① 가족요양비
② 요양병원간병비
③ 시설급여비
④ 특례요양비

65 다음 중 국가가 매년 예산의 범위에서 공단에 지원하는 금액은?

① 장기요양보험료 예상수입액의 100분의 5
② 장기요양보험료 예상수입액의 100분의 10
③ 장기요양보험료 예상수입액의 100분의 15
④ 장기요양보험료 예상수입액의 100분의 20

66 다음 〈보기〉 중 노인장기요양보험법상 장기요양기관 지정을 반드시 취소하여야 하는 경우로 옳은 것을 모두 고르면?

〈보기〉

> ㉠ 거짓이나 그 밖의 부정한 방법으로 지정을 받은 경우
> ㉡ 폐업 또는 휴업 신고를 하지 아니하고 1년 이상 장기요양급여를 제공하지 아니한 경우
> ㉢ 업무정지기간 중에 장기요양급여를 제공한 경우
> ㉣ 사업자등록이나 고유번호가 말소된 경우

① ㉠, ㉡
② ㉠, ㉢
③ ㉠, ㉡, ㉢
④ ㉠, ㉡, ㉢, ㉣

67 다음 중 장기요양보험에 대한 설명으로 옳은 것은?

① 장기요양보험사업의 보험자는 보건복지부로 한다.
② 장기요양보험사업은 행정안전부장관이 관장한다.
③ 장기요양보험가입자는 국민연금법에 따른 가입자로 한다.
④ 공단은 장기요양보험료를 징수한다.

68 다음 〈보기〉 중 장기요양기관의 결격사유에 해당하는 것을 모두 고르면?

〈보기〉

㉠ 미성년자 ㉡ 피한정후견인
㉢ 정신질환자 ㉣ 파산선고를 받고 복권이 된 사람
㉤ 마약류에 중독된 사람

① ㉠, ㉡, ㉢, ㉣ ② ㉠, ㉡, ㉢, ㉤
③ ㉠, ㉡, ㉣, ㉤ ④ ㉠, ㉢, ㉣, ㉤

69 다음 글의 빈칸에 들어갈 수 없는 것은?

장기요양기관을 운영하려는 자는 소재지를 관할 구역으로 하는 ________(으)로부터 지정을 받아야 한다.

① 특별자치시장 ② 특별자치도지사
③ 구청장 ④ 국민건강보험공단

70 다음 중 공단이 장기요양급여를 받고 있거나 받을 수 있는 자에 대해 장기요양인정 신청의 조사를 할 수 있는 경우가 아닌 것은?

① 거짓으로 장기요양인정을 받은 경우
② 부정한 방법으로 장기요양인정을 받은 경우
③ 고의로 사고를 발생하도록 한 경우
④ 가족이 대신 신청하여 장기요양인정을 받은 경우

71 다음 중 대통령령으로 정하는 바에 따라 장기요양보험료의 전부 또는 일부를 감면받을 수 있는 자는?

① 기초생활수급자
② 부양해줄 자녀가 없는 자
③ 장애인 또는 이와 유사한 자
④ 독립유공자와 그 후손

72 다음 중 장기요양기관이 폐업하거나 휴업하고자 하는 경우 수급자의 권익을 보호하기 위하여 취하여야 할 조치가 아닌 것은?

① 해당 장기요양기관을 이용하는 수급자가 다른 장기요양기관을 선택하여 이용할 수 있도록 계획을 수립하는 조치
② 해당 장기요양기관에서 수급자가 부담한 비용 중 정산하여야 할 비용이 있는 경우 이를 정산하는 조치
③ 장기요양급여를 제공하였는지 평가를 실시하고 그 결과를 공단의 홈페이지 등에 공표하는 조치
④ 그 밖에 수급자의 권익 보호를 위하여 필요하다고 인정되는 조치로서 보건복지부령으로 정하는 조치

73 다음 중 장기요양사업의 정기적 실태조사 시기로 옳은 것은?

① 1년마다
② 2년마다
③ 3년마다
④ 5년마다

74 다음 중 노인장기요양보험법의 목적으로 옳은 것은?

① 노후의 건강증진 및 생활안정 도모
② 노인의 질환을 사전예방
③ 노인의 질환을 조기발견
④ 질환상태에 따른 적절한 치료

75 다음 중 공표 여부 등을 심의하기 위하여 설치 · 운영할 수 있는 것은?

① 공표심의위원회
② 공표합의위원회
③ 등급판정위원회
④ 장기요양위원회

76 다음은 장기요양기관 지정의 갱신에 대한 내용이다. 빈칸에 들어갈 말을 순서대로 바르게 나열한 것은?

> • 장기요양기관의 장은 지정의 유효기간이 끝난 후에도 계속하여 그 지정을 유지하려는 경우에는 지정 유효기간이 끝나기 ______ 전까지 지정 갱신을 신청하여야 한다.
> • 특별자치시장 · 특별자치도지사 · 시장 · 군수 · 구청장은 갱신 심사를 완료한 경우 그 결과를 지체 없이 해당 장기요양기관의 장에게 ______하여야 한다.

① 30일, 신고　② 30일, 통보
③ 90일, 신고　④ 90일, 통보

77 다음 중 노인장기요양보험법상 장기요양급여에 해당하지 않는 것은?

① 시설급여　② 가족요양비
③ 특례요양비　④ 장의비

78 다음 중 지정권자의 지정을 받지 않고 장기요양기관을 운영한 사람이 받게 되는 처벌은?

① 2년 이하의 징역 또는 2,000만 원 이하의 벌금
② 1년 이하의 징역 또는 1,000만 원 이하의 벌금
③ 500만 원 이하의 과태료
④ 300만 원 이하의 과태료

79 **다음 중 노인장기요양보험법에서 공무원이 아닌 사람으로 공무상 비밀 누설의 규정을 적용할 때 공무원으로 의제될 수 없는 사람은?**

① 등급판정위원회 위원
② 장기요양위원회 위원
③ 보건복지위원회 위원
④ 심사위원회 위원

80 **다음 중 장기요양급여에 대한 비용을 수급자 본인이 전부 부담하는 경우가 아닌 것은?**

① 급여의 범위에 포함되지 아니하는 장기요양급여
② 급여의 대상에 포함되지 아니하는 장기요양급여
③ 장기요양인정서에 기재된 장기요양급여의 종류를 다르게 선택하여 장기요양급여를 받은 경우 그 차액
④ 장기요양급여의 월 한도액을 초과하지 않은 장기요양급여

6권

국민건강보험공단

정답 및 해설

온라인 모의고사 무료쿠폰

쿠폰번호	행정직 · 건강직 · 기술직 2회분	ATMG-00000-C7547
	요양직 2회분	ATMH-00000-88854

[쿠폰 사용 안내]

1. **합격시대 홈페이지**(www.sdedu.co.kr/pass_sidae_new)에 접속합니다.
2. 회원가입 후 로그인합니다.
3. 홈페이지 우측 상단 '쿠폰 입력하고 모의고사 받자' 배너를 클릭합니다.
4. 쿠폰번호를 등록합니다.
5. 내강의실 > 모의고사 > 합격시대 모의고사 클릭 후 응시합니다.

※ 본 쿠폰은 등록 후 30일 이내에 사용 가능합니다.
※ 쿠폰 등록 및 응시는 윈도우 기반 PC에서만 가능합니다.
※ 모바일 및 macOS 운영체제에서는 서비스되지 않습니다.

무료건보특강

[강의 이용 안내]

1. **시대에듀 홈페이지**(www.sdedu.co.kr)에 접속합니다.
2. '국민건강보험공단'으로 검색 후 무료특강을 클릭합니다.
3. '신청하기'를 클릭하면 국민건강보험공단 기출특강을 수강할 수 있습니다.

국민건강보험공단 신규직원 필기시험

과년도 기출복원 모의고사 정답 및 해설

제 1 영역 NCS

01	02	03	04	05	06	07	08	09	10
①	①	③	③	③	③	①	④	③	④
11	12	13	14	15	16	17	18	19	20
②	④	③	②	③	①	①	③	②	④
21	22	23	24	25	26	27	28	29	30
①	④	③	④	③	③	①	②	④	④
31	32	33	34	35	36	37	38	39	40
②	④	③	③	②	④	③	①	②	④
41	42	43	44	45	46	47	48	49	50
③	②	②	②	②	①	②	④	③	②
51	52	53	54	55	56	57	58	59	60
③	③	①	③	③	②	④	③	③	④

01

정답 ①

제시문은 허리 통증을 유발하는 직업적 요인에 대해 서술하고 있다. 따라서 글의 주제로 가장 적절한 것은 '허리 통증의 직업적 요인'이다.

오답분석

② 제시문은 허리 통증이나 질환이 어떻게 발생하는지만 서술하고, 관리 방법에 대해서는 서술하고 있지 않다.
③ 허리 질환의 원인을 여러 직업적 요인을 나누어 설명하지만, 직업에 따라 질환이 달라진다고는 서술하고 있지 않다. 오히려 허리 질환의 직업적 요인들이 대부분 추간판탈출증, 척추협착증 같이 비슷한 질환을 유발하는 것을 알 수 있다.
④ 세 번째 문단에서 허리 구부림 자세가 많은 업종이 허리 통증 관련 산재 신청이 많음에 대해 서술하고는 있지만, 글 전체를 포괄하는 주제로 적절하지 않다.

02

정답 ①

A교수의 발표 주제는 사람이 제공하던 서비스를 인공지능 기술로 대체하자는 것이 아닌, 인공지능 기술이 건강보험 가입자의 데이터를 기반으로 가입자에게 필요한 맞춤형 서비스를 제공해 주는지에 대한 것이다. 따라서 제시된 자료의 내용과 일치하지 않는다.

오답분석

② B교수의 발표 주제는 sLLM(소형언어모델)을 사용한 고객 서비스의 향상과 공단 근로자의 업무 효율성 증대 사례이므로 이에 대한 고객과 공단 근로자의 의견이 필요하다.
③ D교수의 발표 주제는 야간 인공조명이 인간의 건강에 미치는 영향에 대한 것이므로, 야간 인공조명을 받은 사람과 이를 받지 않은 사람과의 건강상의 차이에 대한 구분되는 수치가 필요하다.
④ F팀장의 발표 주제는 병원 내에서 발생하는 폐렴의 데이터 분석을 통해 감염관리 체계 마련이 필요함을 제시하는 것이므로, 병원 내 감염병에 대한 데이터 정보가 필요하다. 따라서 병원 내 어느 병동에서 어떠한 상황에서 발생하였는지, 또 어느 연령대에서 주로 발생하는지 등에 대한 데이터가 필요하다.

03

정답 ③

네 번째 문단에 따르면 천식 환자는 심장박동 및 호흡수를 증가시키는 운동은 발작을 일으킬 수 있으므로 피해야 하고, 건조하지 않고 심장 박동이나 호흡수가 급격히 증가하지 않는 수영과 같은 운동이 좋다고 하였다. 따라서 등산의 경우 가파른 오르막이나, 건조한 환경 등 천식 환자에게 좋지 않은 운동 환경일 가능성이 높다.

오답분석

① 세 번째 문단에 따르면 당뇨는 인슐린이 제 기능을 하지 못해 혈당을 낮추지 못하는 질환으로, 유산소 운동을 통해 혈당을 낮출 수 있다.
② 세 번째 문단에 따르면 당뇨 환자와 심장병 환자는 유산소 운동이 좋다고 하였으며, 특히 심장병 환자의 경우 규칙적인 유산소 운동은 심혈관계를 향상시킨다고 하였다.
④ 마지막 문단에 따르면 허리 통증 환자는 유산소 운동보다는 척추를 지지하는 근육을 발달시킬 수 있는 코어 운동이 도움이 된다고 하였다.

04

정답 ③

제시된 문단은 국민건강보험공단이 담배소송 변론에서 적극적으로 입장을 표명했다고 서술하고 있으므로 이어질 문단으로 공단의 주장이 포함된 (나) 문단 또는 (다) 문단이 와야 한다. 이 중 (다) 문단은 '마지막으로'로 시작하므로 글의 가장 마지막에 오는 것이 적절하다. 그러므로 첫 문단 뒤에 이어질 문단으로 가장 적절한 것은 (나) 문단이다. 다음 (가) 문단과 (라) 문단을 살펴보면, (가) 문단은 담배와 암 사이에는 인과관계가 있다는 주장, (라) 문단은 담배와 암 사이에 인과관계에 대한 뒷받침 자료로 제출한 증거의 목록에 대한 것이므로 (가) – (라) 순으로 이어져야 한다. 따라서 (나) – (가) – (라) – (다) 순으로 나열하는 것이 적절하다.

05

정답 ③

제시문은 상병 중인 근로자들이 질병 및 부상 중에 무리하게 일하지 않고 충분한 휴식과 치료를 받고 근로지로 복귀할 수 있도록 돕고, 의료비 부담과 소득상실로 인해 빈곤층으로 전락하지 않도록 일정 부분에 대한 소득을 보장하는 제도인 상병수당 제도가 시행되고 있다고 설명하고 있다. 따라서 글의 주제로 ③이 가장 적절하다.

오답분석

① 산재보상에 대해서는 언급하고 있지 않으므로 글의 주제로 적절하지 않다.
② 상병수당은 빈곤 예방에만 국한된 것이 아닌 건강회복 및 증진과 사회보장 등 인권 보호도 함께 지키기 위해 시행하는 제도이므로 글의 주제로 적절하지 않다.
④ 제시문에 따르면 상병수당 제도는 신설된 것이 아니라 기존에 있던 제도를 실제로 시행할 수 있도록 그 하위법령을 제도화한 것이다.

06

정답 ③

제시문은 공공기관인 국민건강보험공단이 가진 데이터와 국내 기업인 N사의 생성형 AI 기술력이 업무협약을 통해 결합되면서 국민들을 대상으로 이전보다 더 편리한 건강 정보 서비스가 실현되었다는 내용이다. 따라서 빈칸에 들어갈 내용으로 ③이 가장 적절하다.

07

정답 ①

K공단에서 위촉한 자문 약사는 다제약물 관리사업 대상자가 먹고 있는 약물의 복용 상태, 부작용, 중복 등을 종합적으로 검토하고 그 결과를 바탕으로 상담, 교육 및 처방조정 안내를 실시한다. 또한 우리나라는 2000년에 시행된 의약 분업의 결과, 일부 예외사항을 제외하면 약사는 환자에게 약물의 처방을 할 수 없다. 따라서 약사는 환자의 약물점검 결과를 의사에게 전달하여 처방에 반영될 수 있도록 할 뿐 직접적인 처방을 할 수는 없다.

오답분석

② 다제약물 관리사업으로 인해 중복되는 약물을 파악하고 조치할 수 있다. 실제로 세 번째 문단의 다제약물 관리사업 평가에서 효능이 유사한 약물을 중복해서 복용하는 환자가 40.2% 감소되는 등의 효과가 확인되었다.
③ 다제약물 관리사업은 10종 이상의 약을 복용하는 만성질환자를 대상으로 약물관리 서비스를 제공하는 사업이다.
④ 병원의 경우 입원 및 외래환자를 대상으로 의사, 약사 등으로 구성된 다학제팀이 약물관리 서비스를 제공하는 반면, 지역사회에서는 다학제 협업 시스템이 미흡하다는 의견이 나오고 있다. 이에 K공단은 도봉구 의사회와 약사회, 전문가로 구성된 지역협의체를 구성하여 의·약사 협업 모형을 개발하였다.

08

정답 ④

제시된 문단은 아토피 피부염의 정의를 나타내므로 이어서 연결될 수 있는 문단은 아토피 피부염의 원인을 설명하는 (라) 문단이다. 또한, (가) 문단의 앞부분 내용이 (라) 문단의 뒷부분과 연계되므로 (가) 문단이 다음에 오는 것이 적절하다. 그리고 (나) 문단의 첫 번째 문장에서 앞의 약물치료와 더불어 일상생활에서의 예방법을 말하고 있으므로 (나) 문단의 앞에는 아토피 피부염의 약물치료 방법인 (다) 문단이 오는 것이 가장 자연스럽다. 따라서 (라) – (가) – (다) – (나) 순으로 나열하는 것이 적절하다.

09

정답 ③

제시문은 뇌경색이 발생하는 원인과 발생했을 때 치료 방법을 소개하고 있다. 따라서 글의 주제로 '뇌경색의 발병 원인과 치료 방법'이 가장 적절하다.

오답분석

① 뇌경색의 주요 증상에 대해서는 언급하고 있지 않다.
② 뇌경색 환자는 기전에 따라 항혈소판제나 항응고제 약물 치료를 한다고 하였지만, 전체 내용을 아우르는 주제는 아니다.
④ 뇌경색이 발생했을 때의 조치사항은 언급하고 있지 않다.

10

정답 ④

제시문은 장애인 건강주치의 시범사업을 소개하며 3단계 시범사업에서 기존과 달라지는 것을 위주로 설명하고 있다. 그러므로 가장 처음에 와야 할 문단은 3단계 장애인 건강주치의 시범사업을 소개하는 (마) 문단이다. 이어서 장애인 건강주치의 시범사업 세부 서비스를 소개하는 문단이 와야 하는데, 서비스 종류를 소개하는 문장이 있는 (다) 문단이 이어지는 것이 가장 적절하다. 이어서 두 번째 서비스인 주장애관리를 소개하는 (가) 문단이 와야 하며, 그다음으로 세 번째 서비스인 통합관리 서비스와 추가적으로 방문서비스를 소개하는 (라) 문단이 오는 것이 적절하다. 마지막으로 장애인 건강주치의 시범사업에 신청하는 방법을 소개하며 글을 끝내는 것이 적절하므로 (나) 문단이 이어져야 한다. 따라서 (마) – (다) – (가) – (라) – (나) 순으로 나열하는 것이 적절하다.

11

정답 ②

허리디스크는 디스크의 수핵이 탈출하여 생긴 질환이므로 허리를 굽히거나 앉아 있을 때 디스크에 가해지는 압력이 높아져 통증이 더 심해진다. 반면 척추관협착증의 경우 서 있을 때 척추관이 더욱 좁아지게 되어 통증이 더욱 심해진다.

오답분석

① 허리디스크는 디스크의 탄력 손실이나 갑작스런 충격으로 인해 균열이 생겨 발생하고, 척추관협착증은 오랜 기간 동안 황색 인대가 두꺼워져 척추관에 변형이 일어나 발생하므로 허리디스크의 증상이 더 급작스럽게 나타난다.
③ 허리디스크는 자연치유가 가능하지만, 척추관협착증은 불가능하다. 따라서 허리디스크는 주로 통증을 줄이고 안정을 취하는 보존치료를 하지만, 척추관협착증은 변형된 부분을 제거하는 외과적 수술을 한다.
④ 허리디스크와 척추관협착증 모두 척추 중앙의 신경 다발(척수)이 압박받을 수 있으며, 심할 경우 하반신 마비 증세를 보일 수 있으므로 빠른 치료를 받는 것이 중요하다.

12

정답 ④

고령인 사람이 서 있을 때 통증이 나타난다면 퇴행성 척추질환인 척추관협착증(요추관협착증)일 가능성이 높다. 반면 허리디스크(추간판탈출증)는 젊은 나이에도 디스크에 급격한 충격이 가해지면 발생할 수 있고, 앉아 있을 때 통증이 심해진다. 따라서 ㉠에는 척추관협착증, ㉡에는 허리디스크가 들어가야 한다.

13

정답 ③

제53조 제5항에서 공단으로부터 분할납부 승인을 받고 승인된 보험료를 1회 이상 낸 경우에는 보험급여를 할 수 있다고 하였으므로 분할납부가 완료될 때까지 보험급여가 제한되지 않는다.

오답분석

① 제53조 제1항 제2호에 따르면 고의 또는 중대한 과실로 공단 및 요양기관의 요양에 관한 지시를 따르지 아니한 경우 보험급여를 하지 않는다.
② 제53조 제2항에서 국가나 지방자치단체로부터 보험급여에 상당하는 급여를 받게 되는 경우에는 그 한도에서 보험급여를 하지 않는다고 하였다.
④ 승인받은 분할납부 횟수가 5회 미만인 경우이므로 해당 분할납부 횟수인 4회 이상 보험료를 내지 않으면 보험급여가 제한된다.

14

정답 ②

제시된 기사는 독거노인·장애인을 위한 응급안전안심서비스의 집중신청기간을 고지하면서 이에 대한 참여를 설명하는 글이다. 따라서 주제로 '독거노인·장애인 응급안전안심서비스 정책과 집중신청기간 안내'가 가장 적절하다.

오답분석

① 정책 소개를 위해 2022년 한 해 동안의 성과를 소개하고 있지만 전체적인 기사의 주제는 아니다.
③ 독거노인·장애인 응급안전안심서비스는 가정에 ICT 기반의 장비를 설치하여 구급·구조를 돕는 서비스이지만 장비 목록 자체가 제시된 기사의 주제는 아니다.
④ 보건복지부는 응급안전안심서비스 집중신청기간 동안 신청자를 받고 있으며 따로 대상자를 현장조사하지는 않는다. 따라서 제시된 기사와는 관련 없다.

15

정답 ③

마지막 문단에서 '집중신청기간 이후에도 계속해서 신청 창구는 열려있으니 많은 신청 바란다.'라고 하였으므로 집중신청기간이 지나도 계속해서 서비스를 신청할 수 있음을 알 수 있다.

오답분석

① 세 번째 문단에서 기초지자체장이 생활여건 등을 고려해 상시 보호가 필요하다고 인정하는 경우 응급안전안심서비스를 신청하여 이용할 수 있다고 하였다.
② 두 번째 문단에서 응급안전안심서비스를 이용하는 경우 가정 내 화재, 화장실 내 실신 또는 침대에서 낙상 등의 응급상황을 화재·활동량 감지기가 자동으로 119와 응급관리요원에 알리거나, 응급호출기로 간편하게 119에 신고할 수 있다고 하였다.
④ 세 번째 문단에서 집중신청기간 동안 서비스 대상자나 그 보호자는 행정복지센터나 시·군·구 지역센터에 방문하거나 전화 등으로 서비스를 신청할 수 있다고 하였다.

16

정답 ①

제시문은 국민건강보험공단이 국제 워크숍을 개최하면서 서로 다른 문화적·사회적 환경에 놓여있는 아시아 국가들이 각 나라의 지식과 정보를 공유하고, 이를 통해 필요한 방안을 모색할 계기를 만들 수 있다는 내용이다. 따라서 글의 제목으로 ①이 가장 적절하다.

17

정답 ①

네 번째 문단의 '아기의 호흡곤란 증상이 뚜렷하고 ~ 폐 표면 활성제를 투여한다.'를 통해 산후 치료로 가장 보편적인 것은 폐 전면 활성제가 아닌 폐 표면 활성제임을 할 수 있다.

18

정답 ③

제시문은 정부가 국민 건강 증진을 목적으로 담뱃값 인상을 실시했지만 이는 충분한 논의가 없어 흡연자의 반발을 사 기형적 소비를 만연하게 했다고 지적하고 있다. 또한 밀수 담배가 만연할 것이라는 근거를 들어 정부의 논리인 국민 건강 증진이 성립될 수 없다고 지적하고 있다. 따라서 글의 주제로 ③이 가장 적절하다.

오답분석

①·②·④ 글의 부분적인 내용만을 담고 있어, 전반적인 내용을 아우를 수 있는 주제로는 적절하지 않다.

19
정답 ②

제시문의 첫 문단은 국민건강보험이 국민행복카드 서비스를 제공한다는 내용이다. 그러므로 그 뒤에는 왜 서비스를 제공하게 되었는지를 설명하는 (나) 문단, 해결 방법인 (라) 문단, 부가 설명인 (가) 문단, 앞으로의 기대효과인 (다) 문단가 와야 한다. 따라서 (나) – (라) – (가) – (다) 순으로 나열하는 것이 적절하다.

20
정답 ④

'개악하다'는 '고치어 도리어 나빠지게 하다.'는 뜻으로, '개선하다'의 반의어이다. 따라서 대체할 수 없다.

21
정답 ①

조사 지역별 법인 기업에서 사단법인이 차지하는 비율은 다음과 같다.

- 수도권 : $\frac{50,000}{60,000}\times100 \fallingdotseq 83.33\%$
- 강원권 : $\frac{500}{1,000}\times100=50\%$
- 충청권 : $\frac{2,500-800}{2,500}\times100=68\%$
- 호남권 : $\frac{3,000-1,000}{3,000}\times100 \fallingdotseq 66.67\%$
- 영남권 : $\frac{1,500}{2,500}\times100=60\%$

수도권, 충청권, 호남권, 영남권, 강원권 순으로 높으므로 세 번째로 높은 지역은 호남권이다.

오답분석

② 5대 업종의 대기업 중 IT업이 아닌 기업의 수는 11,000−6,000=5,000개소이며, 수도권의 기타 기업도 5,000개소로 같다.
③ 조사 지역에서 대기업이 20% 증가하면 13,500×0.2=2,700개소 증가하고, 중소기업이 10% 감소하면 25,000×0.1=2,500개소 감소하므로 전체 기업 수는 증가한다.
④ 조사 지역의 재단법인 중 강원권 재단법인이 차지하는 비율은 $\frac{1,000-500}{13,300}\times100 \fallingdotseq 3.76\%$, 조사 지역의 대기업 중 강원권 대기업이 차지하는 비율은 $\frac{500}{13,500}\times100 \fallingdotseq 3.7\%$이므로 옳은 설명이다.

22
정답 ④

조사 지역의 전체 기업 중 운송업에 해당하는 중소기업 및 5인 미만 기업의 비율은 다음과 같다.

- 중소기업 : $\frac{9,000}{25,000}\times100=36\%$
- 5인 미만 : $\frac{100,000}{290,000}\times100 \fallingdotseq 34.48\%$

따라서 5인 미만 기업의 운송업 비율은 중소기업보다 낮다.

오답분석

① 조사 지역의 전체 기업 중 5인 미만인 기업의 비율은 $\frac{290,000}{405,000}\times100 \fallingdotseq 71.6\%$로 70% 이상이다.
② 조사 지역의 5인 미만 기업 중 수도권이 차지하는 비율은 $\frac{200,000}{290,000}\times100 \fallingdotseq 68.97\%$로 60% 이상이다.
③ 조사 지역 전체 기업 중 5대 업종에 해당하지 않는 기업의 수는 다음과 같다.
  - 대기업 : 13,500−11,000=2,500개소
  - 중소기업 : 25,000−22,000=3,000개소
  - 5인 미만 : 290,000−235,000=55,000개소
  - 사단법인 : 55,700−20,000=35,700개소
  - 재단법인 : 13,300−9,000=4,300개소

  이에 따라 대기업보단 중소기업이, 중소기업보단 5인 미만이 많고, 사단법인이 재단법인보다 많다.

23
정답 ③

제시된 자료는 7대 주요 범죄 현황이므로 한 해 전체 범죄 현황은 알 수 없다. 따라서 옳지 않은 설명이다.

오답분석

① 살인이 가장 많이 발생한 해는 1995년이며, 절도 역시 1995년에 가장 많이 발생하였다.
② K국 교도소의 잔여 형량별 복역자 수 자료를 통해 잔여 형량이 많을수록 복역자 수가 적음을 알 수 있다.
④ 잔여 형량이 1년 미만인 복역자의 수가 가장 많은 교도소는 F교도소이며, 전체 복역자 수 역시 F교도소가 가장 많다.

24
정답 ④

교도소별 잔여 형량이 1년 미만인 복역자 수 대비 3년 이상 5년 미만인 복역자 수의 비율은 다음과 같다.

- A : $\frac{400}{3,000}\times100 \fallingdotseq 13.3\%$
- B : $\frac{400}{4,000}\times100=10\%$
- C : $\frac{500}{5,000}\times100=10\%$
- D : $\frac{600}{6,000}\times100=10\%$
- E : $\frac{800}{7,000}\times100 \fallingdotseq 11.43\%$
- F : $\frac{1,000}{8,000}\times100=12.5\%$

A교도소가 가장 높으므로 옳지 않은 해석이다.

오답분석

① 1990년부터 1995년까지 전년 대비 살인 사건 발생 건수는 100건씩 일정하게 증가하고 있다. 그러나 기준이 되는 전년도의 수치가 점점 커지기 때문에 전년 대비 변화율은 점점 감소한다(1990년 20% 증가, 1991년 약 16.6% 증가 …).

② K국 전체 교도소 복역자 수는 5,300+5,700+7,800+10,000+10,300+11,600=50,700명이므로 D교도소에 복역하는 비율은 $\frac{10,000}{50,700}\times100\fallingdotseq19.72\%$이다. 따라서 20% 이하이다.

③ 1993년부터 1995년까지 7대 주요 범죄 중 절도가 차지하는 비율을 구하기 위해 연도별 7대 주요 범죄 발생 건수를 계산하면 다음과 같다.

- 1993년 : 900+3,000+10,000+10,000+20,000+3,000+1,000=47,900건
- 1994년 : 1,000+2,000+20,000+10,000+27,000+5,000+900=65,900건
- 1995년 : 1,100+3,500+17,000+9,000+34,000+2,000+1,100=67,700건

절도가 차지하는 비율을 계산하면 다음과 같다.

$$\frac{20,000+27,000+34,000}{47,900+65,900+67,700}\times100=\frac{81,000}{181,500}\times100\fallingdotseq44.63\%$$

따라서 절도가 차지하는 비율은 45% 이하이다.

25

정답 ③

2021년의 건강보험료 부과 금액은 전년 대비 69,480−63,120=6,360십억 원 증가하였다. 이는 2020년 건강보험료 부과 금액의 10%인 63,120×0.1=6,312십억 원보다 크므로 2021년의 건강보험료 부과 금액은 전년 대비 10% 이상 증가하였음을 알 수 있다. 2022년 또한 76,775−69,480=7,295십억 원 > 69,480×0.1=6,948십억 원이므로 건강보험료 부과 금액은 전년 대비 10% 이상 증가하였다.

오답분석

① 제시된 자료를 통해 확인할 수 있다.

② 연도별 전년 대비 1인당 건강보험 급여비 증가액을 구하면 다음과 같다.

- 2020년 : 1,400,000−1,300,000=100,000원
- 2021년 : 1,550,000−1,400,000=150,000원
- 2022년 : 1,700,000−1,550,000=150,000원
- 2023년 : 1,900,000−1,700,000=200,000원

따라서 1인당 건강보험 급여비가 전년 대비 가장 크게 증가한 해는 2023년이다.

④ 2019년 대비 2023년의 1인당 건강보험 급여비 증가율은 $\frac{1,900,000-1,300,000}{1,300,000}\times100\fallingdotseq46\%$이므로 40% 이상 증가하였다.

26

정답 ③

분기별 사회복지사 인력의 합은 다음과 같다.

- 2022년 3분기 : 391+670+1,887=2,948명
- 2022년 4분기 : 385+695+1,902=2,982명
- 2023년 1분기 : 370+700+1,864=2,934명
- 2023년 2분기 : 375+720+1,862=2,957명

분기별 전체 보건인력 중 사회복지사 인력의 비율은 다음과 같다.

- 2022년 3분기 : $\frac{2,948}{80,828}\times100\fallingdotseq3.65\%$
- 2022년 4분기 : $\frac{2,982}{82,582}\times100\fallingdotseq3.61\%$
- 2023년 1분기 : $\frac{2,934}{86,236}\times100\fallingdotseq3.40\%$
- 2023년 2분기 : $\frac{2,957}{86,707}\times100\fallingdotseq3.41\%$

따라서 옳지 않은 것은 ③이다.

27

정답 ①

- 2019년 징수율
  - 직장가입자 : $\frac{6,698,187}{6,706,712}\times100\fallingdotseq99.87\%$
  - 지역가입자 : $\frac{886,396}{923,663}\times100\fallingdotseq95.97\%$
- 2020년 징수율
  - 직장가입자 : $\frac{4,898,775}{5,087,163}\times100\fallingdotseq96.3\%$
  - 지역가입자 : $\frac{973,681}{1,003,637}\times100\fallingdotseq97.02\%$
- 2021년 징수율
  - 직장가입자 : $\frac{7,536,187}{7,763,135}\times100\fallingdotseq97.08\%$
  - 지역가입자 : $\frac{1,138,763}{1,256,137}\times100\fallingdotseq90.66\%$
- 2022년 징수율
  - 직장가입자 : $\frac{8,368,972}{8,376,138}\times100\fallingdotseq99.91\%$
  - 지역가입자 : $\frac{1,058,943}{1,178,572}\times100\fallingdotseq89.85\%$

따라서 직장가입자 건강보험금 징수율이 가장 높은 해는 2022년이고, 지역가입자 건강보험금 징수율이 가장 높은 해는 2020년이다.

28

정답 ②

시·도별 2021년 대비 2022년 정신건강 예산의 증가폭은 다음과 같다. 실제 시험에서는 선택지를 먼저 확인하여 2번째와 3번째 순서에 해당하는 지역의 증가액만 구해 시간을 절약하도록 한다.

- 서울 : 58,981,416−53,647,039=5,334,377천 원
- 부산 : 24,205,167−21,308,849=2,896,318천 원
- 대구 : 12,256,595−10,602,255=1,654,340천 원

• 인천 : 17,599,138－12,662,483＝4,936,655천 원
• 광주 : 13,479,092－12,369,203＝1,109,889천 원
• 대전 : 14,142,584－12,740,140＝1,402,444천 원
• 울산 : 6,497,177－5,321,968＝1,175,209천 원
• 세종 : 1,515,042－1,237,124＝277,918천 원
• 제주 : 5,600,120－4,062,551＝1,537,569천 원

따라서 증가폭이 가장 큰 지역부터 순서대로 나열하면 서울－인천－부산－대구－제주－대전－울산－광주－세종이 된다.

29

정답 ④

2022년 시・도별 전문의 의료 인력 대비 간호사 인력 비율은 다음과 같다. 실제 시험에서는 선택지에 제시된 지역만 구하여 시간을 절약하도록 한다.

• 서울 : $\frac{8,286}{1,905}\times100 \fallingdotseq 435\%$
• 부산 : $\frac{2,755}{508}\times100 \fallingdotseq 542.3\%$
• 대구 : $\frac{2,602}{546}\times100 \fallingdotseq 476.6\%$
• 인천 : $\frac{679}{112}\times100 \fallingdotseq 606.3\%$
• 광주 : $\frac{2,007}{371}\times100 \fallingdotseq 541\%$
• 대전 : $\frac{2,052}{399}\times100 \fallingdotseq 514.3\%$
• 울산 : $\frac{8}{2}\times100 = 400\%$
• 세종 : $\frac{594}{118}\times100 \fallingdotseq 503.4\%$
• 경기 : $\frac{6,706}{1,516}\times100 \fallingdotseq 442.3\%$
• 강원 : $\frac{1,779}{424}\times100 \fallingdotseq 419.6\%$
• 충북 : $\frac{1,496}{308}\times100 \fallingdotseq 485.7\%$
• 충남 : $\frac{955}{151}\times100 \fallingdotseq 632.5\%$
• 전북 : $\frac{1,963}{358}\times100 \fallingdotseq 548.3\%$
• 전남 : $\frac{1,460}{296}\times100 \fallingdotseq 493.2\%$
• 경북 : $\frac{1,158}{235}\times100 \fallingdotseq 492.8\%$
• 경남 : $\frac{4,004}{783}\times100 \fallingdotseq 511.4\%$
• 제주 : $\frac{1,212}{229}\times100 \fallingdotseq 529.3\%$

따라서 전문의 의료 인력 대비 간호사 인력 비율이 가장 높은 지역은 충남이다.

30

정답 ④

20대의 연도별 흡연율은 40대 흡연율로, 30대는 50대의 흡연율로 반영되었으므로 옳지 않다.

31

정답 ②

정부지원금 유형 A의 수령자는 200×0.36＝72명, 20대는 200×0.41＝82명이므로 20대 중 정부지원금 유형 A의 수령자가 차지하는 비율은 $\frac{72}{82}\times100 \fallingdotseq 87\%$이다.

오답분석

① 100만×(200×0.36)＋200만×(200×0.42)＋300만×(200×0.22)＝37,200만 원이다.
③ 20대는 200×0.41＝82명이고, 수령한 지원금이 200만 원인 사람은 200×0.42＝84명이다. 따라서 200만 원 수령자 중 20대가 차지하는 비율은 $\frac{82}{84}\times100 \fallingdotseq 97\%$이다.
④ 정부지원금 수혜자가 2배가 된다면 총 400명이 될 것이므로, 정부지원금에 들어간 총비용도 100만×(400×0.36)＋200만×(400×0.42)＋300만×(400×0.22)＝74,400만 원으로 2배가 된다.

32

정답 ④

총무부서 직원은 총 250×0.16＝40명이다. 2020년과 2021년의 독감 예방접종 여부가 총무부서에 대한 자료라면, 총무부서 직원 중 2020년과 2021년의 예방접종자 수의 비율 차는 56－38＝18%p이다. 따라서 40×0.18≒7.2이므로 약 7명 증가하였다.

오답분석

① 2020년 독감 예방접종자 수는 250×0.38＝95명, 2021년 독감 예방접종자 수는 250×0.56＝140명이므로, 2020년에는 예방접종을 하지 않았지만, 2021년에는 예방접종을 한 직원은 총 140－95＝45명이다.
② 2020년의 예방접종자 수는 95명이고, 2021년의 예방접종자 수는 140명이다. 따라서 $\frac{140-95}{95}\times100 \fallingdotseq 47\%$ 증가했다.
③ 2020년의 예방접종을 하지 않은 직원들을 대상으로 2021년의 독감 예방접종 여부를 조사한 자료라고 한다면, 2020년과 2021년 모두 예방접종을 하지 않은 직원은 총 250×0.62×0.44≒68명이다.

33

정답 ③

2020년 예방접종을 한 직원은 250×0.38＝95명이고, 제조부서 외 부서별 예방접종을 한 직원은 250×(0.08＋0.06＋0.14)＝70명이다. 즉, 제조부서 직원 중 예방접종을 한 직원은 95－70＝25명이다. 따라서 제조부서 직원은 총 250×0.44＝110명이므로, 제조부서 직원 중 2020년에 예방접종을 한 직원의 비율은 $\frac{25}{110}\times100 \fallingdotseq 22\%$이다.

34

정답 ③

2018년과 2019년의 총 표본 수를 구하는 것으로 (가)와 (나)를 계산할 수 있다. 2018년의 총 표본 수는 10,558명이며, 2019년의 총 표본 수는 10,102명이다.

(가)=10,558−(3,206+783+1,584+1,307+1,910)
=10,558−8,790=1,768

(나)=10,102−(3,247+740+1,655+1,891+1,119)
=10,102−8,652=1,450

따라서 (가)+(나)=1,768+1,450=3,218이다.

35

정답 ②

ⓛ 문화예술행사를 관람한 70대 이상의 사람의 수는 2018년에 1,279×0.531≒679명, 2019년에 1,058×0.499≒528명이다. 따라서 2018년이 2019년보다 더 많다.

ⓒ 2018년에 소득이 100만 원 이상 300만 원 미만인 사람의 수는 3,007명이다. 문화예술행사를 관람한 사람의 수는 1,204×0.416+1,803×0.241≒501+435=936명으로 관람 비율은 $\frac{936}{3,007}\times 100 \fallingdotseq 31.1\%$이다. 2019년에 소득이 100만 원 이상 200만 원 미만인 사람 중 문화예술행사를 관람하지 않은 사람의 비율은 39.6%이다. 따라서 전자가 후자보다 더 작다.

오답분석

㉠ 2018년에 가구소득이 100만 원 미만이면서 문화예술행사를 관람한 사람의 수는 869×0.575≒500명이며, 가구소득이 100만 원 이상 200만 원 미만이면서 문화예술행사를 관람한 사람의 수는 1,204×0.416≒501명이다. 따라서 전자보다 후자가 더 많다.

㉣ 2019년에 문화예술행사를 관람한 사람의 수는 40대가 1,894×0.891≒1,688명, 50대가 1,925×0.808≒1,555명이다. 따라서 40대가 50대보다 더 많다.

36

정답 ④

④는 질병 환자 한 명당 발열 환자 비율이 아닌 질병 환자 한 명당 감기 환자 비율을 나타낸 그래프이다.

37

정답 ③

㉠ 부산광역시의 감기 환자의 수는 37,101명으로 경상남도의 감기 환자의 수인 43,694명보다 적다.

ⓛ 대구광역시의 질병 환자가 가입한 의료보험의 수는 56,985×1.2=68,382개로 6만 5천 개 이상이다.

㉣ 질병 환자 한 명당 발열 환자 수는 서울이 129,568÷246,867≒0.52명으로 가장 크다. 그 외 지역들은 발열 환자 수가 전체 질병 환자의 반이 되지 않는다.

오답분석

ⓒ 질병 환자 한 명당 발열 환자 수는 강원도의 경우 15,516÷35,685≒0.43명이지만, 울산광역시의 경우 12,505÷32,861≒0.38명이므로 옳지 않다.

38

정답 ①

입구와 출구가 같고, 둘레가 456m인 타원 모양의 호수를 따라 4m 간격으로 일정하게 심어져 있는 가로수는 456÷4=114그루이며, 입구에 심어져 있는 가로수를 기준으로 6m 간격으로 가로수를 옮겨 심으려고 할 때, 4m와 6m의 최소공배수인 12m 간격의 가로수 456÷12=38그루는 그 자리를 유지하게 된다. 호수 둘레를 따라 6m 간격으로 일정하게 가로수를 심을 때, 필요한 가로수는 456÷6=76그루이므로 그대로 두는 가로수 38그루를 제외한 76−38=38그루를 새롭게 옮겨 심어야 한다.

39

정답 ②

미혼여성의 수를 x명이라고 하면 1 : 2=6 : x이므로 $x=12$이다. 따라서 기획팀 여성의 수는 6+12=18명이다.

기획팀 남성의 수를 y명이라고 하면 3 : 2=y : 18이므로 $2y=54$ → $y=27$이다.

따라서 기획팀의 총인원은 27+18=45명이다.

40

정답 ④

이뇨제의 1인 투여량은 60mL/일이고 진통제의 1인 투여량은 60mg/일이므로 이뇨제를 투여한 환자 수와 진통제를 투여한 환자 수의 비는 이뇨제 사용량과 진통제 사용량의 비와 같다.

- 2018년 : 3,000×2 < 6,720
- 2019년 : 3,480×2=6,960
- 2020년 : 3,360×2 < 6,840
- 2021년 : 4,200×2 > 7,200
- 2022년 : 3,720×2 > 7,080

따라서 2018년과 2020년에 진통제를 투여한 환자 수는 이뇨제를 투여한 환자 수의 2배보다 많다.

오답분석

① 2022년에 사용량이 감소한 의약품은 이뇨제와 진통제로 이뇨제의 사용량 감소율은 $\frac{3,720-4,200}{4,200}\times 100 \fallingdotseq -11.43\%$이고, 진통제의 사용량 감소율은 $\frac{7,080-7,200}{7,200}\times 100 \fallingdotseq -1.67\%$이다. 따라서 전년 대비 2022년 사용량 감소율이 가장 큰 의약품은 이뇨제이다.

② 5년 동안 지사제 사용량의 평균은 $\frac{30+42+48+40+44}{5}=40.8$정이고, 지사제의 1인 1일 투여량은 2정이다. 따라서 지사제를 투여한 환자 수의 평균은 $\frac{40.8}{2}=20.4$명이므로 약 20명이다.

③ 이뇨제 사용량은 매년 '증가 − 감소 − 증가 − 감소'를 반복하였다.

41

정답 ③

계란 가격은 2024년 7월부터 9월까지 증가하다가, 10월부터 감소한 후 12월에 다시 증가 추세를 보이고 있으므로 옳지 않다.

오답분석

① • 2024년 8월 대비 9월 쌀 가격 증가율

: $\frac{1,970-1,083}{1,083}\times100 \fallingdotseq 81.90\%$

• 2024년 11월 대비 12월 무 가격 증가율

: $\frac{2,474-2,245}{2,245}\times100 \fallingdotseq 10.20\%$

따라서 2024년 8월 대비 9월 쌀 가격의 증가율이 2024년 11월 대비 12월 무 가격의 증가율보다 크다.

② 국산, 미국산, 호주산 소 가격 모두 2024년 7월부터 9월까지 증가하다가 10월에 감소하였다.

④ 쌀 가격은 2024년 7월 1,992원에서 8월 1,083원으로 감소했다가, 9월 1,970원으로 증가한 후 10월부터는 꾸준히 감소하고 있다.

42

정답 ②

선택지에 제시된 식재료 가격의 2024년 12월 대비 2025년 1월 증감률을 계산하면 다음과 같다.

• 쌀 : $\frac{1,805-1,809}{1,809}\times100 \fallingdotseq -0.22\%$

• 양파 : $\frac{1,759-1,548}{1,548}\times100 \fallingdotseq 13.63\%$

• 무 : $\frac{2,543-2,474}{2,474}\times100 \fallingdotseq 2.78\%$

• 건멸치 : $\frac{25,200-25,320}{25,320}\times100 \fallingdotseq -0.47\%$

따라서 증감률이 가장 큰 재료는 양파이다.

43

정답 ②

신입사원 선발 조건에 따라 지원자에게 점수를 부여하면 다음과 같다.

(단위 : 점)

구분	학위 점수	어학시험 점수	면접 점수	총 인턴근무 기간	총점
A	18	20	30	18	86
B	25	17	24	18	84
C	18	17	24	18	77
D	30	14	18	12	74

따라서 최고득점자는 A이고, 최저득점자는 D이다.

44

정답 ②

P씨는 아이가 4명이므로 일반 다자녀가구 지원 대상자에 해당된다. 1 ~ 3월에는 동절기로 적용되어 월 18,000원씩 경감받고, 4 ~ 6월에는 동절기 외로 적용되어 월 2,470원씩 경감받을 수 있다. 따라서 P씨가 1 ~ 6월 동안 받을 수 있는 주택용 도시가스의 취사난방용 요금 경감금액은 (18,000×3)+(2,470×3)=54,000+7,410=61,410원이다.

45

정답 ②

북평택에서 동탄을 1회 왕복할 때 필요한 통행료는 2,700+2,700=5,400원이므로 3회 왕복할 때 필요한 통행료는 5,400×3=16,200원이다. A씨의 고속도로 이용 비율은 20% 이상 70% 미만이고, 심야 시간에 이동한다. 하이패스를 이용하며 화물차 전용 단말기를 설치했으므로 30% 할인을 적용받아 통행료의 70%만 지불하면 된다. 따라서 A씨의 1주일 동안의 통행료는 16,200×6×0.7=68,040원이다.

46

정답 ①

통행료 면제 규정에 따르면 1 ~ 5급까지의 5.18 민주화운동 부상자 탑승차량은 통행료 면제 대상이다. 따라서 B씨는 통행료를 지불하지 않아도 된다.

47

정답 ②

'잎이 넓다.'를 P, '키가 크다.'를 Q, '더운 지방에서 자란다.'를 R, '열매가 많이 맺힌다.'를 S라 하면, 첫 번째 명제는 P → Q, 두 번째 명제는 ~P → ~R, 네 번째 명제는 R → S이다. 두 번째 명제의 대우인 R → P와 첫 번째 명제인 P → Q에 따라 R → P → Q이므로 네 번째 명제가 참이 되려면 Q → S인 명제 또는 이와 대우 관계인 ~S → ~Q인 명제가 필요하다.

오답분석

① ~P → S이므로 참인 명제가 아니다.

③ 제시된 모든 명제와 관련이 없는 명제이다.

④ R → Q와 대우 관계인 명제이지만, 네 번째 명제가 참임을 판단할 수 없다.

48

정답 ④

'풀을 먹는 동물'을 P, '몸집이 크다.'를 Q, '사막에서 산다.'를 R, '물속에서 산다.'를 S라 하면, 첫 번째 명제는 P → Q, 두 번째 명제는 R → ~S, 네 번째 명제는 S → Q이다. 네 번째 명제가 참이 되려면 두 번째 명제와 대우 관계인 S → ~R에 의해 ~R → P인 명제 또는 이와 대우 관계인 ~P → R인 명제가 필요하다.

오답분석

① Q → S로 네 번째 명제의 역이지만, 어떤 명제가 참이라고 해서 그 역이 반드시 참이 될 수는 없다.

② 제시된 모든 명제와 관련이 없는 명제이다.

③ R → Q이므로 참인 명제가 아니다.

49

정답 ③

모든 1과 사원은 가장 실적이 많은 2과 사원보다 실적이 많고, 3과 사원 중 일부는 가장 실적이 많은 2과 사원보다 실적이 적다. 따라서 3과 사원 중 일부는 모든 1과 사원보다 실적이 적다.

50

정답 ②

- A : 초청 목적이 6개월가량의 외국인 환자의 간병이므로 G-1-10 비자를 발급받아야 한다.
- B : 초청 목적이 국내 취업조건을 모두 갖춘 자의 제조업체 취업이므로 E-9-1 비자를 발급받아야 한다.
- C : 초청 목적이 K대학교 교환학생이므로 D-2-6 비자를 발급받아야 한다.
- D : 초청 목적이 국제기구 정상회의 참석이므로 A-2 비자를 발급받아야 한다.

51

정답 ③

건강생활실천지원금제 신청자 목록에 따라 신청자별로 확인하면 다음과 같다.

- A : 주민등록상 주소지가 시범지역에 속하지 않는다.
- B : 주민등록상 주소지는 관리형에 속하지만, 고혈압 또는 당뇨병 진단을 받지 않았다.
- C : 주민등록상 주소지는 예방형에 속하고, 체질량지수와 혈압이 건강관리가 필요한 사람이므로 예방형이다.
- D : 주민등록상 주소지는 관리형에 속하고, 고혈압 진단을 받았으므로 관리형이다.
- E : 주민등록상 주소지는 예방형에 속하고, 체질량지수와 공복혈당 건강관리가 필요한 사람이므로 예방형이다.
- F : 주민등록상 주소지가 시범지역에 속하지 않는다.
- G : 주민등록상 주소지는 관리형에 속하고, 당뇨병 진단을 받았으므로 관리형이다.
- H : 주민등록상 주소지가 시범지역에 속하지 않는다.
- I : 주민등록상 주소지는 예방형에 속하지만, 필수조건인 체질량지수가 정상이므로 건강관리가 필요한 사람에 해당하지 않는다.

따라서 예방형 신청이 가능한 사람은 C, E이고, 관리형 신청이 가능한 사람은 D, G이다.

52

정답 ③

출산장려금 지급 시기의 가장 우선순위인 임신일이 가장 긴 임산부는 B, C, D임산부이다. 이 중에서 만 19세 미만인 자녀 수가 많은 임산부는 C, D임산부이고, 소득 수준이 더 낮은 임산부는 C임산부이다. 따라서 C임산부가 가장 먼저 출산장려금을 받을 수 있다.

53

정답 ①

고독사 및 자살 위험이 크다고 판단되는 경우 만 60세 이상으로 하향 조정이 가능하다.

오답분석

② 노인맞춤돌봄서비스 중 생활교육서비스에 해당한다.
③ 특화서비스는 가족, 이웃과 단절되거나 정신건강 등의 문제로 자살, 고독사 위험이 높은 취약 노인을 대상으로 상담 및 진료 서비스를 제공한다.
④ 안전지원서비스를 통해 노인의 안전 여부를 확인할 수 있다.

54

정답 ③

노인맞춤돌봄서비스는 만 65세 이상의 기초생활수급자, 차상위계층, 기초연금수급자의 경우 신청이 가능하다. F와 H는 소득수준이 기준에 해당하지 않으므로 제외되며, J는 만 64세이므로 제외된다. 또한 E, G, K는 유사 중복사업의 지원을 받고 있으므로 제외된다. 따라서 E, F, G, H, J, K 6명은 노인맞춤돌봄서비스 신청이 불가능하다.

오답분석

A와 I의 경우 만 65세 이하이지만 자살, 고독사 위험이 높은 우울형 집단에 속하고, 만 60세 이상이므로 신청이 가능하다.

55

정답 ③

A씨의 2021년 장기요양보험료를 구하기 위해서는 A씨의 소득을 먼저 구해야 한다. 2023년 A씨가 낸 장기요양보험료는 20,000원이고, 보험료율이 0.91%이므로 A씨의 소득은 20,000÷0.0091≒2,197,802원이다. 따라서 A씨의 지난 5년간 소득은 2,197,802원으로 동일하므로 2021년 장기요양보험료는 2,197,802×0.0079≒17,363원이다.

56

정답 ②

산모의 어머니인 B가 딸의 임신확인서와 산모와의 관계를 입증할 수 있는 서류인 주민등록등본을 가지고 지원 신청서를 작성하였으므로 지원제도 신청이 가능하다.

오답분석

① A는 산모의 친구이므로 지원이 불가능하다.
③ C는 의료급여를 받는 수급권자이므로 제외 대상자에 해당한다. 따라서 지원이 불가능하다.
④ D의 딸은 출국으로 인해 건강보험 급여정지자이므로 제외 대상자에 해당한다. 따라서 지원이 불가능하다.

57

정답 ④

인턴들의 업무 평가 결과에 따라 점수를 계산하면 다음과 같다.

구분	업무량	업무 효율성	업무 협조성	업무 정확성	근무 태도	합계
A인턴	우수 – 8점	탁월 – 20점	보통 – 16점	보통 – 10점	우수 – 10점	64점
B인턴	보통 – 6점	보통 – 10점	우수 – 20점	우수 – 16점	보통 – 8점	60점
C인턴	탁월 – 10점	보통 – 10점	탁월 – 30점	탁월 – 20점	보통 – 8점	78점
D인턴	보통 – 6점	우수 – 16점	탁월 – 30점	탁월 – 20점	우수 – 10점	82점

따라서 A인턴은 20만 원, B인턴은 10만 원, C인턴은 30만 원, D인턴은 40만 원을 받으므로 D인턴이 가장 많은 장려금을 받는다.

58

정답 ③

변경된 평가 결과에 따라 점수를 계산하면 다음과 같다.

구분	업무량	업무 효율성	업무 협조성	업무 정확성	근무 태도	합계
A인턴	우수 – 8점	탁월 – 20점	보통 – 16점	우수 – 16점	우수 – 10점	70점
B인턴	보통 – 6점	보통 – 10점	우수 – 20점	우수 – 16점	우수 – 10점	62점
C인턴	탁월 – 10점	탁월 – 20점	탁월 – 30점	탁월 – 20점	보통 – 8점	88점
D인턴	보통 – 6점	우수 – 16점	우수 – 20점	탁월 – 20점	우수 – 10점	72점

따라서 A인턴은 20만 원, B인턴은 20만 원, C인턴은 40만 원, D인턴은 30만 원을 받으므로 C인턴이 가장 많은 장려금을 받는다.

59

정답 ③

- 일비 : 2만×3=6만 원
- 항공운임 : 100만×2=200만 원
- 철도운임 : 7만×2=14만 원
- 자가용승용차운임 : 20만×3=60만 원
- 숙박비 : 15만×2=30만
- 식비 : 2만 5천×3=7만 5천 원

따라서 A부장이 받을 수 있는 최대 여비는 6만+200만+14만+60만+30만+7만 5천=317만 5천 원이다.

60

정답 ④

- 가군
  - 일비 : 2만×2=4만 원
  - 항공운임 : 100만×1=100만 원
  - 선박운임 : 50만×1=50만 원
  - 철도운임 : 7만×2=14만 원
  - 버스운임 : 1,500×2=3천 원
  - 자가용승용차운임 : 20만×2=40만 원
  - 숙박비 : 15만×1=15만 원
  - 식비 : 2.5만×2=5만 원

  그러므로 4만+100만+50만+14만+3천+40만+15만+5만=228만 3천 원이다.
- 나군
  - 일비 : 2만×2=4만 원
  - 항공운임 : 50만×1=50만 원
  - 선박운임 : 20만×1=20만 원
  - 철도운임 : 7만×2=14만 원
  - 버스운임 : 1,500×2=3천 원
  - 자가용승용차운임 : 20만×2=40만 원
  - 숙박비 : 7만×1=7만 원
  - 식비 : 2만×2=4만 원

  그러므로 4만+50만+20만+14만+3천+40만+7만+4만=139만 3천 원이다.
- 다군
  - 일비 : 2만×2=4만 원
  - 항공운임 : 50만×1=50만 원
  - 선박운임 : 20만×1=20만 원
  - 철도운임 : 3만×2=6만 원
  - 버스운임 : 1,500×2=3천 원
  - 자가용승용차운임 : 20만×2=40만 원
  - 숙박비 : 6만×1=6만 원
  - 식비 : 2만×2=4만 원

  그러므로 4만+50만+20만+6만+3천+40만+6만+4만=130만 3천 원이다.

따라서 영업팀이 받는 총여비는 228만 3천+139만 3천+130만 3천=497만 9천 원이다.

제2영역 법률

| 01 | 국민건강보험법

61	62	63	64	65	66	67	68	69	70
②	②	③	②	③	①	③	①	②	①
71	72	73	74	75	76	77	78	79	80
③	①	②	③	③	④	①	②	④	④

61 정답 ②

법 제94조에 의해 공단은 사용자, 직장가입자 및 세대주에게 다음 각 호의 사항을 신고하게 하거나 관계 서류(전자 서류 포함)를 제출하게 할 수 있다.

1. 가입자의 거주지 변경
2. 가입자의 보수·소득
3. 그 밖에 건강보험사업을 위하여 필요한 사항

이때, 법 제95조에 의해 신고한 보수 또는 소득 등에 축소 또는 탈루(脫漏)가 있다고 인정하는 경우에는 보건복지부장관을 거쳐 소득의 축소 또는 탈루에 관한 사항을 문서로 국세청장에게 송부할 수 있으며, 국세청장은 송부받은 사항에 대하여 세무조사를 하면 그 조사 결과 중 보수·소득에 관한 사항을 공단에 송부하여야 한다.

62 정답 ②

공단은 법 제108조의2(보험재정에 대한 정부지원)에 의해 정부로부터 재정지원을 받으며, 재원에 따라 다른 사업에 사용한다.

- 국가가 매년 예산의 범위에서 해당 연도 보험료 예상 수입액의 100분의 14에 상당하는 금액을 국고에서 지원하는 자금
  1. 가입자 및 피부양자에 대한 보험급여
  2. 건강보험사업에 대한 운영비
  3. 제75조 및 제110조 제4항에 따른 보험료 경감에 대한 지원
- 국민건강증진법에서 정하는 바에 따라 국민건강증진기금에서 지원받는 자금
  1. 건강검진 등 건강증진에 관한 사업
  2. 가입자와 피부양자의 흡연으로 인한 질병에 대한 보험급여
  3. 가입자와 피부양자 중 65세 이상 노인에 대한 보험급여

63 정답 ③

위반사실의 공표(법 제100조 제1항)

보건복지부장관은 관련 서류의 위조·변조로 요양급여비용을 거짓으로 청구하여 제98조(영업정지) 또는 제99조(과징금)에 따른 행정처분을 받은 요양기관이 다음 각 호의 어느 하나에 해당하면 그 위반 행위, 처분 내용, 해당 요양기관의 명칭·주소 및 대표자 성명, 그 밖에 다른 요양기관과의 구별에 필요한 사항으로서 대통령령으로 정하는 사항을 공표할 수 있다. 이 경우 공표 여부를 결정할 때에는 그 위반행위의 동기, 정도, 횟수 및 결과 등을 고려하여야 한다.

1. 거짓으로 청구한 금액이 1천 500만 원 이상인 경우
2. 요양급여비용 총액 중 거짓으로 청구한 금액의 비율이 100분의 20 이상인 경우

64 정답 ②

제3항(보험료의 체납) 및 제4항(직장가입자 귀책사유에 인한 사용자의 보수월액보험료 체납)에도 불구하고 제82조(체납 보험료의 분할납부)에 따라 공단으로부터 분할납부 승인을 받고 그 승인된 보험료를 1회 이상 낸 경우에는 보험급여를 할 수 있다. 다만, 제82조에 따른 분할납부 승인을 받은 사람이 정당한 사유 없이 5회 이상 그 승인된 보험료를 내지 아니한 경우에는 그러하지 아니하다(법 제53조 제5항).

65 정답 ③

법 제115조에 따라 사례별 위반사항에 대한 벌칙은 다음과 같다.

- A : 제1항에 따라 5년 이하의 징역 또는 5천만 원 이하의 벌금에 처한다.
- B : 제2항 제1호에 따라 3년 이하의 징역 또는 3천만 원 이하의 벌금에 처한다.
- C : 제5항 제3호에 따라 1년 이하의 징역 또는 1천만 원 이하의 벌금에 처한다.
- D : 제4항에 따라 2년 이하의 징역 또는 2천만 원 이하의 벌금에 처한다.

따라서 벌금이 최대로 부과되었을 때의 벌금 합산액은 5+3+1+2=11, 즉 1억 1천만 원이다.

66 정답 ①

포상금 등의 지급(법 제104조 제1항)

공단은 다음 각 호의 어느 하나에 해당하는 자나 재산을 신고한 사람에 대해 포상금을 지급할 수 있다. 다만, 공무원이 그 직무와 관련하여 제4호에 따른 은닉재산을 신고한 경우에는 포상금을 지급하지 아니한다.

1. 속임수나 그 밖의 부당한 방법으로 보험급여를 받은 사람
2. 속임수나 그 밖의 부당한 방법으로 다른 사람이 보험급여를 받도록 한 자
3. 속임수나 그 밖의 부당한 방법으로 보험급여 비용을 받은 요양기관 또는 보험급여를 받은 준요양기관 및 보조기기 판매업자
4. 제57조(부당이득의 징수)에 따라 징수금을 납부하여야 하는 자의 은닉재산

67

정답 ③

- 가입자의 공단 및 심사평가원에 대한 이의신청 기한일 : 처분이 있음을 안 날부터 90(㉠)일 이내, 처분이 있은 날부터 180(㉡)일이 지나면 이의신청 불가
- 요양기관의 심사평가원의 확인에 대한 이의신청 기한일 : 통보받은 날부터 30(㉢)일 이내

이의신청(법 제87조 제3항 및 제4항)

③ 제1항(공단에 대한 이의신청) 및 제2항(심사평가원에 대한 이의신청)에 따른 이의신청은 처분이 있음을 안 날부터 90일 이내에 문서(전자문서를 포함한다)로 하여야 하며 처분이 있은 날부터 180일을 지나면 제기하지 못한다. 다만, 정당한 사유로 그 기간에 이의신청을 할 수 없었음을 소명한 경우에는 그러하지 아니하다.

④ 제3항 본문에도 불구하고 요양기관이 제48조(요양급여대상 여부의 확인)에 따른 심사평가원의 확인에 대하여 이의신청을 하려면 같은 조 제2항(확인 요청자 및 요양기관에 통보)에 따라 통보받은 날부터 30일 이내에 하여야 한다.

68

정답 ①

본인부담상한액은 가입자의 소득수준에 따라 정해진다(법 제44조 제3항).

오답분석

② 법 제44조 제2항에 따라 본인부담상한액을 초과하면 공단이 그 초과 금액을 부담하고 당사자에게 초과 금액을 지급해야 한다.

③ 법 제48조 제3항 전단에 따라 심사평가원의 확인으로 과다본인부담금이 발생하면 요양기관은 지체 없이 확인을 요청한 사람에게 지급해야 한다.

④ 법 제48조 제3항 후단에 따라 요양기관이 과다본인부담금을 지급하지 아니하면 공단은 해당 요양기관에 지급할 요양급여비용에서 과다본인부담금을 공제하여 확인을 요청한 사람에게 지급할 수 있다.

69

정답 ②

건강보험정책심의위원회(법 제4조 제4항)

심의위원회의 위원은 다음 각 호에 해당하는 사람을 보건복지부장관이 임명 또는 위촉한다.

1. 근로자단체 및 사용자단체가 추천하는 각 2명
2. 시민단체(비영리민간단체지원법 제2조에 따른 비영리민간단체를 말한다), 소비자단체, 농어업인단체 및 자영업자단체가 추천하는 각 1명
3. 의료계를 대표하는 단체 및 약업계를 대표하는 단체가 추천하는 8명
4. 다음 각 목에 해당하는 8명
   가. 대통령령으로 정하는 중앙행정기관 소속 공무원 2명
   나. 국민건강보험공단의 이사장 및 건강보험심사평가원의 원장이 추천하는 각 1명
   다. 건강보험에 관한 학식과 경험이 풍부한 4명

따라서 빈칸에 들어갈 숫자를 모두 더하면 $2+1+8=11$이다.

70

정답 ①

오답분석

② 법 제5조 제2항 제2호에 해당한다.

③ 법 제5조 제2항 제1호에 해당한다.

④ 법 제5조 제2항 제4호에 해당한다.

71

정답 ③

요양기관이 속임수나 부당한 방법으로 가입자 및 피부양자에게 50만 원의 요양급여비용을 부담하게 한 경우 부당한 방법으로 부담하게 한 금액의 5배 이하의 금액을 과징금으로 부과할 수 있으므로 최대 $50\times5=250$만 원이다.

과징금(법 제99조 제1항)

보건복지부장관은 요양기관이 속임수나 그 밖의 부당한 방법으로 보험자·가입자 및 피부양자에게 요양급여비용을 부담하게 한 경우에 해당하여 업무정지 처분을 하여야 하는 경우로서 그 업무정지 처분이 해당 요양기관을 이용하는 사람에게 심한 불편을 주거나 보건복지부장관이 정하는 특별한 사유가 있다고 인정되면 업무정지 처분을 갈음하여 속임수나 그 밖의 부당한 방법으로 부담하게 한 금액의 5배 이하의 금액을 과징금으로 부과·징수할 수 있다.

72

정답 ①

2차 감액의 경우 요양급여비용 상한금액의 100분의 40을 넘지 아니하는 범위에서 요양급여비용 상한금액의 일부를 감액할 수 있다(법 제41조의2 제2항).

오답분석

㉠ 법 제41조의2 제1항에 해당한다.
㉢ 법 제41조의2 제2항에 해당한다.
㉣ 법 제41조의2 제4항에 해당한다.

73

정답 ②

공단은 보험료를 3회 이상 체납한 자가 신청하는 경우 보건복지부령으로 정하는 바에 따라 분할납부를 승인할 수 있다. 이때, 분할납부 승인을 받은 자가 정당한 사유 없이 5회 이상 그 승인된 보험료를 납부하지 아니하면 그 분할납부의 승인을 취소한다(법 제82조 제1항, 제3항).
따라서 3+5=8이다.

74

정답 ③

선별급여(법 제41조의4)

① 요양급여를 결정함에 있어 경제성 또는 치료효과성 등이 불확실하여 그 검증을 위하여 추가적인 근거가 필요하거나, 경제성이 낮아도 가입자와 피부양자의 건강회복에 잠재적 이득이 있는 등 대통령령으로 정하는 경우에는 예비적인 요양급여인 선별급여로 지정하여 실시할 수 있다.
② 보건복지부장관은 대통령령으로 정하는 절차와 방법에 따라 제1항에 따른 선별급여("선별급여")에 대하여 주기적으로 요양급여의 적합성을 평가하여 요양급여 여부를 다시 결정하고, 제41조 제3항에 따른 요양급여의 기준을 조정하여야 한다.

따라서 선별급여에 대한 설명으로 옳은 것은 ㉠, ㉡, ㉢으로 3개이다.

75

정답 ③

요양기관이 정당한 이유 없이 요양급여를 거부하거나, 요양비 명세서나 요양 명세를 적은 영수증을 내주지 않은 경우는 500만 원 이하의 벌금(법 제117조)에 해당한다.

오답분석

① 100만 원 이하의 과태료(법 제119조 제4항 제4호)
② 500만 원 이하의 과태료(법 제119조 제3항 제1호)
④ 500만 원 이하의 과태료(법 제119조 제3항 제4호)

76

정답 ④

선거에 당선되어 취임하는 공무원으로서 매월 보수 또는 보수에 준하는 급료를 받지 아니하는 사람만 직장가입자 제외 대상으로, 이는 지역가입자에 해당한다(법 제6조 제2항 제3호).

오답분석

① 법 제54조 제4호에 해당한다.
② 법 제54조 제3호에 해당한다.
③ 법 제6조 제2항 제1호에 해당한다.

77

정답 ①

제96조의4를 위반하여 서류(요양급여비용 청구서류, 건강보험 관련 서류, 요양비 청구서류, 보험급여 청구서류)를 보존하지 아니한 자는 100만 원 이하의 과태료를 부과한다(법 제119조 제4항 제4호).

오답분석

② 1년 이하의 징역 또는 1천만 원 이하의 벌금(법 제115조 제5항 제3호)
③ 500만 원 이하의 과태료(법 제119조 제3항 제2호)
④ 3년 이하의 징역 또는 3천만 원 이하의 벌금(법 제115조 제2항 제2호)

78

정답 ②

임의계속가입자는 자격의 변동 시기 등에도 불구하고 대통령령으로 정하는 기간 동안 직장가입자의 자격을 유지한다. 다만, 최초로 내야 할 직장가입자 보험료를 그 납부기한부터 2개월이 지난 날까지 내지 아니한 경우에는 그 자격을 유지할 수 없다(법 제110조 제2항).

오답분석

① 법 제110조 제4항에 해당한다.
③ 법 제110조 제3항에 해당한다.
④ 법 제110조 제1항에 해당한다.

79

정답 ④

보험료 등은 국세와 지방세를 제외한 다른 채권에 우선하여 징수한다. 다만, 보험료 등의 납부기한 전에 전세권・질권・저당권 또는 동산・채권 등의 담보에 관한 법률에 따른 담보권의 설정을 등기 또는 등록한 사실이 증명되는 재산을 매각할 때에 그 매각대금 중에서 보험료 등을 징수하는 경우 그 전세권・질권・저당권 또는 동산・채권 등의 담보에 관한 법률에 따른 담보권으로 담보된 채권에 대하여는 그러하지 아니하다(법 제85조).

80

정답 ④

임의계속가입자의 보험료는 보건복지부장관이 정하여 고시하는 바에 따라 그 일부를 경감할 수 있고, 보수월액보험료는 그 임의계속가입자가 전액을 부담하고 납부한다(법 제110조 제4항, 제5항).

오답분석

① 임의계속가입자의 신청 방법·절차 등에 필요한 사항은 보건복지부령으로 정한다(법 제110조 제7항).
② 사용관계가 끝난 사람 중 직장가입자로서의 자격을 유지한 기간이 보건복지부령으로 정하는 기간 동안 통산 1년 이상인 사람은 지역가입자가 된 이후 최초로 지역가입자 보험료를 고지받은 날부터 그 납부기한에서 2개월이 지나기 이전까지 공단에 직장가입자로서의 자격을 유지할 것을 신청할 수 있다(법 제110조 제1항).
③ 임의계속가입자 신청 후 최초로 내야 할 직장가입자 보험료를 그 납부기한부터 2개월이 지난날까지 내지 아니한 경우에는 그 자격을 유지할 수 없다(법 제110조 제2항 후단).

02 노인장기요양보험법

61	62	63	64	65	66	67	68	69	70
③	③	①	④	①	①	②	②	①	④
71	72	73	74	75	76	77	78	79	80
③	①	②	④	②	③	①	②	④	①

61

정답 ③

제55조에 따른 심사청구에 대한 결정에 불복하는 사람은 그 결정통지를 받은 날부터 90일 이내에 장기요양재심사위원회에 재심사를 청구할 수 있다(법 제56조 제1항).

62

정답 ③

관리운영기관 등(법 제48조 제4항)

국민건강보험법 제17조에 따른 공단의 정관은 장기요양사업과 관련하여 다음 각 호의 사항을 포함·기재한다.

1. 장기요양보험료
2. 장기요양급여
3. 장기요양사업에 관한 예산 및 결산
4. 그 밖에 대통령령으로 정하는 사항

63

정답 ①

가족요양비(법 제24조 제1항)

공단은 다음 각 호의 어느 하나에 해당하는 수급자가 가족 등으로부터 제23조 제1항 제1호 가목에 따른 방문요양에 상당한 장기요양급여를 받은 때 대통령령으로 정하는 기준에 따라 해당 수급자에게 가족요양비를 지급할 수 있다.

1. 도서·벽지 등 장기요양기관이 현저히 부족한 지역으로서 보건복지부장관이 정하여 고시하는 지역에 거주하는 자
2. 천재지변이나 그 밖에 이와 유사한 사유로 인하여 장기요양기관이 제공하는 장기요양급여를 이용하기가 어렵다고 보건복지부장관이 인정하는 자
3. 신체·정신 또는 성격 등 대통령령으로 정하는 사유로 인하여 가족 등으로부터 장기요양을 받아야 하는 자

64

정답 ④

장기요양위원회의 운영(법 제47조)

① 장기요양위원회 회의는 구성원 과반수의 출석으로 개의하고 출석위원 과반수의 찬성으로 의결한다.
② 장기요양위원회의 효율적 운영을 위하여 분야별로 실무위원회를 둘 수 있다.
③ 이 법에서 정한 것 외에 장기요양위원회의 구성·운영, 그 밖에 필요한 사항은 대통령령으로 정한다.

65

정답 ①

장기요양인정 및 장기요양등급 판정을 심의하는 것은 장기요양등급판정위원회(등급판정위원회)이다(법 제52조 제1항).

장기요양급여심사위원회의 설치(법 제53조의2 제1항)

다음 각 호의 사항을 심의하기 위하여 공단에 장기요양급여심사위원회(급여심사위원회)를 둔다.

1. 장기요양급여 제공 기준의 세부사항 설정 및 보완에 관한 사항
2. 장기요양급여비용 및 산정방법의 세부사항 설정 및 보완에 관한 사항
3. 장기요양급여비용 심사기준 개발 및 심사조정에 관한 사항
4. 그 밖에 공단 이사장이 필요하다고 인정한 사항

66

정답 ①

장기요양급여는 노인 등이 가족과 함께 생활하면서 가정에서 장기요양을 받는 재가급여를 우선적으로 제공하여야 한다(법 제3조 제3항).

장기요양급여 제공의 기본원칙(법 제3조)

① 장기요양급여는 노인 등이 자신의 의사와 능력에 따라 최대한 자립적으로 일상생활을 수행할 수 있도록 제공하여야 한다.

② 장기요양급여는 노인 등의 심신상태・생활환경과 노인 등 및 그 가족의 욕구・선택을 종합적으로 고려하여 필요한 범위 안에서 이를 적정하게 제공하여야 한다.

③ 장기요양급여는 노인 등이 가족과 함께 생활하면서 가정에서 장기요양을 받는 재가급여를 우선적으로 제공하여야 한다.

④ 장기요양급여는 노인 등의 심신상태나 건강 등이 악화되지 아니하도록 의료서비스와 연계하여 이를 제공하여야 한다.

67

정답 ②

장기요양기관을 운영하는 자는 폐쇄회로 텔레비전에 기록된 영상정보를 60일 이상 보관하여야 한다(법 제33조의2 제3항).

68

정답 ②

등급판정위원회는 신청인이 신청자격요건을 충족하고 6개월 이상 동안 혼자서 일상생활을 수행하기 어렵다고 인정하는 경우 심신상태 및 장기요양이 필요한 정도 등 대통령령으로 정하는 등급판정기준에 따라 수급자로 판정한다(법 제15조 제2항).

오답분석

① 법 제12조에 해당한다.

③ 법 제14조 제1항 제1호에 해당한다.

④ 법 제15조 제1항에 해당한다.

69

정답 ①

장기요양지원센터의 업무(법 제47조의2 제2항)

1. 장기요양요원의 권리 침해에 관한 상담 및 지원
2. 장기요양요원의 역량강화를 위한 교육지원
3. 장기요양요원에 대한 건강검진 등 건강관리를 위한 사업
4. 그 밖에 장기요양요원의 업무 등에 필요하여 대통령령으로 정하는 사항

70

정답 ④

행정제재처분 효과의 승계(법 제37조의4 제1항)

장기요양기관 지정의 취소 행위를 이유로 한 행정제재처분("행정제재처분")의 효과는 그 처분을 한 날부터 3년간 다음 각 호의 어느 하나에 해당하는 자에게 승계된다.

1. 장기요양기관을 양도한 경우 양수인
2. 법인이 합병된 경우 합병으로 신설되거나 합병 후 존속하는 법인
3. 장기요양기관 폐업 후 같은 장소에서 장기요양기관을 운영하는 자 중 종전에 행정제재처분을 받은 자(법인인 경우 그 대표자를 포함한다)나 그 배우자 또는 직계혈족

오답분석

① 법 제37조의4 제1항 제1호에 해당한다.

② 법 제37조의4 제4항에 해당한다.

③ 법 제37조의4 제1항에 해당한다.

71

정답 ③

㉡ 공단은 장기요양급여를 받고 있는 자가 정당한 사유 없이 제15조 제4항에 따른 조사를 받는 경우 장기요양급여의 전부 또는 일부를 제공하지 아니하게 할 수 있다(법 제29조 제1항).

㉢ 공단은 거짓 보고 또는 증명에 의하거나 거짓 진단에 따라 장기요양급여가 제공된 때 거짓의 행위에 관여한 자에 대하여 장기요양급여를 받은 자와 연대하여 징수금을 납부하게 할 수 있다(법 제43조 제2항).

오답분석

㉠ 공단은 거짓이나 그 밖의 부정한 방법으로 장기요양인정을 받은 경우로 의심되는 경우 조사 결과를 등급판정위원회에 제출하여야 하고, 등급판정위원회는 공단에 제출된 조사 결과를 토대로 다시 수급자 등급을 조정하고 수급자 여부를 판정할 수 있다(법 제15조 제4항, 제5항).

72

정답 ①

월 한도액 범위를 초과하여 장기요양급여를 받은 경우에 그 장기요양급여, 장기요양급여비용 또는 의사소견서 등 발급비용에 상당하는 금액을 징수한다(법 제43조 제1항 제2호).

오답분석

② 법 제43조 제1항 제3호에 해당한다.
③ 법 제43조 제1항 제5호에 해당한다.
④ 법 제43조 제1항 제4의2에 해당한다.

73

정답 ②

등급판정위원회는 제2항에 따라 심의·판정을 하는 때 신청인과 그 가족, 의사소견서를 발급한 의사 등 관계인의 의견을 들을 수 있다(법 제15조 제3항).

오답분석

① 등급판정위원회는 신청인이 신청서를 제출한 날부터 30일 이내에 제15조에 따른 장기요양등급판정을 완료하여야 한다(법 제16조 제1항).
③ 공단은 등급판정위원회가 장기요양인정 및 등급판정의 심의를 완료한 경우 지체 없이 장기요양등급, 장기요양급여의 종류 및 내용, 그 밖에 장기요양급여에 관한 사항으로서 보건복지부령으로 정하는 사항이 포함된 장기요양인정서를 작성하여 수급자에게 송부하여야 한다(법 제17조 제1항).
④ 공단은 제14조에 따른 조사가 완료된 때 조사결과서, 신청서, 의사소견서, 그 밖에 심의에 필요한 자료를 등급판정위원회에 제출하여야 한다(법 제15조 제1항).

74

정답 ④

특별자치시장·특별자치도지사·시장·군수·구청장이 장기요양기관 지정을 하려는 경우에는 다음의 사항을 검토하여 장기요양기관을 지정하여야 한다(법 제31조 제3항).

1. 장기요양기관을 운영하려는 자의 장기요양급여 제공 이력
2. 장기요양기관을 운영하려는 자 및 그 기관에 종사하려는 자가 이 법, 사회복지사업법 또는 노인복지법 등 장기요양기관의 운영과 관련된 법에 따라 받은 행정처분의 내용
3. 장기요양기관의 운영 계획
4. 해당 지역의 노인인구 수 및 장기요양급여 수요 등 지역 특성
5. 그 밖에 특별자치시장·특별자치도지사·시장·군수·구청장이 장기요양기관으로 지정하는 데 필요하다고 인정하여 정하는 사항

75

정답 ②

국가 또는 지방자치단체는 폐쇄회로 텔레비전 설치비의 전부 또는 일부를 지원할 수 있다(법 제33조의2 제4항).

오답분석

① 법 제33조의2 제3항에 해당한다.
③ 법 제33조의2 제1항 제1호에 해당한다.
④ 법 제33조의2 제1항에 해당한다.

76

정답 ③

오답분석

㉡·㉤ 재가급여에 해당한다(법 제23조 제1항 제1호).

장기요양급여의 종류(법 제23조 제1항)
- 재가급여 : 방문요양, 방문목욕, 방문간호, 주·야간보호, 단기보호, 기타재가급여
- 시설급여 : 장기요양기관에 장기간 입소한 수급자에게 제공하는 장기요양급여
- 특별현금급여 : 가족요양비, 특례요양비, 요양병원간병비

77

정답 ①

등급판정위원회는 신청인이 신청서를 제출한 날부터 30일 이내에 장기요양등급판정을 완료하여야 한다. 다만, 신청인에 대한 정밀조사가 필요한 경우 등 기간 이내에 등급판정을 완료할 수 없는 부득이한 사유가 있는 경우 30일 이내의 범위에서 이를 연장할 수 있다(법 제16조 제1항).

오답분석

② 공단은 등급판정위원회가 장기요양인정 및 등급판정의 심의를 완료한 경우 지체 없이 해당 사항이 포함된 장기요양인정서를 작성하여 수급자에게 송부하여야 한다(법 제17조 제1항).
③ 공단은 조사가 완료된 때 조사결과서, 신청서, 의사소견서, 그 밖에 심의에 필요한 자료를 등급판정위원회에 제출하여야 한다(법 제15조 제1항).
④ 등급판정위원회는 신청인이 신청서를 제출한 날부터 30일 이내에 장기요양등급판정을 완료하여야 한다(법 제16조 제1항).

78

정답 ②

등급판정위원회의 설치(법 제52조 제4항)

등급판정위원회 위원은 다음 각 호의 자 중에서 공단 이사장이 위촉한다. 이 경우 특별자치시장·특별자치도지사·시장·군수·구청장이 추천한 위원은 7인, 의사 또는 한의사가 1인 이상 각각 포함되어야 한다.

1. 의료법에 따른 의료인
2. 사회복지사업법에 따른 사회복지사
3. 특별자치시·특별자치도·시·군·구 소속 공무원
4. 그 밖에 법학 또는 장기요양에 관한 학식과 경험이 풍부한 자

79

정답 ④

지정취소를 받은 후 3년이 지나지 아니한 자는 장기요양기관으로 지정받을 수 없다(법 제37조 제8항 제1호).

오답분석

① 특별자치시장・특별자치도지사・시장・군수・구청장은 장기요양기관을 지정한 때 지체 없이 지정 명세를 공단에 통보하여야 한다(법 제31조 제4항).

② 재가급여를 제공하는 장기요양기관 중 의료기관이 아닌 자가 설치・운영하는 장기요양기관이 방문간호를 제공하는 경우에는 방문간호의 관리책임자로서 간호사를 둔다(법 제31조 제5항).

③ 특별자치시장・특별자치도지사・시장・군수・구청장은 장기요양기관이 거짓이나 그 밖의 부정한 방법으로 지정을 받은 경우에는 지정을 취소하여야 한다(법 제37조 제1항 제1호).

80

정답 ①

공단은 제3항에도 불구하고 외국인근로자의 고용 등에 관한 법률에 따른 외국인근로자 등 대통령령(㉠)으로 정하는 외국인이 신청하는 경우 보건복지부령(㉡)으로 정하는 바에 따라 장기요양보험가입자에서 제외할 수 있다(법 제7조 제4항).

국민건강보험공단 신규직원 필기시험

제1회 모의고사 정답 및 해설

제 1 영역 NCS

01	02	03	04	05	06	07	08	09	10
④	④	④	②	④	①	④	④	②	④
11	12	13	14	15	16	17	18	19	20
①	④	③	①	③	④	②	③	④	④
21	22	23	24	25	26	27	28	29	30
④	①	④	②	②	③	②	④	④	④
31	32	33	34	35	36	37	38	39	40
④	③	①	②	②	④	③	①	④	①
41	42	43	44	45	46	47	48	49	50
④	③	④	②	②	④	②	③	③	④
51	52	53	54	55	56	57	58	59	60
③	④	②	④	③	③	③	④	④	①

01 　정답 ④

두 번째 문단의 마지막 두 문장에 따르면 지구상의 많은 식물들이 꿀벌을 매개로 번식하며, 꽃가루받이를 할 꿀벌이 사라진다면 이러한 식물군 전체가 열매를 맺지 못할 위기에 놓인다고 하였다. 그러나 마지막 문단 네 번째 줄에 따르면 자원봉사자를 투입하여 꽃가루받이 수작업이 이루어지고 있다고 하였으므로, 벌을 매개로 한 방법 이외에 번식할 수 있는 방법이 없다는 것은 적절하지 않다.

오답분석

① 첫 번째 문단에 따르면 벌은 꽃가루와 꿀을 얻는 과정에서 꽃가루를 옮겨 식물의 번식에 도움을 주므로, 비의도적인 것이라고 할 수 있다.
② 두 번째 문단을 통해 알 수 있다.
③ 마지막 문단에서 꿀벌의 개체 수가 줄어드는 원인으로 살충제와 항생제, 대기오염, 전자파 등을 들고 있으며, 이는 현대 문명사회에 이르러서 생겨난 것들이다.

02 　정답 ④

실재론은 세계가 정신과 독립적으로 존재함을, 반실재론은 세계가 감각적으로 인식될 때만 존재함을 주장하므로 두 이론 모두 세계는 존재한다는 전제를 깔고 있다.

오답분석

① 세 번째 문단에서 어떤 사람이 버클리의 주장을 반박하기 위해 돌을 발로 차서 날아간 돌이 존재한다는 사실을 증명하려고 하였으나, 반실재론을 제대로 반박한 것은 아니라고 하였다. 따라서 실재론자의 주장이 옳다는 사실을 증명하는 것은 아니다.
② 세계가 감각으로 인식될 때만 존재한다는 것은 반실재론자의 입장이다.
③ 버클리는 객관적 성질이라고 여겨지는 것들도 우리가 감각할 수 있을 때만 존재하는 주관적 속성이라고 하였다.

03 　정답 ④

㉡ 시장적 의사 결정 과정은 항상 모든 당사자의 완전 합의에 의해서 거래가 이루어지므로 적절한 내용이다.
㉢ 정치적 의사 결정 과정에서는 다수결에 따라 의사가 결정되며, 반대의 의견을 가진 소수도 결정이 이루어진 뒤에는 그 결정에 따라야 한다. 따라서 소수의 의견이 무시될 수 있다는 문제점이 있다.

오답분석

㉠ 시장적 의사 결정에서는 경제력과 비례하여 차별적인 결정권을 가지지만, 정치적 의사 결정에서는 경제력과 관계없이 똑같은 정도의 결정권을 가지므로 적절하지 않다.

04 　정답 ②

빈칸을 채우는 문제는 빈칸 앞뒤의 진술에 유의할 필요가 있다. 빈칸 앞에서는 제3세계 환자들과 제약회사 간의 신약 가격에 대한 딜레마를 이야기하며 제3의 대안이 필요하다고 한다. 빈칸 뒤에서는 그 대안이 실현되기 어려운 이유는 '자신의 주머니에 손을 넣어 거기에 필요한 비용을 꺼내는 순간 알게 될 것'이라고 하였으므로 개인 차원의 대안을 제시했음을 추측할 수 있다. 따라서 빈칸에는 ②가 들어가는 것이 적절하다.

05 　정답 ④

사회보험징수포털을 이용하거나 공단 지사 방문은 기존의 방법이다. 제시문에서는 사업장에서도 신용카드 이체를 통해 납부가 편리해졌음을 말하고 있다.

06

정답 ①

㉠의 '제고'는 수준이나 정도 따위를 끌어올린다는 뜻으로, 어떤 일이나 문제 따위를 다시 생각한다는 '재고'는 대체어로 적절하지 않다.

07

정답 ④

보기의 '묘사(描寫)'는 '어떤 대상이나 현상 따위를 있는 그대로 언어로 서술하거나 그림으로 그려서 나타내는 것'이다. 보기의 앞에는 어떤 모습이나 장면이 나와야 하므로 (다) 다음의 '분주하고 정신없는 장면'이 와야 한다. 또한, 보기에서 묘사는 '본 사람이 무엇을 중요하게 판단하고, 무엇에 흥미를 가졌느냐에 따라 크게 다르다.'고 했으므로 보기 뒤에는 (다) 다음의 장면 중 '어느 부분에 주목하고, 또 어떻게 그것을 해석했는지에 따라 즐겁기도 하고 무섭기도 하다.'의 구체적 내용인 (라) 다음 부분이 이어져야 한다. 따라서 보기가 들어갈 위치로 가장 적절한 곳은 (라)이다.

08

정답 ④

제시문은 무협 소설에서 나타나는 '협(俠)'의 정의와 특징에 대하여 설명하고 있다. 따라서 (라) 무협 소설에서 나타나는 협의 개념 – (다) 협으로 인정받기 위한 조건 중 하나인 신의 – (가) 협으로 인정받기 위한 추가적인 조건 – (나) 앞선 사례를 통해 나타나는 협의 원칙과 정의 순으로 나열하는 것이 적절하다.

09

정답 ②

장기요양인정의 신청자격에서 장애인 활동지원 급여를 이용 중이거나 이용을 희망하는 경우 장기요양등급이 인정되면 장애인 활동지원 신청 및 급여가 제한되므로 중복이용은 불가능하다.

오답분석

① 신청서 접수 후에 방문조사를 통해 장기요양등급판정 절차를 거쳐 등급판정에 따라 장기요양 급여혜택이 다르게 부여됨을 유추할 수 있다.
③ 장기요양인정의 대리 신청인으로 이해관계인을 인정함으로, 이웃 역시도 대리인 본인을 증명할 수 있는 신분증을 제출하면서 신청가능하다.
④ 자료의 4단계 장기요양인정 절차를 5단계 절차로 쉽게 풀어 설명한 것이다.

10

정답 ④

한글 맞춤법에 따르면 ㉣의 '지'는 어미 '–ㄹ지'의 일부이므로 붙여 써야 한다. 따라서 '할지라도'가 적절한 표기이다.

11

정답 ①

제시문에서는 조상형 동물의 몸집이 커지면서 호흡의 필요성에 따라 아가미가 생겨났고, 호흡계 일부가 변형된 허파는 식도 아래쪽으로 생성되었으며, 이후 폐어 단계에서 척추동물로 진화하면서 호흡계와 소화계가 겹친 부위가 분리되기 시작하여 결국 하나의 교차점을 남기면서 인간의 음식물로 인한 질식 현상과 같은 단점을 남겼다고 설명하고 있다. 또한 마지막 문장에서 이러한 과정이 '당시에는 최선의 선택'이었다고 하였으므로, 진화가 순간순간에 필요한 대응일 뿐 최상의 결과를 내는 과정이 아님을 알 수 있다.

12

정답 ④

제시문의 첫 번째 문단은 임신 중 고지방식 섭취로 인해 자식의 생식기에 종양이 발생할 가능성에 대한 연구결과를 이야기하고 있고, 두 번째 문단은 사지 절단 수술로 인해 심장병으로 사망할 가능성에 대한 조사 결과를 이야기하고 있다. 따라서 주제로 ④가 가장 적절하다.

13

정답 ③

소득평가액은 실제소득에서 가구특성별 지출비용을 뺀 것이다.

14

정답 ①

자외선차단제의 차단 지수가 높을수록 좋은 것이 아니고, 알레르기 등 부작용이 나타날 수 있으므로 활동목적과 활동량에 따라 알맞은 제품을 선택해야 한다.

15

정답 ③

(가), (나), (라)는 모두 문두에 '하지만', '이러한 문제', '이런 환경'과 같이 앞에 문장을 받는 표현이 등장하므로 첫 문장이 될 수 없어 (다)가 가장 처음에 와야 한다. (라)의 '이런 환경'은 (다)에 제시된 내용을 말하고, (가)의 '하지만'은 서로 반대되는 내용을 서술한 (라)와 (가)를 이어준다. 그리고 (나)의 '이러한 문제'는 (가)에서 제시된 상황을 받고 있다. 따라서 (다) – (라) – (가) – (나) 순으로 나열하는 것이 적절하다.

16

정답 ④

인간의 심리적 문제는 비합리적인 신념의 '원인'이 아닌 '산물'이다.

17

정답 ②

제시문에서 필자는 3R 원칙을 강조하며 가장 필수적이고 최저한의 동물실험이 필요악임을 주장하고 있다. 특히 '보다 안전한 결과를 도출해내기 위한 동물실험은 필요악이며, 이러한 필수적인 의약실험조차 금지하려 한다는 것은 기술 발전 속도를 늦춰 약이 필요한 누군가의 고통을 감수하자는 이기적인 주장'이라는 대목을 통해 약이 필요한 이들을 위한 의약실험에 초점을 맞추고 있음을 확인할 수 있다. 따라서 ②의 주장처럼 생명과 큰 관련이 없는 동물실험을 비판의 근거로 삼는 것은 적절하지 않다.

18

정답 ③

우유의 장점을 설명하고 나서, 우유의 효과에 대해 부정적인 견해가 존재하지만 이는 일부의 의견이라고 하는 것을 볼 때 그래도 우유를 먹어야 한다는 내용이 이어지는 것이 자연스럽다. 따라서 빈칸에는 ③이 가장 적절하다.

19

정답 ④

제시문은 통계 수치의 의미를 정확하게 이해하고 도구와 방법을 올바르게 사용해야 하며, 특히 아웃라이어의 경우를 생각해야 한다고 주장하고 있다. 따라서 중심 내용으로 ④가 가장 적절하다.

오답분석

① · ② 집단을 대표하는 수치로서의 '평균' 자체가 숫자 놀음과 같이 부적당하다고는 언급하지 않았다.

③ 아웃라이어가 있는 경우에는 평균보다는 최빈값이나 중앙값이 대푯값으로 더 적당하다. 하지만 이는 글 전체의 중심 내용으로는 적절하지 않다.

20

정답 ④

임대인이 외국인 또는 해외거주자(재외국민)인 경우 대출이 불가하다. 또한, 임차인이 외국민 및 재외국민이 아닌 고객이어야 하는데 질문자의 경우 한국에 귀화한 자이기 때문에 다른 조건이 충족되면 대출이 가능하다.

21

정답 ④

농도 11% 소금물의 양은 $(100-x)+x+y=300 \rightarrow y=200$이다. 덜어낸 소금물의 양을 구하면 다음과 같다.

$\frac{20}{100}\times(100-x)+x+\frac{11}{100}\times200=\frac{26}{100}\times300$

$\rightarrow 2,000-20x+100x+2,200=7,800$

$\therefore\ x=45$

따라서 $x+y=245$이다.

22

정답 ①

여동생의 나이를 x세, 아버지의 나이를 y세라고 하자.

$y=2(12+14+x)$ ⋯ ㉠

$(y-12)=10x$ ⋯ ㉡

㉠과 ㉡을 연립하면

$52+2x=10x+12$

$\rightarrow 8x=40$

$\therefore\ x=5$

따라서 철민이의 여동생은 5세이다.

23

정답 ④

농업에 종사하는 고령근로자 수는 $600\times0.2=120$명이고, 교육서비스업은 $48,000\times0.11=5,280$명, 공공기관은 $92,000\times0.2=18,400$명이다. 따라서 총 $120+5,280+18,400=23,800$명으로, 과학 및 기술업에 종사하는 고령근로자 수인 $160,000\times0.125=20,000$명보다 많다.

오답분석

① 건설업에 종사하는 고령근로자 수는 $97,000\times0.1=9,700$명으로 외국기업에 종사하는 고령근로자 수의 3배인 $12,000\times0.35\times3=12,600$명보다 적다.

② 국가별 65세 이상 경제활동 조사 인구가 같을 경우 그래프에 나와 있는 비율로 비교하면 된다. 따라서 미국의 고령근로자 참가율 17.4%는 영국의 참가율의 2배인 $8.6\times2=17.2$%보다 높다.

③ 모든 업종의 전체 근로자 수에서 제조업에 종사하는 전체 근로자 비율은

$\frac{1,080}{(0.6+1,080+97+180+125+160+48+92+12)}\times100 ≒ 60.2$%로 80% 미만이다.

24

정답 ②

자료의 두 번째 그래프에 나온 비율을 전체 조사 인구와 곱하여 고령근로자 수를 구한다.

(A) 한국 경제활동 고령근로자 수 : $750\times0.294=220.5$만 명

(B) 스웨덴 경제활동 고령근로자 수 : $5,600\times0.32=1,792$만 명

25

정답 ②

조사 기간 동안 한 번도 0%를 기록하지 못한 곳은 강원, 경남, 대전, 부산, 울산, 충남 6곳이다.

오답분석

① 광주가 7.37%로 가장 적다.

③ 자료를 통해 쉽게 확인할 수 있다.

④ 한 해 동안 가장 높은 예산 유출 비중을 기록한 지역은 2022년 수도권으로, 비중은 23.71%이다.

26

정답 ③

2020년부터 2024년까지 유출된 예산 비중의 총합이 가장 큰 지역은 강원으로, 총합은 43.33%이고 평균은 $\frac{43.33}{5} ≒ 8.7$%이다.

27

정답 ②

㉠ 자료를 통해 쉽게 확인할 수 있다.

㉣ 2020년 강원의 유출된 예산 비중은 21.9%로, 다른 모든 지역의 비중의 합인 18.11%보다 높다.

오답분석

㉡ 지역별로 유출된 예산 비중의 총합이 가장 높은 연도는 2022년이다.

㉢ 2022년에 전년 대비 유출된 예산 비중이 1%p 이상 오르지 못한 곳은 경남, 광주, 대전 총 3곳이다.

28

정답 ④

1주 이용권을 1주마다 구매할 때 총요금은 다음과 같다.

- 기본요금 : 3,000×2=6,000원
- 추가요금 : 100÷10×(80+180+30+80)=3,700원

∴ (총요금)=6,000+3,700=9,700원

오답분석

① 3일, 9일을 제외하고 매일 1일 이용권 A를 구매할 때 총요금은 다음과 같다.
   - 기본요금 : 1,000×12=12,000원
   - 추가요금 : 100÷10×(10+40+140+240+90+140+40)=7,000원

   ∴ (총요금)=12,000+7,000=19,000원

② 3일, 9일을 제외하고 매일 1일 이용권 B를 구매할 때 총요금은 다음과 같다.
   - 기본요금 : 1,500×12=18,000원
   - 추가요금 : 100÷10×(80+180+30+80)=3,700원

   ∴ (총요금)=18,000+3,700=21,700원

③ 첫째 주는 1일 이용권 B를, 둘째 주는 1주 이용권을 구매할 때 총요금은 다음과 같다.
   - 기본요금 : 1,500×6+3,000=12,000원
   - 추가요금 : 100÷10×(80+180+30+80)=3,700원

   ∴ (총요금)=12,000+3,700=15,700원

29

정답 ④

생산이 증가한 2020년, 2023년, 2024년에는 수출과 내수도 모두 증가했으므로 옳지 않다.

오답분석

① 2020년에는 전년 대비 생산, 내수, 수출이 모두 증가한 것을 확인할 수 있다.

② 내수가 가장 큰 폭으로 증가한 2022년에는 생산과 수출은 모두 감소했다.

③ 수출이 증가한 2020년, 2023년, 2024년에는 내수와 생산도 증가했다.

30

정답 ④

- 2023년 총투약일수가 120일인 경우
  종합병원의 총약품비 : 2,025×120=243,000원
- 2024년 총투약일수가 150일인 경우
  상급종합병원의 총약품비 : 2,686×150=402,900원

따라서 구하는 값은 243,000+402,900=645,900원이다.

31

정답 ④

2020 ~ 2024년의 국가공무원 중 여성의 비율과 지방자치단체공무원 중 여성의 비율의 차를 구하면 다음과 같다.

- 2020년 : 47−30=17%p
- 2021년 : 48.1−30.7=17.4%p
- 2022년 : 48.1−31.3=16.8%p
- 2023년 : 49−32.6=16.4%p
- 2024년 : 49.4−33.7=15.7%p

따라서 비율의 차는 2021년에 증가했다가 2022년부터 계속 감소한다.

32

정답 ③

통근수단으로 버스와 지하철을 모두 이용하는 직원 수는 1,200×0.45×0.51≒275명이고, 도보를 이용하는 직원 수는 1,200×0.39=468명이다. 따라서 버스와 지하철을 모두 이용하는 직원 수는 도보를 이용하는 직원 수보다 468−275=193명 적다.

오답분석

① 통근시간이 30분 이하인 직원은 전체 직원 수의 $\frac{210}{1,200}\times100$=17.5%를 차지한다.

② 대중교통을 이용하는 직원 수는 1,200×0.45=540명이고, 그중 $\frac{1}{4}$은 135명이며, 60분 초과 전체 인원의 80%인 160×0.8=128명보다 많다.

④ 통근시간이 45분 이하인 직원은 210+260=470명이고, 1시간 초과인 직원의 $\frac{470}{160}$≒2.9배이다.

33

정답 ①

도보를 이용하는 직원은 1,200×0.39=468명, 버스만 이용하는 직원은 1,200×0.45×0.27≒146명이므로, 이들의 25%는 614×0.25≒154명이다. 30분 초과 45분 이하인 인원에서 도보 또는 버스만 이용하는 직원을 제외하면 260−154=106명이 된다. 따라서 이 인원이 자가용으로 출근하는 전체 인원에서 차지하는 비중은 $\frac{106}{1,200\times0.16}\times100$≒55%이다.

34

정답 ②

오답분석

① 1993년 이후 안정성지수는 증가했다.
③ 안정성지수와 양적성장지수는 구조개혁 전반기의 증감폭이 더 크다.
④ 구조개혁 전반기 양적성장지수의 직전 기간 대비 증감폭이 더 크다.

35

정답 ②

㉠ 2024년까지의 산업재산권은 총 100건으로, SW권의 140%인 $71 \times 1.4 = 99.4$건보다 많으므로 옳다.
㉢ 2024년까지 등록된 저작권 수는 214건으로, SW권의 3배인 $71 \times 3 = 213$건보다 많으므로 옳다.

오답분석

㉡ 2024년까지 출원된 특허권 수는 16건으로, 출원된 산업재산권의 80%인 $21 \times 0.8 = 16.8$건보다 적으므로 옳지 않다.
㉣ 2024년까지 출원된 특허권 수는 등록 및 출원된 특허권의 $\frac{16}{66} \times 100 \fallingdotseq 24.2\%$로 50% 미만이다.

36

정답 ④

등록된 지식재산권 중 2022년부터 2024년까지 건수에 변동이 없는 것은 상표권, 저작권, 실용신안권 3가지이다.

오답분석

① 등록된 누적 특허권 수는 2022년에 33건, 2023년에 43건, 2024년에 50건으로 매년 증가하였다.
② 디자인권 수는 2024년에 24건으로, 2022년 디자인권 수 대비 $\frac{24-28}{28} \times 100 \fallingdotseq -14.3\%$로, 5% 이상 감소하였으므로 옳다.
③ 자료를 보면 2022년부터 2024년까지 모든 산업재산권에서 등록된 건수가 출원된 건수 이상인 것을 알 수 있다.

37

정답 ③

남성 합격자 수는 1,003명, 여성 합격자 수는 237명이다. 여성 합격자 수의 5배는 $237 \times 5 = 1,185$명이므로 남성 합격자 수는 여성 합격자 수의 5배 미만이다.

오답분석

①·② 제시된 자료를 통해 알 수 있다.
④ $(\text{경쟁률}) = \frac{(\text{지원자 수})}{(\text{모집정원})} \times 100$이므로, B집단의 경쟁률은 $\frac{585}{370} \times 100 \fallingdotseq 158\%$이다.

38

정답 ①

영화 매출액은 매년 전체 매출액의 30% 이상을 차지한다.

오답분석

② 2018 ~ 2019년 전년 대비 매출액의 증감 추이는 게임의 경우 '감소 – 증가'이고, 음원의 경우 '증가 – 증가'이다.
③ 2022년과 2024년 음원 매출액은 SNS 매출액의 2배 미만이다.
④ 2019년 SNS 매출액은 전년에 비해 감소하였다.

39

정답 ④

제시된 조건에 따라 각 상품의 할인가 판매 시의 괴리율을 계산하면 다음과 같다.

- 세탁기 : $\frac{640,000-580,000}{640,000} \times 100 \fallingdotseq 9.3\%$
- 무선전화기 : $\frac{181,000-170,000}{181,000} \times 100 \fallingdotseq 6.0\%$
- 오디오세트 : $\frac{493,000-448,000}{493,000} \times 100 \fallingdotseq 9.1\%$
- 운동복 : $\frac{212,500-180,000}{212,500} \times 100 \fallingdotseq 15.2\%$

따라서 운동복의 괴리율이 15.2%로 가장 높다.

40

정답 ①

강수량의 증감 추이를 나타내면 다음과 같다.

1월	2월	3월	4월	5월	6월
–	증가	감소	증가	감소	증가
7월	**8월**	**9월**	**10월**	**11월**	**12월**
증가	감소	감소	감소	감소	증가

이와 동일한 추이를 보이는 그래프는 ①이다.

41

정답 ④

제시된 조건을 정리하면 다음과 같다.

구분	1일	2일	3일	4일	5일	6일
경우 1	B	E	F	C	A	D
경우 2	B	C	F	D	A	E
경우 3	A	B	F	C	E	D
경우 4	A	B	C	F	D	E
경우 5	E	B	C	F	D	A
경우 6	E	B	F	C	A	D

따라서 B영화는 어떠한 경우에도 1일 또는 2일에 상영된다.

오답분석

① 경우 3 또는 4에서 A영화는 C영화보다 먼저 상영된다.
② 경우 1 또는 5, 6에서 C영화는 E보다 늦게 상영된다.
③ D영화는 경우 1 또는 3에서 폐막작으로, 경우 4 또는 5에서 5일에 상영된다.

42

정답 ③

다음의 논리 순서를 따라 제시된 조건을 정리하면 쉽게 접근할 수 있다.

i) 첫 번째 조건의 대우(B 또는 C가 위촉되지 않으면, A도 위촉되지 않는다)에 의해 A는 위촉되지 않는다.

ii) 두 번째 조건에 따라 A가 위촉되지 않으므로 D가 위촉된다.

iii) 다섯 번째 조건에 따라 D가 위촉되므로 F도 위촉된다.

iv) 세 번째, 네 번째 조건에 따라 D가 위촉되었으므로 C와 E는 동시에 위촉될 수 없다.

따라서 위촉되는 외부 전문가는 C 또는 E 중 1명과 D, F 2명이므로 총 3명이다.

43

정답 ④

㉡ 민간의 자율주행기술 R&D를 지원하여 기술적 안정성을 높이는 전략은 위협을 최소화하는 내용은 포함하지 않고 약점만 보완하는 전략이므로 ST전략이라 볼 수 없다.

㉣ 국내 기업의 자율주행기술 투자가 부족한 약점을 국가기관의 주도로 극복하려는 내용은 약점을 최소화하고 위협을 회피하려는 WT전략의 내용으로 적절하지 않다.

오답분석

㉠ 높은 수준의 자율주행기술을 가진 외국 기업과의 기술이전협약 기회를 통해 국내외에서 우수한 평가를 받는 국내 자동차기업이 국내 자율주행자동차 산업의 강점을 강화하는 전략은 SO전략에 해당한다.

㉢ 국가가 지속적으로 자율주행차 R&D를 지원하는 법안이 본회의를 통과한 기회를 토대로 기술개발을 지원하여 국내 자율주행자동차 산업의 약점인 기술적 안전성을 확보하려는 전략은 WO전략에 해당한다.

44

정답 ②

시간대별 필요 간호인력 수 자료에 따라 필요한 최소 간호인력 수를 표로 정리하면 다음과 같다.

(단위 : 명)

근무조 \ 시간대	2 ~ 6시	6 ~ 10시	10 ~ 14시	14 ~ 18시	18 ~ 22시	22 ~ 2시	합계
2 ~ 6시 조	5	5					5
6 ~ 10시 조		15	15				15
10 ~ 14시 조			15	15			15
14 ~ 18시 조				0	0		0
18 ~ 22시 조					50	50	50
22 ~ 2시 조	0					0	0
필요 간호인력 수	5	20	30	15	50	10	85

따라서 필요한 최소 간호인력 수는 85명이다.

45

정답 ②

2 ~ 6시 시간대의 필요 간호인력 수를 20명으로 확충한다면, 필요한 최소 간호인력 수인 85명에 15명을 추가해야 한다. 따라서 최소 간호인력 수는 100명이 된다.

46

정답 ④

먼저 한 달간 약국의 공휴일 영업일수는 서로 같으므로 5일 동안 5개의 약국 중 2곳씩 영업할 경우 각 약국은 모두 두 번씩 영업해야 한다. 세 번째 조건과 마지막 조건에 따르면 D약국은 첫 번째, 두 번째 공휴일에 이미 A약국, E약국과 함께 두 번의 영업을 하였다. E약국 역시 네 번째 조건에 따라 마지막 공휴일에 영업할 예정이므로 모두 두 번의 영업을 하게 되며, A약국도 세 번째 공휴일인 오늘 영업 중이므로 두 번의 영업일을 채우게 된다.

B약국이 두 번의 영업일을 채우기 위해서는 네 번째와 다섯 번째 공휴일에 반드시 영업을 해야 하므로 C약국은 자연스럽게 남은 네 번째 공휴일에 영업을 하게 된다.

각 공휴일에 영업하는 약국을 정리하면 다음과 같다.

<table>
<tr><th>구분</th><th>첫 번째</th><th>두 번째</th><th>세 번째</th><th>네 번째</th><th>다섯 번째</th></tr>
<tr><td rowspan="2">약국
(횟수)</td><td>A(1),
D(1)</td><td>D(2),
E(1)</td><td rowspan="2">A(2),
C(1)</td><td rowspan="2">B(1),
C(2)</td><td rowspan="2">B(2),
E(2)</td></tr>
<tr><td>D(1),
E(1)</td><td>A(1),
D(2)</td></tr>
</table>

따라서 네 번째 공휴일에 영업하는 약국은 B와 C이다.

오답분석

① 조건에 따르면 A약국은 첫 번째 또는 두 번째 공휴일에 영업을 하였는데, A약국이 세 번째 공휴일에 영업을 하므로 첫 번째 공휴일에 영업을 할 경우 연속으로 영업한다는 것은 반드시 참이 되지 않는다.

② 다섯 번째 공휴일에는 B와 E약국이 함께 영업한다.

③ B약국은 네 번째, 다섯 번째 공휴일에 영업한다.

47

정답 ②

세 번째 조건에 따라 파란색을 각각 왼쪽에서 두 번째, 세 번째, 네 번째에 칠하는 경우 벽에 칠하는 바탕색은 다음과 같다.

- 파란색을 왼쪽에서 두 번째에 칠할 때 : 노란색 – 파란색 – 초록색 – 주황색 – 빨간색
- 파란색을 왼쪽에서 세 번째에 칠할 때 : 주황색 – 초록색 – 파란색 – 노란색 – 빨간색 또는 초록색 – 주황색 – 파란색 – 노란색 – 빨간색
- 파란색을 왼쪽에서 네 번째에 칠할 때 : 빨간색 – 주황색 – 초록색 – 파란색 – 노란색

따라서 파란색을 왼쪽에서 세 번째에 칠할 때, 주황색 – 초록색 – 파란색 – 노란색 – 빨간색 순으로 칠할 수 있다.

48

정답 ③

주어진 조건에 따르면 가장 오랜 시간 동안 마케팅 교육을 진행하는 A와 부장보다 길게 교육을 진행하는 B는 부장이 될 수 없으므로 C가 부장임을 알 수 있다. 이때, 다섯 번째 조건에 따라 C부장은 교육 시간이 가장 짧은 인사 교육을 담당하는 것을 알 수 있다. 이를 정리하면 다음과 같다.

구분	인사 교육	영업 교육	마케팅 교육
시간	1시간	1시간 30분	2시간
담당	C	B	A
직급	부장	과장	과장

따라서 바르게 연결된 것은 ③이다.

49

정답 ③

하정이는 가습기와 에어컨을 가을을 제외한 같은 계절에 사야 하는데, 봄의 경우 마지막 규정에 의해 30만 원 이상을 구매하므로 가습기를 구매할 수 없다. 그러므로 에어컨 또한 봄에 구매할 수 없다. 따라서 에어컨은 반드시 여름과 겨울에 구매하고, 여름에 50만 원 구매목록인 에어컨을 구매하므로 다섯 번째 규정에 따라 봄에는 50만 원 이상 구매 목록을 구매할 수 없다.

50

정답 ④

버스와 택시가 지나는 지역은 마케팅을 제외하고 중복되지 않는다고 했으므로, E는 마케팅을 지원했고, 지하철은 마케팅 회사를 지나간다. B가 탈 수 있는 교통수단은 지하철뿐인데, A와 E가 지원한 회사는 각각 출판, 마케팅이므로, B가 지원한 회사는 회계 회사이다. 지하철은 B와 D가 이용한다. 따라서 A는 버스를 이용하고, C는 생산이나 시설관리를 지원했으므로 버스를, B와 D는 지하철을, E는 택시를 이용한다. 따라서 옳지 않은 것은 ④이다.

51

정답 ③

명제가 참이면 대우 명제도 참이다. 즉, '유민이가 좋아하는 과일은 신혜가 좋아하지 않는 과일이다.'가 참이면 '신혜가 좋아하는 과일은 유민이가 좋아하지 않는 과일이다.'도 참이 된다. 따라서 신혜는 딸기를 좋아하고, 유민이는 사과와 포도를 좋아한다.

52

정답 ④

A/S 규정 중 '교환・환불 배송 정책' 부분을 보면, A/S와 관련된 운송비는 제품 초기불량일 경우에만 당사에서 부담한다고 규정하고 있다. 그러므로 초기불량이 아닐 경우에는 운송비는 고객이 부담하여야 한다. 따라서 운송비를 제외한 복구 시 발생되는 모든 비용에 대해 고객이 부담하여야 한다는 답변은 적절하지 않다.

53

정답 ②

고객의 요청을 참고하여 수리가 필요한 항목을 정리하면 다음과 같다.

• 네트워크 관련 작업 : 20,000원
• 펌웨어 업그레이드 : 20,000원
• 하드 디스크 점검 : 10,000원

따라서 고객에게 안내하여야 할 수리비용은 20,000+20,000+10,000=50,000원이다.

54

정답 ④

A/S 점검표에 따른 비용을 계산하면 다음과 같다.

• 전면 유리 파손 교체 : 3,000원
• 전원 배선 교체 : 8,000원
• 41만 화소 IR 교체 : 30,000원
• 추가 CCTV 제품비 : 80,000원
• 추가 CCTV 건물 내부(로비) 설치 : 10,000원

따라서 고객에게 청구하여야 할 비용은 3,000+8,000+30,000+80,000+10,000=131,000원이다.

55

정답 ③

조건에 따르면 최소한 수학자 1명, 논리학자 1명, 과학자 2명이 선정되어야 하고, 그 외 나머지 2명을 선정해야 한다. 예를 들어 물리학, 생명과학, 화학, 천문학을 전공한 과학자 총 4명을 선정하면 천문학 전공자는 기하학 전공자와 함께 선정되고, 논리학자는 비형식논리 전공자를 선정하면 가능하다.

오답분석

① 형식논리 전공자가 1명 선정되면 비형식논리 전공자도 1명 선정되어야 하므로 논리학자는 2명 선정된다. 그러나 형식논리 전공자가 먼저 선정된 것이 아니라면 옳지 않다.

② 같은 전공을 가진 수학자가 2명 선정될 수 있다. 예를 들어 다음과 같이 선정될 수 있다.
  • 논리학자 1명 – 비형식논리 전공자
  • 수학자 2명 – 기하학 전공자, 기하학 전공자
  • 과학자 3명 – 물리학 전공자, 생명과학 전공자, 천문학 전공자

④ 통계학 전공자를 포함하면 수학자는 3명이 선정될 수 있다. 예를 들어 다음과 같이 선정될 수 있다.
  • 논리학자 1명 – 비형식논리 전공자
  • 수학자 3명 – 통계학 전공자, 대수학 전공자, 기하학 전공자
  • 과학자 2명 – 천문학 전공자, 기계공학 전공자

56

정답 ③

제시된 조건을 항목별로 정리하면 다음과 같다.

• 부서배치
  - 성과급 평균은 48만 원이므로, A는 영업부 또는 인사부에서 일한다.
  - B와 D는 비서실, 총무부, 홍보부 중에서 일한다.
  - C는 인사부에서 일한다.
  - D는 비서실에서 일한다.

  따라서 A – 영업부, B – 총무부, C – 인사부, D – 비서실, E – 홍보부에서 일한다.

• 휴가
  - A는 D보다 휴가를 늦게 간다.

  따라서 휴가를 반납한 E를 제외하고 C – D – B – A 또는 D – A – B – C 순으로 휴가를 간다.

• 성과급
  - D사원 : 60만 원
  - C사원 : 40만 원

따라서 항상 옳은 것은 ③이다.

오답분석

① A는 20만×3=60만 원이고, C는 40만×2=80만 원이다. 따라서 A의 3개월 치 성과급은 C의 2개월 치 성과급보다 적다.

② C가 제일 먼저 휴가를 갈 경우, A가 제일 마지막으로 휴가를 가게 된다.

④ 휴가를 가지 않은 E는 두 배의 성과급을 받기 때문에 총 120만 원의 성과급을 받게 되고, D의 성과급은 60만 원이기 때문에 두 사람의 성과급 차이는 두 배이다.

57

정답 ③

다섯 가지 진술을 각각 정리해 보면, 첫 번째·두 번째·세 번째의 경우 C와 D가 선발되는 것이 가능하며, 네 번째와 다섯 번째의 경우에는 이와 일치하지 않는다. 문제에서 3명의 진술만 참이라 했으므로 첫 번째·두 번째·세 번째의 진술이 참이다. 따라서 C와 D가 선발된다.

58

정답 ④

가 공정으로 시작하는 공정 과정은 '준비단계 – 가 – 다 – 마 – 바'로, 총소요시간은 20+30+60+20+45=175분이다. 나 공정으로 시작하는 공정 과정은 '나 – 라 – 바'로, 총소요시간은 15+35+45=95분이다. 각 공정에서 10시간(600분) 동안 한 공정 과정이 끝나는 횟수는 첫 번째 공정은 $\frac{600}{175} \fallingdotseq 3$번, 두 번째 공정은 $\frac{600}{95} \fallingdotseq 6$번이다.

따라서 두 공정 과정에서 생산되는 완제품 개수의 차이는 $3\times7-6\times3=21-18=3$개이다.

59

정답 ④

가 공정을 가동시키는 횟수를 x회, 나 공정을 가동시키는 횟수 y회라고 하자.

$7x+3y=150$이고, 한 공정이 끝날 때까지의 소요시간이 긴 공정을 중심으로 계산하면 175분인 가 공정(x)을 12번 가동시키면 이 공정 과정에서는 12×7=84개의 완제품이 나온다. 이 공정을 12번 가동하는 데 소요되는 총시간은 175×12=2,100분이며, 소요시간이 95분인 나 공정 과정은 2,100분 동안 $\frac{2,100}{95} \fallingdotseq 22$번의 과정을 완료할 수 있고, 완제품은 22×3=66개이다. 따라서 2,100분 동안 만들어지는 완제품은 84+66=150개로 최소 소요시간은 35시간이다.

60

정답 ①

3만 원 초과 10만 원 이하 소액통원의료비를 청구할 경우 진단서 없이 보험금 청구서와 병원영수증, 질병분류기호(질병명)가 기재된 처방전만으로 접수가 가능하다.

제2영역 법률

| 01 | 국민건강보험법

61	62	63	64	65	66	67	68	69	70
④	④	③	②	①	③	④	②	②	②
71	72	73	74	75	76	77	78	79	80
③	③	④	①	②	③	②	①	③	④

61
정답 ④

건강생활 실천율의 모니터링은 국민건강증진법과 관련되고, 건강보험심사평가원의 업무와는 거리가 멀다.

건강보험심사평가원의 업무 등(법 제63조 제1항)

건강보험심사평가원은 다음 각 호의 업무를 관장한다.

1. 요양급여비용의 심사
2. 요양급여의 적정성 평가
3. 심사기준 및 평가기준의 개발
4. 제1호부터 제3호까지의 규정에 따른 업무와 관련된 조사연구 및 국제협력
5. 다른 법률에 따라 지급되는 급여비용의 심사 또는 의료의 적정성 평가에 관하여 위탁받은 업무
6. 그 밖에 이 법 또는 다른 법령에 따라 위탁받은 업무
7. 건강보험과 관련하여 보건복지부장관이 필요하다고 인정한 업무
8. 그 밖에 보험급여 비용의 심사와 보험급여의 적정성 평가와 관련하여 대통령령으로 정하는 업무

62
정답 ④

시효(법 제91조 제1항 및 제3항)

① 다음 각 호의 권리는 3년 동안 행사하지 아니하면 소멸시효가 완성된다.

1. 보험료, 연체금 및 가산금을 징수할 권리
2. 보험료, 연체금 및 가산금으로 과오납부한 금액을 환급받을 권리
3. 보험급여를 받을 권리
4. 보험급여 비용을 받을 권리
5. 제47조 제3항 후단에 따라 과다납부된 본인일부부담금을 돌려받을 권리
6. 제61조에 따른 근로복지공단의 권리

③ 휴직자 등의 보수월액보험료를 징수할 권리의 소멸시효는 제79조 제5항에 따라 고지가 유예된 경우 휴직 등의 사유가 끝날 때까지 진행하지 아니한다.

63
정답 ③

보험료(법 제69조 제4항)

직장가입자의 월별 보험료액은 다음 각 호에 따라 산정한 금액으로 한다.

1. 보수월액보험료 : 제70조에 따라 산정한 보수월액에 제73조 제1항 또는 제2항에 따른 보험료율을 곱하여 얻은 금액
2. 보수 외 소득월액보험료 : 제71조에 따라 산정한 보수 외 소득월액에 제73조 제1항 또는 제2항에 따른 보험료율을 곱하여 얻은 금액

64
정답 ②

보험료율 등(법 제73조)

① 직장가입자의 보험료율은 <u>1천분의 80(㉠)</u>의 범위에서 심의위원회의 의결을 거쳐 대통령령으로 정한다.

② 국외에서 업무에 종사하고 있는 직장가입자에 대한 보험료율은 제1항에 따라 정해진 보험료율의 <u>100분의 50(㉡)</u>으로 한다.

③ 지역가입자의 보험료율과 보험료부과점수당 금액은 심의위원회의 의결을 거쳐 대통령령으로 정한다.

65
정답 ①

업무정지(법 제98조 제1항)

보건복지부장관은 요양기관이 다음 각 호의 어느 하나에 해당하면 그 요양기관에 대하여 <u>1년</u>의 범위에서 기간을 정하여 업무정지를 명할 수 있다.

1. 속임수나 그 밖의 부당한 방법으로 보험자·가입자 및 피부양자에게 요양급여비용을 부담하게 한 경우
2. 제97조 제2항에 따른 명령에 위반하거나 거짓 보고를 하거나 거짓 서류를 제출하거나, 소속 공무원의 검사 또는 질문을 거부·방해 또는 기피한 경우
3. 정당한 사유 없이 요양기관이 제41조의3 제1항에 따른 결정을 신청하지 아니하고 속임수나 그 밖의 부당한 방법으로 행위·치료재료를 가입자 또는 피부양자에게 실시 또는 사용하고 비용을 부담시킨 경우

66
정답 ③

공단의 상임임원이 임명권자 또는 제청권자의 허가를 받거나 공단의 직원이 이사장의 허가를 받은 경우에는 비영리 목적의 업무를 겸할 수 있다(법 제25조 제2항).

오답분석

① 법 제23조 제1호에 해당한다.
② 법 제24조 제2항 제1호에 해당한다.
④ 법 제22조 제4항에 해당한다.

67

정답 ④

요양급여(법 제41조 제1항)

가입자와 피부양자의 질병, 부상, 출산 등에 대하여 다음 각 호의 요양급여를 실시한다.

1. 진찰·검사
2. 약제(藥劑)·치료재료의 지급
3. 처치·수술 및 그 밖의 치료
4. 예방·재활
5. 입원
6. 간호
7. 이송(移送)

68

정답 ②

신고 등(법 제94조 제1항)

공단은 사용자, 직장가입자 및 세대주에게 다음 각 호의 사항을 신고하게 하거나 관계 서류(전자적 방법으로 기록된 것을 포함)를 제출하게 할 수 있다.

1. 가입자의 거주지 변경
2. 가입자의 보수·소득
3. 그 밖에 건강보험사업을 위하여 필요한 사항

69

정답 ②

국민건강보험공단의 업무 등(법 제14조 제2항)

제1항 제6호에 따른 자산의 관리·운영 및 증식사업은 안정성과 수익성을 고려하여 다음 각 호의 방법에 따라야 한다.

1. 체신관서 또는 은행법에 따른 은행에의 예입 또는 신탁
2. 국가·지방자치단체 또는 은행법에 따른 은행이 직접 발행하거나 채무이행을 보증하는 유가증권의 매입
3. 특별법에 따라 설립된 법인이 발행하는 유가증권의 매입
4. 자본시장과 금융투자업에 관한 법률에 따른 신탁업자가 발행하거나 같은 법에 따른 집합투자업자가 발행하는 수익증권의 매입
5. 공단의 업무에 사용되는 부동산의 취득 및 일부 임대
6. 그 밖에 공단 자산의 증식을 위하여 대통령령으로 정하는 사업

70

정답 ②

공단의 조직·인사·보수 및 회계에 관한 규정은 이사회의 의결을 거쳐 보건복지부장관의 승인을 받아 정한다(법 제29조).

오답분석

① 법 제26조 제1항에 해당한다.
③ 법 제33조 제1항에 해당한다.
④ 법 제28조에 해당한다.

71

정답 ③

과태료(법 제119조 제3항)

다음 각 호의 어느 하나에 해당하는 자에게는 500만 원 이하의 과태료를 부과한다.

1. 제7조를 위반하여 신고를 하지 아니하거나 거짓으로 신고한 사용자
2. 정당한 사유 없이 제94조 제1항을 위반하여 신고·서류제출을 하지 아니하거나 거짓으로 신고·서류제출을 한 자
3. 정당한 사유 없이 제97조 제1항, 제3항, 제4항, 제5항을 위반하여 보고·서류제출을 하지 아니하거나 거짓으로 보고·서류제출을 한 자
4. 제98조 제4항을 위반하여 행정처분을 받은 사실 또는 행정처분절차가 진행 중인 사실을 지체 없이 알리지 아니한 자
5. 정당한 사유 없이 제101조 제2항을 위반하여 서류를 제출하지 아니하거나 거짓으로 제출한 자

오답분석

①·②·④ 법 제115조 제5항에 해당한다.

72

정답 ③

공단은 그 업무의 일부를 국가기관, 지방자치단체 또는 다른 법령에 따른 사회보험 업무를 수행하는 법인이나 그 밖의 자에게 위탁할 수 있다. 다만, 보험료와 징수위탁보험료 등의 징수 업무는 그러하지 아니하다(법 제112조 제2항).

오답분석

①·② 법 제112조 제1항에 해당한다.
④ 법 제112조 제3항에 해당한다.

73

정답 ④

제1항에 따른 보수는 근로자 등이 근로를 제공하고 사용자·국가 또는 지방자치단체로부터 지급받는 금품(실비변상적인 성격을 갖는 금품은 제외)으로서 대통령령으로 정하는 것을 말한다. 이 경우 보수 관련 자료가 없거나 불명확한 경우 등 대통령령으로 정하는 사유에 해당하면 보건복지부장관이 정하여 고시하는 금액을 보수로 본다(법 제70조 제3항).

오답분석

① 법 제70조 제1항에 해당한다.
② 법 제70조 제2항에 해당한다.
③ 법 제70조 제3항에 해당한다.

74

정답 ①

비용의 일부부담(법 제44조)

① 요양급여를 받는 자는 대통령령으로 정하는 바에 따라 비용의 일부("본인일부부담금")를 본인이 부담한다. 이 경우 선별급여에 대해서는 다른 요양급여에 비하여 본인일부부담금을 상향 조정할 수 있다.
② 본인이 연간 부담하는 다음 각 호의 금액의 합계액이 대통령령으로 정하는 금액("본인부담상한액")을 초과한 경우에는 공단이 그 초과 금액을 부담하여야 한다. 이 경우 공단은 당사자에게 그 초과 금액을 통보하고, 이를 지급하여야 한다.
③ 제2항에 따른 본인부담상한액은 가입자의 소득수준 등에 따라 정한다.
④ 제2항 각 호에 따른 금액 및 합계액의 산정 방법, 본인부담상한액을 넘는 금액의 지급 방법 및 제3항에 따른 가입자의 소득수준 등에 따른 본인부담상한액 설정 등에 필요한 사항은 대통령령으로 정한다.

75

정답 ②

제1항에 따라 독촉할 때에는 10일 이상 15일 이내의 납부기한을 정하여 독촉장을 발부하여야 한다(법 제81조 제2항).

오답분석

① 법 제81조 제1항에 해당한다.
③ 법 제81조 제3항에 해당한다.
④ 법 제81조 제4항에 해당한다.

76

정답 ③

직장가입자인 근로자 등이 그 사용관계가 끝난 날의 다음 날 자격이 변동된다.

자격의 변동 시기 등(법 제9조 제1항)

가입자는 다음 각 호의 어느 하나에 해당하게 된 날에 그 자격이 변동된다.

1. 지역가입자가 적용대상사업장의 사용자로 되거나, 근로자・공무원 또는 교직원("근로자 등")으로 사용된 날
2. 직장가입자가 다른 적용대상사업장의 사용자로 되거나 근로자 등으로 사용된 날
3. 직장가입자인 근로자 등이 그 사용관계가 끝난 날의 다음 날
4. 적용대상사업장에 제7조 제2호에 따른 사유가 발생한 날의 다음 날
5. 지역가입자가 다른 세대로 전입한 날

77

정답 ②

국민건강보험법에서 규정하는 보험급여의 정지 사유에 해당하는 경우는 보험급여를 받을 수 있는 사람이 국외에서 업무에 종사하고 있는 때이다.

급여의 정지(법 제54조)

보험급여를 받을 수 있는 사람이 다음 각 호의 어느 하나에 해당하면 그 기간에는 보험급여를 하지 아니한다. 다만, 제3호 및 제4호의 경우에는 제60조에 따른 요양급여를 실시한다.

1. 삭제(2020. 4. 7)
2. 국외에 체류하는 경우
3. 병역법에 따른 현역병(지원에 의하지 아니하고 임용된 하사 포함), 전환복무된 사람 및 군간부후보생에 해당하게 된 경우
4. 교도소, 그 밖에 이에 준하는 시설에 수용되어 있는 경우

78

정답 ①

국민건강보험공단은 해당 권리에 대한 소멸시효가 완성된 경우 재정운영위원회의 의결을 받아 보험료 등을 결손처분할 수 있다.

결손처분(법 제84조)

① 공단은 다음 각 호의 어느 하나에 해당하는 사유가 있으면 재정운영위원회의 의결을 받아 보험료 등을 결손처분할 수 있다.
  1. 체납처분이 끝나고 체납액에 충당될 배분금액이 그 체납액에 미치지 못하는 경우
  2. 해당 권리에 대한 소멸시효가 완성된 경우
  3. 그 밖에 징수할 가능성이 없다고 인정되는 경우로서 대통령령으로 정하는 경우
② 공단은 제1항 제3호에 따라 결손처분을 한 후 압류할 수 있는 다른 재산이 있는 것을 발견한 때에는 지체 없이 그 처분을 취소하고 체납처분을 하여야 한다.

79

정답 ③

요양급여의 적정성 평가는 건강보험심사평가원의 업무이다.

국민건강보험공단의 업무 등(법 제14조 제1항)

공단은 다음 각 호의 업무를 관장한다.

1. 가입자 및 피부양자의 자격 관리
2. 보험료와 그 밖에 국민건강보험법에 따른 징수금의 부과·징수
3. 보험급여의 관리
4. 가입자 및 피부양자의 질병의 조기발견·예방 및 건강관리를 위하여 요양급여 실시 현황과 건강검진 결과 등을 활용하여 실시하는 예방사업으로서 대통령령으로 정하는 사업
5. 보험급여 비용의 지급
6. 자산의 관리·운영 및 증식사업
7. 의료시설의 운영
8. 건강보험에 관한 교육훈련 및 홍보
9. 건강보험에 관한 조사연구 및 국제협력
10. 국민건강보험법에서 공단의 업무로 정하고 있는 사항
11. 국민연금법, 고용보험 및 산업재해보상보험의 보험료징수 등에 관한 법률, 임금채권보장법 및 석면피해구제법("징수위탁근거법")에 따라 위탁받은 업무
12. 그 밖에 국민건강보험법 또는 다른 법령에 따라 위탁받은 업무
13. 그 밖에 건강보험과 관련하여 보건복지부장관이 필요하다고 인정한 업무

80

정답 ④

제1항에 따른 체납자 인적사항 등의 공개는 관보에 게재하거나 공단 인터넷 홈페이지에 게시하는 방법에 따른다(법 제83조 제4항).

오답분석

① 법 제83조 제1항에 해당한다.
② 법 제83조 제2항에 해당한다.
③ 법 제83조 제3항에 해당한다.

| 02 | 노인장기요양보험법

61	62	63	64	65	66	67	68	69	70
④	④	①	②	③	④	③	④	④	④
71	72	73	74	75	76	77	78	79	80
②	③	②	③	①	④	①	④	②	②

61

정답 ④

장기요양급여는 6개월 이상 동안 혼자서 일상생활을 수행하기 어렵다고 인정되는 자에게 지급한다.

정의(노인장기요양보험법 제2조)

이 법에서 사용하는 용어의 정의는 다음과 같다.

1. "노인 등"이란 65세 이상의 노인 또는 65세 미만의 자로서 치매·뇌혈관성질환 등 대통령령으로 정하는 노인성 질병을 가진 자를 말한다.
2. "장기요양급여"란 제15조 제2항에 따라 6개월 이상 동안 혼자서 일상생활을 수행하기 어렵다고 인정되는 자에게 신체활동·가사활동의 지원 또는 간병 등의 서비스나 이에 갈음하여 지급하는 현금 등을 말한다.
3. "장기요양사업"이란 장기요양보험료, 국가 및 지방자치단체의 부담금 등을 재원으로 하여 노인 등에게 장기요양급여를 제공하는 사업을 말한다.
4. "장기요양기관"이란 제31조에 따른 지정을 받은 기관으로서 장기요양급여를 제공하는 기관을 말한다.
5. "장기요양요원"이란 장기요양기관에 소속되어 노인 등의 신체활동 또는 가사활동 지원 등의 업무를 수행하는 자를 말한다.

62

정답 ④

장기요양기관 지정의 취소 등(법 제37조 제6항 및 제7항)

⑥ 특별자치시장·특별자치도지사·시장·군수·구청장은 제5항에 따라 수급자의 권익을 보호하기 위하여 보건복지부령으로 정하는 바에 따라 다음 각 호의 조치를 하여야 한다.

1. 제1항에 따른 행정처분의 내용을 우편 또는 정보통신망 이용 등의 방법으로 수급자 또는 그 보호자에게 통보하는 조치
2. 해당 장기요양기관을 이용하는 수급자가 다른 장기요양기관을 선택하여 이용할 수 있도록 하는 조치

⑦ 제1항에 따라 지정취소 또는 업무정지되는 장기요양기관의 장은 해당 기관에서 수급자가 제40조 제1항 및 제2항에 따라 부담한 비용 중 정산하여야 할 비용이 있는 경우 이를 정산하여야 한다.

63

정답 ①

단기보호는 수급자를 보건복지부령으로 정하는 범위 안에서 일정 기간 동안 장기요양기관에 보호하여 신체활동 지원 및 심신기능의 유지·향상을 위한 교육·훈련 등을 제공하는 장기요양급여이다(법 제23조 제1항 제1호 마목).

64

정답 ②

제1항에 따른 장기요양보험료는 국민건강보험법 제69조에 따른 보험료("건강보험료")와 통합하여 징수한다. 이 경우 공단은 장기요양보험료와 건강보험료를 구분하여 고지하여야 한다(법 제8조 제2항).

65

정답 ③

장기요양기본계획(법 제6조 제1항)

보건복지부장관은 노인 등에 대한 장기요양급여를 원활하게 제공하기 위하여 5년 단위로 다음 각 호의 사항이 포함된 장기요양기본계획을 수립·시행하여야 한다.

1. 연도별 장기요양급여 대상인원 및 재원조달 계획
2. 연도별 장기요양기관 및 장기요양전문인력 관리 방안
3. 장기요양요원의 처우에 관한 사항
4. 그 밖에 노인 등의 장기요양에 관한 사항으로서 대통령령으로 정하는 사항

66

정답 ④

공단은 국민건강보험법 제29조에 따라 공단의 조직 등에 관한 규정을 정할 때 장기요양사업을 수행하기 위하여 두는 조직 등을 건강보험사업을 수행하는 조직 등과 구분하여 따로 두어야 한다. 다만, 제48조 제2항 제1호 및 제2호의 자격 관리와 보험료 부과·징수업무는 그러하지 아니하다(법 제49조).

67

정답 ③

"노인 등"이란 65세 이상의 노인 또는 65세 미만의 자로서 치매·뇌혈관성질환 등 대통령령으로 정하는 노인성 질병을 가진 자를 말한다(법 제2조 제1호).

68

정답 ④

제1항에 따라 조사를 하는 자는 조사일시, 장소 및 조사를 담당하는 자의 인적사항 등을 미리 신청인에게 통보하여야 한다(법 제14조 제3항).

오답분석

① 거동이 현저하게 불편하거나 도서·벽지 지역에 거주하여 의료기관을 방문하기 어려운 자 등 대통령령으로 정하는 자는 의사소견서를 제출하지 아니할 수 있다(법 제13조 제2항).
② 의사소견서의 발급비용·비용부담방법·발급자의 범위, 그 밖에 필요한 사항은 보건복지부령으로 정한다(법 제13조 제3항).
③ 공단은 제1항 각 호의 사항을 조사하는 경우 2명 이상의 소속 직원이 조사할 수 있도록 노력하여야 한다(법 제14조 제2항).

69

정답 ④

오답분석

① 공단에 청구하여야 한다(법 제38조 제1항).
② 장기요양위원회의 심의를 거쳐야 한다(법 제39조 제1항).
③ 비용의 일부를 본인이 부담한다(법 제40조 제1항).

70

정답 ④

장기요양위원회의 구성(법 제46조)

① 장기요양위원회는 위원장 1인, 부위원장 1인을 포함한 16인 이상 22인 이하의 위원으로 구성한다.
② 위원장이 아닌 위원은 다음 각 호의 자 중에서 보건복지부장관이 임명 또는 위촉한 자로 하고, 각 호에 해당하는 자를 각각 동수로 구성하여야 한다.
   1. 근로자단체, 사용자단체, 시민단체(비영리민간단체 지원법 제2조에 따른 비영리민간단체), 노인단체, 농어업인단체 또는 자영자단체를 대표하는 자
   2. 장기요양기관 또는 의료계를 대표하는 자
   3. 대통령령으로 정하는 관계 중앙행정기관의 고위공무원단 소속 공무원, 장기요양에 관한 학계 또는 연구계를 대표하는 자, 공단 이사장이 추천하는 자
③ 위원장은 보건복지부차관이 되고, 부위원장은 위원 중에서 위원장이 지명한다.
④ 장기요양위원회 위원의 임기는 3년으로 한다. 다만, 공무원인 위원의 임기는 재임기간으로 한다.

71

정답 ②

장기요양위원회 회의는 출석위원 과반수의 찬성으로 의결한다(법 제47조 제1항).

오답분석

① 구성원 과반수의 출석으로 개의한다(법 제47조 제1항).
③ 분야별로 실무위원회를 둘 수 있다(법 제47조 제2항).
④ 보건복지부장관 소속으로 장기요양위원회를 둔다(법 제45조).

72

정답 ③

장기요양인정 신청 등에 대한 대리(법 제22조)

① 장기요양급여를 받고자 하는 자 또는 수급자가 신체적·정신적인 사유로 노인장기요양보험법에 따른 장기요양인정의 신청, 장기요양인정의 갱신신청 또는 장기요양등급의 변경신청 등을 직접 수행할 수 없을 때 본인의 가족이나 친족, 그 밖의 이해관계인은 이를 대리할 수 있다.

② 다음 각 호의 어느 하나에 해당하는 사람은 관할 지역 안에 거주하는 사람 중 장기요양급여를 받고자 하는 사람 또는 수급자가 제1항에 따른 장기요양인정신청 등을 직접 수행할 수 없을 때 본인 또는 가족의 동의를 받아 그 신청을 대리할 수 있다.

1. 사회보장급여의 이용·제공 및 수급권자 발굴에 관한 법률 제43조에 따른 사회복지전담공무원
2. 치매관리법 제17조에 따른 치매안심센터의 장(장기요양급여를 받고자 하는 사람 또는 수급자가 같은 법 제2조 제2호에 따른 치매환자인 경우로 한정)

③ 제1항 및 제2항에도 불구하고 장기요양급여를 받고자 하는 자 또는 수급자가 제1항에 따른 장기요양인정신청 등을 할 수 없는 경우 특별자치시장·특별자치도지사·시장·군수·구청장이 지정하는 자는 이를 대리할 수 있다.

73

정답 ②

오답분석

① 방문목욕은 장기요양요원이 목욕설비를 갖춘 장비를 이용하여 수급자의 가정 등을 방문하여 목욕을 제공하는 장기요양급여이다(법 제23조 제1항 제1호 나목).

③ 주·야간보호는 수급자를 하루 중 일정한 시간 동안 장기요양기관에 보호하여 신체활동 지원 및 심신기능의 유지·향상을 위한 교육·훈련 등을 제공하는 장기요양급여이다(법 제23조 제1항 제1호 라목).

④ 단기보호는 수급자를 보건복지부령으로 정하는 범위 안에서 일정 기간 동안 장기요양기관에 보호하여 신체활동 지원 및 심신기능의 유지·향상을 위한 교육·훈련 등을 제공하는 장기요양급여이다(법 제23조 제1항 제1호 마목).

74

정답 ③

가족요양비(법 제24조 제1항 제2호)

공단은 다음 각 호의 어느 하나에 해당하는 수급자가 가족 등으로부터 제23조 제1항 제1호 가목에 따른 방문요양에 상당한 장기요양급여를 받은 때 대통령령으로 정하는 기준에 따라 해당 수급자에게 가족요양비를 지급할 수 있다.

2. 천재지변이나 그 밖에 이와 유사한 사유로 인하여 장기요양기관이 제공하는 장기요양급여를 이용하기가 어렵다고 보건복지부장관이 인정하는 자

75

정답 ①

장기요양인정을 신청하는 자는 공단에 보건복지부령으로 정하는 바에 따라 장기요양인정신청서에 의사 또는 한의사가 발급하는 소견서("의사소견서")를 첨부하여 제출하여야 한다. 다만, 의사소견서는 공단이 제15조 제1항에 따라 등급판정위원회에 자료를 제출하기 전까지 제출할 수 있다(법 제13조 제1항).

76

정답 ④

급여외행위의 제공 금지(법 제28조의2 제1항)

수급자 또는 장기요양기관은 장기요양급여를 제공받거나 제공할 경우 다음 각 호의 행위("급여외행위")를 요구하거나 제공하여서는 아니 된다.

1. 수급자의 가족만을 위한 행위
2. 수급자 또는 그 가족의 생업을 지원하는 행위
3. 그 밖에 수급자의 일상생활에 지장이 없는 행위

77

정답 ①

장기요양위원회의 설치 및 기능(법 제45조)

다음 각 호의 사항을 심의하기 위하여 보건복지부장관 소속으로 장기요양위원회(㉠)를 둔다.

1. 제9조 제2항에 따른 장기요양보험료율
2. 제24조부터 제26조까지의 규정에 따른 가족요양비, 특례요양비 및 요양병원간병비의 지급기준
3. 제39조에 따른 재가 및 시설 급여비용
4. 그 밖에 대통령령으로 정하는 주요 사항

등급판정위원회의 설치(법 제52조 제1항)

장기요양인정 및 장기요양등급 판정 등을 심의하기 위하여 공단에 장기요양등급판정위원회(㉡)를 둔다.

78

정답 ④

실태조사(법 제6조의2)

① 보건복지부장관은 장기요양사업의 실태를 파악하기 위하여 3년마다 다음 각 호의 사항에 관한 조사를 정기적으로 실시하고 그 결과를 공표하여야 한다.

1. 장기요양인정에 관한 사항
2. 제52조에 따른 장기요양등급판정위원회의 판정에 따라 장기요양급여를 받을 사람의 규모, 그 급여의 수준 및 만족도에 관한 사항
3. 장기요양기관에 관한 사항
4. 장기요양요원의 근로조건, 처우 및 규모에 관한 사항
5. 그 밖에 장기요양사업에 관한 사항으로서 보건복지부령으로 정하는 사항

② 제1항에 따른 실태조사의 방법과 내용 등에 필요한 사항은 보건복지부령으로 정한다.

79

정답 ②

위반사실 등의 공표(법 제37조의3 제1항)

보건복지부장관 또는 특별자치시장 · 특별자치도지사 · 시장 · 군수 · 구청장은 장기요양기관이 거짓으로 재가 · 시설 급여비용을 청구하였다는 이유로 제37조 또는 제37조의2에 따른 처분이 확정된 경우로서 다음 각 호의 어느 하나에 해당하는 경우에는 위반사실, 처분내용, 장기요양기관의 명칭 · 주소, 장기요양기관의 장의 성명, 그 밖에 다른 장기요양기관과의 구별에 필요한 사항으로서 대통령령으로 정하는 사항을 공표하여야 한다. 다만, 장기요양기관의 폐업 등으로 공표의 실효성이 없는 경우에는 그러하지 아니하다.

1. 거짓으로 청구한 금액이 1천만 원 이상인 경우
2. 거짓으로 청구한 금액이 장기요양급여비용 총액의 100분의 10 이상인 경우

80

정답 ②

공단은 제54조 제2항에 따른 장기요양기관의 장기요양급여평가 결과에 따라 장기요양급여비용을 가산 또는 감액조정하여 지급할 수 있다(법 제38조 제3항).

오답분석

① 법 제38조 제2항에 해당한다.
③ 법 제38조 제4항에 해당한다.
④ 법 제38조 제1항에 해당한다.

국민건강보험공단 신규직원 필기시험

제2회 모의고사 정답 및 해설

제 1 영역 NCS

01	02	03	04	05	06	07	08	09	10
③	④	④	④	③	②	②	④	④	②
11	12	13	14	15	16	17	18	19	20
③	③	①	③	③	②	②	③	③	③
21	22	23	24	25	26	27	28	29	30
③	④	④	①	④	①	④	④	④	②
31	32	33	34	35	36	37	38	39	40
②	②	④	②	③	②	④	②	②	②
41	42	43	44	45	46	47	48	49	50
④	①	②	③	④	②	③	④	③	①
51	52	53	54	55	56	57	58	59	60
③	①	②	②	④	③	③	③	④	③

01 정답 ③

개별존재로서 생명의 권리를 갖기 위해서는 개별존재로서 생존을 지속시키고자 하는 욕망을 가질 수 있어야 하며, 이를 위해서 자신을 일정한 시기에 걸쳐 존재하는 개별존재로서 파악해야 한다. 따라서 '자신을 일정한 시기에 걸쳐 존재하는 개별존재로서 파악할 수 있는 존재만이 생명에 대한 권리를 가질 수 있다.'는 빈칸 앞의 결론을 도출하기 위해서는 개별존재로서 생존을 지속시키고자 하는 욕망이 개별존재로서의 인식을 가능하게 한다는 내용이 있어야 한다. 따라서 빈칸에는 ③이 적절하다.

02 정답 ④

마지막 문단에 따르면 모든 동물이나 식물종을 보존할 수 없는 것과 같이 언어 소멸 역시 막기 어려운 측면이 있으며, 그럼에도 불구하고 이를 그저 바라만 볼 수는 없다고 하였다. 따라서 언어 소멸 방지의 어려움을 동물이나 식물종을 완전히 보존하기 어려운 것에 비유한 것이지, 언어 소멸 자체가 자연스럽고 필연적인 현상인 것은 아니다.

오답분석

① 첫 번째 문단에 따르면 전 세계적으로 3,000개의 언어가 소멸해 가고 있으며, 이 중에서 약 600개의 언어는 사용자 수가 10만 명을 넘으므로 비교적 안전한 상태이다. 따라서 나머지 약 2,400개의 언어는 사용자 수가 10만 명이 넘지 않는다고 추측할 수 있다.
② 두 번째 문단의 마지막 문장에 의해 히브리어는 지속적으로 공식어로 사용할 의지에 따라 부활한 언어임을 알 수 있다.
③ 마지막 문단 두 번째 줄의 '가령, 어떤 ~ 초래할 수도 있다.'를 통해 알 수 있다.

03 정답 ④

최근 대두되고 있는 '초연결사회'에 대해 언급하는 (나) 문단이 가장 먼저 오는 것이 적절하며, 그다음으로는 초연결사회에 대해 설명하는 (가) 문단이 와야 한다. 그 뒤를 이어 초연결 네트워크를 통해 긴밀히 연결되는 초연결사회에 대한 (라) 문단이, 마지막으로는 이러한 초연결사회가 가져올 변화에 대한 전망인 (다) 문단이 와야 한다. 따라서 (나) – (가) – (라) – (다) 순으로 나열하는 것이 적절하다.

04 정답 ④

제시문은 자기 과시의 사회적 현상을 통해 등장한 신조어인 '있어빌리티'와 '있어빌리티'를 활용한 마케팅 전략에 대해 설명하고 있다. 따라서 중심 내용으로 가장 적절한 것은 ④이다.

05 정답 ③

마지막 문단에 따르면 사람들은 자신은 대중 매체의 전달 내용에 쉽게 영향받지 않는다고 생각하면서도 다른 사람들이 영향을 받을 것을 고려하여, 자신의 의견을 포기하고 다수의 의견을 따라가는 경향이 있다.

오답분석

① 첫 번째 문단에 의하면 태평양 전쟁 당시 백인 장교들에게 제3자 효과가 나타나, 일본군의 선전에 흑인 병사들이 현혹되리라고 생각하여 부대를 철수시켰다.
② 제3자 효과의 원인은 자신보다 타인들이 대중매체의 영향을 크게 받는다고 믿기 때문이며, 제3자 효과가 크게 나타나는 사람일수록 대중매체에 대한 법적·제도적 조치에 찬성하는 경향이 있다.
④ 세 번째 문단에 따르면 사람들은 대중 매체가 바람직한 내용보다는 유해한 내용을 전달할 때 다른 사람들에게 미치는 영향이 크다고 생각한다.

06

정답 ②

- ㉠을 기준으로 앞의 문장과 뒤의 문장이 서로 일치하지 않는 상반되는 내용을 담고 있으므로 가장 적절한 접속어는 '하지만'이다.
- ㉡을 기준으로 앞의 문장은 기차의 냉난방시설을 다루고 있지만 뒤의 문장은 지하철의 냉난방시설에 대해 다루고 있으므로 가장 적절합 접속어는 '반면'이다.
- ㉢의 앞뒤 내용을 살펴보면, 앞선 내용의 과정들이 끝나고 이후의 내용이 이어지므로 이를 이어주는 접속어인 '마침내'가 들어가는 것이 가장 적절하다.

07

정답 ②

제시문은 OECD 회원국 가운데 꼴찌를 차지한 한국인의 부족한 수면 시간에 대해 언급하며, 이로 인해 수면장애 환자가 늘어나고 있음을 설명하고 있다. 또한, 불면증, 수면무호흡증, 렘수면 행동장애 등 다양한 수면장애를 설명하며, 이러한 수면장애들이 심혈관계 질환, 치매, 우울증 등의 원인이 될 수 있다는 점을 통해 심각성을 이야기한다. 마지막으로 이러한 수면장애를 방치해서는 안 되며, 전문적인 치료가 필요하다고 제시하고 있다. 따라서 제시문을 바탕으로 한국인의 수면 시간과 관련된 글을 쓴다고 할 때, 글의 주제로 적절하지 않은 것은 수면 마취제와 관련된 내용인 ②이다.

08

정답 ④

배꼽 탈장의 경우 치료하지 않아도 기다리면 저절로 들어가기 때문에 병원에 가지 않아도 된다.

09

정답 ④

보기는 20대 여성 환자가 많은 이유에 대한 설명으로, 20대 여성 환자가 많다는 사실이 거론된 후에 나오는 것이 자연스럽다. (라)의 앞부분에 그러한 사실이 열거되어 있으므로 (라)에 들어가는 것이 가장 적절하다.

10

정답 ②

연간 소득 500만 원 이하 세대에 부과되던 평가소득보험료가 폐지되고, 연간 소득 100만 원 이하 세대는 최저 보험료인 13,100원이 부과된다.

11

정답 ③

피부양자제도는 그대로 유지되는 것이 맞지만 인정 요건이 강화되어 소득에 따라 약 36만 명이 지역가입자로 바뀌게 될 전망이다.

12

정답 ③

주어가 '패스트푸드점'이기 때문에 임금을 받는 것이 아니라 임금을 주는 주체이므로 '대체로 최저임금을 주거나'로 수정하는 것이 적절하다.

13

정답 ①

㉠의 앞뒤 문장을 보면 건강하던 수험생의 건강이 나빠진 상황에서 다시 예전의 상태로 되돌아가려는 것이므로 '찾다'보다 '되찾다'가 더 적절하다.

14

정답 ③

제시문은 우리 사회의 고령화와 이로 인한 문제에 대해 이야기하며, 노인장기요양보험의 필요성에 대해 설명하고 있다. 따라서 (라) 우리 사회의 급격한 고령화로 인한 갈등과 문제 발생 – (가) 따라서 고령화 문제 해소를 위한 사회보장이 필요함 – (다) 사람이라면 누구든지 노화가 오며 이로 인한 사회보험제도, 즉 노인 장기요양보험이 필요함 – (나) 노인장기요양보험은 젊은 층의 안정적 생활을 위해 반드시 마련되어야 함 순으로 나열하는 것이 가장 적절하다.

15

정답 ③

제시문은 고령화에 따른 사회보장, 즉 사회보험제도 중 노인장기요양보험에 대해 설명하고 있다. 따라서 글의 주제로 '고령화와 사회보장'이 가장 적절하다.

16

정답 ②

제시문은 우리나라의 급격한 고령화에 따른 갈등과 문제해결의 방법으로 사회보험제도인 노인장기요양보험의 필요성에 대해 이야기하고 있으므로 질문으로 ②가 가장 적절하다.

17

정답 ②

글쓴이는 애덤 스미스의 '보이지 않는 손'에 대해 반박하기 위해 정부가 개인의 이익 활동을 제한하지 않으면 발생할 수 있는 문제점을 예를 들어 설명하고 있다. 수용 한계가 넘은 상황에서 개인의 이익을 위해 상대방의 이익을 침범한다면, 상대방도 자신의 이익을 늘리기 위해 사육 두수를 늘릴 것이다. 이러한 상황이 장기화된다면 두 번째 단락에서 말했던 것과 같이 목초가 줄어들어 그 목초지에서 양을 키워 얻을 수 있는 전체 생산량이 줄어든다. 따라서 ㉠ '농부들의 총이익은 기존보다 감소할 것'이고 이는 ㉡ '한 사회의 전체 이윤이 감소하는' 결과를 초래한다.

18
정답 ③

- (가) : 빈칸 앞에는 어려워질 경제 상황이 특정인들에게는 새로운 기회가 될 수도 있다는 내용이, 뒤에는 특정인에게만 유리한 상황이 비효율적이라는 부정적인 내용이 위치하고 있다. 따라서 ㉡이 가장 적절하다.
- (나) : 빈칸을 제외한 문단의 내용이 집단 차원에서의 다양성 확보의 중요성을 주장하고, 그 근거로 반대 경우의 피해 사례를 제시하고 있으므로 ㉠이 가장 적절하다.
- (다) : 빈칸을 제외한 문단의 내용이 유전자 다양성 확보 시의 단점에 대한 내용이므로 '그럼에도 불구하고 다양성 확보가 중요한 이유'로 글을 마무리하는 ㉢이 가장 적절하다.

19
정답 ③

제시문은 '디드로 효과'라는 개념에 대해 설명하는 글로, 디드로가 친구로부터 받은 실내복을 입게 되면서 벌어진 일련의 일들을 '친구로부터 실내복을 받음 – 옛 실내복을 버림 – 실내복에 어울리게 끔 책상을 바꿈 – 서재의 벽장식을 바꿈 – 결국 모든 걸 바꾸게 됨'의 과정으로 인과관계에 따라 서술하고 있다. 친구로부터 실내복을 받은 것이 첫 번째 원인이 되고 그 이후의 일들은 그것의 결과이자 새로운 원인이 되어 일어나게 된다. 따라서 글의 서술상 특징으로 ③이 가장 적절하다.

20
정답 ③

제시문은 또 다른 물의 재해인 지진해일의 피해에 대해 설명하는 글로, 두 번째 문단과 세 번째 문단은 지진해일의 피해에 대한 구체적인 사례를 제시하고 있다. 따라서 제목으로 가장 적절한 것은 ③이다.

21
정답 ③

열차의 길이를 xm라고 하면 다음 식이 성립한다.

$\frac{x+4,500}{10}=500$

$\rightarrow x+4,500=5,000$

$\therefore x=500$

따라서 열차의 길이는 500m이다.

22
정답 ④

두 주머니 중 한 개의 주머니를 선택할 확률은 각각 $\frac{1}{2}$이다.

A주머니를 택하고, 흰 공을 꺼낼 확률은 $\frac{1}{2}\times\frac{1}{4}=\frac{1}{8}$이고, B주머니를 택하고, 흰 공을 꺼낼 확률은 $\frac{1}{2}\times1=\frac{1}{2}$이다.

따라서 구하고자 하는 확률은 $\frac{1}{8}+\frac{1}{2}=\frac{5}{8}$이다.

23
정답 ④

분석대상자 수와 진단율을 곱하여 천식 진단을 받은 학생 수를 구하면 다음과 같다.

구분	남학생	여학생
중1	5,178×0.091≒471명	5,011×0.067≒335명
중2	5,272×0.108≒569명	5,105×0.076≒387명
중3	5,202×0.102≒530명	5,117×0.085≒434명
고1	5,069×0.104≒527명	5,096×0.076≒387명
고2	5,610×0.098≒549명	5,190×0.082≒425명
고3	5,293×0.087≒460명	5,133×0.076≒390명

따라서 천식 진단을 받은 여학생은 중·고등학교 모두 남학생보다 적다.

오답분석

① 중3 남학생과 고1 남학생, 고3 남학생, 고1 여학생, 고3 여학생은 전년 대비 감소했으므로 옳지 않다.
② 제시된 자료는 분석대상자 수만을 나타낸 것이므로 학년별 남학생, 여학생 수는 비교할 수 없다.
③ 고등학교 때도 남학생의 천식 진단율이 높다.

24
정답 ①

당해연도 초과수익률은 수익률에서 연평균 수익률인 23.9%를 뺀 값을 계산하면 된다.

오답분석

② 2017년, 2019년, 2021년, 2023년 초과수익률이 잘못되었다.
③ 2021년 초과수익률이 잘못되었다.
④ 2020년 초과수익률이 잘못되었다.

25
정답 ④

2025년 1분기만의 지표를 가지고 남은 3분기 동안 일어날 일을 예측할 수 없다.

오답분석

① 3사 간 시장 점유율 추이를 보면 쉽게 확인할 수 있다.
② 자료를 보면 쉽게 확인할 수 있다.
③ 손해율이 낮다는 것은 보험 상품이 그만큼 안정적이라는 반증이므로, 손해율이 가장 낮은 K그룹이 안정성이 제일 높다고 볼 수 있다.

26

정답 ①

제시된 자료를 분석하면 다음과 같다.

생산량(개)	0	1	2	3	4	5
총판매수입 (만 원)	0	7	14	21	28	35
총생산비용 (만 원)	5	9	12	17	24	33
이윤(만 원)	-5	-2	$+2$	$+4$	$+4$	$+2$

㉠ 2개와 5개를 생산할 때의 이윤은 2만 원으로 동일하다.

㉡ 이윤은 생산량 3개와 4개에서 4만 원으로 가장 크지만, 최대 생산량을 묻고 있으므로, 극대화할 수 있는 최대 생산량은 4개이다.

오답분석

㉢ 생산량을 4개에서 5개로 늘리면 이윤은 4만 원에서 2만 원으로 감소한다.

㉣ 1개를 생산하면 -2만 원이지만, 생산하지 않을 때는 -5만 원으로 생산하지 않는 것이 손해가 더 크다..

27

정답 ④

갑을 택한 응답률은 $100-(23+45)=32\%$이다. 인터넷 설문 응답자 중 '잘 모르겠다.'를 제외한 응답자는 $5,500\times0.67=3,685$명이다. 따라서 갑을 택한 응답자는 $3,685\times0.32\fallingdotseq1,179$명임을 알 수 있다.

28

정답 ④

연도별 입사자 수를 표로 구분하면 다음과 같다.

(단위 : 명)

구분	2024년 하반기 입사자 수	2025년 상반기 입사자 수
마케팅	50	100
영업	a	$a+30$
홍보	100	$100\times\frac{80}{100}=80$
인사	b	$50\times2=100$
합계	320	$320\times\frac{125}{100}=400$

• 2025년 상반기 입사자 수의 합

: $400=100+(a+30)+80+100 \rightarrow a=90$

• 2024년 하반기 입사자 수의 합

: $320=50+90+100+b \rightarrow b=80$

따라서 2024년 하반기 대비 2025년 상반기 인사팀 입사자 수의 증감률은 $\frac{100-80}{80}\times100=25\%$이다.

29

정답 ④

경기남부의 가구 수가 경기북부의 가구 수의 2배라면, 가구 수 비율은 남부가 $\frac{2}{3}$, 북부가 $\frac{1}{3}$이 된다. 따라서 경기 전체에서 개별난방을 사용하는 가구 수의 비율은 $26.2\times\frac{2}{3}+60.8\times\frac{1}{3}\fallingdotseq37.7\%$이다.

오답분석

① 경기북부에서 도시가스를 사용하는 가구는 66.1%, 등유를 사용하는 가구는 3.0%이다. 따라서 $66.1\div3\fallingdotseq22$배로 30배 미만이다.

② 등유는 서울과 인천에서 사용비율이 가장 낮은 난방연료가 아니다. LPG와 비교하면 등유보다 사용비율이 더 낮다는 것을 알 수 있다.

③ 제시된 표에서 지역별 가구 수는 알 수 없다. 따라서 지역난방 사용비율의 차이가 가구 수의 차이와 같다고 볼 수 없다.

30

정답 ②

소양강댐은 현재 저수율이 44.0%로 가장 높고, 보령댐은 21.5%로 가장 낮다. 이 둘의 차이는 22.5%p이다.

오답분석

① 대청댐은 경계단계에 해당하고, 주의단계에 해당하는 것은 주암댐이다.

③ 보령댐은 심각단계이다.

④ 보령댐과 횡성댐의 현재 저수량은 비슷한 수준이지만, 현재 저수율 차이로 보아 보령댐이 횡성댐보다 더 크다.

31

정답 ②

전 직원의 주 평균 야근 빈도는 직급별 사원 수를 알아야 구할 수 있다. 단순히 직급별 주 평균 야근 빈도를 모두 더하여 평균을 구하는 것은 옳지 않다.

오답분석

① 제시된 자료를 통해 알 수 있다.

③ 0.2시간은 $60분\times0.2=12분$이다. 따라서 4.2시간은 4시간 12분이다.

④ 대리급 사원은 주 평균 1.8일 야근을 하고 주 평균 6.3시간을 야간근무하므로, 야근 1회 시 $6.3\div1.8=3.5$시간 근무로 가장 긴 시간 동안 일한다.

32

정답 ②

사망원인이 높은 순서대로 나열하면 암 – 심장질환 – 뇌질환 – 자살 – 당뇨 – 치매 – 고혈압 순이며, 암은 10만 명당 185명이고, 심장질환과 뇌질환은 각각 암으로 인한 사망자와 20명 미만의 차이이다. 또한 자살은 10만 명당 50명이다.

오답분석

① 사망원인 중 암인 사람은 185명이다.
③ 자살로 인한 사망자는 50명이다.
④ 뇌질환 사망자가 암 사망자와 20명 이상 차이난다.

33

정답 ④

㉢ 2020년 대비 2024년 청소년 비만율의 증가율은 $\frac{26.1-18}{18}\times 100=45\%$이다.

㉣ 2024년과 2022년의 비만율 차이를 구하면 다음과 같다.

- 유아 : $10.2-5.8=4.4\%$p
- 어린이 : $19.7-14.5=5.2\%$p
- 청소년 : $26.1-21.5=4.6\%$p

따라서 2024년과 2022년의 비만율 차이가 가장 큰 아동은 어린이임을 알 수 있다.

오답분석

㉠ 유아의 비만율은 전년 대비 계속 감소하고 있고, 어린이와 청소년의 비만율은 전년 대비 계속 증가하고 있다.
㉡ 2021년 이후의 어린이 비만율은 유아보다 크고 청소년보다 작지만, 2020년 어린이 비만율은 9.8%로, 유아 비만율인 11%와 청소년 비만율인 18%보다 작다.

34

정답 ②

미술과 수학을 신청한 학생의 비율 차이는 $16-14=2\%$p이고, 신청한 전체 학생은 200명이므로 수학을 선택한 학생은 미술을 선택한 학생보다 $200\times 0.02=4$명 더 적다.

35

정답 ③

대치동의 증권자산은 $23.0-17.7-3.1=2.2$조 원, 서초동의 증권자산은 $22.6-16.8-4.3=1.5$조 원이므로 옳다.

오답분석

① 압구정동의 가구 수는 $\frac{14.4\text{조}}{12.8\text{억}}=11,250$가구, 여의도동의 가구 수는 $\frac{24.9\text{조}}{26.7\text{억}}\fallingdotseq 9,300$가구이므로 압구정동의 가구 수가 더 많다.
② 이촌동의 가구 수가 2만 가구 이상이려면 총자산이 $7.4\times 20,000=14.8$조 원 이상이어야 한다. 그러나 이촌동은 총자산이 14.4조 원인 압구정동보다도 순위가 낮으므로 이촌동의 가구 수는 2만 가구 미만이다.
④ 여의도동의 부동산자산은 12.3조 원 미만이다. 따라서 여의도동의 증권자산은 최소 3조 원 이상이다.

36

정답 ②

가장 많이 득표한 상품은 전복(32표)이다. K회사의 직원 수는 $5+6+22+82+12+8=135$명이다. 따라서 K회사의 추석선물 총비용은 $70,000\times 135=9,450,000$원이다.

37

정답 ④

30개의 회원국 중에서 매년 20위 이하이므로 상위권이라 볼 수 없다.

오답분석

① 우리나라의 CPI는 2022년에 5.6점으로 가장 높으므로 다른 해에 비해 가장 청렴했다고 볼 수 있다.
② 2023년에 39위를 함으로써 처음으로 30위권에 진입했다.
③ 청렴도는 2018년에 4.5점으로 가장 낮고, 2024년과의 차이는 $5.4-4.5=0.9$점이다.

38

정답 ②

경증 환자 중 남성 환자의 비율은 $\frac{31}{50}\times 100=62\%$이고, 중증 환자 중 남성 환자의 비율은 $\frac{34}{50}\times 100=68\%$이므로 옳지 않다.

오답분석

① 여성 환자 중 중증 환자의 비율은 $\frac{8+8}{9+10+8+8}\times 100=\frac{16}{35}\times 100\fallingdotseq 45.7\%$이므로 옳다.
③ 50세 이상 환자 수는 $10+18+8+24=60$명이고, 50세 미만 환자 수는 $9+13+8+10=40$명이다. 따라서 $\frac{60}{40}=1.5$배이므로 옳다.
④ 중증 여성 환자 수는 $8+8=16$명이고, 전체 당뇨병 환자 수는 $9+13+8+10+10+18+8+24=100$명이므로 $\frac{16}{100}\times 100=16\%$이다.

39

정답 ②

SOC, 산업·중소기업, 통일·외교, 공공질서·안전, 기타의 5개 분야가 전년 대비 재정지출액이 증가하지 않은 해가 있으므로 옳다.

오답분석

① 교육 분야의 전년 대비 재정지출 증가율은 다음과 같다.

- 2021년 : $\frac{27.6-24.5}{24.5}\times 100\fallingdotseq 12.7\%$

• 2022년 : $\frac{28.8-27.6}{27.6}\times100 ≒ 4.3\%$

• 2023년 : $\frac{31.4-28.8}{28.8}\times100 ≒ 9.0\%$

• 2024년 : $\frac{35.7-31.4}{31.4}\times100 ≒ 13.7\%$

따라서 교육 분야의 전년 대비 재정지출 증가율이 가장 높은 해는 2024년이다.

③ 2020년에는 기타 분야가 예산에서 차지하고 있는 비율이 더 높았다.

④ SOC(−8.6%), 산업 · 중소기업(2.5%), 환경(5.9%), 기타(−2.9%)의 4개 분야가 해당한다.

40

정답 ②

• 사회복지 · 보건 분야의 2022년 대비 2023년 재정지출 증감률 : $\frac{61.4-56.0}{56.0}\times100 ≒ 9.6\%$

• 공공질서 · 안전 분야의 2022년 대비 2023년 재정지출 증감률 : $\frac{10.9-11.0}{11.0}\times100 ≒ -0.9\%$

따라서 두 분야의 2022년 대비 2023년 재정지출 증감률 차이는 9.6−(−0.9)=10.5%p이다.

41

정답 ④

환자의 환자번호 마지막 네 자리가 N000으로 표기된 것으로 보아 경증이며 증상은 기침만 있다는 것을 알 수 있다.

오답분석

① 맨 앞자리가 국내에서 감염되었는지(I) 해외에서 감염되었는지(O)를 알려주는 정보이다. 따라서 환자는 국내에서 감염되었음을 알 수 있다.

② 두 번째 · 세 번째 자리가 02인 것을 보아 인천에서 확진판정을 받았음을 알 수 있다.

③ 네 번째 자리가 바이러스의 염기서열을 나타내는 자리이다. 환자는 3으로 표기되어 있으므로 염기서열이 G그룹임을 알 수 있다.

42

정답 ①

확진자 A에 대한 정보를 환자번호 구성 순서로 정리하면 다음과 같다.

• 유학 중 귀국하던 비행 도중 감염 증상 보임 : 해외유입(O)
• 대구에서 코로나 확정판정 : 대구(09)
• 검사결과 S그룹 감염으로 판정 : S그룹(1)
• 27세 : 20 ~ 30대(A)
• 중등도 분류 : 중등도(D)
• 기침과 발열 증상을 보임 : 기침 · 발열(010)

따라서 환자번호는 'O091AD010'이다.

43

정답 ②

㉠ I002AN000 : 2 ~ 3번째 자리는 확진 지역 자리로 01부터 14까지만 존재하므로 00은 옳지 않다.

㉢ O124FN111 : 6번째 자리는 증상 정도를 나타내고 7 ~ 9번째 자리는 증상 내용을 나타낸다. 폐렴은 최종증에서만 나타난다고 하였는데 이 환자번호는 증상 정도는 경증(N)인데 반해 증상 내용은 발열 · 폐렴(111)으로 옳지 않다.

오답분석

㉡ O031AD010 : 해외유입 – 경기 – S그룹 – 20 ~ 30대 – 중등도 – 기침 · 발열

㉣ I143KL011 : 국내발생 – 제주 – G그룹 – 10대 – 중증 – 기침 · 발열 · 호흡곤란

44

정답 ③

다음의 논리 순서를 따라 제시된 조건을 정리하면 쉽게 접근할 수 있다.

• 첫 번째 조건 : B부장의 자리는 출입문과 가장 먼 10번 자리에 배치된다.
• 두 번째 조건 : C대리와 D과장은 마주봐야 하므로 2 · 7번 또는 4 · 9번 자리에 앉을 수 있다.
• 세 번째 조건 : E차장은 B부장과 마주보거나 옆자리이므로 5번과 9번에 배치될 수 있지만, 다섯 번째 조건에 따라 옆자리가 비어있어야 하므로 5번 자리에 배치된다.
• 다섯 번째 조건 : E차장 옆자리는 공석이므로 4번 자리는 아무도 앉을 수가 없어 C대리는 7번 자리에 앉고, D과장은 2번 자리에 앉아야 한다.
• 일곱 번째 조건 : 과장끼리 마주보거나 나란히 앉을 수 없으므로 G과장은 3번 자리에 앉을 수 없고, 6번과 9번에 앉을 수 있다.
• 여섯 번째 조건 : F대리는 마주보는 자리에 아무도 앉지 않아야 하므로 9번 자리에 배치되어야 하고 G과장은 6번 자리에 앉아야 한다.

따라서 제시된 조건에 맞게 자리 배치를 정리하면 다음과 같다.

출입문				
1 – 신입사원	2 – D과장	×	×	5 – E차장
6 – G과장	7 – C대리	8 – A사원	9 – F대리	10 – B부장

45

정답 ④

제시된 조건을 정리하면 다음과 같은 순서로 위치한다.

초밥가게 – × – 카페 – × – 편의점 – 약국 – 옷가게 – 신발가게 – × – ×

따라서 항상 옳은 것은 ④이다.

오답분석

① 카페와 옷가게 사이에 3개의 건물이 있다.
② 초밥가게와 약국 사이에 4개의 건물이 있다.
③ 편의점은 5번째 건물에 있다.

46

정답 ②

면접평가 결과를 점수로 변환하면 다음과 같다.

(단위 : 점)

구분	A	B	C	D	E
의사소통능력	100	100	100	80	50
문제해결능력	80	75	100	75	95
조직이해능력	95	90	60	100	90
대인관계능력	50	100	80	60	85

변환된 점수에 최종 합격자 선발 기준에 따른 평가비중을 곱하여 최종 점수를 도출하면 다음과 같다.

- A : (100×0.4)+(80×0.3)+(95×0.2)+(50×0.1) =88점
- B : (100×0.4)+(75×0.3)+(90×0.2)+(100×0.1)=90.5점
- C : (100×0.4)+(100×0.3)+(60×0.2)+(80×0.1)=90점
- D : (80×0.4)+(75×0.3)+(100×0.2)+(60×0.1)=80.5점
- E : (50×0.4)+(95×0.3)+(90×0.2)+(85×0.1)=75점

따라서 최종 합격자는 상위 2명이므로 B, C가 선발된다.

47

정답 ③

먼저 제시된 명제를 조건식으로 변환하면 다음과 같다.

- 도덕성 결함(○) → 채용(×)
- [업무능력(○) and 인사추천위원회 추천(○) and 공직관(○)] → 채용(○)
- 채용(○) → 봉사정신(○)
- 철수 : 공직관(○) and 업무능력(○)

철수가 도덕성에 결함이 있다면 첫 번째 명제에 의해 채용이 되지 않을 것이다. 그리고 이를 두 번째 명제의 대우 명제에 대입하면 철수는 업무능력이 없거나 인사추천위원회의 추천을 받지 못하거나 혹은 공직관이 없는 것이 된다. 하지만 마지막 명제에서 철수는 공직관이 투철하고 업무능력도 검증받았다고 하였으므로 철수는 인사위원회의 추천을 받지 않았다는 것을 알 수 있다.

오답분석

① 첫 번째 명제의 이 명제이므로 반드시 참이 되는 것은 아니다.
② 세 번째 명제의 역 명제이므로 반드시 참이 되는 것은 아니다.
④ 두 번째 명제의 역 명제가 참인 상황에서 성립하는 것이나 역 명제가 참이 된다는 보장이 없으므로 선택지의 내용이 항상 참인 것은 아니다.

48

정답 ④

행사장 방문객은 시계 반대 방향으로 돌면서 전시관을 관람한다. 400명의 방문객이 출입하여 제1전시관에 100명이 관람한다면 나머지 300명은 관람하지 않고 지나치게 된다. 따라서 A지역에서 홍보판촉물을 나눠 줄 수 있는 대상자가 300명이 된다. 그리고 B지역은 A지역을 거쳐서 오는 300명과 제1전시관을 관람하고 나온 100명의 인원이 합쳐지는 장소이므로 총 400명을 대상으로 홍보판촉물을 나눠 줄 수 있다. 이러한 규칙으로 모든 지역을 고려해 보면 각 전시관과의 출입구 사이에 위치한 B, D, F지역에서 가장 많은 사람들에게 홍보판촉물을 나눠 줄 수 있다.

49

정답 ③

해결해야 할 전략 과제란 취약한 부분에 대해 보완해야 할 과제를 말한다. 따라서 이미 우수한 고객서비스 부문을 강화한다는 것은 전략 과제로 삼기에 적절하지 않다.

오답분석

① 해외 판매망이 취약하다고 분석되었으므로 중국시장의 판매유통망을 구축하는 전략 과제를 세우는 것은 적절하다.
② 중국시장에서 A제품의 구매 방식이 대부분 온라인으로 이루어지는 데 반해, 자사의 온라인 구매시스템은 미흡하기 때문에 온라인 구매시스템을 강화한다는 전략 과제는 적절하다.
④ A제품에 대해 중국기업들 간의 가격 경쟁이 치열하다는 것은 제품의 가격이 내려가고 있다는 의미인데, 자사는 생산원가가 높다는 약점이 있다. 따라서 원가 절감을 통한 가격경쟁력 강화 전략은 적절하다.

50

정답 ①

두 빵집은 서로의 결정에 대해 알 수 없으므로 각자 최고의 이익을 얻을 수 있는 최선의 선택을 할 것이다. 따라서 A빵집과 B빵집은 모두 가격을 인하할 가능성이 높다.

51

정답 ③

오답분석

㉣ 아동수당 제도 첫 도입에 따라 초기에 아동수당 신청이 한꺼번에 몰릴 것으로 예상되어 연령별 신청기간을 운영한다. 따라서 만 5세 아동은 7월 1 ~ 5일 사이에 접수를 하거나 연령에 관계없는 7월 6일 이후에 신청하는 것으로 안내하는 것이 적절하다.
㉤ 아동수당 관련 신청서 작성요령이나 수급 가능성 등 자세한 내용은 아동수당 홈페이지에서 확인 가능한데, 어떤 홈페이지로 접속해야 하는지 안내를 하지 않았다.

52

정답 ①

제시된 조건에 따라 비품실의 선반 구조를 추론해 보면 다음과 같다.

6층	화장지
5층	보드마카, 스테이플러
4층	종이
3층	믹스커피, 종이컵
2층	간식
1층	볼펜, 메모지

종이는 4층에 위치하며, 종이 아래에는 믹스커피, 종이컵, 간식, 볼펜, 메모지가 있다. 따라서 ①이 정답이다.

53

정답 ②

제시된 조건에 따라 회사의 옥상 정원 구조를 추론해 보면 다음과 같다.

1줄	은행나무, 벚나무
2줄	플라타너스, 단풍나무
3줄	소나무, 감나무
4줄	밤나무, 느티나무

따라서 벚나무는 은행나무와 함께 맨 앞줄에 심어져 있다.

54

정답 ②

구매담당자는 용도에 맞는 축구공이 배송되기를 원한다. 초등학교의 경우에는 4호가 적절하며, 중·고등학교는 5호가 적절하다. 그러므로 축구사랑재단에서 구매할 축구공의 총액은 (30,000×300×2)+(35,000×300×4)=6천만 원이다. 5천만 원 이상의 대량구매건에 대해서는 10% 할인과 무료 배송을 제공한다고 하였으므로 최종 매출액은 6,000×(1−0.1)=5,400만 원이다.

55

정답 ④

K조선소에서 생산에 투입될 수 있는 인력은 100명이며, 건조기간은 30일이다. 최대 수익을 위해서는 30일 동안 많은 선박을 건조하는 것도 중요하지만, 투입되는 시간 대비 벌어들이는 수익이 큰 선박부터 진행하는 것이 가장 중요하다. 또한, 투입인력에 대한 조건도 함께 고려하여야 한다.

1) 선박별 1일 기준 수익비교(단, 투입인력은 고려하지 않음)

구분	소요기간	수익(원)	1일 수익
A	5일	15억	3억 원
B	10일	20억	2억 원
C	10일	40억	4억 원
D	15일	35억	약 2.33억 원
E	15일	45억	3억 원
F	20일	85억	4.25억 원

따라서 F선박이 가장 수익이 높다는 것을 알 수 있다.

2) 1)에서 판단한 것을 기준으로 투입인력을 함께 고려하여 30일 내에 제작 가능한지를 판단하면 다음과 같다.

• F선박을 포함할 경우

0 5 10 15 20 25 30

<table>
<tr><td colspan="4">F선박
(70명)</td><td colspan="2">C선박
(50명)</td></tr>
<tr><td colspan="2">B선박
(30명)</td><td>A선박
(20명)</td><td>–</td><td colspan="2">–</td></tr>
</table>

– 15일 이후부터 인력이 남지만 D, E선박은 40 ~ 60명이 필요하므로 건조할 수 없다.

– 수익 : 85(F)+20(B)+15(A)+40(C) =160억

• F선박을 포함하지 않을 경우

0 5 10 15 20 25 30

<table>
<tr><td colspan="2">C선박
(50명)</td><td colspan="3">E선박
(60명)</td><td>A선박
(20명)</td></tr>
<tr><td colspan="3">D선박
(40명)</td><td colspan="2">B선박
(30명)</td><td>–</td></tr>
</table>

– 수익 : 40(C)+35(D)+45(E)+20(B)+15(A)=155억 원

따라서 최대 수익은 160억 원이다.

56

정답 ③

㉠ 5원까지는 펼친 손가락의 개수와 실제 가격이 동일하지만 6원부터는 펼친 손가락의 개수와 실제 가격이 일치하지 않는다.

㉡ 펼친 손가락의 개수가 3개라면 숫자는 3 혹은 7이므로 물건의 가격은 최대 7원임을 알 수 있다.

㉢ 물건의 가격이 최대 10원이라고 하였으므로, 물건의 가격과 갑이 지불하려는 금액이 8원만큼 차이가 나는 경우는 상인이 손가락 2개를 펼쳤을 때 지불해야 하는 금액이 10원인 경우와 손가락 1개를 펼쳤을 때 지불해야 하는 금액이 9원인 경우뿐이다.

오답분석

㉣ 5원까지는 실제 가격과 지불하려는 금액이 일치하므로 문제가 되지 않으며, 그 이후인 6원부터는 펼친 손가락의 개수가 6개 이상일 경우는 없으므로 물건의 가격을 초과하는 금액을 지불하는 경우는 발생하지 않는다.

57

정답 ③

고객평가표의 평가항목별 등급을 점수로 환산하면 다음과 같다.

고객 \ 평가항목	방문 횟수	구매 횟수	구매 금액	지인 소개	총점
A고객	8	8	4	10	30점
B고객	10	10	6	4	30점
C고객	8	6	10	6	30점

여기서 가중치를 고려하여 최종 평가점수가 가장 높은 자를 당첨자로 선정한다. 네 가지 항목 중 하나의 항목에는 40%가 적용되고 나머지는 모두 20%가 적용된다. 즉, 40%의 가중치가 적용되는 항목이 무엇이냐에 따라 당첨자가 달라질 것이다.

C가 당첨자라면 평점이 제일 높은 평가항목에 40% 가중치를 부여했을 가능성이 높다. 그래야만 최종 평가점수가 가장 높게 나오기 때문이다.

그러므로 10점을 받은 '구매금액' 평가항목에 40% 가중치를 두고 나머지는 20%를 둔다면 다음과 같은 결과를 얻을 수 있다.

구분 \ 평가항목	방문 횟수	구매 횟수	구매 금액	지인 소개	최종 평점
비중	20%	20%	40%	20%	100%
A고객	1.6	1.6	1.6	2	6.8
B고객	2	2	2.4	0.8	7.2
C고객	1.6	1.2	4	1.2	8

따라서 C는 '구매금액' 평가항목에 가장 높은 가중치를 부여했을 때 당첨자가 될 수 있다.

58

정답 ③

요일별 방문고객현황을 활용하여 산정한 주차권 발행 방식의 1개월 주차비용은 다음과 같다.

- 월요일 : 150×0.62×3,000=279,000원
- 화요일 : 180×0.55×3,000=297,000원
- 수요일 : 170×0.5×3,000=255,000원
- 목요일 : 175×0.68×3,000=357,000원
- 금요일 : 250×0.8×3,000=600,000원
- 토요일 : 400×0.92×3,000=1,104,000원
- 일요일 : 450×0.88×3,000=1,188,000원

∴ (1주간 주차비용)=4,080,000원

→ (1개월 주차비용)=4,080,000×4 =16,320,000원

따라서 월 임대료(1,500만 원)를 지불하는 것이 더 경제적이며, 1,320,000원 차이가 난다.

59

정답 ④

조건을 고려해 표로 나타내면 다음과 같다.

구분	모자	티셔츠	반바지
총무팀	파란색 또는 검은색	빨간색	파란색 ×, 노란색
영업팀	빨간색	노란색 ×, 파란색	검은색
연구팀	파란색 또는 검은색	검은색 ×, 노란색	빨간색
전산팀	빨간색 ×, 노란색	빨간색 ×, 검은색	빨간색 ×, 파란색

※ 음영(■) 표시된 칸은 조건에서 이미 확정된 부분임

따라서 전산팀은 검은색 티셔츠를 배정받는다.

오답분석

① 총무팀은 파란색 또는 검은색 모자를 배정받는다. 따라서 검은색 모자를 배정받는 것이 항상 참은 아니다.

② 영업팀은 빨간색 모자를 배정받는다.

③ 연구팀은 빨간색 반바지를 배정받는다.

60

정답 ③

제시된 조건을 정리하면 다음과 같다.

- 전략기획연수 반드시 참여
- 노후관리연수 → 직장문화연수
- 자기관리연수 → ~ 평생직장연수
- 직장문화연수 → ~ 전략기획연수
- 자기관리연수 → ~ 노후관리연수 or ~ 자기관리연수 → 노후관리연수

위 명제를 정리하면 '전략기획연수 → ~ 직장문화연수 → ~ 노후관리연수 → 자기관리연수 → ~ 평생직장연수'이다.

따라서 ㉡, ㉢이 옳다.

제2영역 법률

| 01 | 국민건강보험법

61	62	63	64	65	66	67	68	69	70
③	①	①	②	③	④	②	②	②	②
71	72	73	74	75	76	77	78	79	80
①	②	①	③	①	②	④	②	④	④

61
정답 ③

직장가입자의 피부양자가 된 날에 자격을 상실한다.

자격의 상실 시기 등(법 제10조 제1항)

가입자는 다음 각 호의 어느 하나에 해당하게 된 날에 그 자격을 잃는다.

1. 사망한 날의 다음 날
2. 국적을 잃은 날의 다음 날
3. 국내에 거주하지 아니하게 된 날의 다음 날
4. 직장가입자의 피부양자가 된 날
5. 수급권자가 된 날
6. 건강보험을 적용받고 있던 사람이 유공자 등 의료보호대상자가 되어 건강보험의 적용배제신청을 한 날

62
정답 ①

공단은 속임수나 그 밖의 부당한 방법으로 보험급여를 받은 사람·준요양기관 및 보조기기 판매업자나 보험급여 비용을 받은 요양기관에 대하여 그 보험급여나 보험급여 비용에 상당하는 금액을 징수한다(법 제57조 제1항).

63
정답 ①

제1항에 따른 보험료는 가입자의 자격을 취득한 날이 속하는 달의 다음 달부터 가입자의 자격을 잃은 날의 전날이 속하는 달까지 징수한다. 다만, 가입자의 자격을 매월 1일에 취득한 경우 또는 제5조 제1항 제2호 가목에 따른 건강보험 적용 신청으로 가입자의 자격을 취득하는 경우에는 그 달부터 징수한다(법 제69조 제2항).

오답분석

② 법 제69조 제3항에 해당한다.
③ 법 제69조 제5항에 해당한다.
④ 법 제69조 제6항에 해당한다.

64
정답 ②

공단은 가입자나 피부양자가 보건복지부령으로 정하는 긴급하거나 그 밖의 부득이한 사유로 요양기관과 비슷한 기능을 하는 기관으로서 보건복지부령으로 정하는 기관에서 질병·부상·출산 등에 대하여 요양을 받거나 요양기관이 아닌 장소에서 출산한 경우에는 그 요양급여에 상당하는 금액을 보건복지부령으로 정하는 바에 따라 가입자나 피부양자에게 요양비로 지급한다(법 제49조 제1항).

오답분석

① 법 제48조 제1항에 해당한다.
③ 법 제50조에 해당한다.
④ 법 제51조 제1항에 해당한다.

65
정답 ③

제1항에 따라 자격을 잃은 경우 직장가입자의 사용자와 지역가입자의 세대주는 그 명세를 보건복지부령으로 정하는 바에 따라 자격을 잃은 날부터 14일 이내에 보험자에게 신고하여야 한다(법 제10조 제2항).

66
정답 ④

국민건강보험종합계획의 수립 등(법 제3조의2)

① 보건복지부장관은 국민건강보험법에 따른 건강보험("건강보험")의 건전한 운영을 위하여 제4조에 따른 건강보험정책심의위원회("건강보험정책심의위원회")의 심의를 거쳐 5년마다 국민건강보험종합계획("종합계획")을 수립하여야 한다. 수립된 종합계획을 변경할 때도 또한 같다.

② 종합계획에는 다음 각 호의 사항이 포함되어야 한다.

1. 건강보험정책의 기본목표 및 추진방향
2. 건강보험 보장성 강화의 추진계획 및 추진방법
3. 건강보험의 중장기 재정 전망 및 운영
4. 보험료 부과체계에 관한 사항
5. 요양급여비용에 관한 사항
6. 건강증진 사업에 관한 사항
7. 취약계층 지원에 관한 사항
8. 건강보험에 관한 통계 및 정보의 관리에 관한 사항
9. 그 밖에 건강보험의 개선을 위하여 필요한 사항으로 대통령령으로 정하는 사항

③ 보건복지부장관은 종합계획에 따라 매년 연도별 시행계획("시행계획")을 건강보험정책심의위원회의 심의를 거쳐 수립·시행하여야 한다.

④ 보건복지부장관은 매년 시행계획에 따른 추진실적을 평가하여야 한다.

⑤ 보건복지부장관은 다음 각 호의 사유가 발생한 경우 관련 사항에 대한 보고서를 작성하여 지체 없이 국회 소관 상임위원회에 보고하여야 한다.

1. 제1항에 따른 종합계획의 수립 및 변경
2. 제3항에 따른 시행계획의 수립
3. 제4항에 따른 시행계획에 따른 추진실적의 평가

⑥ 보건복지부장관은 종합계획의 수립, 시행계획의 수립·시행 및 시행계획에 따른 추진실적의 평가를 위하여 필요하다고 인정하는 경우 관계 기관의 장에게 자료의 제출을 요구할 수 있다. 이 경우 자료의 제출을 요구받은 자는 특별한 사유가 없으면 이에 따라야 한다.

67

정답 ②

과징금(법 제99조 제2항)

보건복지부장관은 제41조의2 제3항에 따라 약제를 요양급여에서 적용 정지하는 경우 다음 각 호의 어느 하나에 해당하는 때에는 요양급여의 적용 정지에 갈음하여 대통령령으로 정하는 바에 따라 다음 각 호의 구분에 따른 범위에서 과징금을 부과·징수할 수 있다. 이 경우 보건복지부장관은 12개월의 범위에서 분할납부를 하게 할 수 있다.

1. 환자 진료에 불편을 초래하는 등 공공복리에 지장을 줄 것으로 예상되는 때 : 해당 약제에 대한 요양급여비용 총액의 100분의 200을 넘지 아니하는 범위
2. 국민 건강에 심각한 위험을 초래할 것이 예상되는 등 특별한 사유가 있다고 인정되는 때 : 해당 약제에 대한 요양급여비용 총액의 100분의 60을 넘지 아니하는 범위

오답분석

① 법 제99조 제1항에 해당한다.
③ 법 제99조 제4항에 해당한다.
④ 법 제99조 제5항에 해당한다.

68

정답 ②

임의계속가입자의 보수월액은 보수월액보험료가 산정된 최근 12개월간의 보수월액을 평균한 금액으로 한다(법 제110조 제3항).

오답분석

① 법 제110조 제2항에 해당한다.
③ 법 제110조 제4항에 해당한다.
④ 법 제110조 제5항에 해당한다.

69

정답 ②

우리나라에서는 1963년에 의료보험법이 제정되었지만 재정마련 등 여러 가지 이유로 시행은 보류되었다. 실제로 의료보험이 실시된 것은 1977년 종업원 수 500인 이상 대기업을 대상으로 의료보험제도가 시행된 것이 최초이며, 이후 단계적으로 의료보험 적용 대상이 확대되어 의료보험제도 도입 12년 만인 1989년에 전 국민을 대상으로 건강보험이 실시되었다.

70

정답 ②

유공자 등 의료보호 대상자는 건강보험의 피부양자가 될 수 없지만, 보험자인 국민건강보험공단에 건강보험의 적용을 신청한 사람은 피부양자가 될 수 있다(법 제5조 제1항 제2호 가호).

오답분석

㉠ 의료급여 수급권자는 건강보험의 가입자 또는 피부양자가 될 수 없다(법 제5조 제1항 제1호).
㉢ 건강보험을 적용받던 중 의료보호 대상자가 되었다면 적용배제 신청을 하지 않았어야 가입자 또는 피부양자가 될 수 있다(법 제5조 제1항 제2호 나호).

71

정답 ①

건강검진(법 제52조)

① 공단은 가입자와 피부양자에 대하여 질병의 조기 발견과 그에 따른 요양급여를 하기 위하여 건강검진을 실시한다.
② 제1항에 따른 건강검진의 종류 및 대상은 다음 각 호와 같다.
   1. 일반건강검진 : 직장가입자, 세대주인 지역가입자, 20세 이상인 지역가입자 및 20세 이상인 피부양자
   2. 암검진 : 암관리법 제11조 제2항에 따른 암의 종류별 검진주기와 연령 기준 등에 해당하는 사람
   3. 영유아건강검진 : 6세 미만의 가입자 및 피부양자
③ 제1항에 따른 건강검진의 검진항목은 성별, 연령 등의 특성 및 생애 주기에 맞게 설계되어야 한다.
④ 제1항에 따른 건강검진의 횟수·절차와 그 밖에 필요한 사항은 대통령령으로 정한다.

72

정답 ②

요양급여비용의 청구와 지급 등(법 제47조 제7항)

요양기관은 제2항에 따른 심사청구를 다음 각 호의 단체가 대행하게 할 수 있다.

1. 의료법 제28조 제1항에 따른 의사회·치과의사회·한의사회·조산사회 또는 같은 조 제6항에 따라 신고한 각각의 지부 및 분회
2. 의료법 제52조에 따른 의료기관 단체
3. 약사법 제11조에 따른 약사회 또는 같은 법 제14조에 따라 신고한 지부 및 분회

오답분석

① 법 제47조 제1항에 해당한다.
③ 법 제47조 제3항에 해당한다.
④ 법 제47조 제5항에 해당한다.

73

정답 ①

요양기관(법 제42조 제1항)

요양급여(간호와 이송은 제외)는 다음 각 호의 요양기관에서 실시한다. 이 경우 보건복지부장관은 공익이나 국가정책에 비추어 요양기관으로 적합하지 아니한 대통령령으로 정하는 의료기관 등은 요양기관에서 제외할 수 있다.

1. 의료법에 따라 개설된 의료기관
2. 약사법에 따라 등록된 약국
3. 약사법 제91조에 따라 설립된 한국희귀·필수의약품센터
4. 지역보건법에 따른 보건소·보건의료원 및 보건지소
5. 농어촌 등 보건의료를 위한 특별조치법에 따라 설치된 보건진료소

74

정답 ③

분쟁조정위원회는 제3항에 따른 구성원 과반수의 출석과 출석위원 과반수의 찬성으로 의결한다(법 제89조 제4항).

오답분석

① 법 제89조 제2항에 해당한다.
② 법 제89조 제3항에 해당한다.
④ 법 제89조 제5항에 해당한다.

75

정답 ①

재외동포의 출입국과 법적 지위에 관한 법률 제6조에 따라 국내거소신고를 한 사람은 직장가입자가 된다(법 제109조 제2항 제2호).

오답분석

② 법 제109조 제2항 제3호에 해당한다.
③ 법 제109조 제5항 제1호에 해당한다.
④ 법 제109조 제1항에 해당한다.

외국인 등에 대한 특례(법 제109조 제2항)

국내에 체류하는 재외국민 또는 외국인("국내체류 외국인 등")이 적용대상사업장의 근로자, 공무원 또는 교직원이고 제6조 제2항 각 호의 어느 하나에 해당하지 아니하면서 다음 각 호의 어느 하나에 해당하는 경우에는 제5조에도 불구하고 직장가입자가 된다.

1. 주민등록법 제6조 제1항 제3호에 따라 등록한 사람
2. 재외동포의 출입국과 법적 지위에 관한 법률 제6조에 따라 국내거소신고를 한 사람
3. 출입국관리법 제31조에 따라 외국인등록을 한 사람

76

정답 ②

시효(법 제91조 제1항)

다음 각 호의 권리는 3년 동안 행사하지 아니하면 소멸시효가 완성된다.

1. 보험료, 연체금 및 가산금을 징수할 권리
2. 보험료, 연체금 및 가산금으로 과오납부한 금액을 환급받을 권리
3. 보험급여를 받을 권리
4. 보험급여 비용을 받을 권리
5. 제47조 제3항 후단에 따라 과다납부된 본인일부부담금을 돌려받을 권리
6. 제61조에 따른 근로복지공단의 권리

77

정답 ④

심사평가원에 임원으로서 원장, 이사 15명 및 감사 1명을 둔다. 이 경우 원장, 이사 중 4명 및 감사는 상임으로 한다(법 제65조 제1항).

오답분석

① 감사는 임원추천위원회가 복수로 추천한 사람 중에서 기획재정부장관의 제청으로 대통령이 임명한다(법 제65조 제5항).
② 제4항에 따른 비상임이사는 정관으로 정하는 바에 따라 실비변상을 받을 수 있다(법 제65조 제6항).
③ 원장은 임원추천위원회가 복수로 추천한 사람 중에서 보건복지부장관의 제청으로 대통령이 임명한다(법 제65조 제2항).

78

정답 ②

국민건강보험종합계획의 수립 등(법 제3조의2 제2항)

종합계획에는 다음 각 호의 사항이 포함되어야 한다.

1. 건강보험정책의 기본목표 및 추진방향
2. 건강보험 보장성 강화의 추진계획 및 추진방법
3. 건강보험의 중장기 재정 전망 및 운영
4. 보험료 부과체계에 관한 사항
5. 요양급여비용에 관한 사항
6. 건강증진 사업에 관한 사항
7. 취약계층 지원에 관한 사항
8. 건강보험에 관한 통계 및 정보의 관리에 관한 사항
9. 그 밖에 건강보험의 개선을 위하여 필요한 사항으로 대통령령으로 정하는 사항

79

정답 ④

오답분석

① 급여가 정지되는 경우에 해당한다.
②・③ 급여가 제한되는 경우에 해당한다.

급여의 정지(법 제54조)

보험급여를 받을 수 있는 사람이 다음 각 호의 어느 하나에 해당하면 그 기간에는 보험급여를 하지 아니한다. 다만, 제3호 및 제4호의 경우에는 제60조에 따른 요양급여를 실시한다.

1. 삭제(2020. 4. 7)
2. 국외에 체류하는 경우
3. 병역법에 따른 현역병(지원에 의하지 아니하고 임용된 하사를 포함), 전환복무된 사람 및 군간부후보생에 해당하게 된 경우
4. 교도소, 그 밖에 이에 준하는 시설에 수용되어 있는 경우

급여의 제한(법 제53조 제1항)

공단은 보험급여를 받을 수 있는 사람이 다음 각 호의 어느 하나에 해당하면 보험급여를 하지 아니한다.

1. 고의 또는 중대한 과실로 인한 범죄행위에 그 원인이 있거나 고의로 사고를 일으킨 경우
2. 고의 또는 중대한 과실로 공단이나 요양기관의 요양에 관한 지시에 따르지 아니한 경우
3. 고의 또는 중대한 과실로 제55조에 따른 문서와 그 밖의 물건의 제출을 거부하거나 질문 또는 진단을 기피한 경우
4. 업무 또는 공무로 생긴 질병・부상・재해로 다른 법령에 따른 보험급여나 보상(報償) 또는 보상(補償)을 받게 되는 경우

80

정답 ④

요양기관(법 제42조 제1항)

요양급여(간호와 이송은 제외)는 다음 각 호의 요양기관에서 실시한다. 이 경우 보건복지부장관은 공익이나 국가정책에 비추어 요양기관으로 적합하지 아니한 대통령령으로 정하는 의료기관 등은 요양기관에서 제외할 수 있다.

1. 의료법에 따라 개설된 의료기관
2. 약사법에 따라 등록된 약국
3. 약사법 제91조에 따라 설립된 한국희귀・필수의약품센터
4. 지역보건법에 따른 보건소・보건의료원 및 보건지소
5. 농어촌 등 보건의료를 위한 특별조치법에 따라 설치된 보건진료소

| 02 | 노인장기요양보험법

61	62	63	64	65	66	67	68	69	70
④	④	④	②	②	④	③	③	③	①
71	72	73	74	75	76	77	78	79	80
①	③	①	③	④	③	④	④	④	②

61

정답 ④

장기요양보험(노인장기요양보험법 제7조)

① 장기요양보험사업은 보건복지부장관이 관장한다.
② 장기요양보험사업의 보험자는 공단으로 한다.
③ 장기요양보험의 가입자(장기요양보험가입자)는 국민건강보험법 제5조(적용대상 : 국내에 거주하는 국민) 및 제109조(외국인 등에 대한 특례)에 따른 가입자로 한다.
④ 공단은 제3항에도 불구하고 외국인근로자의 고용 등에 관한 법률에 따른 외국인근로자 등 대통령령으로 정하는 외국인이 신청하는 경우 보건복지부령(외국인의 장기요양보험가입 제외 절차)으로 정하는 바에 따라 장기요양보험가입자에서 제외할 수 있다.

62

정답 ④

관리운영기관 등(제48조 제2항)

공단은 다음 각 호의 업무를 관장한다.

1. 장기요양보험가입자 및 그 피부양자와 의료급여수급권자의 자격관리
2. 장기요양보험료의 부과・징수
3. 신청인에 대한 조사
4. 등급판정위원회의 운영 및 장기요양등급 판정
5. 장기요양인정서의 작성 및 개인별 장기요양이용계획서의 제공
6. 장기요양급여의 관리 및 평가
7. 수급자 및 그 가족에 대한 정보제공・안내・상담 등 장기요양급여 관련 이용지원에 관한 사항
8. 재가 및 시설 급여비용의 심사 및 지급과 특별현금급여의 지급
9. 장기요양급여 제공내용 확인
10. 장기요양사업에 관한 조사・연구, 국제협력 및 홍보
11. 노인성질환예방사업
12. 이 법에 따른 부당이득금의 부과・징수 등
13. 장기요양급여의 제공기준을 개발하고 장기요양급여비용의 적정성을 검토하기 위한 장기요양기관의 설치 및 운영
14. 그 밖에 장기요양사업과 관련하여 보건복지부장관이 위탁한 업무

63
정답 ④

자료의 제출 등(법 제60조)

① 공단은 장기요양급여 제공내용 확인, 장기요양급여의 관리・평가 및 장기요양보험료 산정 등 장기요양사업 수행에 필요하다고 인정할 때 다음 각 호의 어느 하나에 해당하는 자에게 자료의 제출을 요구할 수 있다.
1. 장기요양보험가입자 또는 그 피부양자 및 의료급여수급권자
2. 수급자, 장기요양기관 및 의료기관

② 제1항에 따라 자료의 제출을 요구받은 자는 성실히 이에 응하여야 한다.

64
정답 ②

국가와 지방자치단체는 대통령령으로 정하는 바에 따라 의료급여수급권자의 장기요양급여비용, 의사소견서 발급비용, 방문간호지시서 발급비용 중 공단이 부담하여야 할 비용 및 관리운영비의 전액을 부담한다(법 제58조 제2항).

65
정답 ②

재심사청구(법 제56조)

① 제55조에 따른 심사청구에 대한 결정에 불복하는 사람은 그 결정통지를 받은 날부터 90일 이내에 장기요양재심사위원회("재심사위원회")에 재심사를 청구할 수 있다.

② 재심사위원회는 보건복지부장관 소속으로 두고, 위원장 1인을 포함한 20인 이내의 위원으로 구성한다.

③ 재심사위원회의 위원은 관계 공무원, 법학, 그 밖에 장기요양사업 분야의 학식과 경험이 풍부한 자 중에서 보건복지부장관이 임명 또는 위촉한다. 이 경우 공무원이 아닌 위원이 전체 위원의 과반수가 되도록 하여야 한다.

④ 이 법에서 정한 것 외에 재심사위원회의 구성・운영, 그 밖에 필요한 사항은 대통령령으로 정한다.

66
정답 ④

제31조에 따른 장기요양기관 지정의 유효기간은 지정을 받은 날부터 6년으로 한다(법 제32조의3).

67
정답 ③

장기요양급여의 제한(법 제29조)

① 공단은 장기요양급여를 받고 있는 자가 정당한 사유 없이 제15조 제4항에 따른 조사나 제60조 또는 제61조에 따른 요구에 응하지 아니하거나 답변을 거절한 경우 장기요양급여의 전부 또는 일부를 제공하지 아니하게 할 수 있다.

② 공단은 장기요양급여를 받고 있거나 받을 수 있는 자가 장기요양기관이 거짓이나 그 밖의 부정한 방법으로 장기요양급여비용을 받는 데에 가담한 경우 장기요양급여를 중단하거나 1년의 범위에서 장기요양급여의 횟수 또는 제공 기간을 제한할 수 있다.

③ 제2항에 따른 장기요양급여의 중단 및 제한 기준과 그 밖에 필요한 사항은 보건복지부령으로 정한다.

68
정답 ③

장기요양기관의 장은 제1항에 따라 폐업・휴업 신고를 할 때 또는 장기요양기관의 지정 갱신을 하지 아니하여 유효기간이 만료될 때 보건복지부령으로 정하는 바에 따라 장기요양급여 제공 자료를 공단으로 이관하여야 한다. 다만, 휴업 신고를 하는 장기요양기관의 장이 휴업 예정일 전까지 공단의 허가를 받은 경우에는 장기요양급여 제공 자료를 직접 보관할 수 있다(법 제36조 제6항).

69
정답 ③

장기요양기본계획(법 제6조 제1항)

보건복지부장관은 노인 등에 대한 장기요양급여를 원활하게 제공하기 위하여 5년 단위로 다음 각 호의 사항이 포함된 장기요양기본계획을 수립・시행하여야 한다.
1. 연도별 장기요양급여 대상인원 및 재원조달 계획
2. 연도별 장기요양기관 및 장기요양전문인력 관리 방안
3. 장기요양요원의 처우에 관한 사항
4. 그 밖에 노인 등의 장기요양에 관한 사항으로서 대통령령으로 정하는 사항

70
정답 ①

실태조사(법 제6조의2)

① 보건복지부장관은 장기요양사업의 실태를 파악하기 위하여 3년마다 다음 각 호의 사항에 관한 조사를 정기적으로 실시하고 그 결과를 공표하여야 한다.
1. 장기요양인정에 관한 사항
2. 제52조에 따른 장기요양등급판정위원회("등급판정위원회")의 판정에 따라 장기요양급여를 받을 사람("수급자")의 규모, 그 급여의 수준 및 만족도에 관한 사항
3. 장기요양기관에 관한 사항
4. 장기요양요원의 근로조건, 처우 및 규모에 관한 사항
5. 그 밖에 장기요양사업에 관한 사항으로서 보건복지부령으로 정하는 사항

② 제1항에 따른 실태조사의 방법과 내용 등에 필요한 사항은 보건복지부령으로 정한다.

71
정답 ①

수급자는 제17조 제1항에 따른 장기요양인정서와 같은 조 제3항에 따른 개인별장기요양이용계획서가 도달한 날부터 장기요양급여를 받을 수 있다(법 제27조 제1항).

72

정답 ③

심사청구는 그 처분이 있음을 안 날부터 90일 이내에 문서(전자정부법 제2조 제7호에 따른 전자문서를 포함)로 하여야 하며, 처분이 있은 날부터 180일을 경과하면 이를 제기하지 못한다. 다만, 정당한 사유로 그 기간에 심사청구를 할 수 없었음을 증명하면 그 기간이 지난 후에도 심사청구를 할 수 있다(법 제55조 제2항).

오답분석

① 장기요양인정・장기요양등급・장기요양급여・부당이득・장기요양급여비용 또는 장기요양보험료 등에 관한 공단의 처분에 이의가 있는 자는 공단에 심사청구를 할 수 있다(법 제55조 제1항).

④ 제1항에 따른 심사청구 사항을 심사하기 위하여 공단에 장기요양심사위원회를 둔다(법 제55조 제3항). 국가와 지방자치단체는 장기요양요원의 권리를 보호하기 위하여 장기요양요원지원센터를 설치・운영할 수 있다(법 제47조의2 제1항).

73

정답 ①

장기요양기관 지정의 취소 등(법 제37조 제1항)

특별자치시장・특별자치도지사・시장・군수・구청장은 장기요양기관이 다음 각 호의 어느 하나에 해당하는 경우 그 지정을 취소하거나 6개월의 범위에서 업무정지를 명할 수 있다. 다만, 제1호, 제2호의2, 제3호의5, 제7호, 또는 제8호에 해당하는 경우에는 지정을 취소하여야 한다.

1. 거짓이나 그 밖의 부정한 방법으로 지정을 받은 경우

1의2. 제28조의 2를 위반하여 급여외행위를 제공한 경우. 다만, 장기요양기관의 장이 그 위반행위를 방지하기 위하여 해당 업무에 관하여 상당한 주의와 감독을 게을리하지 아니한 경우는 제외한다.

2. 제31조 제1항에 따른 지정기준에 적합하지 아니한 경우

2의2. 제32조의2 각 호의 어느 하나에 해당하게 된 경우. 다만, 제32조의2 제7호에 해당하게 된 법인의 경우 3개월 이내에 그 대표자를 변경하는 때에는 그러하지 아니하다.

3. 제35조 제1항을 위반하여 장기요양급여를 거부한 경우

3의2. 제35조 제5항을 위반하여 본인부담금을 면제하거나 감경하는 행위를 한 경우

3의3. 제35조 제6항을 위반하여 수급자를 소개, 알선 또는 유인하는 행위 및 이를 조장하는 행위를 한 경우

3의4. 제35조의4 제2항 각 호의 어느 하나를 위반한 경우

3의5. 제36조 제1항에 따른 폐업 또는 휴업 신고를 하지 아니하고 1년 이상 장기요양급여를 제공하지 아니한 경우

3의6. 제36조의2에 따른 시정명령을 이행하지 아니하거나 회계부정 행위가 있는 경우

3의7. 정당한 사유 없이 제54조에 따른 평가를 거부・방해 또는 기피하는 경우

4. 거짓이나 그 밖의 부정한 방법으로 재가 및 시설 급여비용을 청구한 경우
5. 제61조 제2항에 따른 자료제출 명령에 따르지 아니하거나 거짓으로 자료제출을 한 경우나 질문 또는 검사를 거부・방해 또는 기피하거나 거짓으로 답변한 경우
6. 장기요양기관의 종사자 등이 다음 각 목의 어느 하나에 해당하는 행위를 한 경우. 다만, 장기요양기관의 장이 그 행위를 방지하기 위하여 해당 업무에 관하여 상당한 주의와 감독을 게을리하지 아니한 경우는 제외한다.
   가. 수급자의 신체에 폭행을 가하거나 상해를 입히는 행위
   나. 수급자에게 성적 수치심을 주는 성폭행, 성희롱 등의 행위
   다. 자신의 보호・감독을 받는 수급자를 유기하거나 의식주를 포함한 기본적 보호 및 치료를 소홀히 하는 방임행위
   라. 수급자를 위하여 증여 또는 급여된 금품을 그 목적 외의 용도에 사용하는 행위
   마. 폭언, 협박, 위협 등으로 수급자의 정신건강에 해를 끼치는 정서적 학대행위
7. 업무정지기간 중에 장기요양급여를 제공한 경우
8. 부가가치세법 제8조에 따른 사업자등록 또는 소득세법 제168조에 따른 사업자등록이나 고유번호가 말소된 경우

74

정답 ③

장기요양급여는 노인 등이 가족과 함께 생활하면서 가정에서 장기요양을 받는 재가급여를 우선적으로 제공하여야 한다(법 제3조 제3항).

75

정답 ④

특별자치시장・특별자치도지사・시장・군수・구청장은 제37조 제1항 각 호의 어느 하나에 해당하는 행위를 이유로 업무정지명령을 하여야 하는 경우로서 그 업무정지가 해당 장기요양기관을 이용하는 수급자에게 심한 불편을 줄 우려가 있는 등 보건복지부장관이 정하는 특별한 사유가 있다고 인정되는 경우에는 업무정지명령을 갈음하여 2억 원 이하의 과징금을 부과할 수 있다. 다만, 같은 항 제4호에 해당하는 경우(거짓이나 그 밖의 부정한 방법으로 재가 및 시설 급여비용을 청구한 경우)에는 제외한다(법 제37조의2 제1항, 법 제37조 제1항 제4호).

76

정답 ③

등급판정위원회는 신청인이 제12조의 신청자격요건을 충족하고 6개월 이상 동안 혼자서 일상생활을 수행하기 어렵다고 인정하는 경우 심신상태 및 장기요양이 필요한 정도 등 대통령령으로 정하는 등급판정기준에 따라 수급자로 판정한다(법 제15조 제2항).

77

정답 ④

장기요양급여를 받을 권리는 양도 또는 압류하거나 담보로 제공할 수 없다(법 제66조 제1항).

78

정답 ④

제1항 및 제2항에도 불구하고 제1항 각 호의 어느 하나 또는 제2항 각 호의 어느 하나에 해당하는 자가 양수, 합병 또는 운영 시에 행정제재처분 또는 위반사실을 알지 못하였음을 증명하는 경우에는 그러하지 아니하다(법 제37조의4 제3항).

79

정답 ④

장기요양기관의 장은 제32조의3에 따른 지정의 유효기간이 끝난 후에도 계속하여 그 지정을 유지하려는 경우에는 소재지를 관할구역으로 하는 특별자치시장・특별자치도지사・시장・군수・구청장에게 지정 유효기간이 끝나기 90일 전까지 지정 갱신을 신청하여야 한다(법 제32조의4 제1항).

80

정답 ②

공단은 제14조에 따른 조사가 완료된 때 조사결과서, 신청서, 의사소견서, 그 밖에 심의에 필요한 자료를 등급판정위원회에 제출하여야 한다(법 제15조 제1항).

국민건강보험공단 신규직원 필기시험

제3회 모의고사 정답 및 해설

제 1 영역 NCS

01	02	03	04	05	06	07	08	09	10
④	①	④	③	④	③	④	④	③	④
11	12	13	14	15	16	17	18	19	20
④	②	③	④	③	①	②	①	①	①
21	22	23	24	25	26	27	28	29	30
②	③	④	③	③	②	②	③	②	④
31	32	33	34	35	36	37	38	39	40
④	③	③	④	③	②	③	④	④	①
41	42	43	44	45	46	47	48	49	50
①	②	③	④	③	①	④	②	④	③
51	52	53	54	55	56	57	58	59	60
③	②	②	④	④	②	③	②	④	②

01 정답 ④

조바꿈을 할 때는 2도 음정 사이의 진동수의 비가 일정하지 않는 순정율의 특성이 큰 문제가 된다. 이를 보완한 것이 평균율이다.

오답분석

① 2도 음정 사이의 진동수의 비가 일정하지 않은 순정율의 단점을 보완하기 위해 진동수의 비가 일정하도록 정한 것이 평균율이다.
② 평균율은 기존에 존재하던 순정율의 단점을 보완하기 위해 만들어낸 것이다.
③ 두 번째 문단을 통해 알 수 있다.

02 정답 ①

'역활'은 '역할'의 잘못된 표기로, 자기가 마땅히 하여야 할 맡은 바 직책이나 '임무'를 뜻하는 말은 '역활'이 아니라 '역할(役割)'이다.

03 정답 ④

제시문은 정부가 제공하는 공공 데이터를 활용한 앱 개발에 대해 설명하고 있다. 먼저 다양한 앱을 개발하려는 사람들을 통해 화제를 제시한 (라) 문단이 오는 것이 적절하며, 이러한 앱 개발에 있어 부딪히는 문제들을 제시한 (가) 문단이 그 뒤에 오는 것이 적절하다. 다음으로 이러한 문제들을 해결하기 위한 방법으로 공공 데이터를 제시하는 (나) 문단이 오고, 공공 데이터에 대한 추가 설명으로 공공 데이터를 위한 정부의 노력인 (다) 문단이 마지막으로 와야 한다. 따라서 (라) – (가) – (나) – (다) 순으로 나열하는 것이 적절하다.

04 정답 ③

보험료율이 사고 발생 확률보다 높으면 구성원 전체의 보험료 총액이 보험금 총액보다 더 많고 그 반대의 경우, 즉 사고 발생 확률이 보험료율보다 높은 경우에는 구성원 전체의 보험료 총액이 보험금 총액보다 더 적다.

05 정답 ④

- 보전(補塡) : 부족한 부분을 보태어 채움
- 보존(保存) : 잘 보호하고 간수하여 남김

오답분석

① 대처(對處) : 어떤 정세나 사건에 대하여 알맞은 조치를 취함
② 인접(隣接) : 이웃하여 있음. 또는 옆에 닿아 있음
③ 상당(相當) : 일정한 액수나 수치 따위에 해당함

06 정답 ③

제시문은 몰랐으면 아무 문제되지 않았을 텐데 알아서 문제가 발생하는 경우도 있음을 말하며 노이로제에 대해 설명하고 있다. 따라서 제목으로는 ③이 가장 적절하다.

07 정답 ④

제시문은 피부암의 원인과 증상, 대응방안을 이야기하고 피부암의 원인이 되는 자외선 예방의 중요성과 자외선을 피하는 방법에 대해 설명하고 있다. 따라서 (라) 피부암의 가장 큰 원인인 자외선 – (나) 자외선에 대한 관리의 중요성 – (가) 피부암의 증상과 대응방안 – (마) 자외선 예방의 중요성 – (다) 자외선을 피하는 방법 순으로 나열하는 것이 가장 적절하다.

08

정답 ④

- 지래 → 지레
- 유관 → 유발
- 소흘 → 소홀
- 소유 → 소요

09

정답 ③

제시문의 첫 번째 문단에서는 하천의 과도한 영양분이 플랑크톤을 증식시켜 물고기의 생존을 위협한다고 이야기하고 두 번째 문단에서는 이러한 녹조 현상이 우리가 먹는 물의 안전까지도 위협한다고 이야기한다. 마지막 문단에서는 생활 속 작은 실천을 통해 생태계와 인간의 안전을 위협하는 녹조를 예방해야 한다고 이야기한다. 따라서 글의 제목으로 ③이 가장 적절하다.

10

정답 ④

글쓴이는 인간의 표정을 통해 감정을 읽는 것은 비과학적이므로 감정인식 기술을 채용이나 법 집행 등의 민감한 상황에서 사용하는 것을 금지해야 한다고 주장한다. 따라서 AI가 제공하는 데이터를 통해 지원자의 감정을 자세하게 파악할 수 있다는 내용의 ④는 글쓴이의 주장과 반대되는 입장이므로 주장을 뒷받침하는 근거로 적절하지 않다.

11

정답 ④

㉠의 앞에서는 많은 AI 기업들이 얼굴 인식 프로그램을 개발하고 있는 현황에 대해 이야기하고 있으나, ㉠의 뒤에서는 인간의 얼굴 표정으로 감정을 읽는 것은 비과학적이라고 주장한다. 따라서 ㉠에는 역접의 의미인 '그러나'가 적절하다.

㉡의 앞에서는 인간의 얼굴 표정으로 감정을 읽는 것이 비과학적인 이유를 이야기하며, ㉡의 뒤에서는 민감한 상황에서 감정인식 기술의 사용을 금지해야 한다고 주장한다. 즉, ㉡의 앞부분은 뒷부분의 근거가 되는 내용이므로 ㉡에는 앞에서 말한 일이 뒤에서 말할 일의 원인, 이유가 됨을 나타내는 '따라서'가 적절하다.

12

정답 ②

두 번째 문단에 따르면 탈락자는 50만 명이 넘지만, 그중 가족은 4만 3,660명으로 10% 미만에 해당한다. 따라서 가능성이 높다고 보기는 어렵다.

오답분석

① 첫 번째 문단의 '최근 수년간 주택 가격이 급등한 상황 등을 감안해 현행 기준을 유지하기로 하였다.'라는 내용을 통해 주택 가격이 상승하지 않았다면 재산 기준 역시 소득 기준과 같이 상승하였음을 유추할 수 있다.

③ 세 번째 문단의 '기존에 납부하지 않았던 건보료를 가구당 월 평균 10만 5,000원가량 내야 하는 상황이 되었다.'라는 내용에서 이전보다 가계의 경제적 부담이 증가했음을 알 수 있다.

④ 첫 번째 문단과 네 번째 문단에 따르면, 공무원연금 역시 소득 기준에 포함되는 금액으로 월 170만 원씩 수령한다면 이는 연 2,040만 원에 해당하는 금액으로 소득 기준을 초과하게 된다. 따라서 해당 자격에서 탈락된다.

13

정답 ③

조력발전소가 설치되면서 발전소의 해수유통을 통해 시화호의 수질이 개선되었다.

오답분석

① 조력발전소는 밀물의 힘으로 발전기를 돌려 전기를 생산하며, 기사의 도입부에서 조력발전이 주목을 받고 있다고 언급하였다.

② 시화호 발전소의 연간 생산량이 40 ~ 50만 명인 도시의 소비량과 맞먹는다고 하였으므로, 1년 동안 전기 공급이 가능하다.

④ 제시문에서 우리나라에 위치한 시화호 발전소가 세계 최대 규모임을 밝혔다.

14

정답 ④

우리나라의 낮은 장기 기증률이 전통적 유교 사상 때문이라고 주장하고 있는 A와 달리, B는 이에 대하여 다양한 원인을 제시하고 있다. 따라서 A의 주장에 대한 반박으로 ④가 가장 적절하다.

15

정답 ③

제시문은 교정 중 칫솔질의 중요성과 칫솔질 하는 방법에 대해 설명하고 있다. 따라서 (나) 교정 중 칫솔질에 대한 중요성 – (가) 교정 중 칫솔질하는 방법 – (라) 교정장치 때문에 잘 닦이지 않는 부위를 닦는 방법 – (다) 칫솔질을 할 때 빠뜨려서는 안 될 부분 순으로 나열하는 것이 가장 적절하다.

16

정답 ①

㉠의 앞 문장에서 '향토 음식'에 대한 일반적인 통념을 제시하고 이어지는 ㉠에서 전통 음식과 구별되는 향토 음식의 '좁은 개념'을 제시하기 때문에 자연스러운 흐름이다. 또한, ㉡의 '해당 지역에서 생산된 재료'는 ㉠의 '각 지역의 특산물'과 연결되며, ㉡은 '향토 음식은 그 지역 고유의 음식 문화를 이룬다고 할 수 있다.'며 ㉠을 보충 설명한다. 따라서 ㉠과 ㉡의 순서를 바꾸지 않는 것이 적절하다.

오답분석

② ㉢의 앞 문단은 향토 음식의 개념과 가치를, ㉢을 포함한 문단은 향토 음식에 대한 청소년들의 무관심을 다룬다. 따라서 앞뒤 문단을 연결하려면 화제를 앞의 내용과 관련시키면서 다른 방향으로 전환할 때 쓰는 접속어 '그런데'가 필요하다.

③ ㉣에서 '주말에 (친구들과) 함께 시간을 내는 것은 쉽지 않다.'는 것은 ㉣을 포함한 문단에서 말하는 '향토 음식 요리 교실' 참여해 '그 지역에서 이어져 온 문화와 정신'을 배우는 경험과 직접적인 관련이 없으므로 삭제한다.

④ ㉤ 앞의 '양념을 많이 쓰지 않은 자연 그대로의 담백한 맛'은 꾸밈이나 거짓이 없고 수수하다는 뜻의 형용사 '소박하다'와 잘 어울린다.

17

정답 ②

두 번째 문단의 '시장경제가 제대로 운영되기 위해서는 국가의 소임이 중요하다.'라고 한 부분과 세 번째 문단의 '시장경제에서 국가가 할 일을 크게 세 가지로 나누어 볼 수 있다.'에서 '시장경제에서 국가 역할의 중요성'이라는 제목을 유추할 수 있다.

18

정답 ①

제시문은 우리나라 여성의 고용 비율이 남성보다 낮기 때문에 여성의 고용에 대한 배려가 필요하다는 글이다. 따라서 (다) 우리나라는 남성에 비해 여성의 고용 비율이 현저히 낮음 – (가) 남녀 고용 평등의 확대를 위한 채용 목표제의 강화 필요 – (마) 역차별이라는 주장과 현실적인 한계 – (나) 대졸 이상 여성의 고용 비율이 OECD 국가 중 최하위인 대한민국의 현실 – (라) 강화된 법규가 준수될 수 있도록 정부의 계도와 감독 기능 강화 순으로 나열하는 것이 적절하다.

19

정답 ①

한 개인의 특수한 감각을 지시하는 용어는 올바른 사용 여부를 판단할 수 없기 때문에 아무런 의미를 갖지 않는다고 하였다. 따라서 본인만이 느끼는 감각을 지시하는 용어는 아무 의미도 없을 것임을 추론할 수 있다.

오답분석

② 구체적 사례 자체가 이미 객관화될 수 있는 감각이기 때문에 구체적 사례를 통해서 어떤 의미도 얻게 될 수 없다는 것은 적절하지 않다.
③ 감각을 지시하는 용어 모두가 개인만의 특수한 것이 아니므로 사용하는 사람에 따라 상대적인 의미를 갖는다는 것은 적절하지 않다.
④ 감각을 지시하는 용어의 의미는 존재하고 있으므로 그것이 무엇을 지시하는가와 아무 상관이 없다는 것은 적절하지 않다.

20

정답 ①

제시문은 기술이 내적인 발전 경로를 가지고 있다는 통념을 비판하기 위해 다양한 사례 연구를 논거로 인용하고 있다. 따라서 인용하고 있는 연구 결과를 반박할 수 있는 자료가 있다면 글쓴이의 주장은 설득력을 잃게 된다.

21

정답 ②

2명씩 짝을 지어 한 그룹으로 보고 원탁에 앉는 방법을 구하기 위해서 원순열 공식 $(n-1)!$을 이용한다.

2명씩 3그룹이므로 $(3-1)!=2\times1=2$가지이다. 또한 그룹 내에서 2명이 자리를 바꿔 앉을 수 있는 경우는 2가지씩이다.

따라서 6명이 원탁에 앉을 수 있는 방법은 $2\times2\times2\times2=16$가지이다.

22

정답 ③

수영장에 물이 가득 찼을 때의 일의 양을 1이라 하면, 수도관 A로는 1시간에 $\frac{1}{6}$ 만큼, B로는 $\frac{1}{4}$ 만큼을 채울 수 있다. A, B 두 수도관을 모두 사용하여 수영장에 물을 가득 채우는 데 걸리는 시간을 x시간이라고 하면 다음 식이 성립한다.

$\left(\frac{1}{6}+\frac{1}{4}\right)\times x=1$

→ $\frac{5}{12}x=1$

$\therefore x=\frac{12}{5}=2\frac{2}{5}$

따라서 물을 가득 채우는 데 $2\frac{2}{5}$시간, 즉 2시간 24분이 걸린다.

23

정답 ④

2021년부터 2023년까지 경기 수가 증가하는 스포츠는 배구와 축구 2종목이다.

오답분석

① 2021년 농구의 전년 대비 경기 수 감소율은 $\frac{413-403}{413}\times100$ ≒ 2.4%이며, 2024년 전년 대비 경기 수 증가율은 $\frac{410-403}{403}\times100$ ≒ 1.7%이다. 따라서 2021년 전년 대비 경기 수 감소율이 더 높다.
② 2020년 농구와 배구의 경기 수 차이는 $413-226=187$회이고, 야구와 축구의 경기 수 차이는 $432-228=204$회이다. 따라서 $\frac{187}{204}\times100$ ≒ 91.7%이므로 90% 이상이다.
③ 5년 동안의 종목별 스포츠 경기 수 평균은 다음과 같다.
   - 농구 : $\frac{413+403+403+403+410}{5}=406.4$회
   - 야구 : $\frac{432+442+425+433+432}{5}=432.8$회
   - 배구 : $\frac{226+226+227+230+230}{5}=227.8$회
   - 축구 : $\frac{228+230+231+233+233}{5}=231.0$회

   따라서 야구 평균 경기 수는 축구 평균 경기 수의 약 1.87배로 2배 이하이다.

24

정답 ③

타일별로 필요한 타일의 개수와 가격을 계산하면 다음과 같다.

구분	필요한 타일 개수(개)	가격(원)
A타일	(8m÷20cm)×(10m÷20cm)=2,000	2,000×1,000+50,000=2,050,000
B타일	(8m÷250mm)×(10m÷250mm)=1,280	1,280×1,500+30,000=1,950,000
C타일	(8m÷25cm)×(10m÷20cm)=1,600	1,600×1,250+75,000=2,075,000

따라서 가장 저렴한 타일은 B타일이고 가격은 1,950,000원이다.

25

정답 ③

㉠ 전체 학생들의 독서량의 합은 30권이고, 학생의 수가 6명이므로, 학생들의 평균 독서량은 5권이다.

㉣ 여학생이거나 독서량이 7권 이상인 학생 수는 3명이므로 전체 학생 수의 50%이다.

오답분석

㉡ 남학생이면서 독서량이 5권 이상인 학생은 관호뿐이고, 전체 남학생 수는 4명이므로, 비율은 25%이다. 따라서 옳지 않다.

㉢ 독서량이 2권 이상인 학생(5명) 중 남학생(3명) 비율은 60%이며, 전체 학생(6명) 중 여학생(2명) 비율은 약 33%이므로 옳지 않다.

26

정답 ②

원 중심에서 멀어질수록 점수가 높아지는데, B국의 경우 수비보다 미드필드가 원 중심에서 먼 곳에 표시가 되어 있으므로 B국은 수비보다 미드필드에서의 능력이 뛰어남을 알 수 있다.

27

정답 ②

㉠ 공무원의 생애 총소득(21억 607만 원)이 민간기업 근로자의 생애 총소득(19억 3,407만 원)보다 더 높다.

㉢ 공무원 생애연금 6억 1,851만 원에 대하여 민간기업 근로자 생애연금은 2억 6,252만 원이기 때문에 약 42%에 불과하다.

오답분석

㉡ 민간기업 대비 공무원 총소득 비율은 약 108.9%이다.

㉣ 퇴직 후 받는 모든 금액은 생애연금과 퇴직금을 합한 것이므로 공무원은 6억 7,926만 원, 민간기업 근로자는 4억 2,683만 원이다. 따라서 퇴직 후 공무원이 민간기업 근로자보다 더 많이 받는다.

28

정답 ③

연평균 무용 관람횟수가 가장 많은 시·도는 4.9회인 강원도이며, 연평균 스포츠 관람횟수가 가장 많은 시·도는 3.9회인 서울특별시이다.

오답분석

① 모든 시·도는 연평균 무용 관람횟수보다 연평균 영화 관람횟수가 더 많다.

② 경상남도에서 영화 다음으로 연평균 관람횟수가 많은 항목은 스포츠이다.

④ 대구광역시의 연평균 박물관 관람횟수는 2.5회로, 제주특별자치도의 연평균 박물관 관람횟수 2.9회의 $\frac{2.5}{2.9}\times 100 \fallingdotseq 86.2\%$이므로 80% 이상이다.

29

정답 ②

유연탄의 CO_2 배출량은 원자력의 $\frac{968}{9} \fallingdotseq 107.6$배이다.

오답분석

① LPG 판매단가는 원자력 판매단가의 $\frac{132.45}{38.42} \fallingdotseq 3.4$배이다.

③ LPG는 CO_2 배출량이 두 번째로 낮은 것을 확인할 수 있다.

④ 판매단가가 두 번째로 높은 에너지원은 중유이고, 중유의 CO_2 배출량은 두 번째로 높다.

30

정답 ④

2021년 강수량의 총합은 1,529.7mm이고, 2022년 강수량의 총합은 1,122.7mm이다. 따라서 2022년의 전년 대비 강수량의 변화를 구하면 1,529.7−1,122.7=407mm로 가장 변화량이 크다.

오답분석

① 조사 기간 내 가을철 평균 강수량은 $\frac{1,919.9}{8} \fallingdotseq 240$mm이다.

② 여름철 강수량이 두 번째로 높았던 해는 2021년이다. 2021년의 가을·겨울철 강수량의 합은 502.6mm이고, 봄철 강수량은 256.5mm이다. 따라서 256.5×2=513mm이므로 봄철 강수량의 2배 미만이다.

③ 강수량이 제일 낮은 해는 2024년이지만, 가뭄의 기준이 제시되지 않았으므로 가뭄이었는지 알 수 없다.

31

정답 ④

A~E씨의 진료 날짜를 2025년 1월 이후를 기준으로 구분한 후, 현행 본인부담금 제도와 개선된 본인부담금 제도를 적용하여 본인부담금을 계산하면 다음과 같다.

- A씨 : 17,000×0.3(∵ 현행)=5,100원
- B씨 : 1,500원(∵ 진료비 1만 5천 원 이하)
- C씨 : 23,000×0.2(∵ 개선)=4,600원
- D씨 : 24,000×0.3(∵ 현행)=7,200원
- E씨 : 27,000×0.3(∵ 개선)=8,100원

따라서 A~E씨의 본인부담금의 합은 5,100+1,500+4,600+7,200+8,100=26,500원이다.

32

정답 ③

2015 ~ 2024년 평균 부채 비율은 (61.6+100.4+86.5+80.6+79.9+89.3+113.1+150.6+149.7+135.3)÷10=104.7%이므로 10년간 평균 부채 비율은 90% 이상이다.

오답분석

① 2018년 대비 2019년 자본금 증가폭은 33,560−26,278=7,282억 원으로, 2016 ~ 2024년 중 자본금의 변화가 가장 컸다.

② 전년 대비 부채 비율이 증가한 해는 2016년, 2020년, 2021년, 2022년이므로 연도별 부채비율 증가폭을 계산하면 다음과 같다.

- 2016년 : 100.4−61.6=38.8%p
- 2020년 : 89.3−79.9=9.4%p
- 2021년 : 113.1−89.3=23.8%p
- 2022년 : 150.6−113.1=37.5%p

따라서 부채 비율이 전년 대비 가장 많이 증가한 해는 2016년이다.

④ 2024년의 자산과 자본은 10년 중 가장 많았지만, 그만큼 부채도 가장 많은 것을 확인할 수 있다.

33

정답 ③

연도별 영업이익과 이익률을 포함한 표는 다음과 같다.

(단위 : 억 원)

구분	2020년	2021년	2022년	2023년	2024년
매출액	1,485	1,630	1,410	1,860	2,055
매출원가	1,360	1,515	1,280	1,675	1,810
판관비	30	34	41	62	38
영업이익	95	81	89	123	207
영업 이익률	6.4%	5.0%	6.3%	6.6%	10.1%

따라서 이를 바르게 나타낸 그래프는 ③이다.

34

정답 ④

아시아·태평양의 연도별 인터넷 이용자 수의 증가량을 구하면 다음과 같다.

- 2018년 : 872−726=146백만 명
- 2019년 : 988−872=116백만 명
- 2020년 : 1,124−988=136백만 명
- 2021년 : 1,229−1,124=105백만 명
- 2022년 : 1,366−1,229=137백만 명
- 2023년 : 1,506−1,366=140백만 명
- 2024년 : 1,724−1,506=218백만 명

따라서 전년 대비 아시아·태평양의 인터넷 이용자 수의 증가량이 가장 큰 해는 2024년이다.

오답분석

① 2017년 중동의 인터넷 이용자 수는 66백만 명이고, 2024년 중동의 인터넷 이용자 수는 161백만 명이다. 따라서 2024년 중동의 인터넷 이용자 수는 2017년에 비해 161−66=9천 5백만 명이 늘었다.

② 2023년에 비해 2024년의 인터넷 이용자 수가 감소한 대륙은 아메리카 한 곳이다.

③ 2020년 아프리카의 인터넷 이용자 수는 124백만 명이고, 2024년 아프리카의 인터넷 이용자 수는 240백만 명이다. 따라서 2024년의 아프리카의 인터넷 이용자 수는 2020년에 비해 240÷124≒1.9배 증가했다.

35

정답 ③

2019년과 2024년을 비교했을 때, 국유지 면적의 차이는 24,087−23,033=1,054km^{2}이고, 법인 면적의 차이는 6,287−5,207=1,080km^{2}이므로 법인 면적의 차이가 더 크다.

오답분석

① 국유지 면적은 매년 증가하고, 민유지 면적은 매년 감소하는 것을 확인할 수 있다.

② 전년 대비 2020 ~ 2024년 군유지 면적의 증가량은 다음과 같다.

- 2020년 : 4,788−4,741=47km^2
- 2021년 : 4,799−4,788=11km^2
- 2022년 : 4,838−4,799=39km^2
- 2023년 : 4,917−4,838=79km^2
- 2024년 : 4,971−4,917=54km^2

따라서 군유지 면적의 증가량은 2023년에 가장 크다.

④ 전체 국토면적은 매년 증가하고 있는 것을 확인할 수 있다.

36

정답 ②

㉠ 기존의 평균 주화 공급량이 2,500만 개를 조금 넘는 수준 $\left(=\frac{10,023}{4}\right)$이므로 주화 종류별로 주화 공급량이 각각 200만 개씩 증가한다면 A지역의 평균 주화 공급량은 2,700만 개를 조금 넘을 것임을 알 수 있다.

㉢ 10원과 500원 주화의 공급량은 5,294만 개, 50원과 100원은 4,729만 개이므로 두 그룹의 공급량의 가중평균치는 산술평균(15%)보다 10원과 500원의 증가율인 10% 쪽으로 치우치게 된다.

오답분석

㉡ 주화 종류별 공급기관당 공급량을 직접 계산하지 않더라도 10원 주화는 2를 넘고, 500원은 2에 미치지 못한다는 것을 눈어림할 수 있으므로 옳지 않다.

㉣ (주화 공급액)=(주화 공급량)×(액면가)이므로 총 주화 공급액 규모가 12% 증가했고 액면가의 변동이 없다면 주화 종류별 주화 공급량의 비율은 얼마든지 변화할 수 있다. 변수가 4개인 방정식을 생각해 보면 이해가 쉬울 것이다.

37

정답 ③

2022 ~ 2024년 전년 대비 가정 어린이집을 이용하는 0 ~ 2세 영유아 수는 다음과 같다.

- 2022년 : 222,332−193,412=28,920명 증가
- 2023년 : 269,243−222,332=46,911명 증가
- 2024년 : 298,470−269,243=29,227명 증가

따라서 전년 대비 가정 어린이집을 이용하는 0 ~ 2세 영유아 수는 2023년에 가장 크게 증가했다.

오답분석

① 2021 ~ 2024년 0 ~ 2세와 3 ~ 4세 국·공립 어린이집 이용 영유아 수는 꾸준히 증가하고 있다.
② 2021 ~ 2024년 부모협동 어린이집과 직장 어린이집을 이용하는 영유아 수는 모든 연령대에서 꾸준히 증가하고 있다.
④ 법인 어린이집을 이용하는 5세 이상 영유아 수는 매년 감소하고 있다.

38

정답 ④

- 2021년 전체 어린이집 이용 영유아 수의 합 : 501,838+422,092+211,521=1,135,451명
- 2024년 전체 어린이집 이용 영유아 수의 합 : 739,332+455,033+154,364=1,348,729명

따라서 2021년과 2024년 전체 어린이집 이용 영유아 수의 차는 1,348,729−1,135,451=213,278명이다.

39

정답 ④

2023년 증가율은 2022년 대비 낮다.

(단위 : 만 대, %)

구분	2015년	2016년	2017년	2018년	2019년
대수	1,844	1,887	1,940	2,012	2,099
증가	50	43	53	72	87
증가율	2.8	2.3	2.8	3.7	4.3
구분	2020년	2021년	2022년	2023년	2024년
대수	2,180	2,253	2,320	2,368	2,437
증가	81	73	67	48	69
증가율	3.9	3.3	3.0	2.1	2.9

40

정답 ①

2000년 아시아의 소비실적이 1,588Moe이었으므로, 3배 이상이 되려면 1,588×3=4,764Moe 이상이 되어야 하는데 4,551Moe이므로 3배 미만이다.

41

정답 ①

A업체와 B업체의 가격과 보온성 평가점수가 별 8개로 동일하므로 모든 부문 별 개수 총합을 비교해야 한다. A업체의 별 합계는 17개, B업체의 별 합계는 14개이므로 K공사는 A업체에서 근무복을 구매할 것이다.

42

정답 ②

예산 100만 원 내에서 동절기 근무복을 15벌 구매하려면, 한 벌당 구매가격이 100÷15≒6.67만 원보다 저렴해야 한다. 이 조건을 만족하는 A업체와 B업체를 비교할 때, 가격과 보온성 평가점수의 합이 A업체와 B업체 모두 별 8개이므로 가격이 더 저렴한 B업체의 근무복을 구매한다.

43

정답 ③

두 번째 조건에 의해 B는 6층에 입주해야 하고, 세 번째 조건에 의해 F−D−E 순으로 높은 층에 입주해야 한다. 또한 A와 C는 1 ~ 3층에 거주해야 하므로 D는 4층부터 입주가 가능하다. 이러한 결과를 표로 나타내면 다음과 같다.

구분	1층	2층	3층	4층	5층	6층
A				×	×	×
B	×	×	×	×	×	○
C				×	×	×
D	×	×	×	○	×	×
E				×	×	×
F	×	×	×	×	○	×

따라서 A ~ F가 입주할 경우의 수는 3×2×1=6가지이다.

44

정답 ④

스마트 OTP는 금융거래에서 정보보안을 강화하는 데 주목적이 있으므로 보안과 관련된 전략 과제에 적절한 실행방안이 된다. 그러나 제시된 전략 과제 중에는 보안과 관련된 것은 없다.

오답분석

① '2. 모바일 뱅킹 서비스 친숙도 증대'의 실행방안으로 적절하다.
② '1. 최초 접근 채널 다양화'의 실행방안으로 적절하다.
③ '7. 이용 단계 간소화 및 오류 제거'의 실행방안으로 적절하다.

45

정답 ③

디스크 스케줄링 기법 SSTF는 현 위치에서 가장 짧은 거리를 우선 탐색하는 기법으로, 이에 따라 방문한 도시는 김천 − 부산 − 진주 순서이다.

46

정답 ①

대학장학회에서 10명에게 주는 총장학금은 (450×8)+(500×2) =4,600만 원이다.

문화상품권은 (30×8)+(40×2)=320만 원이며 구매처별 할인율과 비고사항을 고려하여 실제 지불 금액을 구하면 다음과 같다.

- A업체 : (3,200,000×0.92)+4,000=2,948,000원
- B업체 : (3,000,000×0.94)+200,000+4,000+(700×10) =3,031,000원
- C업체 : 3,200,000×0.95=3,040,000원
- D업체 : (3,000,000×0.96)+200,000+5,000=3,085,000원

따라서 A업체에서 구매하는 것이 가장 저렴하며, 대학장학회에서 장학금과 부상에 사용한 총액을 구하면 46,000,000+2,948,000 =48,948,000원임을 알 수 있다.

47

정답 ④

제시된 조건에서 5만 원권 또는 10만 원권으로 구매한다고 하였는데 모든 구매처는 5만 원권을 판매하므로 첫 번째 조건은 4곳 모두 만족한다. 그러나 두 번째 조건에서 직접 방문은 어려우므로 C업체에서 구매하지 못한다. 따라서 A, B, D 세 곳을 비교할 때, 구매처별 지불해야 하는 금액에 택배비와 포장비를 제외한 금액은 다음과 같다.

구분	택배비 및 포장비 제외 금액	할인받은 금액
A업체	2,948,000−4,000 =2,944,000원	3,200,000−2,944,000 =256,000원
B업체	3,031,000−4,000 −7,000=3,020,000원	3,200,000−3,020,000 =180,000원
D업체	3,085,000−5,000 =3,080,000원	3,200,000−3,080,000 =120,000원

따라서 최소한의 비용으로 구매할 수 있는 업체는 A업체이고, A업체에서 할인받을 수 있는 금액은 256,000원이다.

48

정답 ②

제시된 조건을 조건식으로 정리하면 다음과 같다(명제와 그 대우는 동치이다).

- ~B → A ≡ ~A → B
- B → ~D
- A → ~C ≡ C → ~A
- ~C → E ≡ ~E → C
- ~E

위 조건식을 연결하면 다음과 같다.

~E → C → ~A → B → ~D

따라서 공휴일에 진료하는 병원은 B, C 2곳이다.

49

정답 ④

먼저, 총 5명의 위원을 선정한다고 하였고, 두 번째 조건에서 신진 학자는 4명 이상 선정될 수 없다는 조건과 중견 학자 3명이 함께 선정될 수 없다는 조건을 고려하면 가능한 조합은 신진 학자 3명, 중견 학자 2명뿐임을 알 수 있다. 그리고 네 번째 조건을 반영하여 경우의 수를 나누어보면 다음의 두 가지만 가능하게 된다.

i) 신진 윤리학자가 선정되는 경우 : 신진 윤리학자 1명, 신진 경영학자 2명, 중견 경영학자 2명으로 구성하는 경우가 가능하다.

ii) 신진 윤리학자가 선정되지 않는 경우 : 중견 윤리학자 1명, 신진 경영학자 3명, 중견 경영학자 1명으로 구성하는 경우가 가능하다.

따라서 중견 윤리학자가 선정되지 않는 경우는 위의 i)에 해당하는데 이 경우는 신진 경영학자가 2명 선정되므로 옳다.

오답분석

① 어느 경우이든 윤리학자는 1명만 선정되므로 옳지 않다.
② i)의 경우는 신진 경영학자가 2명만 선정되므로 옳지 않다.
③ 중견 경영학자 2명이 선정되는 경우는 i)인데 이 경우는 윤리학자가 1명만 선정되므로 옳지 않다.

50

정답 ③

164,000−(164,000×0.3)=114,800원

오답분석

① 143,000−(143,000×0.15)=121,550원
② 165,000−(165,000×0.2)=132,000원
④ 154,000−(154,000×0.2)=123,200원

51

정답 ③

6층을 모두 순찰하는 데 총 60분(=6×10)이 걸린다. 변수는 회사 건물은 6층인데 오른 다음 반드시 내려와야 하고 최대 올라갈 수 있는 층이 4층이라면(∵ 현재는 1층이기 때문), 가지 못한 층이 2개이므로 나머지 2개의 층을 가기 위해서는 4번을 타고 내려야 되며, 올라간 다음 다시 내려오는 조건이므로 2배가 된다. 즉, 아무리 가장 빠르게 이동한다 해도 8번(=2×4)이 걸린다. 1개의 층을 올라가기 위해서는 1개의 층을 내려갔다가 다시 올라가야 하므로 왕복시간으로 2분이 걸린다. 그러므로 최소 16분(=8×2)이 소요된다. 순찰 경로를 직접 나열해 보면 다음과 같다.

- 1층에서 3층으로 올라간다. → 2분
- 3층에서 2층으로 내려간다. → 1분
- 2층에서 5층으로 올라간다. → 3분
- 5층에서 4층으로 내려간다. → 1분
- 4층에서 6층으로 올라간다. → 2분
- 6층에서 3층으로 내려간다. → 3분
- 3층에서 4층으로 올라간다. → 1분
- 4층에서 1층으로 내려간다. → 3분

따라서 순찰을 마친 후 1층으로 돌아오기까지 걸린 시간은 76분, 즉 1시간 16분이다.

52

정답 ②

성과급 지급 기준에 따라 영업팀의 성과를 평가하면 다음과 같다.

- 1분기 : (8×0.4)+(8×0.4)+(6×0.2)=7.6 → C등급
- 2분기 : (8×0.4)+(6×0.4)+(8×0.2)=7.2 → C등급
- 3분기 : (10×0.4)+(8×0.4)+(10×0.2)=9.2 → A등급
- 4분기 : (8×0.4)+(8×0.4)+(8×0.2)=8.0 → B등급

따라서 영업팀에게 1년간 지급된 성과급의 총액은 80+80+[100+(20×0.5)]+90=360만 원이다.

53

정답 ②

7월 25일은 비가 오는 날이므로 첫 번째 조건에 따라 A사원은 커피류를 마신다. 또한, 평균기온은 27℃로, 26℃ 이상이므로 두 번째 조건에 따라 큰 컵으로 마시고, 세 번째 조건에 따라 카페라테를 마신다.

54

정답 ④

7월 23일은 비가 오지 않는 화요일이며 평균기온은 28℃이므로 A사원은 밀크티 큰 컵을 마신다. 7월 22일은 맑은 날이고 26℃이므로 A사원은 자몽에이드 큰 컵을 마셨으므로 B사원에게는 자몽에이드 큰 컵을 사준다. 따라서 A사원이 지불할 금액은 4,800(∵ 밀크티 큰 컵)+4,700(∵ 자몽에이드 큰 컵)=9,500원이다.

55

정답 ④

제시문에 따르면 J부서에 근무하는 신입사원은 단 한 명이며, 신입사원은 단 한 지역의 출장에만 참가한다. 그러므로 갑과 단둘이 가는 한 번의 출장에만 참가하는 을이 신입사원임을 알 수 있다. 이때, 네 지역으로 모두 출장을 가는 총괄 직원도 단 한 명뿐이므로 을과 단둘이 출장을 간 갑이 총괄 직원임을 알 수 있다. 또한, 신입사원을 제외한 모든 직원은 둘 이상의 지역으로 출장을 가야 하므로 병과 정이 함께 같은 지역으로 출장을 가면 무는 남은 두 지역 모두 출장을 가야 한다. 이때, 병과 정 역시 남은 두 지역 중 한 지역으로 각각 출장을 가야 한다. 다섯 명의 직원이 출장을 가는 경우를 정리하면 다음과 같다.

지역	직원	
	경우 1	경우 2
A	갑, 을	갑, 을
B	갑, 병, 정	갑, 병, 정
C	갑, 병, 무	갑, 정, 무
D	갑, 정, 무	갑, 병, 무

따라서 정은 두 곳으로만 출장을 가므로 정이 총 세 곳에 출장을 간다는 ④는 항상 거짓이 된다.

오답분석

① 갑은 총괄 직원이다.
② 두 명의 직원만이 두 광역시에 모두 출장을 간다고 하였으므로 을의 출장 지역은 광역시에 해당하지 않는다.
③ 위의 표를 통해 확인할 수 있다.

56

정답 ②

네 번째 명제에 따르면 K사원은 특근을 하고 Q사원은 야근을 한다. 이때, 첫 번째 명제에 의해 K사원은 연말이 되면 회계 결산으로 특근을 하지만 연말이 아닌 경우에는 다른 업무로 인해 특근을 할 수도 있다. 따라서 지금은 연말이라는 것은 참일 수도 있고 거짓일 수도 있다.

오답분석

① 첫 번째 명제와 두 번째 명제의 대우에 따르면 P사원이 출장을 가면 연말이다. 이때 K사원은 연말이 되면 특근을 하므로 P사원이 출장을 가면 K사원은 특근을 한다.
③ 두 번째 명제의 대우를 통해 알 수 있다.
④ 지금이 연말인지 아닌지 알 수 없으므로 P사원이 출장을 가는지는 알 수 없다.

57

정답 ③

조건을 모두 고려하면, 다음과 같은 좌석 배치도를 확인할 수 있다.

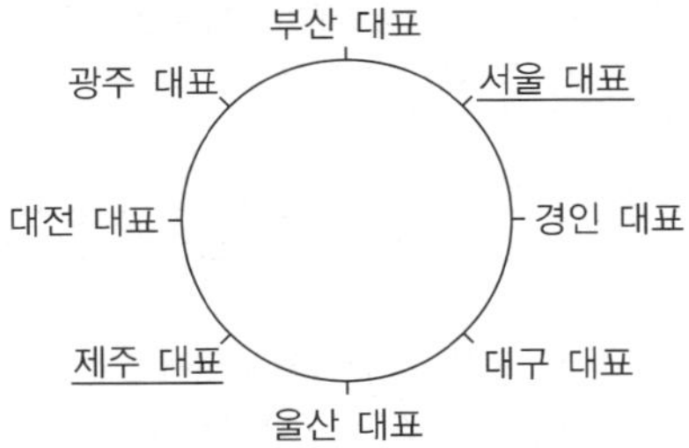

따라서 서울 대표 맞은편에는 제주 대표가 앉아 있다.

58

정답 ②

- 언어영역 : ㉠, ㉤, ㉥, ㉨에 의해, '형준 – 연재 – 소정(또는 소정 – 연재) – 영호' 순서로 높다.
- 수리영역 : ㉠, ㉡, ㉤, ㉥, ㉦에 의해, '소정 – 형준 – 연재 – 영호' 순서로 높다.
- 외국어영역 : ㉢, ㉣, ㉥, ㉧에 의해, '영호 – 연재(또는 연재 – 영호) – 형준 – 소정' 순서로 높다.

오답분석

① 언어영역 2위는 연재 또는 소정이다.
③ 영호는 외국어영역에서는 1위 또는 2위이다.
④ 연재의 언어영역 순위는 2위 또는 3위이므로 여기에 1을 더한 순위가 형준이의 외국어영역 순위인 3위와 항상 같다고 할 수 없다.

59

정답 ④

판단의 준거가 되는 명제와 그에 대한 대우를 정리해보면 다음과 같다.

- [명제] A가 채택되면 B도 채택된다.
  [대우] B가 채택되지 않으면 A도 채택되지 않는다.
- [명제] A가 채택되지 않으면 D와 E 역시 채택되지 않는다.
  [대우] D나 E가 채택되면 A가 채택된다.
- [명제] B가 채택된다면, C가 채택되거나 A는 채택되지 않는다.
  [대우] C가 채택되지 않고 A가 채택되면 B는 채택되지 않는다.
- [명제] D가 채택되지 않는다면, A는 채택되지만 C는 채택되지 않는다.
  [대우] A가 채택되지 않거나 C가 채택되면 D가 채택된다.

위와 같은 명제를 종합하면 A업체가 모든 사안과 연결되는 것을 알 수 있다. 그러므로 A가 채택되는 경우와 되지 않는 경우를 나누어 판단해 보면 다음과 같다.

- A가 채택되는 경우 : A, B, C, D는 확실히 채택되고 E는 불분명하다.
- A가 채택되지 않는 경우 : 확실히 채택되는 기업은 없으며, K기업에서는 조달업체를 채택할 것이라 했으므로 제외한다.

따라서 A가 채택되어야 하고 이 경우 A, B, C, D는 확실히 채택된다.

60

정답 ②

고급 포장과 스토리텔링은 모두 수제 초콜릿의 강점에 해당되므로 SWOT 분석에 의한 마케팅 전략으로 볼 수 없다. SO전략과 ST전략으로 보일 수 있으나, 기회를 포착하거나 위협을 회피하는 모습을 보이지 않기에 적절하지 않다.

오답분석

① 수제 초콜릿의 풍부한 맛(강점)을 알리고, 맛을 보기 전에는 알 수 없는 일반 초콜릿과의 차이(위협)도 알리는 ST전략에 해당된다.
③ 수제 초콜릿의 스토리텔링(강점)을 포장에 명시하여 소비자들의 요구를 충족(기회)시키는 SO전략에 해당된다.
④ 수제 초콜릿의 존재를 모르는 점(약점)을 마케팅을 강화하여 보완하고 대기업과의 경쟁(위협)을 이겨내는 WT전략에 해당된다.

제2영역 법률

| 01 | 국민건강보험법

61	62	63	64	65	66	67	68	69	70
④	④	①	②	①	①	④	④	③	④
71	72	73	74	75	76	77	78	79	80
④	②	④	①	④	③	①	③	③	④

61

정답 ④

요양비 등을 정보통신장애 등 요양비 등 수급계좌에 입금할 수 없으면 국민건강보험법 제56조의2 제1항 후단에 따라 수급자에게 직접 현금으로 지급해야 한다.

오답분석

① 법 제56조의2 제3항에 해당한다.
② 법 제56조의2 제1항 전단에 해당한다.
③ 법 제56조의2 제2항에 해당한다.

62

정답 ④

건강보험은 위험이나 질병 등에 대해 고액의 진료비로 가계가 파탄되는 것을 방지하기 위해 국민들이 평소에 보험료를 내어 이를 기금화하고 보험사고가 발생하면 보험급여를 해줌으로써 국민 상호간 위험분담을 통하여 국민의 의료서비스를 보장해 주는 제도로, 사회보험에 해당한다.

사회보장의 유형(사회보장기본법 제3조)

- 사회보험 : 국민에게 발생하는 사회적 위험을 보험방식에 의하여 대처함으로써 국민건강과 소득을 보장하는 제도
- 공공부조 : 국가 및 지방자치단체의 책임하에 생활유지능력이 없거나 생활이 어려운 국민의 최저생활을 보장하고 자립을 지원하는 제도
- 사회복지서비스 : 국가·지방자치단체 및 민간부문의 도움을 필요로 하는 모든 국민에게 상담·재활·직업소개 및 지도·사회복지시설 이용 등을 제공하여 정상적인 사회생활이 가능하도록 지원하는 제도

63

정답 ①

국민건강보험공단, 건강보험심사평가원 및 대행청구기관에 종사하였던 사람 또는 종사하는 사람은 가입자 및 피부양자의 개인정보를 누설하거나 직무상 목적 외의 용도로 이용 또는 정당한 사유 없이 제3자에게 제공하는 경우 5년 이하의 징역 혹은 5천만 원 이하의 벌금에 처한다(법 제115조 제1항). 이때 개인정보란 개인정보보호법 제2조 제1호에서 규정하는 정보를 말하는데, 주민등록번호는 이에 해당하므로 A씨가 가장 많은 벌금을 내게 된다.

오답분석

② 요양기관은 요양급여비용의 심사청구를 의료법에 따른 의사회·치과의사회·한의사회·조산사회 또는 각각의 지부 및 분회, 의료법에 따른 의료기관 단체, 약사법에 따른 약사회 또는 지부 및 분회가 대행하게 할 수 있다(법 제47조 제7항). 이러한 요양급여비용의 심사청구를 대행하는 단체(대행청구단체)의 종사자로서 거짓이나 그 밖의 부정한 방법으로 요양급여비용을 청구한 자는 3년 이하의 징역 또는 3천만 원 이하의 벌금에 처한다(법 제115조 제2항 제1호).

③ 보건의료원은 국민건강보험법 제42조 제1항에서 규정하는 요양기관에 속하며, 요양기관은 정당한 이유 없이 요양급여를 거부하지 못한다(법 제42조 제5항). 이를 위반한 자는 500만 원 이하의 벌금에 처한다(법 제117조).

④ 보건복지부장관은 요양기관에 대하여 요양·약제의 지급 등 보험급여에 관한 보고 또는 서류 제출을 명하거나, 소속 공무원이 관계인에게 질문하게 하거나 관계 서류를 검사하게 할 수 있다(법 제97조 제2항). 이에 불구하고 서류 제출을 하지 않은 자, 거짓으로 보고하거나 거짓 서류를 제출한 자, 검사나 질문을 거부·방해 또는 기피한 자는 1천만 원 이하의 벌금에 처한다(법 제116조).

64

정답 ②

가입자의 종류(법 제6조)

① 가입자는 직장가입자와 지역가입자로 구분한다.

② 모든 사업장의 근로자 및 사용자와 공무원 및 교직원은 직장가입자가 된다. 다만, 다음 각 호의 어느 하나에 해당하는 사람은 제외한다.

1. 고용 기간이 1개월 미만인 일용근로자
2. 병역법에 따른 현역병(지원에 의하지 아니하고 임용된 하사를 포함), 전환복무된 사람 및 군간부후보생
3. 선거에 당선되어 취임하는 공무원으로서 매월 보수 또는 보수에 준하는 급료를 받지 아니하는 사람
4. 그 밖에 사업장의 특성, 고용 형태 및 사업의 종류 등을 고려하여 대통령령으로 정하는 사업장의 근로자 및 사용자와 공무원 및 교직원

③ 지역가입자는 직장가입자와 그 피부양자를 제외한 가입자를 말한다.

65

정답 ①

재산보험료부과점수는 지역가입자의 재산을 기준으로 산정한다(법 제72조 제1항).

오답분석

㉣ 소득월액은 직장가입자의 월별 보험료액의 결정기준의 하나이다.

재산보험료부과점수(법 제72조)

① 제69조 제5항 제2호에 따른 재산보험료부과점수는 지역가입자의 재산을 기준으로 산정한다. 다만, 대통령령으로 정하는 지역가입자가 실제 거주를 목적으로 대통령령으로 정하는 기준 이하의 주택을 구입 또는 임차하기 위하여 다음 각 호의 어느 하나에 해당하는 대출을 받고 그 사실을 공단에 통보하는 경우에는 해당 대출금액을 대통령령으로 정하는 바에 따라 평가하여 재산보험료부과점수 산정 시 제외한다.

1. 금융실명거래 및 비밀보장에 관한 법률 제2조 제1호에 따른 금융회사 등("금융회사 등")으로부터 받은 대출
2. 주택도시기금법에 따른 주택도시기금을 재원으로 하는 대출 등 보건복지부장관이 정하여 고시하는 대출

② 제1항에 따라 재산보험료부과점수의 산정방법과 산정기준을 정할 때 법령에 따라 재산권의 행사가 제한되는 재산에 대하여는 다른 재산과 달리 정할 수 있다.

③ 지역가입자는 제1항 단서에 따라 공단에 통보할 때 신용정보의 이용 및 보호에 관한 법률 제2조 제1호에 따른 신용정보, 금융실명거래 및 비밀보장에 관한 법률 제2조 제2호에 따른 금융자산, 같은 조 제3호에 따른 금융거래의 내용에 대한 자료·정보 중 대출금액 등 대통령령으로 정하는 자료·정보("금융정보 등")를 공단에 제출하여야 하며, 제1항 단서에 따른 재산보험료부과점수 산정을 위하여 필요한 금융정보 등을 공단에 제공하는 것에 대하여 동의한다는 서면을 함께 제출하여야 한다.

④ 제1항 및 제2항에 따른 재산보험료부과점수의 산정방법·산정기준 등에 필요한 사항은 대통령령으로 정한다.

66

정답 ①

가산금(법 제78조의2 제1항)

사업장의 사용자가 대통령령으로 정하는 사유에 해당되어 직장가입자가 될 수 없는 자를 제8조 제2항 또는 제9조 제2항을 위반하여 거짓으로 보험자에게 직장가입자로 신고한 경우 공단은 제1호의 금액에서 제2호의 금액을 뺀 금액의 100분의 10에 상당하는 가산금을 그 사용자에게 부과하여 징수한다.

1. 사용자가 직장가입자로 신고한 사람이 직장가입자로 처리된 기간 동안 그 가입자가 제69조 제5항에 따라 부담하여야 하는 보험료의 총액
2. 제1호의 기간 동안 공단이 해당 가입자에 대하여 제69조 제4항에 따라 산정하여 부과한 보험료의 총액

67

정답 ④

급여의 제한(법 제53조 제3항)

공단은 가입자가 대통령령으로 정하는 기간 이상 다음 각 호의 보험료를 체납한 경우 그 체납한 보험료를 완납할 때까지 그 가입자 및 피부양자에 대하여 보험급여를 실시하지 아니할 수 있다. 다만, 월별 보험료의 총체납횟수(이미 납부된 체납보험료는 총체납횟수에서 제외하며, 보험료의 체납기간은 고려하지 아니한다)가 대통령령으로 정하는 횟수 미만이거나 가입자 및 피부양자의 소득·재산 등이 대통령령으로 정하는 기준 미만인 경우에는 그러하지 아니하다.

1. 제69조 제4항 제2호에 따른 보수 외 소득월액보험료
2. 제69조 제5항에 따른 세대단위의 보험료

오답분석

① 법 제53조 제1항 제1호에서 확인할 수 있다.
② 법 제53조 제2항에서 확인할 수 있다.
③ 법 제54조 제2호에서 확인할 수 있다.

68

정답 ④

체납보험료의 분할납부(법 제82조)

① 공단은 보험료를 3회(㉠) 이상 체납한 자가 신청하는 경우 보건복지부령으로 정하는 바에 따라 분할납부를 승인할 수 있다.
② 공단은 보험료를 3회 이상 체납한 자에 대하여 제81조 제3항에 따른 체납처분을 하기 전에 제1항에 따른 분할납부를 신청할 수 있음을 알리고, 보건복지부령으로 정하는 바에 따라 분할납부 신청의 절차·방법 등에 관한 사항을 안내하여야 한다.
③ 공단은 제1항에 따라 분할납부 승인을 받은 자가 정당한 사유 없이 5회(㉡)(제1항에 따라 승인받은 분할납부 횟수가 5회 미만인 경우에는 해당 분할납부 횟수를 말한다) 이상 그 승인된 보험료를 납부하지 아니하면 그 분할납부의 승인을 취소한다.

69

정답 ③

보건복지부장관은 국민건강보험법에 따른 건강보험의 건전한 운영을 위하여 제4조에 따른 건강보험정책심의위원회의 심의를 거쳐 5년마다 국민건강보험종합계획을 수립하여야 한다. 수립된 종합계획을 변경할 때도 또한 같다(법 제3조의2 제1항).

70

정답 ④

직장가입자의 보수 외 소득월액보험료는 직장가입자가 부담한다(법 제76조 제2항). 소득월액보험료는 직장가입자의 보수 외 소득에 대하여 부과하는 것이므로 직장가입자가 전액을 부담한다.

보험료의 부담(법 제76조)

① 직장가입자의 보수월액보험료는 직장가입자와 다음 각 호의 구분에 따른 자가 각각 보험료액의 100분의 50씩 부담한다. 다만, 직장가입자가 교직원으로서 사립학교에 근무하는 교원이면 보험료액은 그 직장가입자가 100분의 50을, 제3조 제2호 다목에 해당하는 사용자가 100분의 30을, 국가가 100분의 20을 각각 부담한다.
   1. 직장가입자가 근로자인 경우에는 제3조 제2호 가목에 해당하는 사업주
   2. 직장가입자가 공무원인 경우에는 그 공무원이 소속되어 있는 국가 또는 지방자치단체
   3. 직장가입자가 교직원(사립학교에 근무하는 교원은 제외한다)인 경우에는 제3조 제2호 다목에 해당하는 사용자
② 직장가입자의 보수 외 소득월액보험료는 직장가입자가 부담한다.
③ 지역가입자의 보험료는 그 가입자가 속한 세대의 지역가입자 전원이 연대하여 부담한다.
④ 직장가입자가 교직원인 경우 제3조 제2호 다목에 해당하는 사용자가 부담액 전부를 부담할 수 없으면 그 부족액을 학교에 속하는 회계에서 부담하게 할 수 있다.

71

정답 ④

A의 삼촌은 직장가입자의 방계존속으로 피부양자 요건에 해당하지 않는다.

적용 대상 등(법 제5조 제2항)

제1항의 피부양자는 다음 각 호의 어느 하나에 해당하는 사람 중 직장가입자에게 주로 생계를 의존하는 사람으로서 소득 및 재산이 보건복지부령으로 정하는 기준 이하에 해당하는 사람을 말한다.

1. 직장가입자의 배우자
2. 직장가입자의 직계존속(배우자의 직계존속을 포함)
3. 직장가입자의 직계비속(배우자의 직계비속을 포함)과 그 배우자
4. 직장가입자의 형제·자매

72

정답 ②

오답분석

㉡·㉣ 적용제외자에 해당한다.

적용 대상 등(법 제5조 제1항)

국내에 거주하는 국민은 건강보험의 가입자("가입자") 또는 피부양자가 된다. 다만, 다음 각 호의 어느 하나에 해당하는 사람은 제외한다.

1. 의료급여법에 따라 의료급여를 받는 사람("수급권자")
2. 독립유공자예우에 관한 법률 및 국가유공자 등 예우 및 지원에 관한 법률에 따라 의료보호를 받는 사람("유공자 등 의료보호대상자"). 다만, 다음 각 목의 어느 하나에 해당하는 사람은 가입자 또는 피부양자가 된다.
   가. 유공자 등 의료보호대상자 중 건강보험의 적용을 보험자에게 신청한 사람
   나. 건강보험을 적용받고 있던 사람이 유공자 등 의료보호대상자로 되었으나 건강보험의 적용배제신청을 보험자에게 하지 아니한 사람

73

정답 ④

구상권(법 제58조)

① 공단은 제3자의 행위로 보험급여사유가 생겨 가입자 또는 피부양자에게 보험급여를 한 경우에는 그 급여에 들어간 비용 한도에서 그 제3자에게 손해배상을 청구할 권리를 얻는다.

② 제1항에 따라 보험급여를 받은 사람이 제3자로부터 이미 손해배상을 받은 경우에는 공단은 그 배상액 한도에서 보험급여를 하지 아니한다.

74

정답 ①

제77조 제1항 및 제2항에 따라 보험료 납부의무가 있는 자는 가입자에 대한 그 달의 보험료를 그 다음 달 <u>10일</u>까지 납부하여야 한다. 다만, 직장가입자의 보수 외 소득월액보험료 및 지역가입자의 보험료는 보건복지부령으로 정하는 바에 따라 분기별로 납부할 수 있다(법 제78조 제1항).

75

정답 ④

휴직자 등의 보험료는 휴직 등의 사유가 끝날 때까지 보건복지부령으로 정하는 바에 따라 납입 고지를 유예할 수 있다(법 제79조 제5항).

오답분석

① 법 제79조 제1항에 해당한다.
② 법 제79조 제4항에 해당한다.
③ 법 제79조 제6항에 해당한다.

76

정답 ③

체납 또는 결손처분 자료의 제공(법 제81조의3 제1항)

공단은 보험료 징수 및 제57조에 따른 징수금(같은 조 제2항 각 호의 어느 하나에 해당하여 같은 조 제1항 및 제2항에 따라 징수하는 금액에 한정한다. 이하 "부당이득금")의 징수 또는 공익목적을 위하여 필요한 경우에 신용정보의 이용 및 보호에 관한 법률 제25조 제2항 제1호의 종합신용정보집중기관이 다음 각 호의 어느 하나에 해당하는 체납자 또는 결손처분자의 인적사항·체납액 또는 결손처분액에 관한 자료를 요구할 때에는 그 자료를 제공할 수 있다. 다만, 체납된 보험료나 국민건강보험법에 따른 그 밖의 징수금과 관련하여 행정심판 또는 행정소송이 계류 중인 경우, 그 밖에 대통령령으로 정하는 사유가 있을 때에는 그러하지 아니하다.

1. 국민건강보험법에 따른 납부기한의 다음 날부터 1년이 지난 보험료 및 그에 따른 연체금과 체납처분비의 총액이 <u>500만 원</u> 이상인 자
2. 국민건강보험법에 따른 납부기한의 다음 날부터 1년이 지난 부당이득금 및 그에 따른 연체금과 체납처분비의 총액이 1억 원 이상인 자
3. 제84조에 따라 결손처분한 금액의 총액이 <u>500만 원</u> 이상인 자

77

정답 ①

정의(법 제3조)

국민건강보험법에서 사용하는 용어의 뜻은 다음과 같다.

1. "근로자"란 직업의 종류와 관계없이 근로의 대가로 보수를 받아 생활하는 사람(법인의 이사와 그 밖의 임원을 포함)으로서 공무원 및 교직원을 제외한 사람을 말한다.
2. "사용자"란 다음 각 목의 어느 하나에 해당하는 자를 말한다.
   가. 근로자가 소속되어 있는 사업장의 사업주
   나. 공무원이 소속되어 있는 기관의 장으로서 대통령령으로 정하는 사람
   다. 교직원이 소속되어 있는 사립학교(사립학교교직원 연금법 제3조에 규정된 사립학교)를 설립·운영하는 자
3. "사업장"이란 사업소나 사무소를 말한다.
4. "공무원"이란 국가나 지방자치단체에서 상시 공무에 종사하는 사람을 말한다.
5. "교직원"이란 사립학교나 사립학교의 경영기관에서 근무하는 교원과 직원을 말한다.

78

정답 ③

상임이사 중 제14조 제1항 제2호 및 제11호의 업무를 담당하는 이사("징수이사")는 경영, 경제 및 사회보험에 관한 학식과 경험이 풍부한 사람으로서 보건복지부령으로 정하는 자격을 갖춘 사람 중에서 선임한다(법 제21조 제1항).

업무 등(법 제14조 제1항 제2호 · 제11호)

2. 보험료와 그 밖에 국민건강보험법에 따른 징수금의 부과 · 징수
11. 국민연금법, 고용보험 및 산업재해보상보험의 보험료징수 등에 관한 법률, 임금채권보장법 및 석면피해구제법(징수위탁근거법)에 따라 위탁받은 업무

79

정답 ③

제47조 제3항에도 불구하고 공단은 요양급여비용의 지급을 청구한 요양기관이 의료법 제4조 제2항, 제33조 제2항 · 제8항 또는 약사법 제20조 제1항, 제21조 제1항을 위반하였거나, 의료법 제33조 제10항 또는 약사법 제6조 제3항 · 제4항을 위반하여 개설 · 운영되었다는 사실을 수사기관의 수사 결과로 확인한 경우에는 해당 요양기관이 청구한 요양급여비용의 지급을 보류할 수 있다. 이 경우 요양급여비용 지급 보류 처분의 효력은 해당 요양기관이 그 처분 이후 청구하는 요양급여비용에 대해서도 미친다.(법 제47조의2 제1항)

80

정답 ④

진료심사평가위원회(법 제66조 제5항)

심사평가원의 원장은 심사위원이 다음 각 호의 어느 하나에 해당하면 그 심사위원을 해임 또는 해촉할 수 있다.

1. 신체장애나 정신장애로 직무를 수행할 수 없다고 인정되는 경우
2. 직무상 의무를 위반하거나 직무를 게을리한 경우
3. 고의나 중대한 과실로 심사평가원에 손실이 생기게 한 경우
4. 직무 여부와 관계없이 품위를 손상하는 행위를 한 경우

| 02 | 노인장기요양보험법

61	62	63	64	65	66	67	68	69	70
②	④	④	④	②	②	②	①	④	②
71	72	73	74	75	76	77	78	79	80
④	④	④	③	④	②	④	③	④	③

61

정답 ②

장기요양기관을 운영하는 A씨는 폐쇄회로 텔레비전으로 기록한 영상정보를 법 제33조의2 제3항에 따라 60일 이상 보관해야 함에도 불구하고, 30일 만에 삭제하여 해당 조항을 위반하였다. 따라서 법 제69조(과태료) 제2항에 따라 300만 원 이하의 과태료가 부과되므로 최대 액수는 300만 원이다.

62

정답 ④

장기요양급여를 받고 있는 수급자는 장기요양등급, 장기요양급여의 종류 또는 내용을 변경하여 장기요양급여를 받고자 하는 경우 공단에 변경신청을 하여야 한다(법 제21조 제1항).

63

정답 ④

공단은 장기요양사업에 사용되는 비용에 충당하기 위하여 장기요양보험료를 징수한다(법 제8조 제1항).

64

정답 ④

제1항부터 제3항까지의 규정에 따른 장기요양인정신청 등의 방법 및 절차 등에 관하여 필요한 사항은 보건복지부령으로 정한다(법 제22조 제4항).

65

정답 ②

특별현금급여(법 제23조 제1항 제3호)

가. 가족요양비 : 제24조에 따라 지급하는 가족장기요양급여
나. 특례요양비 : 제25조에 따라 지급하는 특례장기요양급여
다. 요양병원간병비 : 제26조에 따라 지급하는 요양병원장기요양급여

오답분석

① 시설급여에 대한 설명이다.
③ 장기요양급여의 제공 기준 · 절차 · 방법 · 범위, 그 밖의 필요한 사항은 보건복지부령으로 정한다(법 제23조 제5항).
④ 장기요양요원의 범위 · 업무 · 보수교육 등에 관하여 필요한 사항은 대통령령으로 정한다(법 제23조 제2항).

66

정답 ②

우리나라 노인장기요양보험제도에는 특별현금급여로서 가족요양비가 있다. 가족요양비는 수급자가 장기요양기관이 현저히 부족한 지역(도서·벽지)에 거주하는 경우, 천재지변 등으로 장기요양기관이 제공하는 장기요양급여를 이용하기 어렵다고 인정되는 경우, 신체·정신·성격 등의 사유로 인하여 가족 등으로부터 방문요양에 상당한 장기요양을 받은 경우에 수급자에게 지급하는 현금급여이다(법 제24조 제1항).

오답분석

① 단기보호는 재가급여에 해당한다(법 제23조 제1항 제1호 마호).

③ 장기요양보험료는 국민건강보험법에 따른 보험료(건강보험료)와 통합하여 징수한다. 이 경우 국민건강보험공단은 장기요양보험료와 건강보험료를 구분하여 고지하여야 한다(법 제8조 제2항).

④ 장기요양인정의 유효기간은 최소 1년 이상으로서 대통령령으로 정한다(법 제19조 제1항).

67

정답 ②

공단은 국민건강보험법 제29조에 따라 공단의 조직 등에 관한 규정을 정할 때 장기요양사업을 수행하기 위하여 두는 조직 등을 건강보험사업을 수행하는 조직 등과 구분하여 따로 두어야 한다. 다만, 제48조 제2항 제1호 및 제2호의 자격 관리(㉠)와 보험료 부과·징수 업무(㉡)는 그러하지 아니하다(법 제49조).

68

정답 ①

장기요양인정 신청의 조사(법 제14조 제1항)

공단은 제13조 제1항에 따라 신청서를 접수한 때 보건복지부령으로 정하는 바에 따라 소속 직원으로 하여금 다음 각 호의 사항을 조사하게 하여야 한다. 다만, 지리적 사정 등으로 직접 조사하기 어려운 경우 또는 조사에 필요하다고 인정하는 경우 특별자치시·특별자치도·시·군·구에 대하여 조사를 의뢰하거나 공동으로 조사할 것을 요청할 수 있다.

1. 신청인의 심신상태
2. 신청인에게 필요한 장기요양급여의 종류 및 내용
3. 그 밖에 장기요양에 관하여 필요한 사항으로서 보건복지부령으로 정하는 사항

69

정답 ④

장기요양급여는 월 한도액 범위 안에서 제공한다. 이 경우 월 한도액은 장기요양등급 및 장기요양급여의 종류 등을 고려하여 산정한다(법 제28조 제1항).

오답분석

① 장기요양인정의 갱신 신청은 유효기간이 만료되기 전 30일까지 이를 완료하여야 한다(법 제20조 제2항).

② 등급판정위원회는 신청인이 신청서를 제출한 날부터 30일 이내에 제15조에 따른 장기요양등급판정을 완료하여야 한다(법 제16조 제1항).

③ 수급자는 장기요양인정서와 개인별 장기요양이용계획서가 도달한 날부터 장기요양급여를 받을 수 있다(법 제27조 제1항).

70

정답 ②

장기요양요원지원센터의 설치 등(법 제47조의2 제2항)

장기요양요원지원센터는 다음 각 호의 업무를 수행한다.

1. 장기요양요원의 권리 침해에 관한 상담 및 지원
2. 장기요양요원의 역량강화를 위한 교육지원
3. 장기요양요원에 대한 건강검진 등 건강관리를 위한 사업
4. 그 밖에 장기요양요원의 업무 등에 필요하여 대통령령으로 정하는 사항

오답분석

①·③·④ 장기요양사업의 관리운영기관인 국민건강보험공단의 업무이다.

71

정답 ④

장기요양위원회의 설치 및 기능(법 제45조)

다음 각 호의 사항을 심의하기 위하여 보건복지부장관 소속으로 장기요양위원회를 둔다.

1. 제9조 제2항에 따른 장기요양보험료율
2. 제24조부터 제26조까지의 규정에 따른 가족요양비, 특례요양비 및 요양병원간병비의 지급기준
3. 제39조에 따른 재가 및 시설 급여비용
4. 그 밖에 대통령령으로 정하는 주요 사항

72

정답 ④

④는 장기요양위원회의 위원의 자격이다(법 제46조 제2항 제2호).

등급판정위원회의 설치(법 제52조 제4항)

등급판정위원회 위원은 다음 각 호의 자 중에서 공단 이사장이 위촉한다. 이 경우 특별자치시장·특별자치도지사·시장·군수·구청장이 추천한 위원은 7인, 의사 또는 한의사가 1인 이상 각각 포함되어야 한다.

1. 의료법에 따른 의료인
2. 사회복지사업법에 따른 사회복지사
3. 특별자치시·특별자치도·시·군·구 소속 공무원
4. 그 밖에 법학 또는 장기요양에 관한 학식과 경험이 풍부한 자

73

정답 ④

등급판정위원회의 설치(법 제52조)

① 장기요양인정 및 장기요양등급 판정 등을 심의하기 위하여 공단에 장기요양등급판정위원회를 둔다.

② 등급판정위원회는 특별자치시 · 특별자치도 · 시 · 군 · 구 단위로 설치한다. 다만, 인구 수 등을 고려하여 하나의 특별자치시 · 특별자치도 · 시 · 군 · 구에 2 이상의 등급판정위원회를 설치하거나 2 이상의 특별자치시 · 특별자치도 · 시 · 군 · 구를 통합하여 하나의 등급판정위원회를 설치할 수 있다.

③ 등급판정위원회는 위원장 1인을 포함하여 15인의 위원으로 구성한다.

④ 등급판정위원회 위원은 다음 각 호의 자 중에서 공단 이사장이 위촉한다. 이 경우 특별자치시장 · 특별자치도지사 · 시장 · 군수 · 구청장이 추천한 위원은 7인, 의사 또는 한의사가 1인 이상 각각 포함되어야 한다.

1. 의료법에 따른 의료인
2. 사회복지사업법에 따른 사회복지사
3. 특별자치시 · 특별자치도 · 시 · 군 · 구 소속 공무원
4. 그 밖에 법학 또는 장기요양에 관한 학식과 경험이 풍부한 자

⑤ 등급판정위원회 위원의 임기는 3년으로 하되, 한 차례만 연임할 수 있다. 다만, 공무원인 위원의 임기는 재임기간으로 한다.

74

정답 ③

제2항에 따른 장기요양급여 제공내용의 평가 방법(㉠) 및 평가 결과의 공표 방법, 그 밖에 필요한 사항은 보건복지부령(㉡)으로 정한다(법 제54조 제5항).

75

정답 ④

심사위원회의 구성 · 운영 및 위원의 임기, 그 밖에 필요한 사항은 대통령령으로 정한다(법 제55조 제5항).

76

정답 ②

제1항에 따른 심사청구는 그 처분이 있음을 안 날부터 90일 이내에 문서(전자정부법 제2조 제7호에 따른 전자문서를 포함한다)로 하여야 하며, 처분이 있은 날부터 180일을 경과하면 이를 제기하지 못한다. 다만, 정당한 사유로 그 기간에 심사청구를 할 수 없었음을 증명하면 그 기간이 지난 후에도 심사청구를 할 수 있다(법 제55조 제2항).

77

정답 ④

벌칙(법 제67조 제3항)

다음 각 호의 어느 하나에 해당하는 자는 1년 이하의 징역 또는 1천만 원 이하의 벌금에 처한다.

1. 제35조 제1항을 위반하여 정당한 사유 없이 장기요양급여의 제공을 거부한 자
2. 거짓이나 그 밖의 부정한 방법으로 장기요양급여를 받거나 다른 사람으로 하여금 장기요양급여를 받게 한 자
3. 정당한 사유 없이 제36조 제3항 각 호에 따른 권익보호조치를 하지 아니한 사람
4. 제37조 제7항을 위반하여 수급자가 부담한 비용을 정산하지 아니한 자

오답분석

㉠ · ㉣ 2년 이하의 징역 또는 2,000만 원 이하의 벌금(법 제67조 제2항)

㉡ 500만 원 이하의 과태료(법 제69조 제1항)

78

정답 ③

지정받지 아니하고 장기요양기관을 운영하거나 거짓이나 그 밖의 부정한 방법으로 지정받은 자는 2년 이하의 징역 또는 2,000만 원 이하의 벌금에 처한다(법 제67조 제2항 제1호).

79

정답 ④

500만 원 이하의 과태료 부과사항이다(법 제69조 제1항).

오답분석

① · ② · ③ 1년 이하의 징역 또는 1,000만 원 이하의 벌금에 해당한다(법 제67조 제3항).

80

정답 ③

제34조(장기요양기관 정보의 안내 등)를 위반하여 장기요양기관에 관한 정보를 게시하지 아니하거나 거짓으로 게시한 자는 500만 원 이하의 과태료를 부과한다(법 제69조 제1항 제2의2호).

국민건강보험공단 신규직원 필기시험

제4회 모의고사 정답 및 해설

제 1 영역 NCS

01	02	03	04	05	06	07	08	09	10
④	②	③	④	③	②	②	④	④	④
11	12	13	14	15	16	17	18	19	20
②	④	④	④	①	④	③	③	③	④
21	22	23	24	25	26	27	28	29	30
②	④	③	④	②	③	④	④	①	④
31	32	33	34	35	36	37	38	39	40
③	①	③	③	③	②	②	③	②	④
41	42	43	44	45	46	47	48	49	50
②	④	①	③	③	①	①	②	②	②
51	52	53	54	55	56	57	58	59	60
③	③	①	③	③	③	③	②	④	①

01 정답 ④

제시문에서 천연 아드레날린과 합성 아드레날린의 차이 여부는 언급하지 않았으며 현재는 모두 합성 제품이 사용되고 있다고 언급하고 있다.

02 정답 ②

갑과 을의 수치가 같다면 양분비율이나 백분율의 비율이 같기 때문에 올바른 판단이다.

오답분석

㉠ 방법 A와 B는 정도의 차이가 있지만, 모두 병에 대한 믿음의 정도를 갑과 을에 전부 분배하는 것이다. 따라서 어떤 방법을 쓰든, 갑과 을에 대한 믿음의 정도의 합은 항상 1로 같다.

㉡ '갑이 범인'과 '을이 범인'에 대한 믿음의 정도의 차이는 방법 A를 이용한 결과가 방법 B를 이용한 결과의 최대치를 놓고 보아도 결과는 달라지지 않는다. 첫 번째 방법은 양분을 하는 것이므로 평균치에 가까워지는 반면, 두 번째 방법은 기존 비율에 비례하게 배분하는 것이므로 비율의 차이는 커지게 된다.

03 정답 ③

제시문에 따르면 인류는 오른손을 선호하는 반면 왼손을 선호하지 않는 경향이 있다. '기시감'은 처음 보는 인물이나 처음 겪는 일을 어디서 보았거나 겪었던 것처럼 느끼는 것을 말하므로 '기시감'으로 수정하는 것은 적절하지 않다.

오답분석

① '선호하다'에 이미 '다른 요소들보다 더 좋아하다.'라는 의미가 있으므로 '더'를 함께 사용하는 것은 의미상 중복이다. 따라서 '선호하는' 또는 '더 좋아하는'으로 수정해야 한다.

② '–ㄹ뿐더러'는 하나의 어미이므로 앞말에 붙여 쓴다.

④ 제시문은 인류가 오른손을 선호하고 왼손을 선호하지 않는 이유에 대한 글이다. 그러므로 ㉣과 같이 왼손잡이를 선호하는 사회가 발견된다면 새로운 이론이 등장할 것이라는 내용이 글의 중간에 등장하는 것은 일관성을 해칠 뿐만 아니라, ㉣의 '이러한 논란'이 가리키는 바도 글 안에 존재하지 않는다. 따라서 ㉣은 삭제하는 것이 적절하다.

04 정답 ④

제시문의 첫 번째 문단과 두 번째 문단을 통해 과거에는 치매의 확진이 환자의 사망 후 부검을 통해 가능했다는 사실을 알 수 있다.

05 정답 ③

제시문은 자연 개발에 대한 찬반 입장과 두 입장을 모두 비판하는 주장을 소개하는 글이다. 따라서 (다) 자연 개발에 상반된 주장이 대두 – (나) 자연에 손을 대는 것이 불가피하다는 입장 – (가) 자연에 손을 대는 것을 반대하는 입장 – (라) 두 주장을 모두 비판하는 입장 순으로 나열하는 것이 적절하다.

06 정답 ②

미세먼지의 경우 최소 $10\mu m$ 이하의 먼지로 정의되고 있지만, 황사의 경우 주로 지름 $20\mu m$ 이하의 모래로 구분하되 통념적으로는 입자 크기로 구분하지 않는다. 따라서 $10\mu m$ 이하의 황사의 경우 크기만으로 미세먼지와 구분짓기는 어려우므로 빈칸에는 ②가 가장 적절하다.

오답분석

① 제시문을 통해서 알 수 없는 내용이다.
③ 미세먼지의 역할에 대한 설명은 제시문에서 찾을 수 없다.
④ 제시문에서 설명하는 황사와 미세먼지의 근본적인 구별법은 구성성분의 차이이다.

07

정답 ②

A는 경제 성장에 많은 전력이 필요하다는 것을 전제로, 경제 성장을 위해서 발전소를 증설해야 한다고 주장한다. 이러한 A의 주장을 반박하기 위해서는 근거로 제시하고 있는 전제를 부정하는 것이 효과적이므로 경제 성장에 많은 전력이 필요하지 않음을 입증하는 ②를 통해 반박하는 것이 가장 적절하다.

08

정답 ④

제시된 문단에서는 PTSD를 간략하게 소개하고 있다. 따라서 과거에는 정신질환으로 인정되지 않은 PTSD를 말하는 (나) – 현대에 와서야 정신질환으로 보기 시작했고 PTSD 때문에 약을 먹는 이라크 파병병사들의 예를 든 (가) – PTSD의 증상을 설명하는 (라) – PTSD의 문제점을 언급하는 (다) 순으로 나열하는 것이 적절하다.

09

정답 ④

해당 내용은 잔여적 복지 모델을 따른 경우에 한해서이다. 제도적 복지 모델의 경우, 소득이나 자산에 관계없이 누구나 복지를 제공받을 수 있도록 한다.

오답분석

① 오늘날 국가에서 하나의 복지 모델만을 선택하여 모든 제도에 적용하는 것은 현실적으로 불가능하며, 대부분의 국가에서는 복지 모델을 상호 보완적으로 운영하고 있다고 하였다.
② 사회 복지 제도는 국민의 안정적인 생활을 보장하기 위한 여러 사업을 조직적으로 행하는 제도를 말하며 이는 사회 복지를 제도화하려는 것이다. 따라서 복지 모델은 공통적으로 사회 복지의 제도화를 추구한다고 볼 수 있다.
③ 공공 부조는 잔여적 복지 모델을 바탕으로 한 국가가 제공하는 사회 복지 서비스이며 소득 조사나 자산 조사의 과정을 거쳐 제공된다.

10

정답 ④

일시적으로 빈민들을 지원하는 방법은 잔여적 복지 모델의 입장이다. 잔여적 복지 모델은 개인의 욕구를 충족시키고 자원을 배분하는 사회적 기능이 사적 영역에서 제대로 이루어지지 않을 때 사회 복지 제도가 잠정적이고 일시적으로 그 기능을 대신할 수 있다고 본다. 따라서 이는 ㉡ 제도적 복지 모델이 아니라 ㉠ 잔여적 복지 모델의 입장에서 할 수 있는 주장이다.

오답분석

① 잔여적 복지 모델은 사회 복지의 대상이 사적 영역에서 사회적 기능을 보장받지 못한 일부 사람들로 국한되어야 한다고 본다. 따라서 ㉠의 입장에서 할 수 있는 주장이다.
② 잔여적 복지 모델은 개인의 욕구를 충족시키고 자원을 배분하는 사회적 기능이 일차적으로 사적 영역인 가족이나 시장 등을 통해 이루어져야 한다고 본다. 따라서 ㉠의 입장에서 할 수 있는 주장이다.
③ 제도적 복지 모델은 개인의 욕구 충족과 자기 성취를 돕기 위해서 국가가 사회 제도를 통해 보편적 복지 서비스를 제공하는 것이 필요하다고 본다. 따라서 ㉡의 입장에서 할 수 있는 주장이다.

11

정답 ②

A는 사회 정책적 차원으로 구분하는 것이므로 잔여적 복지 모델과 제도적 복지 모델로 구분된다. 두 모델의 가장 큰 차이점은 정부의 개입 정도이다. 전자는 일차적으로 개인과 가족이 해결하지만, 후자는 처음부터 정부가 직접적으로 개입한다. B는 운영 방식 차원으로 구분하는 것이므로 보편적 복지와 선택적 복지로 구분한다. 두 모델의 큰 차이점은 수혜자의 범위이다. 전자는 모든 국민이 수혜자가 되지만, 후자는 일정한 기준을 두고 기준을 충족하는 사람만이 수혜자가 될 수 있다.

12

정답 ④

제시문은 딸기에 들어있는 비타민 C와 항산화 물질, 식물성 섬유질, 철분 등을 언급하며 딸기의 다양한 효능을 설명하고 있다. 따라서 제목으로는 ④가 가장 적절하다.

13

정답 ④

딸기는 건강에 좋지만 당도가 높으므로 당뇨병으로 혈당 조절이 필요한 사람은 마케팅 대상으로 적절하지 않다.

14

정답 ④

운동 전 충분한 준비 운동과 운동 후 스트레칭을 통해 근육을 풀어줘야 한다고 이야기하는 ㉠의 뒤 문장은 앞 내용을 근거로 하는 주장이 되므로 ㉠에는 '그러므로'가 적절하다. 다음으로 ㉡의 뒤 문장은 ㉡의 앞 문장에서 이야기하는 다리 저림 증상의 또 다른 이유에 대해 이야기하므로 ㉡에는 '또한'이 적절하다. 마지막으로 혈액 순환 장애가 근육의 이완과 수축 운동을 방해하여 다리 저림 증상이 발생할 수 있다는 ㉢의 앞 문장은 뒤 문장의 원인이 되므로 ㉢에는 '따라서'가 적절하다.

15 정답 ①

'유발하다'는 '어떤 것이 다른 일을 일어나게 하다.'의 의미를 지닌 단어로, 이미 사동의 의미를 지니고 있다. 따라서 사동 접미사 '-시키다'와 결합하지 않고 ㉠과 같이 사용할 수 있다.

16 정답 ④

㉡~㉣은 모두 ㉠ 사회보장의 한 종류이므로 ㉡~㉣은 서로 대등한 병렬 관계에 있으며, ㉠과 ㉡~㉣은 서로 상하 관계에 있다. 따라서 ㉠과 ㉡~㉣이 유의 관계에 있다는 ④는 적절하지 않다.

17 정답 ③

사회보험의 경우 소득수준에 따라 보험료를 다르게 부담한다는 것은 옳으나, 사회보험은 국민의 건강과 소득 보장을 목적으로 하므로 영리를 목적으로 하는 민간보험과 다른 성격을 가진다.

18 정답 ③

㉠은 기업들이 더 많은 이익을 내기 위해 디자인의 향상에 몰두하는 것이 바람직하다는 판단이다. 즉, 상품의 사회적 마모를 짧게 해서 소비를 계속 증가시키기 위한 방안인데, 이것에 대한 반론이 되기 위해서는 ㉠의 주장이 지니고 있는 문제점을 비판하여야 한다. ㉠이 지니고 있는 가장 큰 문제점은 '과연 성능 향상 없는 디자인 변화가 소비를 촉진시킬 수 있는 것인가?'이다. 디자인 변화는 분명히 상품의 소비를 촉진시킬 수 있는 효과적 방법 중의 하나이지만 성능이나 기능, 내구성의 향상이 전제되지 않았을 때는 효과를 내기 힘들기 때문이다. 따라서 반론으로 ③이 가장 적절하다.

19 정답 ③

제시문은 과거 지구의 기후에 대한 연구 자료로서 남극 빙하가 지닌 가치를 설명하고 있다. 첫 번째 문단에서는 남극의 빙하는 과거 지구의 대기 성분과 기온 변화에 관한 기초 자료를 생생하게 보존하고 있다고 말하고, 두 번째 문단에서는 과거 지구의 대기 성분과 농도를 알아낼 수 있는 이유를 설명했으며, 세 번째 문단에서는 빙하를 조사해 빙하가 만들어진 당시의 기온을 알아낼 수 있다고 설명하였다. 따라서 표제와 부제로 가장 적절한 것은 ③이다.

20 정답 ④

세 번째 문단에 따르면 빙하를 구성하는 물 분자의 산소나 수소의 동위원소비를 이용해 과거 지구의 기온 변화를 알아낼 수 있으며, 남극 빙하를 구성하는 물 분자들의 산소 동위원소비는 1년의 주기를 이루며 증감하는데, 이러한 증감은 기온의 변화와 정비례 관계를 이룬다. 따라서 이처럼 일정한 간격을 두고 되풀이해 나타나는 성질을 통해 빙하의 생성 시기와 당시의 기온 변화와 관련한 정보를 얻을 수 있으므로 빈칸에는 ④가 가장 적절하다.

21 정답 ②

작년 A제품의 생산량을 x개, B제품의 생산량을 y개라고 하면 다음 식이 성립한다.

$x+y=1,000 \cdots$ ㉠

$\frac{10}{100}\times x-\frac{10}{100}\times y=\frac{4}{100}\times 1,000 \rightarrow x-y=400 \cdots$ ㉡

㉠과 ㉡을 연립하면, $x=700$, $y=300$이다.

따라서 올해에 생산된 A제품의 수는 $700\times 1.1=770$개이다.

22 정답 ④

퍼낸 소금물의 양을 xg, 농도 2% 소금물의 양을 yg이라고 하자.

$400-x+x+y=520 \rightarrow y=120$

$\frac{8}{100}\times(400-x)+\frac{2}{100}\times 120=\frac{6}{100}\times 520$

$\rightarrow 3,200-8x+240=3,120$

$\rightarrow 8x=320$

$\therefore\ x=40$

따라서 퍼낸 소금물의 양은 40g이다.

23 정답 ③

두 사람은 이번 주 토요일 이후에 각각 15일, 20일마다 미용실에 간다. 15와 20의 최소공배수를 구하면 60이므로 60일마다 두 사람은 미용실에 함께 가게 된다. 따라서 처음으로 다시 두 사람이 미용실에 같이 가는 요일은 $60\div 7=7\times 8\cdots 4$이므로 토요일의 4일 후는 수요일이다.

24 정답 ④

총 유출량이 가장 적은 연도는 2021년이다. 2021년에 기타를 제외한 선박 종류별 사고 건수 대비 유출량을 구하면 다음과 같다.

- 유조선 : $\frac{21}{28}=0.75$
- 화물선 : $\frac{51}{68}=0.75$
- 어선 : $\frac{147}{245}=0.6$

따라서 2021년에 사고 건수 대비 유출량이 가장 적은 선박 종류는 어선이다.

오답분석

① 2021년에 총 사고 건수는 증가하였으나 총 유출량은 감소하였다.

② 2023년에는 전년 대비 총 사고 건수는 감소했지만, 유조선 사고 건수는 증가하였다. 따라서 전년 대비 비율은 증가하였다.

③ 2020~2024년 동안 기타를 제외한 선박 종류별로 전체 유출량을 구하면 다음과 같다.
- 유조선 : $956+21+3+38+1,223=2,241$
- 화물선 : $584+51+187+23+66=911$
- 어선 : $53+147+181+105+30=516$

따라서 2020~2024년 동안 전체 유출량이 두 번째로 많은 선박 종류는 화물선이다.

25

정답 ②

뉴질랜드 수출수지는 2월에서 4월까지 증가했다가 5월에 감소한 후 6월에 다시 증가했다.

오답분석

① 한국의 수출수지 중 전월 대비 수출수지가 증가한 달은 3월, 4월, 5월이며 증가량이 가장 많았던 달은 45,309−41,983=3,326백만 US$인 5월이다.

③ 그리스의 6월 수출수지는 2,426백만 US$이며, 5월 수출수지는 2,409백만 US$이므로 전월 대비 6월의 수출수지 증가율은 $\frac{2,426-2,409}{2,409}\times 100 \fallingdotseq 0.7\%$이다.

④ 4월부터 6월 사이 한국의 수출수지는 '증가 − 감소'의 추이이다. 이와 같은 양상을 보이는 나라는 독일과 미국으로 2개국이다.

26

정답 ③

A국과 F국을 비교해 보면 참가선수는 A국이 더 많지만, 동메달 수는 F국이 더 많다.

오답분석

① 금메달은 F>A>E>B>D>C 순서로 많고 은메달은 C>D>B>E>A>F 순서로 많다.

② C국은 금메달을 획득하지 못했지만 획득한 메달 수는 149개로 가장 많다.

④ 참가선수와 메달 합계의 순위는 동일하다.

27

정답 ④

정확한 값을 계산하기보다 우선 자료에서 해결 실마리를 찾아, 적절하지 않은 선택지를 제거하는 방식으로 접근하는 것이 좋다.

먼저 효과성을 기준으로 살펴보면, 1순위인 C부서의 효과성은 3,000÷1,500=2이고, 2순위인 B부서의 효과성은 1,500÷1,000=1.5이다. 그러므로 3순위 A부서의 효과성은 1.5보다 낮아야 한다는 것을 알 수 있다. 따라서 A부서의 목표량 (가)는 500÷(가)<1.5 → (가)>333.3…으로 적어도 333보다는 커야 하므로 (가)가 300인 ①은 제외된다.

효율성을 기준으로 살펴보면, 2순위인 A부서의 효율성은 500÷(200+50)=2이다. 따라서 1순위인 B부서의 효율성은 2보다 커야 한다는 것을 알 수 있다. 그러므로 B부서의 인건비 (나)는 1,500÷((나)+200)>2 → (나)<550으로 적어도 550보다는 작아야 한다. 따라서 (나)가 800인 ②는 제외된다.

남은 것은 ③과 ④인데, 먼저 ③부터 대입해 보면 C부서의 효율성이 3,000÷(1,200+300)=2로 2순위인 A부서의 효율성과 같다. 따라서 정답은 ④이다.

28

정답 ④

5만 달러 미만부터 10 ~ 50만 달러 미만의 투자건수 비율을 합하면 된다. 따라서 28+20.9+26=74.9%이다.

29

정답 ①

100 ~ 500만 달러 미만과 500만 달러 미만의 투자건수 비율을 합하면 된다. 따라서 11.9+4.5=16.4%이다.

30

정답 ④

살인 신고건수에서 여성 피해자가 남성 피해자의 2배일 때, 남성 피해자의 살인 신고건수는 1.32÷3=0.44백 건이다. 따라서 남성 피해자 전체 신고건수인 132×0.088=11.616백 건에서 살인 신고건수가 차지하는 비율은 $\frac{0.44}{11.616}\times 100 \fallingdotseq 3.8\%$로, 3% 이상이다.

오답분석

① 데이트 폭력 신고건수는 피해유형별 신고건수를 모두 합하면 총 81.84+22.44+1.32+6.6+19.8=132백 건이다. 또한, 신고유형별 신고건수로 총 5.28+14.52+10.56+101.64=132백 건임을 알 수 있다.

② 112 신고로 접수된 건수는 체포감금, 협박 피해자로 신고한 건수의 $\frac{101.64}{22.44} \fallingdotseq 4.5$배이다.

③ 남성 피해자의 50%가 폭행, 상해 피해자로 신고했을 때 신고건수는 132×0.088×0.5=5.808백 건이다. 이는 폭행, 상해의 전체 신고건수 중 $\frac{5.808}{81.84}\times 100 \fallingdotseq 7.1\%$이다.

31

정답 ③

오답분석

① 2024년 뉴미디어와 2020년 신문의 광고비는 20,000백만 원 이상이다. 또한 2023년 옥외 광고비보다 신문 광고비가 더 높아야 하나 반대로 되어 있다.

② 2022년 잡지 광고비가 라디오 광고비보다 더 높아야 하나 반대로 되어 있다.

④ 2024년 뉴미디어 광고비는 20,000백만 원 이상이다. 또한 2023년 신문 광고비가 옥외 광고비보다 더 높아야 하나 반대로 되어 있다.

32

정답 ①

㉠ 전체 헌혈 중 단체헌혈이 차지하는 비율은 다음과 같다.

- 2019년 : $\frac{962}{962+1,951}\times 100 \fallingdotseq 33.0\%$
- 2020년 : $\frac{965}{965+2,088}\times 100 \fallingdotseq 31.6\%$
- 2021년 : $\frac{940}{940+2,143}\times 100 \fallingdotseq 30.5\%$
- 2022년 : $\frac{953}{953+1,913}\times 100 \fallingdotseq 33.3\%$
- 2023년 : $\frac{954}{954+1,975}\times 100 \fallingdotseq 32.6\%$
- 2024년 : $\frac{900}{900+1,983}\times 100 \fallingdotseq 31.2\%$

따라서 조사기간 동안 매년 20%를 초과한다.

ⓛ 전년 대비 단체헌혈의 증감률은 다음과 같다.

- 2020년 : $\frac{965-962}{962}\times100 ≒ 0.3\%$
- 2021년 : $\frac{940-965}{965}\times100 ≒ -2.6\%$
- 2022년 : $\frac{953-940}{940}\times100 ≒ 1.4\%$
- 2023년 : $\frac{954-953}{953}\times100 ≒ 0.1\%$

따라서 단체헌혈 증감률의 절댓값이 가장 큰 해는 2021년이다.

오답분석

ⓒ 2021년 대비 2022년 개인헌혈의 감소율은 $\frac{1,913-2,143}{2,143}\times100 ≒ -10.7\%$이다.

ⓔ 2022년부터 2024년까지 헌혈률 전년 대비 증감 추이는 '감소 – 증가 – 감소'이고, 개인헌혈은 '감소 – 증가 – 증가'이다.

33

정답 ③

- 1인 1일 사용량에서 영업용 사용량이 차지하는 비중

: $\frac{80}{282}\times100 ≒ 28.37\%$

- 1인 1일 가정용 사용량에서 하위 두 항목이 차지하는 비중

: $\frac{20+13}{180}\times100 ≒ 18.33\%$

34

정답 ③

매우 노력함과 약간 노력함의 비율 합은 다음과 같다.

구분	남성	여성	취업	실업 및 비경제활동
비율	13.6+43.6 =57.2%	23.9+50.1 =74.0%	16.5+47.0 =63.5%	22.0+46.6 =68.6%

따라서 남성보다 여성이 비율이 높고, 취업자보다 실업 및 비경제활동자의 비율이 높다.

오답분석

① 10세 이상 국민들 중 '전혀 노력하지 않음'과 '매우 노력함'은 '약간 노력함'과 '별로 노력하지 않음'에 비해 비율의 숫자의 크기가 현저히 작음을 알 수 있다. 따라서 '약간 노력함'과 '별로 노력하지 않음'만 정확하게 계산해 보면 된다.

- 약간 노력함 : 41.2+39.9+46.7+52.4+50.4+46.0+44.8=321.4%
- 별로 노력하지 않음 : 39.4+42.9+36.0+29.4+25.3+21.6+20.9=215.5%

따라서 약간 노력하는 사람 비율의 합이 더 높은 것을 알 수 있다.

② 20 ~ 29세 연령층에서는 별로 노력하지 않는 사람의 비중이 제일 높다.

④ 10세 이상 국민들 중 환경오염 방지를 위해 매우 노력하는 사람의 비율이 가장 높은 연령층은 31.3%인 70세 이상이다.

35

정답 ③

2023년 E강사의 수강생 만족도는 3.2점이므로 2024년 E강사의 시급은 2023년과 같은 48,000원이다. 2024년 시급과 수강생 만족도를 참고하여 2025년 강사별 시급과 2024년과 2025년의 시급 차이를 구하면 다음과 같다.

구분	2025년 시급	(2025년 시급)−(2024년 시급)
A	55,000×(1+0.05) =57,750원	57,750−55,000 =2,750원
B	45,000×(1+0.05) =47,250원	47,250−45,000 =2,250원
C	54,600×(1+0.1) =60,060원 → 60,000원 (∵ 시급의 최대)	60,000−54,600 =5,400원
D	59,400×(1+0.05) =62,370원 → 60,000원 (∵ 시급의 최대)	60,000−59,400 =600원
E	48,000원	48,000−48,000=0원

따라서 2024년과 2025년의 시급 차이가 가장 큰 강사는 C이다.

오답분석

① E강사의 2024년 시급은 48,000원이다.

② 2025년 D강사의 시급과 C강사의 시급은 60,000원으로 같음을 알 수 있다(∵ 강사가 받을 수 있는 최대 시급 60,000원).

④ 2024년 C강사의 시급 인상률을 a%라고 하면 다음과 같다.

$52,000\left(1+\frac{a}{100}\right)=54,600$

$\rightarrow 520a=2,600$

$\therefore a=5$

즉, 2024년 C강사의 시급 인상률은 5%이므로, 2023년 수강생 만족도 점수는 4.0점 이상 4.5점 미만이다.

36

정답 ②

남녀 국회의원의 여야별 SNS 이용자 구성비 중 여자의 경우 여당이 $(22\div38)\times100 ≒ 57.9\%$이고, 야당은 $(16\div38)\times100 ≒ 42.1\%$이므로 옳지 않은 그래프이다.

오답분석

① 국회의원의 여야별 SNS 이용자 수는 각각 145명, 85명이다.

③ 야당 국회의원의 당선 횟수별 SNS 이용자 구성비는 85명 중 초선 36명, 2선 28명, 3선 14명, 4선 이상 7명이므로 각각 계산해 보면 42.4%, 32.9%, 16.5%, 8.2%이다.

④ 2선 이상 국회의원의 정당별 SNS 이용자는 A당 29+22+12=63명, B당 25+13+6=44명, C당 3+1+1=5명이다.

37

정답 ②

가장 구성비가 큰 항목은 국민연금으로 57%이며, 네 번째로 구성비가 큰 항목은 사적연금으로 8.5%이다. 따라서 가장 구성비가 큰 항목의 구성비 대비 네 번째로 구성비가 큰 항목의 구성비의 비율은 $\frac{8.5}{57.0}\times100 \fallingdotseq 14.9\%$이다.

38

정답 ③

2017년 대비 2021년 수급자 수의 증가율은 $\frac{1,646-1,469}{1,469}\times 100 \fallingdotseq 12.0\%$이다.

39

정답 ②

연도별 수급률 대비 수급자 수의 값은 다음과 같다.

① 2016년 : $\frac{1,550}{3.1}=500$

② 2018년 : $\frac{1,394}{2.7}\fallingdotseq 516.3$

③ 2020년 : $\frac{1,329}{2.6}\fallingdotseq 511.2$

④ 2021년 : $\frac{1,646}{3.2}\fallingdotseq 514.4$

따라서 연도별 수급률 대비 수급자 수의 값이 가장 큰 연도는 2018년이다.

40

정답 ④

서비스 품질 5가지 항목의 점수와 서비스 쇼핑 체험 점수를 비교해보면, 모든 대형마트에서 서비스 쇼핑 체험 점수가 가장 낮다는 것을 확인할 수 있다. 따라서 서비스 쇼핑 체험 부문의 만족도는 서비스 품질 부문들보다 모두 낮으며, 이때 서비스 쇼핑 체험 점수의 평균은 $\frac{3.48+3.37+3.45+3.33}{4}\fallingdotseq 3.41$점이다.

오답분석

① 인터넷쇼핑과 모바일쇼핑 만족도의 차를 구해보면 A마트는 0.07점, B마트와 C마트는 0.03점, D마트는 0.05점으로, A마트가 가장 크다.

② 단위를 살펴보면 5점 만점으로 조사되었음을 알 수 있으며, 종합만족도의 평균은 $\frac{3.72+3.53+3.64+3.56}{4}\fallingdotseq 3.61$점이다.

이때 업체별로는 A마트 – C마트 – D마트 – B마트 순서로 종합만족도가 낮아짐을 알 수 있다.

③ 평균적으로 고객접점직원 서비스보다는 고객관리 서비스가 더 낮게 평가되었다.

41

정답 ②

제시된 조건을 고려하면 C – K – A – B 또는 K – C – A – B 순서로 대기하고 있다는 것을 알 수 있다. 그중 K – C – A – B의 경우에는 마지막 조건을 만족시킬 수 없으므로 대기자 5명은 C – K – A – B – D 순서로 대기하고 있다. 따라서 K씨는 두 번째로 진찰을 받을 수 있다.

42

정답 ④

다섯 번째 정보에 따르면 E대리는 참석한다.

네 번째 정보의 대우는 'E대리가 참석하면 D대리는 참석하지 않는다.'이므로 D대리는 참석하지 않는다.

첫 번째 정보에 따라, D대리가 참석하지 않으므로 C주임이 참석한다.

세 번째 정보에 따라, C주임이 참석하면 A사원도 참석한다.

두 번째 정보는 나머지 정보들과 논리적 동치 관계가 없으므로 판단의 근거로 활용할 수 없다.

그러므로 반드시 참석하는 직원은 A사원, C주임, E대리이며, 반드시 참석하지 않는 직원은 D대리이다. B사원과 F과장의 참석 여부는 분명하지 않다.

따라서 최대 인원이 참석하는 경우는 B사원과 F과장이 참석한다고 가정하여 A사원, B사원, C주임, E대리, F과장 5명이 참석하는 경우이다.

43

정답 ①

각 조건을 수식으로 비교해 보면 다음과 같다.

A>B, D>C, F>E>A, E>B>D

∴ F>E>A>B>D>C

따라서 F의 실적이 가장 높다.

44

정답 ③

㉠ 심사위원 3인이 같은 의견을 낸 경우엔 다수결에 의해 예선 통과 여부가 결정되므로 누가 심사위원장인지 알 수 없다.

㉢ 심사위원장을 A, 나머지 심사위원을 B, C, D라 하면 두 명의 ○ 결정에 따른 통과 여부는 다음과 같다.

구분	A, B	A, C	A, D	B, C	B, D	C, D
통과 여부	○	○	○	×	×	×

- 경우 1

참가자 4명 중 2명 이상이 A가 포함된 2인의 심사위원에게 ○ 결정을 받았고 그 구성이 다르다면 심사위원장을 알아낼 수 있다.

- 경우 2

참가자 4명 중 1명만 A가 포함된 2인의 심사위원에게 ○ 결정을 받아 통과하였다고 하자. 나머지 3명은 A가 포함되지 않은 2인의 심사위원에게 ○ 결정을 받아 통과하지 못하였고 그 구성이 다르다. 통과하지 못한 참가자에게 ○ 결정을 준 심사위원에는 A가 없고 통과한 참가자에게 ○ 결정을 준 심사위원에 A가 있기 때문에 심사위원장이 A라는 것을 알아낼 수 있다.

오답분석

ⓛ 4명의 참가자 모두 같은 2인의 심사위원에게만 ○ 결정을 받아 탈락했으므로 나머지 2인의 심사위원 중에 심사위원장이 있다는 것만 알 수 있다.

45

정답 ③

조건에 의해서 각 팀은 새로운 과제를 3, 2, 1, 1, 1개 맡아야 한다. 기존에 수행하던 과제를 포함해서 한 팀이 맡을 수 있는 과제는 최대 4개라는 점을 고려하면 다음과 같은 경우가 나온다.

(단위 : 개)

구분	기존 과제 수	새로운 과제 수		
(가)팀	0	3	3	2
(나)팀	1	1	1	3
(다)팀	2	2	1	1
(라)팀	2	1	2	1
(마)팀	3	1		

㉠ a는 새로운 과제 2개를 맡는 팀이 수행하므로 (나)팀이 맡을 수 없다.
㉢ 기존에 수행하던 과제를 포함해서 과제 2개를 맡을 수 있는 팀은 기존 과제 수가 0개이거나 1개인 (가)팀과 (나)팀인데 위의 세 경우 모두 과제 2개를 맡는 팀이 반드시 있다.

오답분석

ⓛ f는 새로운 과제 1개를 맡는 팀이 수행하므로 (가)팀이 맡을 수 없다.

46

정답 ①

세 번째와 다섯 번째 정보로부터 A사원은 야근을 3회, 결근을 2회 하였고, 네 번째와 여섯 번째 정보로부터 B사원은 지각을 2회, C사원은 지각을 3회 하였음을 알 수 있다. C사원의 경우 지각을 3회 하였으므로 결근과 야근을 각각 1회 또는 2회 하였는데, 근태 총점수가 −2점이므로 지각에서 −3점, 결근에서 −1점, 야근에서 +2점을 얻어야 한다. 마지막으로 B사원은 결근을 3회, 야근을 1회 하여 근태 총점수가 −4점이 된다. 이를 표로 정리하면 다음과 같다.

(단위 : 회)

구분	A	B	C	D
지각	1	2	3	1
결근	2	3	1	1
야근	3	1	2	2
근태 총점수(점)	0	−4	−2	0

따라서 C사원이 지각을 가장 많이 하였다.

47

정답 ①

46번의 결과로부터 A사원과 B사원이 지각보다 결근을 많이 하였음을 알 수 있다.

48

정답 ②

B는 뒷면을 가공한 이후 A의 앞면 가공이 끝날 때까지 5분을 기다려야 한다. 즉, 뒷면 가공(15분) → 5분 기다림 → 앞면 가공(20분) → 조립(5분)이 이루어지므로 총 45분이 걸리고, 유휴 시간은 5분이다.

49

정답 ②

분류코드에서 알 수 있는 정보를 순서대로 나열하면 다음과 같다.

- 발송코드 : c4(충청지역에서 발송)
- 배송코드 : 304(경북지역으로 배송)
- 보관코드 : HP(고가품)
- 운송코드 : 115(15톤 트럭으로 배송)
- 서비스코드 : 01(당일 배송 서비스 상품)

50

정답 ②

A제품의 분류코드는 코드 구성 순서대로 수도권인 경기도에서 발송되었으므로 a1, 울산지역으로 배송되므로 062, 냉동보관이 필요하므로 FZ, 5톤 트럭으로 운송되므로 105, 배송일을 7월 7일로 지정하였으므로 02가 연속되는 'a1062FZ10502'이다.

51

정답 ③

2주 차 9일의 경우 오전에 근무하는 의사는 A와 B 2명이다.

오답분석

① 2 ~ 3주 차에 의사 A는 당직 3번으로 당직이 가장 많다.
② 진료스케줄에서 의사 D는 8월 2일부터 11일까지 휴진임을 알 수 있다.
④ 광복절은 의사 A, B, E 3명이 휴진함으로써 1 ~ 3주 차 동안 가장 많은 의사가 휴진하는 날이다.

52

정답 ③

8월 9일은 오전에 의사 A가 근무하는 날로, 예약날짜로 적절하다.

오답분석

① 8월 3일은 1주 차에 해당된다.
②·④ 의사 A가 오전에 근무하지 않는다.

53

정답 ①

네 번째 조건에 따라 K팀장은 토마토 파스타, S대리는 크림 리소토를 주문한다. 이때, L과장은 다섯 번째 조건에 따라 토마토 리소토나 크림 리소토를 주문할 수 있는데, 만약 L과장이 토마토 리소토를 주문한다면, 두 번째 조건에 따라 M대리는 토마토 파스타를 주문해야 하고, 사원들은 둘 다 크림소스가 들어간 메뉴를 주문할 수밖에 없으므로 조건과 모순이 된다. 따라서 L과장은 크림 리소토를 주문했다. 다음으로 사원 2명 중 1명은 크림 파스타, 다른 한 명은 토마토 파스타나 토마토 리소토를 주문해야 하는데, H사원이 파스타면을 싫어하므로 J사원이 크림 파스타, H사원이 토마토 리소토, M대리가 토마토 파스타를 주문했다.

다음으로 일곱 번째 조건에 따라 J사원이 사이다를 주문하였고, H사원은 J사원과 다른 음료를 주문해야 하지만 여덟 번째 조건에 따라 주스를 함께 주문하지 않으므로 콜라를 주문했다. 또한 여덟 번째 조건에 따라 주스를 주문한 사람은 모두 크림소스가 들어간 메뉴를 주문한 사람이어야 하므로, S대리와 L과장이 주스를 주문했다. 마지막으로 여섯 번째 조건에 따라 M대리는 사이다를 주문하고, K팀장은 콜라를 주문했다. 이를 표로 정리하면 다음과 같다.

구분	K팀장	L과장	M대리	S대리	H사원	J사원
토마토 파스타	○		○			
토마토 리소토					○	
크림 파스타						○
크림 리소토		○		○		
콜라	○				○	
사이다			○			○
주스		○		○		

따라서 사원들 중 주스를 주문한 사람은 없다.

54

정답 ③

53번 결과를 바탕으로 할 때, S대리와 L과장은 모두 주스와 크림 리소토를 주문했다.

55

정답 ③

제시문의 '가입요건 – (2)'를 살펴보면, 다주택자인 경우에도 보유주택 합산가격이 9억 원 이하이면 가입요건이 충족됨을 확인할 수 있다.

56

정답 ③

- B : 단독소유일 경우 주택소유자가 만 60세 이상이어야 하는데, 주택소유주가 만 57세이므로 가입요건을 충족하지 못한다.
- D : 임대사업을 목적으로 보유한 주택은 보유주택수에 포함되므로, 총주택가액은 14억 원이 되어 가입요건을 충족하지 못한다.
- E : 만 60세 이상이며, 2개 주택가액이 9억 원이므로 요건에 부합하나, $20m^2$ 이하의 아파트는 주택으로 보므로 총주택가액이 9억 원을 초과하여 가입요건을 충족하지 못한다.

오답분석

- A : 만 60세 이상이며, 주택가액 9억 원 이하의 1주택을 보유하고 있으므로 가입대상이 된다.
- C : 부부 중 연장자가 만 60세 이상(부부공동소유)이며, 총주택가액이 9억 원 미만이므로 가입대상이 된다.

57

정답 ③

- (가) : 외부의 기회를 활용하면서 내부의 강점을 더욱 강화시키는 SO전략
- (나) : 외부의 기회를 활용하여 내부의 약점을 보완하는 WO전략
- (다) : 외부의 위협을 회피하며 내부의 강점을 적극 활용하는 ST전략
- (라) : 외부의 위협을 회피하고 내부의 약점을 보완하는 WT전략

따라서 바르게 연결된 것은 ③이다.

58

정답 ②

11:00 ~ 11:30에는 20명의 고객이 식사를 하고 있다. 그리고 11:30부터 1시간 동안은 2분당 +3명, 5분당 −1명이 출입한다. 이때, 2와 5의 최소공배수는 10이고, 10분당 출입하는 고객 수는 $(3\times5)-(1\times2)=+13$명이다. 따라서 12:00에는 $20+(13\times3)=59$명이 매장에서 식사를 하고 있다.

59

정답 ④

매출액은 매장에 방문한 고객 수에 타임별 가격을 곱한 값을 모두 더하면 알 수 있다.

- 런치에 방문한 고객 수 : $20+(3\times60\div2)+(2\times60\div1)+(6\times60\div5)=302$명
- 디너에 방문한 고객 수 : $20+(7\times60\div2)+(3\times60\div1)+(4\times60\div5)=458$명

∴ 하루 매출액 : $(302\times10{,}000)+(458\times15{,}000)=9{,}890{,}000$원

60

정답 ①

조사 당일에 만석이었던 적이 한 번 있었다고 하였으므로, 가장 많은 고객이 있었던 시간대의 고객 수가 한식뷔페의 좌석 수가 된다. 시간대별 고객의 증감은 최소공배수를 활용하여 다음과 같이 계산한다.

• 런치

시간	내용
11:30 ~ 12:30	• 2분과 5분의 최소공배수 : 10분 • (3×10÷2)−(1×10÷5)=+13명 ∴ 10분당 13명 증가
12:30 ~ 13:30	• 1분과 6분의 최소공배수 : 6분 • (2×6)−(5×1)=+7명 ∴ 6분당 7명 증가
13:30 ~ 14:30	• 5분과 3분의 최소공배수 : 15분 • (6×15÷5)−(2×15÷3)=+8명 ∴ 15분당 8명 증가

즉, 런치에는 시간이 흐를수록 고객의 수가 계속 증가함을 알 수 있다.

• 디너

시간	내용
16:30 ~ 17:30	• 2분과 3분의 최소공배수 : 6분 • (7×6÷2)−(7×6÷3)=+7명 ∴ 6분당 7명 증가
17:30 ~ 18:30	• 1분과 5분의 최소공배수 : 5분 • (3×5÷1)−(6×5÷5)=+9명 ∴ 5분당 9명 증가
18:30 ~ 19:30	• 5분과 3분의 최소공배수 : 15분 • (4×15÷5)−(3×15÷3)=−3명 ∴ 15분당 3명 감소

즉, 디너에는 18:30 이전까지는 고객 수가 계속 증가함을 알 수 있다.

• 런치 최대 고객 수(14:30) : 20+(13×60÷10)+(7×60÷6)+(8×60÷15)=200명
• 디너 최대 고객 수(18:35) : 20+(7×60÷6)+(9×60÷5)−3+4=199명

따라서 한식 뷔페 좌석 수는 모두 200석이다.

제2영역 법률

| 01 | 국민건강보험법

61	62	63	64	65	66	67	68	69	70
①	④	②	②	④	③	②	②	①	①
71	72	73	74	75	76	77	78	79	80
④	②	②	④	④	④	②	③	②	④

61

정답 ①

누구든지 건강보험증이나 신분증명서를 다른 사람에게 양도(讓渡)하거나 대여하여 보험급여를 받게 하여서는 아니 된다(법 제12조 제6항).

오답분석

② 가입자나 피부양자는 자격을 잃은 후 자격을 증명하던 서류를 사용하여 보험급여를 받아서는 안 된다(법 제12조 제5항).
③ 천재지변이나 부득이한 사유가 있으면 가입자 또는 피부양자가 요양급여를 받을 때, 건강보험증을 제출하지 않아도 된다(법 제12조 제2항 후단).
④ 주민등록증(모바일 주민등록증 포함), 운전면허증 등 신분증명서로 요양기관이 자격을 확인할 수 있으면 건강보험증을 제출하지 않아도 요양급여를 받을 수 있다(법 제12조 제3항).

62

정답 ④

자료의 제공(법 제96조 제1항)

공단은 국가, 지방자치단체, 요양기관, 보험업법에 따른 보험회사 및 보험료율 산출 기관, 공공기관의 운영에 관한 법률에 따른 공공기관, 그 밖의 공공단체 등에 대하여 다음 각 호의 업무를 수행하기 위하여 주민등록·가족관계등록·국세·지방세·토지·건물·출입국관리 등의 자료로서 대통령령으로 정하는 자료를 제공하도록 요청할 수 있다.

1. 가입자 및 피부양자의 자격 관리, 보험료의 부과·징수, 보험급여의 관리 등 건강보험사업의 수행
2. 제14조 제1항 제11호에 따른 업무의 수행

63

정답 ②

요양급여(법 제41조 제1항)

가입자와 피부양자의 질병, 부상, 출산 등에 대하여 다음 각 호의 요양급여를 실시한다.

1. 진찰·검사
2. 약제(藥劑)·치료재료의 지급
3. 처치·수술 및 그 밖의 치료
4. 예방·재활
5. 입원
6. 간호
7. 이송(移送)

64

정답 ②

자격의 변동 시기 등(법 제9조 제1항)

가입자는 다음 각 호의 어느 하나에 해당하게 된 날에 그 자격이 변동된다.

1. 지역가입자가 적용대상사업장의 사용자로 되거나, 근로자·공무원 또는 교직원("근로자 등")으로 사용된 날
2. 직장가입자가 다른 적용대상사업장의 사용자로 되거나 근로자 등으로 사용된 날
3. 직장가입자인 근로자 등이 그 사용관계가 끝난 날의 다음 날
4. 적용대상사업장에 제7조 제2호에 따른 사유가 발생한 날의 다음 날
5. 지역가입자가 다른 세대로 전입한 날

65

정답 ④

과오납금에 대통령령으로 정하는 이자를 가산하여야 한다(법 제86조 제3항).

오답분석

①·② 법 제86조 제1항에 해당한다.
③ 법 제86조 제2항에 해당한다.

66

정답 ③

보험료의 부담(법 제76조 제1항)

직장가입자의 보수월액보험료는 직장가입자와 다음 각 호의 구분에 따른 자가 각각 보험료액의 100분의 50씩 부담한다. 다만, 직장가입자가 교직원으로서 사립학교에 근무하는 교원이면 보험료액은 그 직장가입자가 100분의 50을, 제3조 제2호 다목에 해당하는 사용자가 100분의 30을, 국가가 100분의 20을 각각 부담한다.

1. 직장가입자가 근로자인 경우에는 제3조 제2호 가목에 해당하는 사업주
2. 직장가입자가 공무원인 경우에는 그 공무원이 소속되어 있는 국가 또는 지방자치단체
3. 직장가입자가 교직원(사립학교에 근무하는 교원은 제외)인 경우에는 제3조 제2호 다목에 해당하는 사용자

오답분석

① 법 제76조 제2항에 해당한다.
② 법 제76조 제3항에 해당한다.
④ 법 제76조 제4항에 해당한다.

정의(법 제3조 제2호)

"사용자"란 다음 각 목의 어느 하나에 해당하는 자를 말한다.

가. 근로자가 소속되어 있는 사업장의 사업주
나. 공무원이 소속되어 있는 기관의 장으로서 대통령령으로 정하는 사람
다. 교직원이 소속되어 있는 사립학교(사립학교교직원 연금법 제3조에 규정된 사립학교)를 설립·운영하는 자

67

정답 ②

위반사실의 공표(법 제100조 제1항)

보건복지부장관은 관련 서류의 위조·변조로 요양급여비용을 거짓으로 청구하여 제98조 또는 제99조에 따른 행정처분을 받은 요양기관이 다음 각 호의 어느 하나에 해당하면 그 위반 행위, 처분 내용, 해당 요양기관의 명칭·주소 및 대표자 성명, 그 밖에 다른 요양기관과의 구별에 필요한 사항으로서 대통령령으로 정하는 사항을 공표할 수 있다. 이 경우 공표 여부를 결정할 때에는 그 위반행위의 동기, 정도, 횟수 및 결과 등을 고려하여야 한다.

1. 거짓으로 청구한 금액이 1천 500만 원(㉠) 이상인 경우
2. 요양급여비용 총액 중 거짓으로 청구한 금액의 비율이 100분의 20(㉡) 이상인 경우

68

정답 ②

60세 이상인 사람 → 65세 이상인 사람

보험료의 경감 등(법 제75조 제1항)

다음 각 호의 어느 하나에 해당하는 가입자 중 보건복지부령으로 정하는 가입자에 대하여는 그 가입자 또는 그 가입자가 속한 세대의 보험료의 일부를 경감할 수 있다.

1. 섬·벽지(僻地)·농어촌 등 대통령령으로 정하는 지역에 거주하는 사람
2. 65세 이상인 사람
3. 장애인복지법에 따라 등록한 장애인
4. 국가유공자 등 예우 및 지원에 관한 법률 제4조 제1항 제4호, 제6호, 제12호, 제15호 및 제17호에 따른 국가유공자
5. 휴직자
6. 그 밖에 생활이 어렵거나 천재지변 등의 사유로 보험료를 경감할 필요가 있다고 보건복지부장관이 정하여 고시하는 사람

69

정답 ①

급여의 정지(법 제54조)

보험급여를 받을 수 있는 사람이 다음 각 호의 어느 하나에 해당하면 그 기간에는 보험급여를 하지 아니한다. 다만, 제3호 및 제4호의 경우에는 제60조에 따른 요양급여를 실시한다.

1. 삭제(2020. 4. 7)
2. 국외에 체류하는 경우
3. 병역법에 따른 현역병(지원에 의하지 아니하고 임용된 하사를 포함), 전환복무된 사람 및 군간부후보생에 해당하게 된 경우
4. 교도소, 그 밖에 이에 준하는 시설에 수용되어 있는 경우

70

정답 ①

보험료 경감대상자와 급여정지자를 구별하여야 한다. 급여정지자 중에는 보험료 면제자도 포함되어 있다.

오답분석

②・③ 급여정지자이면서 보험료 면제자에 해당한다.
④ 급여정지자에 해당한다.

71

정답 ④

국민건강보험법은 국민의 질병(㉠)・부상에 대한 예방・진단・치료・재활과 출산・사망(㉡) 및 건강증진에 대하여 보험급여(㉢)를 실시함으로써 국민보건 향상과 사회보장 증진에 이바지함을 목적으로 한다(법 제1조).

72

정답 ②

적용 대상 등(법 제5조 제1항 제2호)

독립유공자예우에 관한 법률 및 국가유공자 등 예우 및 지원에 관한 법률에 따라 의료보호를 받는 사람("유공자 등 의료보호대상자"). 다만, 다음 각 목의 어느 하나에 해당하는 사람은 가입자 또는 피부양자가 된다.

가. 유공자 등 의료보호대상자 중 건강보험의 적용을 보험자에게 신청한 사람
나. 건강보험을 적용받고 있던 사람이 유공자 등 의료보호대상자로 되었으나 건강보험의 적용배제신청을 보험자에게 하지 아니한 사람

73

정답 ②

지역가입자가 다른 세대로 전입한 날이 가입자 자격의 변동 시기이다.

자격의 변동시기 등(법 제9조 제1항)

가입자는 다음 각 호의 어느 하나에 해당하게 된 날에 그 자격이 변동된다.

1. 지역가입자가 적용대상사업장의 사용자로 되거나, 근로자・공무원 또는 교직원("근로자 등")으로 사용된 날
2. 직장가입자가 다른 적용대상사업장의 사용자로 되거나 근로자 등으로 사용된 날
3. 직장가입자인 근로자 등이 그 사용관계가 끝난 날의 다음 날
4. 적용대상사업장에 제7조 제2호에 따른 사유가 발생한 날의 다음 날
5. 지역가입자가 다른 세대로 전입한 날

74

정답 ④

임산부 A가 갑작스러운 진통으로 인해 집에서 출산한 경우, 국민건강보험공단으로부터 요양비를 지급받을 수 있다.

요양비(법 제49조 제1항)

공단은 가입자나 피부양자가 보건복지부령으로 정하는 긴급하거나 그 밖의 부득이한 사유로 요양기관과 비슷한 기능을 하는 기관으로서 보건복지부령으로 정하는 기관(제98조 제1항에 따라 업무정지기간 중인 요양기관을 포함한다)에서 질병・부상・출산 등에 대하여 요양을 받거나 요양기관이 아닌 장소에서 출산한 경우에는 그 요양급여에 상당하는 금액을 보건복지부령으로 정하는 바에 따라 가입자나 피부양자에게 요양비로 지급한다.

75

정답 ④

거짓이나 그 밖의 부정한 방법으로 보험급여를 받거나 타인으로 하여금 보험급여를 받게 한 사람은 2년 이하의 징역 또는 2,000만 원 이하의 벌금에 처한다(법 제115조 제4항).

오답분석

①・② 3년 이하의 징역 또는 3,000만 원 이하의 벌금에 처한다(법 제115조 제2항).
③ 500만 원 이하의 벌금에 처한다(법 제117조).

76

정답 ④

법 제4조 제2항에 해당한다.

오답분석

① 심의위원회 위원의 임기는 3년으로 한다. 다만, 위원의 사임 등으로 새로 위촉된 위원의 임기는 전임위원 임기의 남은 기간으로 한다(법 제4조 제5항).
② 심의위원회의 운영 등에 필요한 사항은 대통령령으로 정한다(법 제4조 제7항).
③ 심의위원회의 위원장은 보건복지부차관이 된다(법 제4조 제3항).

건강보험정책심의위원회(법 제4조)

① 건강보험정책에 관한 다음 각 호의 사항을 심의・의결하기 위하여 보건복지부장관 소속으로 건강보험정책심의위원회("심의위원회")를 둔다.

1. 제3조의2 제1항 및 제3항에 따른 종합계획 및 시행계획에 관한 사항(의결은 제외한다)
2. 제41조 제3항에 따른 요양급여의 기준
3. 제45조 제3항 및 제46조에 따른 요양급여비용에 관한 사항
4. 제73조 제1항에 따른 직장가입자의 보험료율
5. 제73조 제3항에 따른 지역가입자의 보험료율과 보험료부과점수당 금액

5의2. 보험료 부과 관련 제도 개선에 관한 다음 각 목의 사항(의결은 제외한다)
가. 건강보험 가입자("가입자")의 소득 파악 실태에 관한 조사 및 연구에 관한 사항
나. 가입자의 소득 파악 및 소득에 대한 보험료 부과 강화를 위한 개선 방안에 관한 사항
다. 그 밖에 보험료 부과와 관련된 제도 개선 사항으로서 심의위원회 위원장이 회의에 부치는 사항
6. 그 밖에 건강보험에 관한 주요 사항으로서 대통령령으로 정하는 사항
② 심의위원회는 위원장 1명과 부위원장 1명을 포함하여 25명의 위원으로 구성한다.
③ 심의위원회의 위원장은 보건복지부차관이 되고, 부위원장은 제4항 제4호의 위원 중에서 위원장이 지명하는 사람이 된다.
④ 심의위원회의 위원은 다음 각 호에 해당하는 사람을 보건복지부장관이 임명 또는 위촉한다.
1. 근로자단체 및 사용자단체가 추천하는 각 2명
2. 시민단체(비영리민간단체지원법 제2조에 따른 비영리민간단체), 소비자단체, 농어업인단체 및 자영업자단체가 추천하는 각 1명
3. 의료계를 대표하는 단체 및 약업계를 대표하는 단체가 추천하는 8명
4. 다음 각 목에 해당하는 8명
가. 대통령령으로 정하는 중앙행정기관 소속 공무원 2명
나. 국민건강보험공단의 이사장 및 건강보험심사평가원의 원장이 추천하는 각 1명
다. 건강보험에 관한 학식과 경험이 풍부한 4명
⑤ 심의위원회 위원(제4항 제4호 가목에 따른 위원은 제외)의 임기는 3년으로 한다. 다만, 위원의 사임 등으로 새로 위촉된 위원의 임기는 전임위원 임기의 남은 기간으로 한다.
⑥ 보건복지부장관은 심의위원회가 제1항 제5호의2에 따라 심의한 사항을 국회에 보고하여야 한다.
⑦ 심의위원회의 운영 등에 필요한 사항은 대통령령으로 정한다.

77

정답 ②

이사장의 권한 중 급여의 제한, 보험료의 납입고지 등 대통령령으로 정하는 사항은 정관으로 정하는 바에 따라 분사무소의 장에게 위임할 수 있다(법 제32조).

오답분석

① 법 제40조에 해당한다.
③ 법 제39조 제1항에 해당한다.
④ 법 제29조에 해당한다.

78

정답 ③

자격의 변동 시기 등(법 제9조)

① 가입자는 다음 각 호의 어느 하나에 해당하게 된 날에 그 자격이 변동된다.
1. 지역가입자가 적용대상사업장의 사용자로 되거나, 근로자·공무원 또는 교직원("근로자 등")으로 사용된 날
2. 직장가입자가 다른 적용대상사업장의 사용자로 되거나 근로자 등으로 사용된 날
3. 직장가입자인 근로자 등이 그 사용관계가 끝난 날의 다음 날
4. 적용대상사업장에 제7조 제2호에 따른 사유가 발생한 날의 다음 날
5. 지역가입자가 다른 세대로 전입한 날

② 제1항에 따라 자격이 변동된 경우 직장가입자의 사용자와 지역가입자의 세대주는 다음 각 호의 구분에 따라 그 명세를 보건복지부령으로 정하는 바에 따라 자격이 변동된 날부터 14일 이내에 보험자에게 신고하여야 한다.
1. 제1항 제1호 및 제2호에 따라 자격이 변동된 경우 : 직장가입자의 사용자
2. 제1항 제3호부터 제5호까지의 규정에 따라 자격이 변동된 경우 : 지역가입자의 세대주

③ 법무부장관 및 국방부장관은 직장가입자나 지역가입자가 제54조 제3호 또는 제4호에 해당하면 보건복지부령으로 정하는 바에 따라 그 사유에 해당된 날부터 1개월 이내에 보험자에게 알려야 한다.

79

정답 ②

보험료 납부의무(법 제77조 제1항)

직장가입자의 보험료는 다음 각 호의 구분에 따라 그 각 호에서 정한 자가 납부한다.
1. 보수월액보험료 : 사용자. 이 경우 사업장의 사용자가 2명 이상인 때에는 그 사업장의 사용자는 해당 직장가입자의 보험료를 연대하여 납부한다.
2. 보수 외 소득월액보험료 : 직장가입자

오답분석

③·④ 법 제77조 제2항에 해당한다.

80

정답 ④

급여의 제한(법 제53조 제1항)

공단은 보험급여를 받을 수 있는 사람이 다음 각 호의 어느 하나에 해당하면 보험급여를 하지 아니한다.
1. 고의 또는 중대한 과실로 인한 범죄행위에 그 원인이 있거나 고의로 사고를 일으킨 경우
2. 고의 또는 중대한 과실로 공단이나 요양기관의 요양에 관한 지시에 따르지 아니한 경우
3. 고의 또는 중대한 과실로 제55조에 따른 문서와 그 밖의 물건의 제출을 거부하거나 질문 또는 진단을 기피한 경우

| 02 | 노인장기요양보험법

61	62	63	64	65	66	67	68	69	70
②	③	④	④	④	④	④	②	④	④
71	72	73	74	75	76	77	78	79	80
③	③	③	①	①	④	④	①	③	④

61

정답 ②

장기요양기관의 지정(법 제31조 제3항)

특별자치시장・특별자치도지사・시장・군수・구청장이 제1항에 따른 지정을 하려는 경우에는 다음 각 호의 사항을 검토하여 장기요양기관을 지정하여야 한다. 이 경우 특별자치시장・특별자치도지사・시장・군수・구청장은 공단에 관련 자료의 제출을 요청하거나 그 의견을 들을 수 있다.

1. 장기요양기관을 운영하려는 자의 장기요양급여 제공 이력
2. 장기요양기관을 운영하려는 자 및 그 기관에 종사하려는 자가 이 법, 사회복지사업법 또는 노인복지법 등 장기요양기관의 운영과 관련된 법에 따라 받은 행정처분의 내용
3. 장기요양기관의 운영 계획
4. 해당 지역의 노인인구 수, 치매 등 노인성질환 환자 수 및 장기요양급여 수요 등 지역 특성
5. 그 밖에 특별자치시장・특별자치도지사・시장・군수・구청장이 장기요양기관으로 지정하는 데 필요하다고 인정하여 정하는 사항

62

정답 ③

위원장은 <u>보건복지부차관</u>이 되고, 부위원장은 위원 중에서 위원장이 지명한다(법 제46조 제3항).

63

정답 ④

장기요양기관은 제40조 제2항에 따라 면제받거나 같은 조 제4항에 따라 감경받는 금액 외에 영리를 목적으로 수급자가 부담하는 재가 및 시설 급여비용("본인부담금")을 면제하거나 감경하는 행위를 하여서는 <u>아니 된다</u>(법 제35조 제5항).

64

정답 ④

공단은 수급자가 장기요양기관이 아닌 노인요양시설 등의 기관 또는 시설에서 재가급여 또는 시설급여에 상당한 장기요양급여를 받은 경우 대통령령으로 정하는 기준에 따라 해당 장기요양급여비용의 일부를 해당 수급자에게 <u>특례요양비</u>로 지급할 수 있다(법 제25조 제1항).

65

정답 ④

국가는 매년 예산의 범위 안에서 해당 연도 장기요양보험료 예상수입액의 <u>100분의 20</u>에 상당하는 금액을 공단에 지원한다(법 제58조 제1항).

66

정답 ④

장기요양기관 지정의 취소 등(법 제37조 제1항)

특별자치시장・특별자치도지사・시장・군수・구청장은 장기요양기관이 다음 각 호의 어느 하나에 해당하는 경우 그 지정을 취소하거나 6개월의 범위에서 업무정지를 명할 수 있다. 다만, 제1호, 제2호의2, 제3호의5, 제7호, 또는 제8호에 해당하는 경우에는 지정을 취소하여야 한다.

1. 거짓이나 그 밖의 부정한 방법으로 지정을 받은 경우

1의2. 제28조의2를 위반하여 급여외행위를 제공한 경우. 다만, 장기요양기관의 장이 그 위반행위를 방지하기 위하여 해당 업무에 관하여 상당한 주의와 감독을 게을리하지 아니한 경우는 제외한다.

2. 제31조 제1항에 따른 지정기준에 적합하지 아니한 경우

2의2. 제32조의2 각 호의 어느 하나에 해당하게 된 경우. 다만, 제32조의2 제7호에 해당하게 된 법인의 경우 3개월 이내에 그 대표자를 변경하는 때에는 그러하지 아니하다.

3. 제35조 제1항을 위반하여 장기요양급여를 거부한 경우

3의2. 제35조 제5항을 위반하여 본인부담금을 면제하거나 감경하는 행위를 한 경우

3의3. 제35조 제6항을 위반하여 수급자를 소개, 알선 또는 유인하는 행위 및 이를 조장하는 행위를 한 경우

3의4. 제35조의4 제2항 각 호의 어느 하나를 위반한 경우

3의5. 제36조 제1항에 따른 폐업 또는 휴업 신고를 하지 아니하고 1년 이상 장기요양급여를 제공하지 아니한 경우

3의6. 제36조의2에 따른 시정명령을 이행하지 아니하거나 회계부정 행위가 있는 경우

3의7. 정당한 사유 없이 제54조에 따른 평가를 거부・방해 또는 기피하는 경우

4. 거짓이나 그 밖의 부정한 방법으로 재가 및 시설 급여비용을 청구한 경우
5. 제61조 제2항에 따른 자료제출 명령에 따르지 아니하거나 거짓으로 자료제출을 한 경우나 질문 또는 검사를 거부・방해 또는 기피하거나 거짓으로 답변한 경우
6. 장기요양기관의 종사자 등이 다음 각 목의 어느 하나에 해당하는 행위를 한 경우. 다만, 장기요양기관의 장이 그 행위를 방지하기 위하여 해당 업무에 관하여 상당한 주의와 감독을 게을리하지 아니한 경우는 제외한다.
   가. 수급자의 신체에 폭행을 가하거나 상해를 입히는 행위
   나. 수급자에게 성적 수치심을 주는 성폭행, 성희롱 등의 행위
   다. 자신의 보호・감독을 받는 수급자를 유기하거나 의식주를 포함한 기본적 보호 및 치료를 소홀히 하는 방임행위
   라. 수급자를 위하여 증여 또는 급여된 금품을 그 목적 외의 용도에 사용하는 행위
   마. 폭언, 협박, 위협 등으로 수급자의 정신건강에 해를 끼치는 정서적 학대행위

7. 업무정지기간 중에 장기요양급여를 제공한 경우
8. 부가가치세법 제8조에 따른 사업자등록 또는 소득세법 제168조에 따른 사업자등록이나 고유번호가 말소된 경우

67

정답 ④

공단은 장기요양사업에 사용되는 비용에 충당하기 위하여 장기요양보험료를 징수한다(법 제8조 제1항).

오답분석

① 장기요양보험사업의 보험자는 공단으로 한다(법 제7조 제2항).
② 장기요양보험사업은 보건복지부장관이 관장한다(법 제7조 제1항).
③ 장기요양보험의 가입자("장기요양보험가입자")는 국민건강보험법 제5조 및 제109조에 따른 가입자로 한다(법 제7조 제3항).

68

정답 ②

결격사유(법 제32조의2)

다음 각 호의 어느 하나에 해당하는 자는 제31조에 따른 장기요양기관으로 지정받을 수 없다.

1. 미성년자, 피성년후견인 또는 피한정후견인
2. 정신건강증진 및 정신질환자 복지서비스 지원에 관한 법률 제3조 제1호의 정신질환자. 다만, 전문의가 장기요양기관 설립·운영 업무에 종사하는 것이 적합하다고 인정하는 사람은 그러하지 아니하다.
3. 마약류 관리에 관한 법률 제2조 제1호의 마약류에 중독된 사람
4. 파산선고를 받고 복권되지 아니한 사람
5. 금고 이상의 실형을 선고받고 그 집행이 종료(집행이 종료된 것으로 보는 경우를 포함)되거나 집행이 면제된 날부터 5년이 경과되지 아니한 사람
6. 금고 이상의 형의 집행유예를 선고받고 그 유예기간 중에 있는 사람
7. 대표자가 제1호부터 제6호까지의 규정 중 어느 하나에 해당하는 법인

69

정답 ④

제23조 제1항 제1호에 따른 재가급여 또는 같은 항 제2호에 따른 시설급여를 제공하는 장기요양기관을 운영하려는 자는 보건복지부령으로 정하는 장기요양에 필요한 시설 및 인력을 갖추어 소재지를 관할 구역으로 하는 특별자치시장·특별자치도지사·시장·군수·구청장으로부터 지정을 받아야 한다(법 제31조 제1항).

70

정답 ④

등급판정 등(법 제15조 제4항)

공단은 장기요양급여를 받고 있거나 받을 수 있는 자가 다음 각 호의 어느 하나에 해당하는 것으로 의심되는 경우에는 제14조 제1항 각 호의 사항을 조사하여 그 결과를 등급판정위원회에 제출하여야 한다.

1. 거짓이나 그 밖의 부정한 방법으로 장기요양인정을 받은 경우
2. 고의로 사고를 발생하도록 하거나 본인의 위법행위에 기인하여 장기요양인정을 받은 경우

71

정답 ③

공단은 장애인복지법에 따른 장애인 또는 이와 유사한 자로서 대통령령으로 정하는 자가 장기요양보험가입자 또는 그 피부양자인 경우 제15조 제2항에 따른 수급자로 결정되지 못한 때 대통령령으로 정하는 바에 따라 장기요양보험료의 전부 또는 일부를 감면할 수 있다(법 제10조).

72

정답 ③

장기요양기관의 폐업 등의 신고 등(법 제36조 제3항)

장기요양기관의 장은 장기요양기관을 폐업하거나 휴업하려는 경우 또는 장기요양기관의 지정 갱신을 하지 아니하려는 경우 보건복지부령으로 정하는 바에 따라 수급자의 권익을 보호하기 위하여 다음 각 호의 조치를 취하여야 한다.

1. 해당 장기요양기관을 이용하는 수급자가 다른 장기요양기관을 선택하여 이용할 수 있도록 계획을 수립하고 이행하는 조치
2. 해당 장기요양기관에서 수급자가 제40조 제1항 및 제3항에 따라 부담한 비용 중 정산하여야 할 비용이 있는 경우 이를 정산하는 조치
3. 그 밖에 수급자의 권익 보호를 위하여 필요하다고 인정되는 조치로서 보건복지부령으로 정하는 조치

73

정답 ③

실태조사(법 제6조의2 제1항)

보건복지부장관은 장기요양사업의 실태를 파악하기 위하여 3년마다 다음 각 호의 사항에 관한 조사를 정기적으로 실시하고 그 결과를 공표하여야 한다.

1. 장기요양인정에 관한 사항
2. 제52조에 따른 장기요양등급판정위원회("등급판정위원회")의 판정에 따라 장기요양급여를 받을 사람("수급자")의 규모, 그 급여의 수준 및 만족도에 관한 사항
3. 장기요양기관에 관한 사항
4. 장기요양요원의 근로조건, 처우 및 규모에 관한 사항
5. 그 밖에 장기요양사업에 관한 사항으로서 보건복지부령으로 정하는 사항

74

정답 ①

노인장기요양보험법은 고령이나 노인성 질병 등의 사유로 일상생활을 혼자서 수행하기 어려운 노인 등에게 제공하는 신체활동 또는 가사활동 지원 등의 장기요양급여에 관한 사항을 규정하여 노후의 건강증진 및 생활안정을 도모하고 그 가족의 부담을 덜어줌으로써 국민의 삶의 질을 향상하도록 함을 목적으로 한다(법 제1조).

75

정답 ①

보건복지부장관 또는 특별자치시장·특별자치도지사·시장·군수·구청장은 제1항 및 제2항에 따른 공표 여부 등을 심의하기 위하여 공표심의위원회를 설치·운영할 수 있다(법 제37조의3 제3항).

76

정답 ④

장기요양기관 지정의 갱신(법 제32조의4 제1항·제4항)

① 장기요양기관의 장은 제32조의3에 따른 지정의 유효기간이 끝난 후에도 계속하여 그 지정을 유지하려는 경우에는 소재지를 관할구역으로 하는 특별자치시장·특별자치도지사·시장·군수·구청장에게 지정 유효기간이 끝나기 90일 전까지 지정 갱신을 신청하여야 한다.

④ 특별자치시장·특별자치도지사·시장·군수·구청장은 갱신 심사를 완료한 경우 그 결과를 지체 없이 해당 장기요양기관의 장에게 통보하여야 한다.

77

정답 ④

장의비는 산업재해보상보험법상 보험급여에 해당한다.

노인장기요양보험법 제23조 제1항에 따른 장기요양급여의 종류에는 다음과 같은 것들이 있다.

- 재가급여 : 방문요양, 방문목욕, 방문간호, 주·야간보호, 단기보호, 기타재가급여
- 시설급여 : 장기요양기관에 장기간 입소한 수급자에게 신체활동 지원 및 심신기능의 유지·향상을 위한 교육·훈련 등을 제공하는 장기요양급여
- 특별현금급여 : 가족요양비(가족장기요양급여), 특례요양비(특례장기요양급여), 요양병원간병비(요양병원장기요양급여)

78

정답 ①

벌칙(법 제67조 제2항)

다음 각 호의 어느 하나에 해당하는 자는 2년 이하의 징역 또는 2,000만 원 이하의 벌금에 처한다.

1. 제31조를 위반하여 지정받지 아니하고 장기요양기관을 운영하거나 거짓이나 그 밖의 부정한 방법으로 지정받은 자
2. 제33조의3 제3항에 따른 안전성 확보에 필요한 조치를 하지 아니하여 영상정보를 분실·도난·유출·변조 또는 훼손당한 자
3. 제35조 제5항을 위반하여 본인부담금을 면제 또는 감경하는 행위를 한 자
4. 제35조 제6항을 위반하여 수급자를 소개, 알선 또는 유인하는 행위를 하거나 이를 조장한 자
5. 제62조를 위반하여 업무수행 중 알게 된 비밀을 누설한 자

79

정답 ③

등급판정위원회, 장기요양위원회, 제37조의3 제3항에 따른 공표심의위원회, 심사위원회 및 재심사위원회 위원 중 공무원이 아닌 사람은 형법 제129조부터 제132조까지의 규정을 적용할 때에는 공무원으로 본다(법 제66조의2).

80

정답 ④

본인부담금(법 제40조 제3항)

다음 각 호의 장기요양급여에 대한 비용은 수급자 본인이 전부 부담한다.

1. 노인장기요양보험법의 규정에 따른 급여의 범위 및 대상에 포함되지 아니하는 장기요양급여
2. 수급자가 제17조 제1항 제2호에 따른 장기요양인정서에 기재된 장기요양급여의 종류 및 내용과 다르게 선택하여 장기요양급여를 받은 경우 그 차액
3. 제28조에 따른 장기요양급여의 월 한도액을 초과하는 장기요양급여

합격의공식
시대
에듀

국민건강보험공단 필기시험 답안카드

성 명

지원 분야

문제지 형별기재란	
( )형	Ⓐ Ⓑ

수 험 번 호						
⓪	⓪	⓪	⓪	⓪	⓪	⓪
①	①	①	①	①	①	①
②	②	②	②	②	②	②
③	③	③	③	③	③	③
④	④	④	④	④	④	④
⑤	⑤	⑤	⑤	⑤	⑤	⑤
⑥	⑥	⑥	⑥	⑥	⑥	⑥
⑦	⑦	⑦	⑦	⑦	⑦	⑦
⑧	⑧	⑧	⑧	⑧	⑧	⑧
⑨	⑨	⑨	⑨	⑨	⑨	⑨

감독위원 확인
㉵

1	①	②	③	④	21	①	②	③	④	41	①	②	③	④	61	①	②	③	④
2	①	②	③	④	22	①	②	③	④	42	①	②	③	④	62	①	②	③	④
3	①	②	③	④	23	①	②	③	④	43	①	②	③	④	63	①	②	③	④
4	①	②	③	④	24	①	②	③	④	44	①	②	③	④	64	①	②	③	④
5	①	②	③	④	25	①	②	③	④	45	①	②	③	④	65	①	②	③	④
6	①	②	③	④	26	①	②	③	④	46	①	②	③	④	66	①	②	③	④
7	①	②	③	④	27	①	②	③	④	47	①	②	③	④	67	①	②	③	④
8	①	②	③	④	28	①	②	③	④	48	①	②	③	④	68	①	②	③	④
9	①	②	③	④	29	①	②	③	④	49	①	②	③	④	69	①	②	③	④
10	①	②	③	④	30	①	②	③	④	50	①	②	③	④	70	①	②	③	④
11	①	②	③	④	31	①	②	③	④	51	①	②	③	④	71	①	②	③	④
12	①	②	③	④	32	①	②	③	④	52	①	②	③	④	72	①	②	③	④
13	①	②	③	④	33	①	②	③	④	53	①	②	③	④	73	①	②	③	④
14	①	②	③	④	34	①	②	③	④	54	①	②	③	④	74	①	②	③	④
15	①	②	③	④	35	①	②	③	④	55	①	②	③	④	75	①	②	③	④
16	①	②	③	④	36	①	②	③	④	56	①	②	③	④	76	①	②	③	④
17	①	②	③	④	37	①	②	③	④	57	①	②	③	④	77	①	②	③	④
18	①	②	③	④	38	①	②	③	④	58	①	②	③	④	78	①	②	③	④
19	①	②	③	④	39	①	②	③	④	59	①	②	③	④	79	①	②	③	④
20	①	②	③	④	40	①	②	③	④	60	①	②	③	④	80	①	②	③	④

※ 본 답안지는 마킹연습용 모의 답안지입니다.

국민건강보험공단 필기시험 답안카드

성 명

지원 분야

문제지 형별기재란	
( )형	Ⓐ Ⓑ

수 험 번 호						
⓪	⓪	⓪	⓪	⓪	⓪	⓪
①	①	①	①	①	①	①
②	②	②	②	②	②	②
③	③	③	③	③	③	③
④	④	④	④	④	④	④
⑤	⑤	⑤	⑤	⑤	⑤	⑤
⑥	⑥	⑥	⑥	⑥	⑥	⑥
⑦	⑦	⑦	⑦	⑦	⑦	⑦
⑧	⑧	⑧	⑧	⑧	⑧	⑧
⑨	⑨	⑨	⑨	⑨	⑨	⑨

감독위원 확인
㊞

1	①	②	③	④	21	①	②	③	④	41	①	②	③	④	61	①	②	③	④
2	①	②	③	④	22	①	②	③	④	42	①	②	③	④	62	①	②	③	④
3	①	②	③	④	23	①	②	③	④	43	①	②	③	④	63	①	②	③	④
4	①	②	③	④	24	①	②	③	④	44	①	②	③	④	64	①	②	③	④
5	①	②	③	④	25	①	②	③	④	45	①	②	③	④	65	①	②	③	④
6	①	②	③	④	26	①	②	③	④	46	①	②	③	④	66	①	②	③	④
7	①	②	③	④	27	①	②	③	④	47	①	②	③	④	67	①	②	③	④
8	①	②	③	④	28	①	②	③	④	48	①	②	③	④	68	①	②	③	④
9	①	②	③	④	29	①	②	③	④	49	①	②	③	④	69	①	②	③	④
10	①	②	③	④	30	①	②	③	④	50	①	②	③	④	70	①	②	③	④
11	①	②	③	④	31	①	②	③	④	51	①	②	③	④	71	①	②	③	④
12	①	②	③	④	32	①	②	③	④	52	①	②	③	④	72	①	②	③	④
13	①	②	③	④	33	①	②	③	④	53	①	②	③	④	73	①	②	③	④
14	①	②	③	④	34	①	②	③	④	54	①	②	③	④	74	①	②	③	④
15	①	②	③	④	35	①	②	③	④	55	①	②	③	④	75	①	②	③	④
16	①	②	③	④	36	①	②	③	④	56	①	②	③	④	76	①	②	③	④
17	①	②	③	④	37	①	②	③	④	57	①	②	③	④	77	①	②	③	④
18	①	②	③	④	38	①	②	③	④	58	①	②	③	④	78	①	②	③	④
19	①	②	③	④	39	①	②	③	④	59	①	②	③	④	79	①	②	③	④
20	①	②	③	④	40	①	②	③	④	60	①	②	③	④	80	①	②	③	④

※ 본 답안지는 마킹연습용 모의 답안지입니다.

국민건강보험공단 필기시험 답안카드

성　명

지원 분야

문제지 형별기재란	
(　　　)형	Ⓐ Ⓑ

수 험 번 호						
⓪	⓪	⓪	⓪	⓪	⓪	⓪
①	①	①	①	①	①	①
②	②	②	②	②	②	②
③	③	③	③	③	③	③
④	④	④	④	④	④	④
⑤	⑤	⑤	⑤	⑤	⑤	⑤
⑥	⑥	⑥	⑥	⑥	⑥	⑥
⑦	⑦	⑦	⑦	⑦	⑦	⑦
⑧	⑧	⑧	⑧	⑧	⑧	⑧
⑨	⑨	⑨	⑨	⑨	⑨	⑨

감독위원 확인
㊞ 인

1	①	②	③	④	21	①	②	③	④	41	①	②	③	④	61	①	②	③	④
2	①	②	③	④	22	①	②	③	④	42	①	②	③	④	62	①	②	③	④
3	①	②	③	④	23	①	②	③	④	43	①	②	③	④	63	①	②	③	④
4	①	②	③	④	24	①	②	③	④	44	①	②	③	④	64	①	②	③	④
5	①	②	③	④	25	①	②	③	④	45	①	②	③	④	65	①	②	③	④
6	①	②	③	④	26	①	②	③	④	46	①	②	③	④	66	①	②	③	④
7	①	②	③	④	27	①	②	③	④	47	①	②	③	④	67	①	②	③	④
8	①	②	③	④	28	①	②	③	④	48	①	②	③	④	68	①	②	③	④
9	①	②	③	④	29	①	②	③	④	49	①	②	③	④	69	①	②	③	④
10	①	②	③	④	30	①	②	③	④	50	①	②	③	④	70	①	②	③	④
11	①	②	③	④	31	①	②	③	④	51	①	②	③	④	71	①	②	③	④
12	①	②	③	④	32	①	②	③	④	52	①	②	③	④	72	①	②	③	④
13	①	②	③	④	33	①	②	③	④	53	①	②	③	④	73	①	②	③	④
14	①	②	③	④	34	①	②	③	④	54	①	②	③	④	74	①	②	③	④
15	①	②	③	④	35	①	②	③	④	55	①	②	③	④	75	①	②	③	④
16	①	②	③	④	36	①	②	③	④	56	①	②	③	④	76	①	②	③	④
17	①	②	③	④	37	①	②	③	④	57	①	②	③	④	77	①	②	③	④
18	①	②	③	④	38	①	②	③	④	58	①	②	③	④	78	①	②	③	④
19	①	②	③	④	39	①	②	③	④	59	①	②	③	④	79	①	②	③	④
20	①	②	③	④	40	①	②	③	④	60	①	②	③	④	80	①	②	③	④

※ 본 답안지는 마킹연습용 모의 답안지입니다.

국민건강보험공단 필기시험 답안카드

성 명

지원 분야

문제지 형별기재란	
(　　)형	Ⓐ Ⓑ

수 험 번 호						
⓪	⓪	⓪	⓪	⓪	⓪	⓪
①	①	①	①	①	①	①
②	②	②	②	②	②	②
③	③	③	③	③	③	③
④	④	④	④	④	④	④
⑤	⑤	⑤	⑤	⑤	⑤	⑤
⑥	⑥	⑥	⑥	⑥	⑥	⑥
⑦	⑦	⑦	⑦	⑦	⑦	⑦
⑧	⑧	⑧	⑧	⑧	⑧	⑧
⑨	⑨	⑨	⑨	⑨	⑨	⑨

감독위원 확인
인

1	①	②	③	④	21	①	②	③	④	41	①	②	③	④	61	①	②	③	④
2	①	②	③	④	22	①	②	③	④	42	①	②	③	④	62	①	②	③	④
3	①	②	③	④	23	①	②	③	④	43	①	②	③	④	63	①	②	③	④
4	①	②	③	④	24	①	②	③	④	44	①	②	③	④	64	①	②	③	④
5	①	②	③	④	25	①	②	③	④	45	①	②	③	④	65	①	②	③	④
6	①	②	③	④	26	①	②	③	④	46	①	②	③	④	66	①	②	③	④
7	①	②	③	④	27	①	②	③	④	47	①	②	③	④	67	①	②	③	④
8	①	②	③	④	28	①	②	③	④	48	①	②	③	④	68	①	②	③	④
9	①	②	③	④	29	①	②	③	④	49	①	②	③	④	69	①	②	③	④
10	①	②	③	④	30	①	②	③	④	50	①	②	③	④	70	①	②	③	④
11	①	②	③	④	31	①	②	③	④	51	①	②	③	④	71	①	②	③	④
12	①	②	③	④	32	①	②	③	④	52	①	②	③	④	72	①	②	③	④
13	①	②	③	④	33	①	②	③	④	53	①	②	③	④	73	①	②	③	④
14	①	②	③	④	34	①	②	③	④	54	①	②	③	④	74	①	②	③	④
15	①	②	③	④	35	①	②	③	④	55	①	②	③	④	75	①	②	③	④
16	①	②	③	④	36	①	②	③	④	56	①	②	③	④	76	①	②	③	④
17	①	②	③	④	37	①	②	③	④	57	①	②	③	④	77	①	②	③	④
18	①	②	③	④	38	①	②	③	④	58	①	②	③	④	78	①	②	③	④
19	①	②	③	④	39	①	②	③	④	59	①	②	③	④	79	①	②	③	④
20	①	②	③	④	40	①	②	③	④	60	①	②	③	④	80	①	②	③	④

※ 본 답안지는 마킹연습용 모의 답안지입니다.

국민건강보험공단 필기시험 답안카드

성 명

지원 분야

문제지 형별기재란	
( )형	Ⓐ Ⓑ

수 험 번 호						
⓪	⓪	⓪	⓪	⓪	⓪	⓪
①	①	①	①	①	①	①
②	②	②	②	②	②	②
③	③	③	③	③	③	③
④	④	④	④	④	④	④
⑤	⑤	⑤	⑤	⑤	⑤	⑤
⑥	⑥	⑥	⑥	⑥	⑥	⑥
⑦	⑦	⑦	⑦	⑦	⑦	⑦
⑧	⑧	⑧	⑧	⑧	⑧	⑧
⑨	⑨	⑨	⑨	⑨	⑨	⑨

감독위원 확인
㊞ 인

1	①	②	③	④	21	①	②	③	④	41	①	②	③	④	61	①	②	③	④
2	①	②	③	④	22	①	②	③	④	42	①	②	③	④	62	①	②	③	④
3	①	②	③	④	23	①	②	③	④	43	①	②	③	④	63	①	②	③	④
4	①	②	③	④	24	①	②	③	④	44	①	②	③	④	64	①	②	③	④
5	①	②	③	④	25	①	②	③	④	45	①	②	③	④	65	①	②	③	④
6	①	②	③	④	26	①	②	③	④	46	①	②	③	④	66	①	②	③	④
7	①	②	③	④	27	①	②	③	④	47	①	②	③	④	67	①	②	③	④
8	①	②	③	④	28	①	②	③	④	48	①	②	③	④	68	①	②	③	④
9	①	②	③	④	29	①	②	③	④	49	①	②	③	④	69	①	②	③	④
10	①	②	③	④	30	①	②	③	④	50	①	②	③	④	70	①	②	③	④
11	①	②	③	④	31	①	②	③	④	51	①	②	③	④	71	①	②	③	④
12	①	②	③	④	32	①	②	③	④	52	①	②	③	④	72	①	②	③	④
13	①	②	③	④	33	①	②	③	④	53	①	②	③	④	73	①	②	③	④
14	①	②	③	④	34	①	②	③	④	54	①	②	③	④	74	①	②	③	④
15	①	②	③	④	35	①	②	③	④	55	①	②	③	④	75	①	②	③	④
16	①	②	③	④	36	①	②	③	④	56	①	②	③	④	76	①	②	③	④
17	①	②	③	④	37	①	②	③	④	57	①	②	③	④	77	①	②	③	④
18	①	②	③	④	38	①	②	③	④	58	①	②	③	④	78	①	②	③	④
19	①	②	③	④	39	①	②	③	④	59	①	②	③	④	79	①	②	③	④
20	①	②	③	④	40	①	②	③	④	60	①	②	③	④	80	①	②	③	④

※ 본 답안지는 마킹연습용 모의 답안지입니다.

국민건강보험공단 필기시험 답안카드

성 명

지원 분야

문제지 형별기재란	
(　　　)형	Ⓐ Ⓑ

수 험 번 호						
⓪	⓪	⓪	⓪	⓪	⓪	⓪
①	①	①	①	①	①	①
②	②	②	②	②	②	②
③	③	③	③	③	③	③
④	④	④	④	④	④	④
⑤	⑤	⑤	⑤	⑤	⑤	⑤
⑥	⑥	⑥	⑥	⑥	⑥	⑥
⑦	⑦	⑦	⑦	⑦	⑦	⑦
⑧	⑧	⑧	⑧	⑧	⑧	⑧
⑨	⑨	⑨	⑨	⑨	⑨	⑨

감독위원 확인
인

1	①	②	③	④	21	①	②	③	④	41	①	②	③	④	61	①	②	③	④
2	①	②	③	④	22	①	②	③	④	42	①	②	③	④	62	①	②	③	④
3	①	②	③	④	23	①	②	③	④	43	①	②	③	④	63	①	②	③	④
4	①	②	③	④	24	①	②	③	④	44	①	②	③	④	64	①	②	③	④
5	①	②	③	④	25	①	②	③	④	45	①	②	③	④	65	①	②	③	④
6	①	②	③	④	26	①	②	③	④	46	①	②	③	④	66	①	②	③	④
7	①	②	③	④	27	①	②	③	④	47	①	②	③	④	67	①	②	③	④
8	①	②	③	④	28	①	②	③	④	48	①	②	③	④	68	①	②	③	④
9	①	②	③	④	29	①	②	③	④	49	①	②	③	④	69	①	②	③	④
10	①	②	③	④	30	①	②	③	④	50	①	②	③	④	70	①	②	③	④
11	①	②	③	④	31	①	②	③	④	51	①	②	③	④	71	①	②	③	④
12	①	②	③	④	32	①	②	③	④	52	①	②	③	④	72	①	②	③	④
13	①	②	③	④	33	①	②	③	④	53	①	②	③	④	73	①	②	③	④
14	①	②	③	④	34	①	②	③	④	54	①	②	③	④	74	①	②	③	④
15	①	②	③	④	35	①	②	③	④	55	①	②	③	④	75	①	②	③	④
16	①	②	③	④	36	①	②	③	④	56	①	②	③	④	76	①	②	③	④
17	①	②	③	④	37	①	②	③	④	57	①	②	③	④	77	①	②	③	④
18	①	②	③	④	38	①	②	③	④	58	①	②	③	④	78	①	②	③	④
19	①	②	③	④	39	①	②	③	④	59	①	②	③	④	79	①	②	③	④
20	①	②	③	④	40	①	②	③	④	60	①	②	③	④	80	①	②	③	④

※ 본 답안지는 마킹연습용 모의 답안지입니다.